Carolly Erickson
*Marie Antoinette*

Carolly Erickson

# *Marie Antoinette*

## Königin von Frankreich, Bürgerin auf dem Schafott

Aus dem Amerikanischen
übersetzt von Marcel Bieger

Marion von Schröder

# 1

Der kalte Novemberwind pfiff durch die offenen Fenster des Geburtszimmers, hob die prächtigen Stoffvorhänge und fuhr unter die langen Röcke der Hebamme und ihrer Helferinnen.

Maria Theresia, Kaiserin von Österreich, ließ es geduldig über sich ergehen, als der Hofzahnarzt ihr empfindliches Zahnfleisch untersuchte und sich den kranken Zahn ansah, der ihr seit einigen Tagen Schmerzen bereitete.

Die Krämpfe hatten am Nachmittag eingesetzt, und es war ihr sinnvoll erschienen, sich der schmerzhaften Prozedur des Zahnziehens zu unterziehen, solange sie ohnehin in den Wehen lag. So wartete sie ruhig ab, bis der Zahnarzt seine Untersuchung beendete, den kranken Zahn mit seinem Furcht einflößenden Instrument packte und ihn mit einer geschickten Bewegung seines Handgelenks aus ihrem Kiefer entfernte.

Die Kombination einer Geburt mit dem Ziehen eines Zahnes war zwar schmerzhaft, aber wirkungsvoll – und Maria Theresia galt als eine Herrscherin von beispielhafter Leistungsfähigkeit. Außerdem wusste sie, die bereits vierzehn Kinder geboren hatte, dass während der ersten Stunden einer Geburt ohnehin nicht viel passierte. Darüber hinaus entsprach es nicht ihren Gepflogenheiten, Zeit zu verschwenden.

Nach einer kurzen Ruhepause ließ sie sich ihre Unterlagen bringen. Die Kaiserin verbrachte die folgenden Stunden damit, offizielle Dokumente und Akten zu lesen und zu unterschreiben. Von Zeit zu Zeit, wenn die Krämpfe wieder einsetzten, presste sie eine Hand auf den Unterleib.

Siebzehn Monate zuvor, als sie das letzte Mal ein Kind geboren hatte, war es nicht anders gewesen. Damals hatte sie ebenfalls bis zur letzten Minute gearbeitet und während der letzten Monate ihrer Schwangerschaft keinerlei Zugeständnis an ihren Zustand gemacht. Außer vielleicht, dass sie seltener das Theater besucht und die Vorstellungen früher verlassen hatte. Wie ihr Obersthofmeister Graf Khevenhüller in seinem Hoftagebuch vermerkte, da sie »immer so viel zu tun hatte«. Während der letzten Wochen hatte sie sich dann öfter als gewöhnlich in ihren Gemächern aufgehalten. Aber nicht, um sich auszuruhen; ihre Sekretäre brachten ihr die üblichen Berge von Akten, die zu lesen und zu unterschreiben waren, und lange Stunden hatte sie an ihrem Schreibtisch verbracht.

Die Höflinge hatten der Niederkunft mit einiger Aufregung entgegengesehen. Die Hebamme, die der Regentin bisher bei ihren Geburten geholfen hatte, war gestorben. Ihre Nachfolgerin war zwar fachkundig und mit den besten Empfehlungen ausgestattet, aber sie hatte noch nie bei einer solch wichtigen Geburt mitgewirkt. Maria Theresia aber hatte vollkommenes Vertrauen zu ihr, wie auch in sich selbst. Selbst als ihre Wehen stärker wurden, hielt die Kaiserin noch eine Besprechung mit ihren Ministern und Franz, ihrem Gemahl, ab. Doch schließlich hatte sie sich in das Geburtszimmer zurückziehen müssen, um ihren Sohn Ferdinand zur Welt zu bringen.[1]

Diese Geburt versprach genauso leicht zu werden wie die vorangegangene und sich ebenso leicht in die niemals endenden Regierungsgeschäfte der Herrscherin einzufügen. Der kühle Nachmittag ging in einen noch kälteren Abend über, und sie brütete immer noch über ihren Papieren.

Weil die Geburt noch nicht unmittelbar bevorstand, war ihr Gemahl noch nicht an ihrer Seite. Er besuchte, da es Totensonntag war, die Messe im Augustinerkonvent, das sich dem Palast anschloss. Die Höflinge hatten bemerkt, dass die Monarchin sich in das Geburtszimmer zurückgezogen hatte, sie bereiteten sich darauf vor, die förmlichen Glückwünsche zu entbieten, sobald es an der Zeit war. Und einander fragten sie sich, ob es auch diesmal wieder ein Junge werden würde.

Die siebenunddreißigjährige Maria Theresia regierte Österreich, Ungarn, Böhmen und eine Reihe kleinerer Fürstentümer seit nunmehr vierzehn Jahren. Sie hatte dieses Reich, das einem Flickenteppich glich, von ihrem Vater, Kaiser Karl VI., geerbt, der zu seinem großen Kummer keinen männlichen Erben gehabt hatte, dem er seine Besitztümer hätte hinterlassen können. Anscheinend war ihm entgangen, über welch bemerkenswerte Fähigkeiten seine Tochter verfügte. Die junge Herrscherin saß noch nicht lange auf dem Thron, als die anderen europäischen Regenten schon bemerkten, dass sie über eine einzigartige Intelligenz und Befähigung verfügte, vor allem aber über eine unbeugsame Energie und eiserne Willenskraft.

Zu Beginn ihrer Regierungszeit war es ihr gelungen, die Versuche Preußens, Frankreichs und Bayerns zurückzuschlagen, sich ein Stück aus ihrem Reich einzuverleiben. Maria Theresia hatte die Herzen ihrer Soldaten gewonnen, indem sie beherzt und mit Schwung an ihrer Spitze geritten war. So hatte sie nicht nur an ihre Ritterlichkeit appelliert, sondern auch ihren männlichen Stolz herausgefordert. Ihre Armee gewann nicht jede Schlacht – die Heere ihres Erzfeindes, König Friedrich II. von Preußen waren den ihren oft überlegen –, aber sie verlor nie den Mut, selbst wenn sie eine Niederlage erlitten hatte. Nun, im Dezember 1755, anderthalb Jahrzehnte nach dem Tod ihres Vaters, regierte sie ein Land, in dem Frieden herrschte, dessen Staatseinkünfte zunahmen und dessen Armeen in Schlachten gestählt und bereit waren, für ihre Kaiserin in den nächsten Kampf zu ziehen.

In den Augen vieler galt Maria Theresia immer noch als eine attraktive Frau. In ihrer Jugend war sie außergewöhnlich hübsch gewesen, mit strahlend blauen Augen, einer hellen, porzellanfarbenen Haut, die nicht von Pockennarben entstellt war, und einer üppigen Mähne rotgoldener Locken. »Ihr Gang ist frei, ihre Haltung majestätisch«, so hatte der preußische Botschafter die junge Kaiserin beschrieben, »ihre Figur ist stark, ihr Gesicht rund und voll, und ihre Stimme klar und angenehm. Ihre Augen sind sehr groß und blicken lebhaft und freundlich«, fuhr er fort, »und ihr tiefes Blau ist höchst bemerkenswert. Ihre Nase ist ebenmäßig, weder hakenförmig noch stumpf. Ihre Zähne sind strahlend weiß und wirken äußerst charmant, wenn sie lacht. Obwohl sie einen großen Mund hat, ist er doch schön; ihr Hals und die Brust sind wohlgeformt, und ihre Hände sind exquisit.« Ihr

Mut und die Unbeirrbarkeit ihrer Gefühle beeindruckten den Diplomaten sehr. Obwohl die Sorge um die ständigen Kriegshändel sie quälen und fortwährend bedrängen mussten, so wirkte sie doch weder verhärmt noch gereizt.

»Ihre Gesichtsfarbe ist frisch«, merkte der Botschafter an, »und ihre Haut sehr klar, obwohl sie sich kaum darum kümmert. Ihr Auftreten ist lebhaft und fröhlich, und ihr Gruß stets warm und freundlich; es besteht kein Zweifel daran, dass Maria Theresia eine überaus charmante und reizende Frau ist.«[2] Der englische Botschafter schmeichelte ihr noch mehr. »Ihre Persönlichkeit wurde dazu geschaffen, eine Krone zu tragen«, notierte er, »und ihr Geist, um ihr Glanz zu verleihen. Aus ihrem Antlitz sprechen Gefühl, Verstand und Liebenswürdigkeit, und all ihre Bewegungen sind anmutig und voller Würde.«[3]

Das Alter und vierzehn Schwangerschaften hatten ihren Leib rundlich werden lassen und ihrem ohnehin vollen Gesicht ein Dreifachkinn hinzugefügt, aber in ihrem siebenunddreißigsten Jahr sah sie immer noch gut aus: mit ihrer aufrechten, königlichen Haltung und ihren gütigen, und immer wachsamen und schönen blauen Augen. Maria Theresia verwendete viel Mühe auf ihre Erscheinung und widmete die ersten Stunden ihres langen Arbeitstages (für gewöhnlich stand sie mit der Dämmerung auf) dem Ankleiden, der Schönheitspflege und dem kunstvollen Kräuseln, Aufstecken und Pudern ihres Haares. Bösartige Hofbeobachter behaupteten, sie unterzöge sich dieser Prozedur in dem vergeblichen Versuch, sich der Treue ihres Gemahls zu versichern; aber das kann nur einer ihrer Beweggründe gewesen sein.

Maria Theresia war sich ihrer Schönheit bewusst. Wie viele große Herrscherinnen der Vergangenheit nutzte sie ihre weibliche Ausstrahlung, um die Beschützerinstinkte ihrer Untertanen zu wecken und deren Herz und Respekt zu gewinnen. Was nun die eheliche Treue ihres Gemahls anbetraf, so gab sich die Kaiserin keinen Illusionen hin. Ihr war bekannt, dass Franz Mätressen aushielt, und selbstverständlich litt sie darunter – und sie wuchs an ihrem Leiden. Ihr Gemahl war nicht unbedingt lüstern, sondern eher träge und den Freuden des Lebens zugeneigt, sagte sie sich und tat damit diese delikate Angelegenheit ab. Für sie und ihre gemeinsamen Kinder empfand er Zuneigung. Gott hatte sie mit einer guten Ehe gesegnet, und sie würde sie nicht aufs Spiel setzen. Die Kaiserin hatte einmal einer Frau, die Grund hatte, sich über ihren Ehemann zu beklagen, geraten: »Vorwürfe, lang anhaltende Auseinandersetzungen und vor allem Streitigkeiten zu vermeiden.«

Mit ihren siebenunddreißig Jahren war die Kaiserin immer noch außergewöhnlich robust. Ihr Oberster Kammerherr stellte einmal fest, dass »sie jeder Ermüdung widerstehen kann und darin so manchen Mann übertrifft. »Maria Theresia verließ sich auf ihre erstaunliche Vitalität nicht nur, um ihre langen und anstrengenden Arbeitstage zu überstehen, sondern schöpfte aus ihr auch die unermüdliche Energie, die sie brauchte, um die wachsende Zahl ihrer Kinder zu gebären und großzuziehen. Wenn sie ging, dann schritt sie aus wie ein Mann. Ihr flinker, zielgerichteter Gang galt als ihr Markenzeichen. Man sagte von ihr, sie könnte niemals unerkannt auf einem Maskenball erscheinen, denn ihre Schrittfolge verrate sie stets. Und sie trainierte ihre Beinmuskeln mit energischen, vierstündigen Wanderungen durch ländliche Gegenden, wo die frische, kräftige und belebende Luft ihr Ablenkung von den ständigen Belastungen verschaffte.

Reiten, so fand sie, war für diesen Zweck noch besser geeignet. Die Kaiserin liebte das Reiten, je rücksichtsloser, desto besser, und saß rittlings wie ein Mann auf ihrem Ross. Nur in den letzten Monaten ihrer Schwangerschaften benutzte sie einen Damensattel. Sie unternahm Ausritte zu Landgasthäusern, zum Prater oder zu dem großen eingezäunten Gelände der Spanischen Hofreitschule, wo sie und ihre Hofdamen an spielerischen Turnieren, den Karussells, teilnahmen.

Die Kaiserin war niemals glücklicher als in den Momenten, in denen sie, mit Reithosen aus Chamoisleder und hohen Stiefeln unter ihren Röcken, in halsbrecherischem Tempo dahin galoppierte. Manchmal fand sie sich nach einem durchtanzten Abend in der Hofreitschule ein, um an einem Karussell teilzunehmen, das die ganze Nacht währte. Mit zunehmendem Alter unterzog sie sich nicht mehr ganz so häufig solchen Proben ihrer Ausdauer, ritt aber trotzdem oft und mit Lust. Wenn sie nicht auf einem Pferderücken saß, so lenkte sie ihre Kutsche eigenhändig mit einer solch enormen Geschwindigkeit, dass es den berittenen Leibregimentern, die sie begleiteten, schwer fiel, mit ihrem Tempo Schritt zu halten.

Im Geburtszimmer brachte der eisige Wind die Kerzen zum

Flackern. Die Kaiserin schob mit schmerzverzerrtem Gesicht die Papiere zur Seite, und gab der Hebamme ein Zeichen. In einem Moment der Entspannung, in dem der Schmerz nachließ, half man ihr in den Gebärstuhl. Sie umklammerte fest die Lehnen und begann zu pressen.

Kaiser Franz befand sich in der Augustinerkapelle und hatte einen Psalm angestimmt, als ihm mitgeteilt wurde, dass seine Frau kurz davor stand, ihr Kind zur Welt zu bringen. Unverzüglich kehrte er in den Palast zurück, und seine dringendste Sorge bestand darin, zu verhindern, dass sein vierzehnjähriger Sohn und Thronerbe Joseph etwas »sehen oder hören könnte, was unangebracht und seinem Alter nicht angemessen sei«. Joseph wurde ferngehalten, ebenso wie die anderen elf Kinder der kaiserlichen Familie (drei von Maria Theresias Kindern hatten das Kindesalter nicht überlebt), bis die gute Nachricht aus dem Geburtszimmer verkündet wurde. Die Bekanntgabe ließ nicht lange auf sich warten. Kurz vor acht Uhr hatte die Kaiserin einem weiteren Mädchen das Leben geschenkt. Das Kind war sehr klein und zart, aber offenkundig gesund, und es sollte auf den Namen Maria Antonia Josephina Johanna getauft werden.

Maria Theresia war mit geschlossenen Augen im Gebärstuhl zusammengesunken, atmete aber tief und regelmäßig. Sie ruhte sich aus, während die Hebamme und ihre Helferinnen sie und das Neugeborene versorgten. Ihr Gemahl war damit beschäftigt, die erforderlichen offiziellen Zeremonien einzuleiten: Die Segnung des Kindes, den Danksagungsgottesdienst und den Empfang, um die formellen Botschaften und Glückwünsche des Hofstaates entgegenzunehmen. Im Augenblick gab es nichts mehr für sie zu tun; aber sie konnte ein Dankgebet sprechen für die leichte Niederkunft und die göttliche Gnade, ein lebendes Kind geboren zu haben. Die Herrscherin ruhte sich aus, genoss die Kühle der Nachtluft, die aus dem offenen Fenster herein wehte, und nahm all die Geschäftigkeit um sich herum zwar wahr, beachtete sie aber nicht weiter. Später, nachdem die Hebamme gegangen und die kleine Maria Antonia zu ihrer Amme in den Kinderflügel des Palastes gebracht worden war, erhob sich die Kaiserin schwerfällig. Sie begab sich zu ihrem Schreibtisch, wo sie die Papiere wieder aufnahm, um die Dokumente erneut durchzulesen.

Obwohl Maria Antonia untergewichtig und schmächtig war, gedieh sie prächtig. Das Mädchen ähnelte seinem Vater, hatte dessen gerade Brauen, seine großen, weit auseinander stehenden Augen und seine bogenförmigen Lippen. Die Augenfarbe jedoch war die der Mutter, jenes besondere Blau, das als kaiserliches Blau bezeichnet wurde, ein reines, lichtes Himmelblau. Antonia oder Antoinette, wie sie an dem französisch sprechenden Hof gerufen wurde, war ein hübsches Kind, aber doch nur ein Mädchen, eine weitere Erzherzogin in einer Familie, die bereits sieben Erzherzoginnen, aber nur vier Erzherzöge hervorgebracht hatte.

Die Ankunft einer weiteren Erzherzogin rechtfertigte daher keinen besonderen Jubel. Es wurde kein großes öffentliches Bankett abgehalten, wie es nach der Geburt eines kaiserlichen Kindes üblich gewesen wäre. Statt dessen wurden zwei Tage offizieller Feierlichkeiten angekündigt, was bedeutete, dass der ganze Hof in großer Toilette erscheinen und man den Bürgern von Wien besondere Lustbarkeiten bieten würde. Anschließend würde das jüngste Mitglied der Kaiserfamilie in den Winkeln des Kinderzimmers verschwinden, und nach einer angemessenen Frist würde ein weiteres Kind folgen, dessen war sich der Hofstaat sicher.

Die Geschwister der kleinen Antoinette rangierten im Alter zwischen der erstgeborenen siebzehnjährigen Anna, die von schwacher Gesundheit war, und dem siebzehn Monate alten Ferdinand. Dazwischen kamen der älteste Sohn, Joseph, von den anderen distanziert durch die strenge und einzigartige Bestimmung, den Thron zu erben, und die dreizehnjährige Christine, die Lieblingstochter der Eltern. Ihnen folgten die zwölfjährige Elisabeth und der zehnjährige Lieblingssohn Karl, dann kamen Amalia und Leopold, die neun und acht waren. Drei Jahre trennten Leopold von dem nächstjüngeren Kind – eine Lücke, die durch den Tod eines schwächlichen Mädchens kurz nach der Geburt verursacht worden war. Die nächsten in der Reihenfolge waren drei Mädchen im Alter von fünf, vier und drei Jahren, Johanna, Josepha und Caroline, die zu Antoinettes Spielkameradin und Freundin wurde. Ein weiteres Kind, Maximilian, sollte ein Jahr nach Antoinette geboren werden.

Die Söhne und Töchter von Maria Theresia und Franz von Lothringen wohnten oft Konzertaufführungen, Theaterstücken und anderen höfischen Ereignissen bei, wo sie wie die Orgelpfeifen angeordnet neben ihren Eltern saßen; aufgereiht nach Geschlecht und Alter, die Jungen am nächsten, dann die Mädchen. Die Kinder waren wie kleine Erwachsene gekleidet. Die Jungen trugen samtene Jacken und Kniebundhosen über weißen Seidenstrümpfen, die Mädchen Seidenkleider mit viereckigen Ausschnitten und weiten Röcken, die sich unter eng geschnürten Miedern über steifen Reifröcken aus Fischbein bauschten. Sehr oft standen die Kinder auch exotisch kostümiert selbst auf der Bühne und traten in Balletten, Opern und Theaterstücken auf.

Beobachter vermuteten, dass sie übermäßig viel Zeit mit der Vorbereitung dieser Aufführungen verbrachten, und fragten sich, ob sie genauso intensiv für die ernsthaften Verpflichtungen des Erwachsenenlebens ausgebildet wurden. Aber ihre Auftritte erfreuten die Eltern, und besonders Maria Theresia ermutigte sie dazu, spezielle Abendunterhaltungen für ihren Vater vorzubereiten.

An einem dieser Abende im Jahre 1759 spielte der fünfjährige Ferdinand eine Ouvertüre auf der Kesselpauke, und anschließend deklamierte Maximilian, obwohl er kaum drei Jahre alt war, ein paar italienische Verse des Hofpoeten Metastasio, in denen er dem »august papa« (erhabener Papa) seine von Herzen kommende Huldigung darbot. Als Nächste sang die noch nicht vierjährige Antoinette ein französisches Lied. Ihre Schwestern spielten auf der Harfe und brachten italienische Arien zu Gehör, ihr Bruder Karl spielte die Geige, und Joseph die Bratsche.[4]

Keines der Kinder entwickelte eine musische Begabung, die über mehr als reine Liebhaberei hinausgegangen wäre, weder beim Singen noch beim Musizieren. Aber sie standen mit der Musik auf vertrautem Fuß. Wien war zum musikalischen Zentrum Europas geworden, Gluck und Haydn komponierten für den Hof und die kaiserliche Aristokratie. Das Wunderkind Mozart besuchte Schönbrunn und spielte für Maria Theresia und ihre Familie. Die Kaiserin hatte eine außergewöhnlich schöne Singstimme und wusste sie mit Kunstfertigkeit einzusetzen, aber ihr musikalischer Geschmack war eher anspruchslos. Was die Auswahl von Opern anbetraf, so gab sie regelmäßig den angenehmen und konventionellen Werken den Vorzug vor solchen, die tiefgründig waren oder neue Wege beschritten. Aber sie achtete darauf, dass ihre Kinder ein umfassendes musikalisches Wissen erhielten. Nicht nur dass jedes ihrer Kinder ein Instrument beherrschte – Antoinette spielte die Harfe –, sie spielten auch gemeinsam im Trio oder im Quartett und schlossen sich gelegentlich zu einem kleinen Orchester zusammen.

Auf die musikalische Erziehung der Kinder wurde viel mehr Sorgfalt verwendet als auf ihre Ausbildung in klassischen Fächern wie Geschichte, Geografie, Mathematik oder den alten Sprachen. Sie lernten Schönschreiben, Lesen und Französisch, und lediglich ein bis zwei Stunden pro Woche wurden dem Kartenstudium oder dem Lesen von Geschichten gewidmet. Priester unterwiesen sie in Morallehre und Religion. Die Mädchen beschäftigten sich außerdem mit Näharbeiten, die Jungen mit Florettfechten. Aber vor allem für die Mädchen war der Unterricht von untergeordneter Bedeutung. Sehr frühzeitig wurden sie der Obhut der Gräfin von Brandeis übergeben, einer bestenfalls ungemein nachsichtigen Erzieherin, von der sie wenig Selbstdisziplin oder Fleiß lernten. Maria Theresia legte ohnehin mehr Wert darauf, dass ihre Kinder gute Manieren hatten, gesund aßen und Mut und Selbstbewusstsein entwickelten, als dass sie sich um die Einhaltung eines regelmäßigen Unterrichtes gekümmert hätte.

Die Einstellung der Kaiserin wird deutlich, wenn man die Anweisungen liest, die sie der Gräfin von Lerchenfeld gab. Diese Hofdame war, als Antoinette noch klein war, mit der Beaufsichtigung von Johanna und Josepha betraut. »Ich bestehe darauf, dass sie alles essen, nicht herummäkeln oder sich nur die besten Bissen aussuchen und wählerisch sind«, erklärte die Mutter. »Des Weiteren soll es ihnen nicht gestattet werden, ihre Mahlzeiten zu kritisieren. An Freitagen, Samstagen und allen anderen Fastentagen sollen sie Fisch essen. Obwohl vor allem Johanna ihn nicht mag, darf sie nicht verwöhnt werden. Je eher ihr das abgewöhnt wird, desto besser. Alle meine Kinder hatten diese Abneigung, und alle haben sie überwunden.«

Darüber hinaus wurde den Mädchen nicht gestattet, ihre äußere Erscheinung zu vernachlässigen. Sie wurden jeden Tag »ordentlich gewaschen und gekämmt. Und es darf ihnen nicht erlaubt werden, Angst zu zeigen«, fuhr die Kaiserin fort, »weder vor Gewittern, Feuer, Gespenstern, Hexen noch vor anderem Unsinn. Die Diener sollen nicht über solche Dinge reden oder Gruselgeschichten erzählen.« Selbst über die gefürchtetste Geißel, die den Hof und das Land bedrohte, die Pocken, wurde freimütig und offen in Gegenwart der Kinder gesprochen, damit sie sich daran gewöhnten, Krankheit und Tod als natürliche und unvermeidliche Bestandteile des Lebens zu akzeptieren.

Die Kaiserin bestand darauf, dass ihre Kinder lernten, jedermann mit Höflichkeit zu begegnen, auch der Dienerschaft, und ganz besonders gegenüber Fremden. Sie sollten weder zu hochmütig noch zu vertraulich sein, sondern vornehm, distanziert und mit Würde die Balance zwischen diesen beiden Extremen erlernen. Kurzum sich ihrer Herkunft als würdig erweisen.

Maria Theresia war eine gewissenhafte und wohlmeinende Mutter, aber sie hatte auch die schwere Bürde der Regentschaft zu tragen. So erwies es sich als unumgänglich, die Pflichten, die das Aufziehen der Kinder mit sich brachte, auf andere zu übertragen. Sie vertraute die Gesundheit der Kleinen der Obhut ihres Hofarztes, Gerhard van Swieten, an, und eine Reihe von kaiserlichen Lehrern kümmerte sich um ihre Unterweisung. Während der Wintermonate, wenn sie in der Hofburg residierte, verbrachte sie die Zeit, die sie zwischen den Konferenzen mit ihren Vertrauten erübrigen konnte, gemeinsam mit ihren Kindern. Während der warmen Jahreszeit, wenn der Hof nach Schönbrunn übersiedelte, wurden jedoch nur die älteren Kinder mitgenommen; die jüngsten blieben in Wien und sahen ihre Mutter seltener. Als Erwachsene erinnerte sich Antoinette daran: Ihre Mutter war so sehr mit Staatsangelegenheiten beschäftigt, dass sie ihre Kinder manchmal nur alle acht bis zehn Tage sah.

Während Antoinettes ersten Lebensjahren war ihre Mutter beschäftigter denn je, sie führte Krieg.

In der Mitte des achtzehnten Jahrhunderts beherrschten zwei Großmächte Europa: das habsburgische Österreich auf der einen und die französischen Bourbonen auf der anderen Seite. Österreichischer Besitz war über ganz Zentraleuropa, Teile Italiens und die Österreichischen Niederlande (das heutige Belgien) verteilt. Durch ihren Gemahl Franz I., der den Titel Kaiser des Heiligen Römischen Reiches trug, hatte sie zudem einigen Einfluss auf die deutschen Fürstentümer. Die riesigen wohlhabenden Territorien, die von den Bourbonenkönigen beherrscht wurden, umfassten nicht nur das von ihnen regierte Frankreich, das seine Grenzen ausgedehnt und Lothringen erobert hatte, sondern auch Spanien, Süditalien und Sizilien. Frankreich machte sich auch Hoffnungen auf eine Eroberung Englands; König Ludwig XV. hatte mehrfach veranlasst, eine riesige Invasionsflotte bereitzustellen, die an der Südküste Englands landen sollte, und lediglich schlechtes Wetter oder ein Wechsel in den diplomatischen Beziehungen vereitelten diese Pläne in letzter Minute.

Schon seit dem sechzehnten Jahrhundert waren die beiden europäischen Großmächte verfeindet. Schlacht auf Schlacht, Regierung nach Regierung war die Rivalität bestehen geblieben, und einmal hatte die eine Seite sich obenauf befunden, dann wieder die andere. Um 1750 jedoch befand sich die althergebrachte Feindschaft zwischen den Bourbonen und den Habsburgern im Schwinden. England löste Österreich als Frankreichs Hauptrivalen ab. Die beiden Länder stritten um ihre Kolonien in Übersee. Österreich für seinen Teil hatte gelernt, die aggressive Macht Preußens mehr zu fürchten und ihm mit mehr Misstrauen zu begegnen als dem traditionellen Feind Frankreich. Friedrich II. von Preußen hatte bereits seine Zähne gezeigt, als er Schlesien eroberte, Österreichs reichste Provinz. Offensichtlich würde er sich nicht zufrieden geben, bevor er nicht noch mehr Habsburger Besitz an sich gebracht hatte.

Maria Theresia trachtete vor allem danach, Schlesien zurückzugewinnen und Österreichs Grenzen gegen Preußen zu sichern. Außerdem wollte sie sich an König Friedrich II. rächen, dem Mann, den sie das »Ungeheuer« nannte. Als zur Überraschung der diplomatischen Welt Preußen und England im Frühjahr 1756 einen Verteidigungspakt unterzeichneten, war damit die Grundlage für eine Annäherung zwischen Österreich und Frankreich gegeben. Zwei Diplomaten, der Graf (und später Fürst) Kaunitz auf österreichischer Seite und der französische Herzog von Choiseul favorisierten ein Bündnis beider Länder. Als Resultat ihrer Bemühungen wurde im folgenden März der Vertrag von Versailles geschlossen. Seine Bestimmungen sahen vor, dass beide Unterzeichnerländer sich gegenseitige Hilfe im Falle des Angriffes seitens einer dritten Macht zusicherten. Darüber hinaus erklärten sich die Mächte damit einverstanden, sich nicht in die militärischen Ambitionen der anderen Seite einzumischen.

Als preußische Truppen im August 1756 in Kursachsen einmarschierten, brach der Siebenjährige Krieg aus. Der Unterstützung ihres französischen Verbündeten gewiss, sah sich Maria Theresia in der Lage, ihre Kräfte darauf zu konzentrieren, dem Ungeheuer Friedrich II. zu widerstehen. Das Wohlergehen ihrer Truppen war der Kaiserin besonders wichtig. Sie stellte sicher, dass die Soldaten angemessen verpflegt, mit Schuhwerk versehen und gekleidet wurden. Kein Detail war unbedeutend genug, ihrer Aufmerksamkeit zu entgehen, weder der Schnitt einer Uniform, noch die Dicke einer Decke noch die Achsenstärke der Geschützwagen.

Unermüdlich brütete sie Stunde um Stunde mit ihren Ratgebern über Strategien und der Ausarbeitung von Feldzügen. Wenn sie dann später alleine in ihren weißgoldenen Schönbrunner Gemächern saß, grübelte sie über Taktiken nach und sann auf Lösungen zur Finanzierung ihres Heers. Schließlich entschied sie, eher ihre Juwelen zu versetzen, als ihre Männer unzureichend ausgerüstet in den Kampf zu schicken.

Im Verlaufe des Krieges zeigte sie eisernen Mut, als die Preußen drohten, auf Wien vorzustoßen. Die Stadt war schlecht verteidigt, denn den größten Teil des österreichischen Heeres hatte man in Böhmen konzentriert, da man hier den Angriff der preußischen Truppen erwartete. Maria Theresias Minister rieten ihr zur Flucht. Sie weigerte sich jedoch. »Der Hof bleibt bis zum Letzten«, gab die Kaiserin bekannt. Der Kronprinzessin von Sachsen schrieb sie: »Wir werden den Preußen begegnen, so gut wir können. Und wenn wir keine Armee zur Verfügung haben, so werden wir uns selbst mit Äxten und Pfeil und Bogen bewaffnen, die Frauen wie die Männer, um sie zu vertreiben.«

Wien blieb verschont. Ein österreichischer General griff die preußischen Versorgungswagen an, so dass Friedrich II. gezwungen war, sie zu zerstören, damit seine kostbaren Vorräte nicht dem Feind in die Hände fielen. Dieser Verlust zwang die Preußen zum Rückzug, und die österreichische Hauptstadt befand sich nicht länger in Gefahr. Der Krieg zog sich jedoch noch Jahre hin, und Maria Theresia verhärtete sich immer mehr. Ihre Falten wurden tiefer, ihre Kinder älter.

Eine kräftige, rotgesichtige Frau mit dem Mut einer Amazone, die Stirn gerunzelt von trotziger Entschlossenheit: So sah Antoinette ihre Mutter in ihren frühesten Erinnerungen. Wenn sie zu ihrer Mutter gebracht wurde, blickte die Kaiserin von ihren Papieren auf und betrachtete ihre Tochter durch ein Vergrößerungsglas. Auf ihrem Gesicht zeichnete sich die Billigung dessen ab, was sie zu sehen bekam. Die Herrscherin stellte ein paar Fragen an van Swieten und die Gräfin von Brandeis. Aß Antoinette ihren Fisch? Hatte sie irgendwelche närrischen Ängste entwickelt? Das Mädchen wirke klein für sein Alter. War sie bei ausreichender Gesundheit? Zufrieden mit den Antworten wandte Maria Theresia sich wieder den dringlichen Geschäften zu, die der anhaltende Krieg erforderlich machte. Das stille, hübsche und liebenswerte Kind mit den großen Augen wurde dann aus dem Zimmer geführt.

# 2

Der Hof von Maria Theresia war einer der größten Europas. Nicht weniger als zweitausendfünfhundert Menschen dienten der Kaiserin, führten ihre Anweisungen oder die ihrer Minister aus. Sie fegten, säuberten und richteten die aberhundert Räume ihrer großen Paläste ein, sie kauften und schlachteten die vielen Kühe, Schweine, Schafe und Hühner, die in den Palastküchen zubereitet wurden. Die Staatsgemächer und die Räume der Adligen, die am Hofe lebten, wurden von ihnen instand gehalten, ausgemalt und dekoriert. Eine Armee von Dienern war nötig, um die großen Porzellanöfen, mit denen die Räume beheizt wurden, zu versorgen, um die Berge von Leinen, die sich ansammelten, zu waschen, um die Abfälle wegzuschaffen, um die Bratspieße in den Küchen zu drehen und auch noch bei den eleganten Abendvorstellungen des Palasttheaters aufzuwarten. Die Dienerschaft der Kaiserin hatten, um den riesigen Haushalt aufrechtzuerhalten, eine wahrhaft herkulische Aufgabe zu bewältigen, und zusätzlich mussten sie sich auch noch um viele andere Dinge kümmern. Zum Beispiel dafür sorgen, dass frischer Schnee aus den Bergen herangeschafft wurde, damit die kaiserlichen Kinder Schlitten fahren konnten, wenn der Schnee am Ort zu schmelzen begann. Die silbernen und goldenen Krüge und Becken, die hochwohlgeborene Aristokraten benutzten, um sich zu waschen, mussten immer gefüllt sein. Und sie vergaßen auch nie, bei den Molkereien von Schönbrunn nach dem Achtelliter frischer Milch zu schicken, den die Kaiserin tagtäglich verlangte, um ihre Tasse damit zu füllen.

Die bedeutenden Ämter am Hofe waren erblich, die Aufgaben gingen vom Vater auf den Sohn über. Jede Generation hatte sich aufs Neue mit den Gepflogenheiten einer jeden Abteilung des Haushaltes vertraut zu machen. Der Oberhaushofmeister war für die Einhaltung des Protokolls im Thronsaal zuständig und musste wissen, wie und zu welchem Zeitpunkt die Personen, die eine Audienz bei Maria Theresia hatten, anzukündigen waren. Der Pferdemeister hatte sich mit dem Betrieb der Ställe vertraut zu machen und war verantwortlich für Dutzende gut ausgebildeter Reitknechte und Stalljungen, ihm unterstand die Kaiserliche Reitschule, außerdem oblag ihm der Kauf von Kutschpferden, von Arbeitspferden und der kostspieligen Reitpferde, die die Kaiserin bevorzugte.

Der Haushofmeister, der Vorstand der Wasch- und Spülküche, der oberste Falkner, die Verantwortlichen für die Schatzkammer und die Garderobe – sie alle brauchten Jahre, um die Pflichten die ihr besonderer Verantwortungsbereich erforderte, perfekt zu beherrschen.

Maria Theresia beschäftigte hundertzwanzig Kämmerer, um das Budget zu kontrollieren und die Bediensteten zu bezahlen. Diese Kämmerer waren die eigentlichen Organisatoren und sorgten für einen reibungslosen Betrieb des Hofes. Über ihnen rangierten die Inhaber offizieller Ämter, Mitglieder des höchsten Adels, die eifersüchtig die Privilegien ihrer Stellung hüteten und darauf bedacht waren, dass der Glanz der Kaiserin auf sie abfärbte. Diese Auserwählten hielten sich ihre eigenen kleinen Höfe inmitten des großen kaiserlichen Hofes, komplett mit Oberdienern, Unterdienern, Köchen, Stalljungen und Schmarotzern.

Während der Wintermonate residierte der kaiserliche Hofstaat in der Hofburg, die aus einer Ansammlung von Gebäuden bestand, die meisten davon eng und sehr alt und um eine Reihe von Höfen gruppiert. Die Hofburg glich eher einer Festung als einem Palast, und ihre zweitausendsechshundert Räume waren eher zweckdienlich als prunkvoll ausgestattet.

Die weißgoldene Pracht von Schönbrunn jedoch, wohin sich der Hof bei wärmerem Wetter begab, war ein Augenschmaus. Maria Theresia hatte es auf dem Gelände errichten lassen, auf dem eine bescheidenen Jagdhütte ihres Großvaters, König Leopold, gestanden hatte. Schönbrunn erhielt seinen Namen von den »schönen Brunnen«, die in seinen Gärten sprudelten. Seine fast hundertachtzig Meter lange Fassade öffnete sich auf einen Hof, dahinter waren ausgedehnte Gärten mit zahlreichen Statuen und spektakulären Springbrunnen. Das riesige Gelände barg Gewächshäuser, eine Menagerie sowie botanische Gärten, außerdem das prunkvolle marmorne Sommerhaus, die Gloriette. Hier hielt sich die Kaiserin am liebsten auf.

» Es gibt nichts auf der Welt, nicht einmal Diamanten, die mich so sehr ansprechen wie das, was aus Indien kommt«, sagte Maria Theresia einmal, und in Schönbrunn schwelgte sie geradezu in indischen Sachen. Ihre Privatgemächer im Erdgeschoss ließ sie in indischem Stil ausmalen, mit Wänden voller Dattelbäume, Vögeln und Girlanden aus Blumen und Früchten. Der blaue chinesische Salon, eines der reich verzierten Staatsgemächer des Palastes, war mit handbemalten Tapeten ausgestattet, auf denen goldene und schwarze exotische Gestalten auf einem tief blaugrünen Hintergrund dargestellt waren – eine Farbgebung, deren fernöstliche Ausstrahlung eine Abwechslung zu dem vorherrschenden Weiß und Gold des Schönbrunner Rokoko bot. Der Lack Raum war mit schwarzen, und mit Chinoiserien verzierten Paneelen ausgestattet, im Porzellanzimmer hatte man kostbare chinesische Vasen und andere Kunstgegenstände ausgestellt, und ihre durchscheinende Oberfläche reflektierte den Glanz der Kerzen, die auf reich verzierten Kronleuchtern brannten. Um ihren Millionenraum zu schmücken, der so genannt wurde, weil seine Ausstattung angeblich eine Million Gulden gekostet hatte, befahl die Kaiserin ihrem Botschafter am Hofe des Sultans, persische und hinduistische Miniaturen zu kaufen; sie wurden rings an den Wänden angebracht, und die Szenen mit den Elefanten und Reitern, den Kriegern und Tempeln prangten in brillant leuchtenden Farben.

Es dauerte Jahre, bis Schönbrunn in all seiner Pracht fertig gestellt war. Als der kaiserliche Hof dort einzog, sahen sich die Höflinge dazu gezwungen, ihren Pflichten und auch ihren Vergnügungen inmitten eines Chaos unvollendeter Bautätigkeit nachzugehen. Die Große Galerie, die man als Schauplatz von Galavorstellungen und feierlichen

Empfängen vorgesehen hatte, war auf ihrer ganzen Länge von fünfzig Metern eingerüstet, und es dauerte Jahre, bis Arbeiter die riesige Decke vollendet hatten. Überall im Palast waren Maler und Vergolder am Werk, und auf dem viele Hektar umfassenden Gelände rund um den Palast arbeiteten Mannschaften von Gärtnern und Untergärtnern das ganze Jahr über daran, Wege anzulegen, Teiche auszuheben und Buschwerk und Bäume zu roden.

Die ständige Unordnung in Schönbrunn war nichts im Vergleich zu dem Aufruhr und den Unannehmlichkeiten, die bei einem Umzug des Hofes entstanden. Wenn die Kaiserin reiste, mussten ihr Personal und ihre Dienerschaft sie begleiten. Bei kurzen Reisen wurde ihre persönliche Kutsche – in der sie für gewöhnlich in der Begleitung ihres Gemahls und der ersten Hofdame reiste –, von mindestens fünfundzwanzig weiteren Fahrzeugen begleitet. Hinzu kamen Postillione, Trompeter, Höflinge, Pagen und berittene Leibwächter, außerdem Kutschen für die Hofdamen und Zofen, den Leibkoch, den Kellermeister und die zahlreichen Köche, die bei Festen gebraucht wurden. Der Apotheker reiste in einer eigenen Kutsche, ebenso wie der kaiserliche Vorsteher über das Leinen sowie die persönlichen Leibgardisten, die bei Festen und Staatsanlässen vor den Türen standen. Außerdem der Beichtvater der Herrscherin und ihr Kaplan. Vier spezielle Küchenwagen transportierten Vorräte, Utensilien und Gerätschaften. Riesige Wagen, die von jeweils vierundzwanzig Kutschpferden gezogen wurden, waren mit dem Gepäck der Adligen und Vorräten beladen. Da die Kutschen und Wagen oft während längerer Fahrten zusammenbrachen, mussten zwei Kutschenmeister und ein Schmied im Gefolge mitreisen. Außerdem führte man drei Reservekutschen und zwanzig Ersatzpferde mit. Bedenkt man den Zustand der schmalen und ungepflasterten Landstraßen, die von tiefen Löchern übersät und von Furchen durchzogen waren, den Staub im Sommer und den Schlamm im Winter, so konnte die kaiserliche Reisegesellschaft von Glück sagen, wenn sie an einem guten Tag hundert Kilometer zurücklegte, unterbrochen von drei oder vier Pausen, um die Pferde zu wechseln. War das Wetter schlecht und die Straßen überflutet, kam man erheblich langsamer voran. Wenn sogar die Reservekutschen einen Achsenbruch hatten, der repariert werden musste, kam die ganze Gesellschaft zum Halten.

Die kleine, dunkle und dicht bevölkerte Stadt Wien barg in ihren mittelalterlichen Mauern fünf Quadratkilometer unbändiger Aktivität und unbeschreiblichen Schmutzes. Besuchern erschien es, als sei jeder Bewohner der Stadt entweder bei Hofe angestellt oder habe dort ständig Geschäfte zu erledigen. Auf den Straßen drängten sich Diener, Beamte und Bittsteller, die zur Hofburg oder wieder zurück eilten, da waren Adlige, die in ihren Sänften zum Palast getragen wurden, und Künstler brachten ihre Werke zu ihren adligen oder kaiserlichen Kunden. Die Menschenmenge war vielsprachig. Wiens enge Gassen waren voller Leute, die aus den verschiedensten Ländern stammten, wie ein englischer Reisender schrieb. »Dauernd treffe ich Ungarn, Griechen, Türken und Polen, und alle sind sie in die typischen Gewänder ihrer Heimatländer gekleidet. Es gibt nichts, was sehenswerter und amüsanter wäre als solch eine Mannigfaltigkeit, die man in London oder Paris kaum zu sehen bekommt.«[1]

Um dem gewaltigen Druck all der Menschen, die in der Stadt untergebracht werden wollten, zu begegnen, errichtete man Gebäude, die fünf oder sechs Stockwerke hoch waren. Jedes dieser Geschosse wurde von mehreren Familien bewohnt. »Die Baumeister haben, so scheint es, eine Stadt auf die andere gesetzt«, bemerkte ein anderer Besucher. »Die Gemächer der feinsten Damen sind durch nichts weiter als eine Wand von den Räumen eines Schneiders oder eines Schuhmachers getrennt. Ich kenne niemanden, der mehr als zwei Geschosse eines Hauses besitzt, eines für den eigenen Gebrauch, und ein höher gelegenes für die Diener.« Durch kaiserliche Anordnung waren die unteren Stockwerke für Angehörige des Hofpersonals reserviert.[2] In den Dachgeschossen waren Perückenmacher, Schneider, Stiefelmacher und Juweliere damit beschäftigt, die feinen Waren herzustellen, nach denen die Höflinge verlangten.

Ein großer Teil der Stadt war für jene reserviert, die dem kaiserlichen Haushalt dienten oder von ihm abhängig waren. Für einfache Bürger gab es kaum Wohnungen. Sogar viele Händler waren dazu gezwungen, in den sich ausbreitenden Vororten zu übernachten und des Morgens zu den Stadttoren zu kommen, um dann den Tag damit zu verbringen, von Tür zu Tür gehend ihre Waren anzubieten. Die Überbevölkerung hatte Schmutz, Gestank und Lärm zur Folge. Die Straßen zu säubern, wäre ein unmögliches Unterfangen gewesen, hätte man es denn versucht. Die Treppenhäuser der großen Gebäude gehörten niemandem und allen; Schmutzwasser und Abfälle verfaulten auf den marmornen Treppenabsätzen, und Berge von Unrat verfärbten die großzügigen Treppen. Von jeder Straße, jedem Durchgang, jeder Gasse stieg ein grauenvoller Gestank auf. Die empfindlicheren Wiener Bürger hielten sich parfümierte Taschentücher vors Gesicht, wenn sie in ihren Sänften durch die Straßen getragen wurden. Dem Gestank entsprach der Lärm. Die Straßenhändler versuchten, einander über das Hufgeklapper und das Rattern der Kutschenräder zu überschreien. Ihre rauen Rufe mischten sich mit den Verwünschungen der Kutscher und den entrüsteten Flüchen der Fußgänger, die sich durch überfüllte Straßen drängten.

Das babylonische Gewirr in den Straßen Wiens fand seine Entsprechung – wenn auch in abgemilderter Form – in dem Babylon des Palastes. »Jedermann spricht hier vier Sprachen!«, kommentierte ein französischer Beobachter, und das war eine gelinde Untertreibung. Das habsburgische Herrscherhaus sprach Deutsch, aber die Hofsprache war Französisch. Viele der Höflinge stammten aus Ungarn oder waren Tschechisch sprechende Böhmen, und zu jeder Stunde konnte man in den Korridoren der Hofburg Portugiesisch, Holländisch oder Italienisch hören, außerdem eine Vielzahl slawischer, deutscher und schweizerische Dialekte. Der Obersthofmeister Khevenhüller beschwerte sich darüber, dass »die Etikette bei Hofe heutzutage seltsam konfus und unregelmäßig« sei, und er bemerkte, dass anlässlich eines Banketts in Schönbrunn »sich jeder dort niederließ, wo es ihm gerade passte, um Streit über Rangordnungen zu vermeiden«.[3]

Das Nachlassen der strengen Förmlichkeit ging mit einem Verlust der Sparsamkeit einher, die während der Zeit von Karl VI. so charakteristisch für den Habsburger Hof gewesen war. Unter der Herrschaft Maria Theresias fühlten sich die Adligen frei genug, ihre extravagant großen Reichtümer ebenso extravagant auszugeben. Und ihr Reichtum war in der Tat außergewöhnlich. Der überwiegende Teil des habsburgischen Besitzes war feudal strukturiert. Alleine auf den kaiserlichen Gutshöfen arbeiteten zwanzigtausend Leibeigene; weitere Millionen waren auf den Gütern der Feudalherren beschäftigt. Mit ihrer Arbeit schufen sie die Reichtümer. Die ungarischen Esterházys lebten wie die Könige und regierten ganze Länder, und zu ihrem Besitz gehörten zahllose Schlösser und ungezählte Dörfer. Nikolaus

Esterházy, den man »Nikolaus den Prächtigen« nannte, baute einen Palast, der Versailles Konkurrenz machen sollte, und einige böhmische Landbesitzer verfügten über Einkommen, die das der Esterházys noch überstiegen.

Bei Hofe kleideten sich die Adligen mit auffälliger Pracht. Sie trugen kostbare Gewänder, die mit Gold- und Silberfäden bestickt waren, Rubinknöpfe und diamantene Schuhschnallen und Ringe und Uhren, die vor riesigen Diamanten nur so funkelten. Ein aristokratischer Minister brüstete sich damit, dreihundert verschiedene Anzüge zu besitzen, von denen keiner dem anderen glich, jeder Einzelne komplett mit passender Uhr, Schnupftabakdose, einem spanischen Rohrstock und Schwert. Man behauptete, seine Garderobe fülle zwei ganze Räume seines Palastes – und außerdem besaß er auch noch zweihundert Paar Schuhe, achthundert Schlafröcke und fünfzehnhundert Perücken.

Auch die Vergnügungen waren extravagant. Die verschwenderischen Tanzvergnügen, Gesellschaften und Maskenbälle, die in Schönbrunn stattfanden und bei denen zehntausend Gäste in drei weitläufigen Sälen bewirtet wurden, wurden von den Aufsehen erregenden Festen, die der Adel für Maria Theresia und ihr Gefolge veranstaltete, fast übertroffen. Es gab Jagden und Bälle, Feste und Theatervorstellungen. Oft wurden für diese Gelegenheiten neue Gebäude errichtet, neue Opern in Auftrag gegeben und neue Gärten angelegt.

Als der Fürst von Sachsen-Hildburghausen Maria Theresia im Herbst des Jahres 1754 in seine Residenz einlud, scheute er keine Kosten, um ihr den dreitägigen Aufenthalt unvergesslich zu machen. Am ersten Tag wurden den kaiserlichen Gästen ein Konzert und eine Theateraufführung, die in den wunderschön illuminierten Gärten stattfand, geboten. Am folgenden Tag wurde eine spektakuläre Jagd abgehalten. Der Tag endete mit einer Opernaufführung und einem üppigen Bankett. Am dritten und letzten Tag übertraf sich der Fürst selbst. Er hatte seinen Kämmerern befohlen, ein »Wasserkarussell« vorzubereiten, das auf einem großen Teich stattfand. In der Mitte des Teiches befand sich eine Insel, auf der wilde Tiere angekettet waren, die eine Kakophonie von Heulen und Brüllen ausstießen. Es gab dort Bären, denen man Kniehosen angezogen hatte, als Kolombinen verkleidete Schweine und zwei riesige Bullen – außerdem Dutzende von Enten, Gänsen und Schwänen. Inmitten all des Lärms sang ein Chor,

Musikanten spielten, und auf ein Zeichen hin ließ man Vögel fliegen, Füchse und Hasen wurden freigelassen, um über den Teich ins Trockene zu schwimmen. Zum Finale zog man ein riesiges Segelschiff auf Rädern zum Teich. Seine Planken ächzten unter dem Gewicht des Fleisches, des Brotes und der Käse, mit denen es beladen war.

Während dieser Galavorstellungen war Franz von Lothringen immer an der Seite seiner kaiserlichen Gemahlin, und mit seiner Sanftmut und Freundlichkeit gereichte er ihrem Hofe zur Ehre.

»Kümmert euch nicht um mich«, sagte er einmal einer Gruppe von Höflingen, die ihm ihre besondere Ehrerbietung erweisen wollten, »ich bin nur der Gemahl; die Kaiserin und ihre Kinder sind der Hof.« Er war mehr als der Prinzgemahl, er war der Kaiser des Heiligen Römischen Reiches und trug somit einen Titel, dessen Erbe ihm Maria Theresia nach dem Tod seines Vaters gesichert hatte. Dennoch wirkte er, mit seinem Auftreten, mit seiner liebenswerten Bescheidenheit, seinem grässlichen Deutsch und seinem nervösen Husten nicht kaiserlich.

Neun Jahre älter als Maria Theresia, war er am Hofe ihres Vaters erzogen worden, wo er sich bei der Jagd und dem Florettfechten hervorgetan, es andererseits aber erfolgreich vermieden hatte, erfolgreich Lesen und Schreiben zu lernen.

Maria Theresia betete ihn an, und zu angemessener Zeit wurden sie miteinander vermählt – allerdings nicht ohne ein beachtliches Opfer von Franzens Seite. Eine Bedingung ihres Ehekontraktes sah seinen Verzicht auf seine lothringischen Erbrechte vor, wodurch er wenig mehr wurde als Maria Theresias Gemahl. Zur rechten Zeit stellte sie sicher, dass er zum Heiligen Römischen Kaiser gewählt wurde, aber der Titel brachte ihm außer zeremoniellen Pflichten nur wenig wahre Macht. Er versuchte, sich beim Militär nützlich zu machen, war als General aber eher eine Enttäuschung.

Obwohl Franz kaum als leuchtendes Vorbild bezeichnet werden konnte, so war er doch bestimmt keine Last bei Hofe und verdiente keinesfalls die herzlose Beschreibung seines Sohnes Joseph als »ein Müßiggänger, der von Schmeichlern umgeben ist«. Der Kaiser verstand sich auf den Umgang mit Geld, investierte sein eigenes Einkommen gewinnbringend und stand den Kämmerern beratend zur

Seite. Er beteiligte sich an der Planung von Schloss Schönbrunn, versuchte sich als Amateurchemiker, und er stand immer zur Verfügung, wenn er in der Rolle des vornehmen Gastgebers und gut aussehenden Begleiters seiner Frau gebraucht wurde. Fleißig zeugte er sechzehn Kinder. Und für Maria Theresia war er ganz einfach »der beste Ehemann der Welt«.

Sie liebte ihn, obwohl sie wusste, dass er alles andere war als der beste Ehemann der Welt. Franz hatte eine Schwäche für schöne junge Frauen, der er allzu öffentlich frönte. Maria Theresia versuchte mit aller Macht, den Anschein einer behaglichen Häuslichkeit zu schaffen, und nach außen hin sollte die schöne Illusion gewahrt werden, dass sie, ihr Gemahl und die Kinder hinter der Fassade des Kaisertums nichts anderes seien als eine ganz normale österreichische Familie, die ein angenehmes, anständiges Leben führte und den Verlockungen von Extravaganz und Kultiviertheit nicht erlag. Dieses Bild wurde jedoch durch das Verhalten ihres Gemahls zerstört. Und sie, eine mit starkem Willen, Klugheit und Macht ausgestattete Frau, dachte unverzüglich an Rache.

Franz hatte früh angefangen herumzustreunen, und er flirtete häufig und gern mit den charmanten jungen Tänzerinnen und Opernsängerinnen der Wiener Theater. Wegen einer jungen Tänzerin machte er sich derartig zum Narren, dass man sie dazu drängte, das Land zu verlassen. Die elegant gekleideten und mit Juwelen geschmückten Damen des Hofes hatten es ihm ebenfalls angetan. Im Jahre 1755, in dem die Kaiserin ihr fünfzehntes Kind, die achte Erzherzogin Antoinette, gebar, verliebte er sich in eine dieser Damen. Es handelte sich um die Prinzessin von Auersperg, eine siebzehnjährige Schönheit mit einer Fülle weichen braunen Haares und einem liebreizenden Gesicht. Trotz des Altersunterschiedes – er war dreißig Jahre älter als die Prinzessin – entwickelte er eine tiefe und lang anhaltende Zuneigung zu ihr. Er betrachtete sie nicht nur als seine Mätresse, sondern auch als Vertraute und Freundin. Abgesehen von ihrer Jugend und ihrer Schönheit scheint sie noch andere Vorzüge gehabt zu haben, die der Kaiserin fehlten, und so trachtete er danach, so oft wie möglich mit ihr zusammen zu sein. Franz kaufte ihr ein Haus, um sich dort mit ihr treffen zu können, und er arrangierte viele Treffen in einer seiner Jagdhütten oder seiner Theaterloge in Wien.

Franz verhielt sich wenig diskret. Ein Besucher am österreichischen Hofe schrieb, dass »der Kaiser kein Geheimnis aus seiner Leidenschaft für sie« mache. Sogar die Kinder des Kaiserpaares wussten genau, was vor sich ging. »Der Kaiser ist ein sehr gutherziger Vater«, notierte die Erzherzogin Christine«, man kann sich immer auf ihn als Freund verlassen, und wir müssen unser Möglichstes tun, um ihn vor seinen Schwächen zu schützen. Ich meine damit sein Betragen gegenüber Prinzessin Auersperg.«

Der Erzherzogin zufolge war ihr Vater vollkommen dem Einfluss der Prinzessin erlegen, und ihre Mutter war »sehr eifersüchtig auf seine Hingabe«.[4]

Tatsächlich tat Franz nur das, was nahezu jeder Mann von Herkunft und Rang für selbstverständlich hielt. Wien war immer eine »Stadt des ungehinderten Ehebruches« gewesen, wie ein Besucher anmerkte, und Ehemänner und -frauen sahen über die jeweiligen Liebschaften ihrer Angetrauten hinweg und behandelten die Liebhaber der anderen Seite sogar mit Höflichkeit. »Männer betrachten die Galane ihrer Frauen als willkommene Stellvertreter, die ihnen die weniger angenehmen Pflichten ihrer Verbindung abnehmen«, hatte Lady Mary Wortley Montague während der Regierungszeit von Maria Theresias Vater in einem Brief angemerkt, »obwohl sie damit nicht weniger zu schaffen haben, denn sie sind für gewöhnlich anderen Orts selbst Stellvertreter. Kurz gesagt, es ist hier selbstverständliche Sitte, dass jede Frau zwei Ehemänner hat, einen dem Namen nach und einen, der die ehelichen Pflichten erfüllt.«[5]

Diese außerehelichen Liebschaften hielten für gewöhnlich lange, und man besiegelte sie mit Abkommen, die die finanziellen Zuwendungen regelten, welche die Frauen von ihren Liebhabern erhielten. Ohne eine solche »Pension« und ohne Liebhaber konnte eine Frau nicht für sich in Anspruch nehmen, vornehm zu sein, bemerkte Lady Mary. Die Sicherung der »Pension« galt den Damen als der wichtigste Bestandteil des Geschäftes. Diese Arrangements waren so selbstverständlich, dass Gastgeberinnen nicht nur den Ehemann, sondern auch den Liebhaber einer Frau einzuladen und die Dame bei Tisch zwischen die beiden Männer zu setzen pflegten.

Selbstverständlich missbilligte die Kirche solchen Missbrauch des Ehestandes. Aber das blieb ohne Auswirkung auf die Sitten der Wiener. »Sie sündigen, beten und beichten«, kommentierte ein Zeitgenosse«, und dann fangen sie von vorne an, aber nie vergessen sie, die Messe zu besuchen.« Religion und Vergnügen standen sich in der damaligen Vorstellungswelt nicht im Weg, und die alten Sitten wurden aufrechterhalten, obwohl es immer offensichtlicher wurde, dass die Kaiserin alles andere als erfreut darüber war.

Maria Theresia, die sowohl ihre Religion als auch ihre Ehe sehr ernst nahm, verdross dieses Treiben immer mehr. Sie war fest entschlossen, all ihre Autorität einzusetzen, um ihre Untertanen dazu zu bringen, in ihrem Privatleben treu und anständig zu sein.

Die wichtigste Institution in ihrer Sittlichkeits-Kampagne war die Keuschheitskommission, eine spezielle Polizeiabteilung, deren fünfhundert Beamte die Aufgabe hatten, das Laster zu bekämpfen. Unterstützt von einem riesigen Kader Spione und Informanten infiltrierten die Polizisten der Kommission Versammlungen, Theater, öffentliche Bankette und sogar Privathäuser. Jeder, den sie verdächtigten, vom Pfad der Tugend abgekommen zu sein, wurde verhaftet. Männer, die man in Gesellschaft »loser Weiber« antraf, wurden festgenommen, Frauen, die ihre Häuser nach Einbruch der Dunkelheit ohne angemessene Begleitung verließen, wurden der Liederlichkeit bezichtigt. Fremde, die man einer lockeren Moral verdächtigte, wurden des Landes verwiesen, und fahrende Unterhaltungskünstler, vor allem Italiener, wurden aus Wien verjagt, wenn die Kaiserin Grund hatte zu glauben, dass sie die Sittlichkeit der Bürger untergruben.

»Ich habe gehört«, so schrieb sie dem Vorsitzenden der Keuschheitskommission«, dass ein Mann mit Namen Palm eine unbescholtene Tänzerin am Deutschen Theater verführt und durch Versprechungen dazu gebracht hat, ihm in gleicher Weise zu dienen wie sein Eheweib. Ihr werdet diesen Fall untersuchen und die Wahrheit ans Licht bringen. Es war sehr schlecht von Palm, ein solcher Heuchler zu sein, aber auch das Mädchen hat sich schlecht benommen, indem es ihm so geschadet hat.«[6]

Hunderte solcher Fälle wurden untersucht, und viele Menschen sahen sich der Gnade der Polizei ausgeliefert. Der lange Arm der Keuschheits-Kommision reichte bis über die Landesgrenzen in andere Staaten. Als die Kaiserin erfuhr, dass einer ihrer Untertanen, ein verheirateter Adliger, mit seiner Mätresse in der Schweiz zusammenlebte, wies sie die Kommission an, dafür zu sorgen, dass die beiden ausgeliefert und entsprechend bestraft würden. Nach einiger Zeit wurden die beiden nach Wien zurückgebracht, und Maria Theresia sah von den Strafen ab, die sie ihnen zunächst zugedacht hatte, nämlich die Frau in ein Kloster zu stecken und den Mann enthaupten zu lassen. Die üblichen Strafen für Untreue waren schlimm genug. Die Verurteilten wurden an Steinsäulen an den Stadttoren gekettet, ihre Knöchel an Kanonenkugeln befestigt. Oft mussten sie Wochen oder sogar Monate dort ausharren, der Gnade der Vorübergehenden ausgeliefert.

An den angeketteten Missetätern sollte ein öffentliches Exempel statuiert werden, aber dieser Plan misslang. Die Wiener sperrten sich gegen Maria Theresias Politik. Anstatt die Ehebrecher verhungern zu lassen, versorgten sie diese mit Nahrung, und zwar reichlich, und sie lachten Maria Theresia aus, während sie es taten. Die Kampagne für Keuschheit erlitt einen Rückschlag und Witze und Spötteleien über die edel gesonnene Kaiserin und ihren lasterhaften Gemahl machten die Runde. Die Leute behaupteten, Maria Theresia habe sich höchstpersönlich ihrer Geheimpolizei angeschlossen, durchstreife, als Mann verkleidet, die Straßen von Wien und suche, kurzsichtig in dunkle Ecken spähend, nach Franz. Die Kaiserin ihrerseits reagierte auf die öffentliche Verspottung, indem sie immer bissiger und gereizter wurde und ihre Minister beleidigte.

Nach weniger als einem Jahr löste sie die Keuschheitskommission auf – das Personal jedoch blieb unangetastet, fuhr mit seiner Überwachungsarbeit fort und sandte ihr weiterhin Berichte –, aber sie dehnte ihre Kampagne zur Verbesserung der Moral auf andere Gebiete aus. Sie erließ ein Edikt gegen das Duellieren, welches jedoch weitgehend ignoriert wurde. Außerdem versuchte sie, die Glücksspielmanie ihrer Höflinge zu kontrollieren. Jeder Spieler, der um hohe Einsätze spielen wollte, musste zuvor hohe Lizenzsummen für die Spielgenehmigung an die Kaiserin zahlen. Der Erlös aus diesen Lizenzverkäufen ging an wohltätige Einrichtungen.

Ein weniger hochgeistiger Herrscher hätte das Ergebnis, das all die Bemühungen Maria Theresias zeitigten, vorausgesehen. Das Laster wurde weniger sichtbar (»Ich kann mir keine Stadt in Europa vorstellen«, schrieb ein Engländer, der Wien besuchte, »in der ein vornehmer junger Mann weniger Gelegenheiten hätte, Glücksspiel, offenes Laster oder wüste Ausschweifungen zu sehen oder gar daran teilzunehmen, als in Wien.«), war aber nicht weniger verbreitet. In den Untergrund vertrieben, gedieh es besser denn je und wurde immer schmutziger. Die Polizei, sei es nun mittels Bestechung oder Absprachen, schaute entweder weg oder beteiligte sich sogar.

Geschichten machten die Runde, über Kinderprostitution und einen Erzbischof, der an einem Bordell verdiente. Angeblich fanden geheime Orgien statt, an denen prominente Männer und Frauen des Hofes teilgenommen haben sollten und die gar mit einer Geheimsprache in der Gegenwart der Kaiserin geplant und besprochen worden seien.

Trotz all ihrer Bemühungen musste Maria Theresia eingestehen, dass ihre Untertanen in der Mitte ihrer Regierungszeit schlechter waren als zu Beginn. Jeden Morgen hörte sie die Schüsse der Duellanten, die sich in der Dämmerung vor den Stadttoren trafen. Ihr Gemahl brüstete sich damit, in einer einzigen Nacht über zwölftausend Dukaten beim Glücksspiel gewonnen zu haben. Und Tag für Tag musste sie die Demütigung ertragen, die Prinzessin Auersperg am Hofe zu sehen, jene schöne, wissende, zunehmend abgebrühtere Prinzessin Auersperg, die nicht mehr nur Kaiser Franz, sondern eine gehörige Anzahl weiterer Männer zu ihren Liebhabern zählte.

Da konnte es nicht wundern, wenn die Kaiserin in niedergedrückte Stimmung geriet. Sie war beherzt genug, ganzen Armeen im Kampf gegenüberzutreten, aber die heimtückischen Sticheleien, der Spott und die Demütigungen überstiegen ihre Kräfte. Ihr Selbstbewusstsein schmolz langsam, aber sicher dahin. Immer häufiger sah man sie mit griesgrämiger Miene, und sie attackierte ihre Akten, als wolle sie sich an ihnen rächen. Um Trost zu finden, las sie in ihren Gebetbüchern und versuchte, »dabei nicht an die Bestechlichkeit des Klerus zu denken«. »Meine Niedergeschlagenheit verlässt mich nie«, schrieb sie ihrer Vertrauten, der Gräfin Trautson. »Traurige Tage stehen uns bevor.«

# 3

Obwohl Maria Theresia spürte, dass die Kräfte der Unmoral an Boden gewannen, gelang es ihr die Kinder vor der allgemeinen Verderbtheit zu schützen. Sie wurden behütet, bewacht und so weit wie möglich von den Lastern der Welt fern gehalten. Vor allem die Mädchen wurden in einem Zustand der Unschuld gehalten und ermutigt, sich ihrer religiösen Wissbegier zu widmen, während jede geschlechtliche Neugierde unterdrückt wurde. Wenn sie in Opern tanzten, dann war es ihnen »nicht erlaubt, ihre keuschen Gliedmaßen zu entblößen«. Im Gegensatz zu den heftig rougierten Frauen und jungen Mädchen, die eine Stellung am Hofe innehatten, war es den Töchtern der Kaiserin nicht gestattet, Wangenrot aufzulegen, nicht einmal zu den festlichsten Gelegenheiten, und der leiseste Anflug von Koketterie wurde missbilligt.

Man hielt die jungen Erzherzoginnen an, dem Beispiel ihrer Mutter zu folgen und sich unauffällig zu kleiden, wenn sie sich nicht in der Öffentlichkeit bewegten. Maria Theresia trug einfach geschnittene, undekorierte Kleider und Spitzenhauben, wenn sie sich im Kreise ihrer Familie befand. Sie dachte sparsam und praktisch, wenn es um die förmlichen Roben ging, die sie bei Hofe anzulegen hatte. »Für alle höfischen Aufgaben bedarf es kunstvoller Gewänder«, schrieb sie einmal, »aber dazu braucht man keine umfangreiche Garderobe, denn man kann ein und dasselbe Kleid zwanzig Tage hintereinander tragen.«[1]

Auch was Essen und Trinken betraf, gab die Kaiserin ihren Kindern ein Beispiel an Zurückhaltung. Sogar anlässlich der üppigsten Bankette mit den langen Tafeln, auf denen sich Fleischgerichte, Puddings und Süßigkeiten nur so türmten und die Gäste auf die Mengen von Wein stolz waren, die sie trinken konnten – der sächsische Außenminister Graf Pflug brüstete sich damit, während eines einzigen Essens zehn Flaschen Wein trinken zu können –, nahm die Kaiserin nur bescheidene Mengen zu sich, knabberte an Zitronen- und Orangenscheiben und nippte an ihrem goldenen Pokal mit Zitronenlimonade.

Ihre Botschaft an die Kinder war unmissverständlich: Obwohl ihr von Luxus und Ausschweifungen umgeben seid, dürft ihr es nicht zulassen, dass eure herausragende Stellung euren Charakter verdirbt. Regentschaft bedeutet Verantwortung, Pflicht, eine unaufhörliche, erschöpfende Aufgabe; da ist kein Platz für Nachlässigkeit und Schwäche oder dem Schwelgen in Lastern. In allem, was sie tat, präsentierte sich Maria Theresia als ein nahezu übermenschliches Beispiel eiserner Selbstdisziplin.

Dieses Vorbild prägte sich der jüngsten und kleinsten ihrer Töchter frühzeitig ein. Antoinette lernte schnell, still zu sitzen, zu tun, was man von ihr verlangte, ihre kindliche Impulsivität zu unterdrücken und ihre natürliche Haltung und Würde zu kultivieren.

Sie hing sehr an ihrer Mutter und trachtete danach, ihr zu gefallen. Sie hatte ein liebenswürdiges Wesen und entwickelte sich zu einem Musterkind. Ihr fehlte die Aufsässigkeit ihres streitsüchtigen Bruders Leopold, und sie war nicht starrköpfig und hochmütig wie ihr Bruder Joseph. Antoinette kam in mancherlei Hinsicht auf ihre Mutter, hübsch, gut geraten, feminin, charmant und von gewinnender Spontaneität.

Ihr fehlte aber der starke Wille ihrer Mutter, den eigenen Weg zu bestimmen, und es mangelte ihr an Maria Theresias außergewöhnlicher Intelligenz – Eigenschaften, über die ihre Schwester Caroline verfügte. Aber Caroline war eine großes, grobknochiges und unförmiges Kind mit einem verkniffenen, ernsten Gesicht, während Antoinette zierlich und schmal war und feine Gesichtszüge und einen zarten rosafarbenen Teint hatte. Als sie fünf oder sechs Jahre zählte, wurde offensichtlich, dass sie zur Schönheit der Familie heranwachsen und mit ihrer Puppenhaftigkeit ihre beiden attraktivsten Schwestern übertreffen würde, die dickköpfige Amalia und die bedauernswerte Elisabeth, deren Schönheit in Antoinettes zwölftem Lebensjahr unwiederbringlich durch tiefe Pockennarben zerstört werden sollte. Und als Schönheit der Familie gab sie zu der Hoffnung Anlass, dass sie die vorteilhafteste Ehe eingehen würde.

Seit ihrer frühesten Kindheit war es Antoinette bewusst, welche Bestimmung auf sie und ihre Geschwister wartete, nämlich, »Opfer der Politik« zu werden, wie ihre Mutter es einst niederschrieb. Ihr Leben gehörte nicht ihr selbst, sondern der Monarchie. Zu gegebener Zeit würde die Kaiserin ein jedes ihrer Kinder mit Partnern verloben, die den Zielen Habsburgs dienlich waren.

Der erste, der geopfert wurde, war der Thronerbe, der kratzbürstige und arrogante Joseph, dem seine Mutter den Spitznamen »Starrkopf« gegeben hatte. Er heiratete Isabella von Parma, die Enkelin von König Ludwig XV. von Frankreich. Die Feierlichkeiten währten Tage: Bälle, Bankette und Vorführungen im Freien folgten einander in schwindelerregendem Tempo. Der lange Hochzeitszug benötigte Stunden, um sich durch Wien zu winden. Die prachtvolle versilberte und vergoldete Kutsche des Erzherzogs wurde von zahllosen Kutschen und Reitern eskortiert.

Das Ereignis muss sich der fünfjährigen Antoinette eingeprägt haben, und die Anwesenheit ihrer grüblerischen, melodramatischen Schwägerin am Hofe dürfte sie sogar noch tiefer beeindruckt haben. Isabella war eine gequälte Seele. Zu ihrer großen Verwirrung entwickelte sie eine weitaus stärkere Zuneigung zu ihrer Schwägerin Christina als zu ihrem Gemahl. Eine lesbische Beziehung war undenkbar am streng moralischen Hofe Maria Theresias, und die unglückliche Isabella flüchtete sich alsbald in eine Geisteskrankheit. Sie begann, Stimmen zu hören. »Der Tod spricht mit deutlicher, verborgener Stimme zu mir, die in meiner Seele eine tiefe Befriedigung erweckt«, teilte sie ihren entsetzten Verwandten mit. Der Tod suchte ihren Geist heim, bis er sie schließlich endgültig fand. Vier Jahre nach ihrer Vermählung mit Joseph starb sie an den Pocken, nachdem sie ein paar Tage zuvor ein totes Kind zur Welt gebracht hatte.

Joseph liebte Isabella trotz ihrer geistigen Verwirrung und war verstimmt, als seine Mutter darauf bestand, dass er sich wieder verheiratete. Ihm blieb die Wahl zwischen der abstoßenden Kunigunda von

Sachsen und der untersetzten, dicklichen und pickeligen Josefa von Bayern. »Ich würde es vorziehen, keine von beiden zu heiraten«, teilte der Thronerbe seiner Mutter mit, »aber da Ihr mir das Messer an die Kehle setzt, entscheide ich mich für Josefa, denn wie ich gehört habe, hat sie wenigstens schöne Brüste.«[2]

Auch ein schöner Busen ist Geschmackssache, und Josefas Brüste konnten Joseph nicht überzeugen. Nach der Hochzeit, bei der eine Stimmung herrschte wie bei einer Beerdigung, weigerte sich Joseph, irgendetwas mit seiner jämmerlichen Braut zu tun zu haben. Auch beleidigte er sie durch die Zurschaustellung seiner Gleichgültigkeit. Er erzählte jedem, der ihn darauf ansprach, dass er Josefa mit ihren schrecklichen Zähnen und dem formlosen, wenig anziehenden Körper »unerträglich« fände. »Man verlangt, dass ich Kinder zeuge«, schimpfte Joseph, »aber wie soll ich das anfangen? Wenn ich nur eine Fingerspitze auf eine winzige Stelle ihres Körpers setzen könnte, der nicht von Pickeln bedeckt ist, würde ich versuchen, ein Kind zu zeugen.« Josefa, kinderlos und am Hof vollkommen ohne Freunde, verschwand in ihren Gemächern und weinte.

Maria Theresias Lieblingssohn Karl war im Jahre 1761 gestorben, und kurz darauf folgte ihm seine Schwester Johanna ins Grab. Das nächste Kind, das auf dem Altar der dynastischen Ambitionen geopfert werden sollte, war Leopold, dessen Hochzeitsfeier – er heiratete die Infantin Marie Luise von Spanien – von dem plötzlichen Tod seines Vaters, Kaiser Franz, überschattet wurde. Antoinette nahm nicht an der Hochzeitszeremonie teil. Höchstwahrscheinlich brachte sie die Heirat mit dem Tod ihres Vaters in Verbindung, der den Hof in lang anhaltende Trauer stürzte und die Kaiserin sehr veränderte.

Die trauernde Witwe ließ ihre Gemächer schwarz streichen und die Fenster mit schwarzem Samt verhängen. Sie zeigte sich nur noch tief verschleiert und in düstere Witwenkleider gehüllt. Von Natur aus energisch und lebensbejahend, schien die Kaiserin nun zu verzagen. Sie saß alleine in ihren verdunkelten Räumen, das Haar geschoren, und ihre Gedanken wurden immer trüber. Die Kaiserin sprach sogar davon, in ein Kloster einzutreten.

Auf ihre elfjährige Tochter, die selbst um ihren Vater trauerte, muss diese Veränderung verstörend gewirkt haben, zumal die Kaiserin ihren eigenen Sarg anfertigen und neben dem ihres Gemahls im

Grabgewölbe der Kapuzinerkirche aufstellen ließ. Jeden Nachmittag saß die Kaiserin Stunde um Stunde weinend und betend in der Gruft vor den Särgen. Sie, die einst ihre Zeit so effektiv einzuteilen gewusst hatte, verschwendete sie nun, indem sie ihre Tage mit Besuchen der Kapuzinerkirche und endlosen Wiederholungen der Totenmesse füllte. Die einzige Zeit, die ihr etwas bedeutete, war die Zeit, die sie mit ihrem Ehemann verbracht hatte. »Kaiser Franz I., mein Gemahl«, schrieb sie in ihr Gebetbuch, »starb am 18. August abends um halb zehn. Er lebte 680 Monate, 2958 Wochen, 20778 Tage oder 496992 Stunden. Unsere glückliche Ehe währte neunundzwanzig Jahre, sechs Monate und sechs Tage, 1540 Wochen, 10781 Tage oder 258744 Stunden.«[3] Diese Zeitberechnungen entwickelten sich zum festen Bestandteil ihrer Trauerlitanei. Für die Kinder hatte sie weniger Zeit denn je.

Aber trotz allem musste Maria Theresia sich darum kümmern, den Nachwuchs zu verheiraten. Ohne Leopold waren noch zehn Kinder übrig, aber die älteste Tochter, Anna, zeigte sich wegen ihrer körperlichen Schwäche und den ständigen Krankheiten nicht für eine Ehe geeignet, und Elisabeth hatte wegen ihrer von Pockennarben entstellten Haut kaum Heiratschancen. Die beiden jungen Frauen erhielten nominelle Äbtissinenämter, Anna in einem Prager, Elisabeth in einem Innsbrucker Nonnenkonvent, lebten aber weiterhin am Hof ihrer Mutter.

Es muss schwer für Maria Theresia gewesen sein, sich von ihrer Lieblingstochter Christine zu trennen, als diese Herzog Albrecht von Sachsen-Teschen heiratete. Aber indem sie den Herzog zum Statthalter von Ungarn ernannte, stellte sie sicher, dass Christine in erreichbarer Nähe, in Pressburg blieb. Und sie besaß die tröstliche Gewissheit, dass sich Christine und Albrecht von Herzen liebten. Die beiden führten eine glückliche Ehe – ganz im Gegensatz zu der unglücklichen Verbindung zwischen Joseph und Josefa. Die bedauernswerte Josefa bekam die Pocken, starb bald darauf und verursachte indirekt einen weiteren Todesfall. Ihre Schwägerin, die Erzherzogin Josepha, infizierte sich, als sie den Sarg in der Familiengruft besuchte.

Nach Josephas Tod blieben noch fünf unverheiratete Kinder übrig: Amalia, Caroline, Ferdinand, Antoinette und Maximilian. Ferdinands Verlöbnis hatte man bereits einige Jahre zuvor arrangiert, aber er war noch ein kleiner Junge. Amalia, temperamentvoll und dickköpfig, zeigte sich fest entschlossen, den Mann ihrer Wahl zu heiraten, nämlich den Prinzen von Zweibrücken, aber Maria Theresia verweigerte ihre Zustimmung, denn sie hoffte auf eine vorteilhaftere Verbindung für ihre Tochter. Zwischen Josepha und Ferdinand von Neapel hatte es einen Heiratsvertrag gegeben, der immer noch gültig war, und die Kaiserin beschloss, dass Caroline ihn anstelle ihrer verstorbenen Schwester erfüllen sollte. Tatsächlich war Caroline die dritte Habsburger Erzherzogin, die mit Ferdinand verlobt wurde; ihre schon früher verstorbene Schwester Johanna hatte die Herrscherin als Erste vorgesehen.

Carolines Heirat berührte Antoinette viel mehr als die Vermählungen ihrer anderen Geschwister. Die beiden Mädchen waren einander von klein auf sehr nahe gewesen, hatten gemeinsam gelacht und sich Tratschgeschichten erzählt, hatten sich über ihre Verwandten, die Dienerschaft und Carolines Kammerfrauen lustig gemacht. Drei Jahre älter als Antoinette, war Caroline weniger lenkbar als ihre jüngere Schwester, unabhängig und selbstbewusst. In ihrer Gegenwart konnte Antoinette übermütig, verspielt und ungehemmt sein. Die Schwestern hingen sehr aneinander. Antoinette weckte Carolines Beschützerinstinkt, und Caroline zeigte Antoinette, dass ein Mädchen viel freier sein konnte, als es das strenge Ideal ihrer Mutter vorsah.

Maria Theresia war gar nicht zufrieden mit Caroline. »Zu meinem Erstaunen«, so schrieb sie ihrer Tochter, als diese sich auf Hochzeitreise nach Neapel begab, »musste ich beobachten, dass Ihr eure Gebete ohne die notwendige Frömmigkeit aufsagt. Tadel bedeuten euch nichts und führen nur zu harten Worten und schlechter Laune.« In den Augen ihrer Mutter war Caroline gedankenlos, reizbar und unhöflich. Sie nahm in der Tat kein Blatt vor den Mund und war nicht unbedingt darauf bedacht, immer und überall zu gefallen. Allerdings musste man ihr zugute halten, dass sie, eine nervöse Fünfzehnjährige, die ihr Zuhause zum ersten Mal verließ, um unter Fremden zu leben, zweifellos ängstlich war. Sie hatte keine Vorstellung von dem, was sie in Neapel erwartete, und sie weinte, als sie, von ihrer österreichischen Eskorte begleitet, die Landesgrenze erreichte und ihre Begleiter sich wieder auf den Rückweg machten. Alles erschien ihr noch trostloser, als sie ihren Bräutigam zum ersten Mal zu Gesicht bekam. Caroline fand ihn hässlich. Dann kam die Vermählung und mit ihr die Hochzeitsnacht, auf die das Mädchen vollkommen unvorbereitet war. Was sie dort erlebte, empfand sie als so grässlich, dass sie am liebsten gestorben wäre.

» Man erleidet ein wirkliches Märtyrertum«, sollte sie sich später in einem Brief an die Gräfin Lerchenfeld erinnern, »das umso größer ist, als man nach außen hin glücklich erscheinen muss ... ich würde lieber sterben als noch einmal das zu erdulden, was ich erleiden musste. Wenn mir meine Religion nicht befohlen hätte: ›Denke an Gott‹, so hätte ich mich lieber umgebracht als so weiter zu leben wie während der vergangenen acht Tage. Es war die Hölle, und ich würde am liebsten sterben.« Nachdem Caroline solche Qualen durchlitten hatte, fürchtete sie um Antoinette, wenn deren Zeit gekommen war. »Antoinette tut mir Leid, weil sie es noch vor sich hat«, teilte sie der Gräfin mit. »Wenn meine Schwester in dieser Situation sein wird, dann werde ich viele Tränen vergießen.«[4]

Carolines Sorgen kamen durchaus nicht verfrüht. Während der letzten zwei Jahre war Antoinettes zukünftige Heirat immer wieder von den Diplomaten und Staatsmännern am Hofe ihrer Mutter diskutiert, erhofft und vorausgeplant worden. Da man sie schon im Alter von zwölf Jahren verlobt hatte, rückte der Hochzeitstermin immer näher; immerhin stand sie inzwischen kurz vor ihrem dreizehnten Geburtstag. Diese Verbindung galt als das geistige Kind des Fürsten Kaunitz und des Herzogs von Choiseul, den Architekten des französisch-österreichischen Vertrages. Beide bemühten sich weiterhin darum, die Verbindung zwischen den beiden Reichen zu stärken. Antoinette als Maria Theresias hübscheste und angenehmste Tochter, so überlegten sie, würde die perfekte Braut für Ludwigs XV. Enkelsohn abgeben, der eines Tages als Ludwig XVI. regieren würde.

Der unbekannten jüngsten Erzherzogin am Habsburger Hof sollte eine atemberaubende Verbindung bevorstehen. Wenn alles nach Plan verlief, würde Antoinette eines Tages die Königin von Frankreich und Herrin über Versailles sein, und, gemeinsam mit ihrem Gemahl, an der Spitze des feinsten und vornehmsten Hofes von ganz Europa stehen.

Das Mädchen begann, aus dem Schatten herauszutreten. Als wolle er ihren zukünftigen hohen Rang anerkennen, geruhte Joseph, ihr einen Platz in seiner Theaterloge anzubieten. Dies galt als eine besondere Ehre, denn die Elite der Gesellschaft und des Wiener Hofes besuchte das Theater, um zu sehen und gesehen zu werden. Wenn Joseph seine Loge betrat, erhob sich das gesamte Publikum, um ihm den gebührenden Respekt zu erweisen. Man kann davon ausgehen, dass sie die zierliche junge Schönheit an seiner Seite aufmerksam betrachteten. Eine Fülle cremefarbener Spitzen umrahmte ihr bezauberndes Gesicht, ein Satinband war unter ihrem Kinn zu einer koketten Schleife gebunden, und ihr rosafarbener Teint wurde von einer hellgrauen, von Perlen gekrönten Perücke betont.

Obwohl es noch keine formelle Verlobung zwischen Antoinette und dem vierzehnjährigen Dauphin Ludwig gab, begann man, sie die »Dauphine« zu nennen. Im Herbst 1768 autorisierte Maria Theresia ihren Botschafter in Versailles, Fürst Starhemberg, die extravagante Summe von vierhunderttausend Livres für die Aussteuer auszugeben. Alle Kleider mussten in Paris entworfen werden, und zwar von den Schneidern, die regelmäßig den französischen Hof belieferten. Zu jener Zeit war es üblich, dass die Schneider Puppen verschickten, die, nach der neuesten Mode gekleidet, Kunden in weit entfernten Städten erreichten, damit diese ihre Auswahl treffen konnten. Als Antoinette dreizehn wurde, trafen diese Puppen in großer Zahl in der Hofburg ein, alle mit den Miniaturausgaben jener Roben und Gewänder ausgestattet, die als angemessen angesehen wurden.

An einer großartigen Aussteuer für Antoinette konnte kein Zweifel aufkommen: Eine österreichische Erzherzogin, die bald die Dauphine und eines Tages die Königin von Frankreich sein würde, war eine Persönlichkeit, die mit einer Garderobe ausgestattet sein musste, die in ganz Europa ihresgleichen suchte. Die Qualität der Kleider, Besätze und Accessoires musste höchsten Ansprüchen genügen. Dabei galt es die starren Traditionen am französischen Hof zu beachten, wo für jede Jahreszeit bestimmte Stoffe, für gewisse Tage sogar festgelegte Farben vorgeschrieben waren.

Am Ende der sechziger Jahre des achtzehnten Jahrhunderts wandelte sich die Mode. Voluminöse Petticoats ersetzten zunehmend die starren elliptischen Reifen, die seit mehr als einer Generation getragen worden waren. Diese Reifen bezeichnete man als ›Paniers‹ oder auch ›Hennenkörbe‹, denn sie erinnerten an die Körbe, in denen die Bäuerinnen ihr Geflügel zum Markt brachten. Diese korbförmigen Röcke weiteten sich links und rechts der Taille bis zu einem Meter, und die Trägerin benötigte den Platz von drei bis vier Personen. Das Betreten und Verlassen eines Raumes bereiteten Schwierigkeiten, und es war äußerst unbequem, Kutschen oder Treppen zu benutzen. Mit dem allmählichen Verschwinden der ›Hennenkorbröcke‹ wurden die Absätze der Damenschuhe höher, und die Silhouette des Körpers änderte sich, da die Mode weitere Mieder und um die Hüften fülligere Röcke vorschrieb. Diese Neuerungen wurden von den modebewussten Bewohnern in Versailles aufmerksam beobachtet, aber sie waren auch für ein breiteres Publikum von Interesse, denn zu ebenjener Zeit entstanden die Modezeichnungen – und mit ihnen die Anfänge jener umfassenden Veränderungen im allgemeinen Geschmack, die wir Mode nennen.

Die förmliche Hofkleidung jedoch blieb zunächst traditionell, ganz im Gegensatz zu den Kleidern, die bei alltäglichen Anlässen oder zu Hause getragen wurden. Hofroben hatten weite Reifröcke unter üppig bestickten Unterröcken und lange Schleppen, die von der Taille bis weit über den Boden reichten. Spezielle steife Mieder, die mit Fischbein verstärkt waren, wurden über den Unterröcken getragen und so fest geschnürt, dass sie fast aufplatzten. Hals und Schultern waren unbedeckt, die Arme bis zu den Ellbogen von Spitzen verhüllt.[5]

Die vorherrschenden Farben der Zeit – Creme, Blassgrün, Chinablau, Silber, Lavendelrosa und Pastellgelb – schmeichelten Antoinette ganz besonders, und ihre Aussteuer muss Dutzende von Ballkleidern, Nachmittagsgewändern, Roben und Petticoats in einer Fülle delikater Farben enthalten haben. Die Seidenstoffe und Brokate waren mit Blumenstickereien oder Seidenbandapplikationen geschmückt, die Bordüren mit Girlandenbögen oder goldener oder silberner Spitze verziert. Französische Schneider übertrafen sich selbst, indem sie neue Ornamente entwarfen und die ohnehin schon überladenen Stoffe mit Feldern künstlicher Blumen, Federn, Quasten und seidenen Schleifen, Rosetten, Rüschen, Posamenten, Perlen und teuren Metallfransen versahen. Der Gesamteindruck war der von delikater spielerischer Sinnlichkeit, von Luxus und Jugendlichkeit: der perfekte Hintergrund für eine dreizehnjährige zukünftige Königin.

Charmant war Antoinette mit Sicherheit, aber Charme alleine genügte nicht für eine junge Frau, die man bald die Herrin von Versailles nennen würde. Sie verfügte über eine puppenhafte Schönheit, die aber durchaus von Makeln behaftet war. Und da eine großartige Heirat in Aussicht stand, betrachtete man diese Mängel wie unter einem Vergrößerungsglas. Ihre langjährige Gouvernante, die Gräfin von Brandeis, pflegte ihr das Haar mit einem Wollband zurückzubinden, wodurch es am Haaransatz gebrochen war. Die neue Gouvernante, Gräfin Lerchenfeld, wusste es zwar besser, aber der Schaden war angerichtet. Ein Experte wurde benötigt. Starhemberg wandte sich an den österreichischen Gesandten in Paris, Graf Mercy, mit der Bitte, einen fähigen Friseur an den Wiener Hof zu entsenden. Die Kaiserin, so schrieb er, »würde sich geschmeichelt fühlen, wenn es einem Mann, der sein Handwerk perfekt beherrscht, gelänge, diesen kleinen Schönheitsfehler zu korrigieren oder wenigstens zu verbergen, sei es durch das Schneiden der Haare oder durch die Anwendung eines harmlosen Mittels, welches das Wachstum der Haare auf der jetzt nackten Stirn anregt, oder sei es, kurz gesagt, durch die Mühen, denen er sich unterzieht, um das Ganze so zu arrangieren, dass es zu ihrem Gesicht passt«. Es war möglich, dass hohe Stirnen aus der Mode kommen würden, und tatsächlich begannen sich die Frisuren um 1760 zu verändern. Sie wurden höher und komplizierter, und für Frauen mit hohen Stirnen waren sie nicht besonders vorteilhaft.[6]

Ein Friseur wurde gefunden, ein gewisser Larsenneur, dessen Empfehlung darin bestand, dass Starhembergs Frau, als sie in Paris weilte, seine Gönnerin gewesen war. Er war kein begnadeter Haarkünstler, aber seine Fähigkeiten reichten aus; er nahm Antoinettes Haar von der Stirn aus »in einem einfachen und ordentlichen Stil« nach hinten und frisierte es weich über die Seiten auf den Oberkopf, wo er es leicht auftürmte. Die Kaiserin war zufrieden mit dem Ergebnis, und ein französischer Besucher bemerkte galant, der einfache Stil würde zweifellos von den jungen Damen am Pariser Hof übernommen werden, wenn die zukünftige Königin erst einmal dort eingetroffen war. Tatsächlich ließ die neue Frisur Antoinette älter wirken und war, wie sie selbst bemerkte, wenig kleidsam. Sie war zu gutherzig, um sich bei Larsenneur zu beschweren, aber sobald er ihr den Rücken zugewandt hatte, zupfte sie an ihrem Haar herum, bis es sich vorne lockerte und ihr Gesicht weniger streng umgab, was ihr besser stand.

Es war nicht nur ihr Haar, das nicht perfekt war, auch ihre Zähne waren nicht makellos. Deshalb musste ein französischer Zahnarzt nach Wien kommen, der über eine Zeitspanne von drei Monaten an ihnen arbeitete. Gleichzeitig musste sie lernen – oder besser gesagt neu lernen –, wie sie zu gehen hatte, denn die Versailler Damen bewegten sich wie sonst niemand in Europa. Sie schwebten dahin, indem sie kleine, schnelle und leichtfüßige Schritte machten, damit ihre Roben möglichst fließend über die polierten Marmorböden glitten. Antoinettes Tanzlehrer, der gefeierte Ballettmeister Noverre, widmete sich der Aufgabe, ihr die entsprechenden winzigen Schrittchen beizubringen. Außerdem unterwies er sie in den komplizierten französischen Hoftänzen, einer Kunst, deren Beherrschung man von ihr erwarten würde.

Dann gab es da noch die weitaus schwierigere Aufgabe, sie auf ihre Rolle als königliche Gastgeberin vorzubereiten. In Versailles wurde von der Königin erwartet, dass sie Empfängen vorstand, bei denen man ein eher langweiliges Spiel namens Cavagnole zu spielen pflegte. Dieses offensichtlich sittsame Spiel jedoch war einer rigorosen Etikette unterworfen, und als Dauphine würde Antoinette mit allen Feinheiten vertraut sein müssen. Sie übte mehrmals pro Woche mit ihren Wiener Höflingen für diese Cavagnole-Abende, um sich die würdevolle Haltung und die gelassene Autorität anzueignen, die notwendig waren, um dem Spiel vorstehen zu können.

Sie zeigte allmählich jene schwer zu beschreibende Qualität, die Mitgliedern königlicher Familien vorbehalten ist, eine Ausstrahlung, die auch in den kleinsten Dingen sichtbar wird: eine Handbewegung, die Haltung des Kopfes, ein Lächeln, der Gang. Die Veränderung blieb nicht unbemerkt. »Ihre Haltung, ihre ganze Art und ihre Observanz werden überall mit Beifall bedacht«, schrieb ein Beobachter. Sie erlangte eine »Aura von Würde und Majestät, die erstaunlich war für ihr Alter«.[7] Sie war von Natur aus unschuldig; jetzt kamen zu dieser Unschuld Würde und ein gewisser Glanz. Sie bewegte sich unter ihren

Gästen, eine schmale, aber doch reale Gestalt, sprach zuvorkommend mit jedem der Anwesenden und beeindruckte alle mit ihrer Höflichkeit.

Auf einem Ball am 15. August 1769 wurde Antoinette von allen bewundert. Viertausend Gäste waren eingeladen worden, und alle wollten einen Blick auf die jüngste Tochter der Kaiserin werfen. Der Gewinnerin, die auserwählt worden war, den Dauphin zu heiraten. Sie drängten sich nach vorn, als die Kaiserin mit Antoinette an ihrer Seite durch die von Menschen überfüllten Räume schritt. Die Herrscherin bewegte sich langsam und mit sichtlicher Mühe, behindert durch ihren zunehmenden Umfang, und das Atmen fiel ihr offenkundig schwer. Eine Pockenerkrankung einige Jahre zuvor hatte ihr Herz geschwächt und ihre Nerven geschädigt, und sie wirkte müde und gealtert, als sie an der Menge vorüberschritt.

»Die Tage ihrer Schönheit und ihres Glanzes waren vorüber«, notierte ein Augenzeuge. »Ihr Gesicht, von Pockennarben gezeichnet, hatte seinen einstigen Charme verloren, und die von den Gemütsbewegungen ihrer illustren, aber mühseligen Regentschaft verursachten Spuren, die sich darauf abgezeichnet hatten, vereinten sich zu einem Ausdruck der Mattigkeit und Erschöpfung. Sie war müde, aber sie triumphierte.«[8] Durch das Heiratsarrangement für ihre Tochter hatte sie Österreich gerettet, denn solange Habsburg und die Bourbonen durch die Vermählung Verbündete waren, würde das Ungeheuer Friedrich II. von Preußen im Zaum gehalten werden. Aber nur wenige Zuschauer in der Menge nahmen Notiz von der Kaiserin, es sei denn, um Bemerkungen über ihren offensichtlich schlechten Gesundheitszustand auszutauschen. Ihre Zeit gehörte der Vergangenheit an, während die ihrer Tochter gerade anbrach. Es war das liebliche Kind mit dem frischen, apart getönten Gesicht, die Erzherzogin Antoinette, die die Blicke aller auf sich zog.

# 4

In Versailles war der Thronfolger Ludwig August alles andere als begeistert, als er erfuhr, dass er die österreichische Erzherzogin ehelichen sollte. Er wollte nicht heiraten, er hatte kein Interesse an Frauen, und der Gedanke an Sexualität erfüllte ihn mit Furcht. Ein tollpatschiger, flegelhafter Fünfzehnjähriger, dicklich und schmutzig, mit abscheulichen Manieren, war er der Schrecken aller öffentlichen Veranstaltungen. Die Mätresse seines Großvaters, Madame du Barry, die selbst nicht aus den besten Kreisen stammte, bezeichnete ihn als »fetten, schlecht erzogenen Jungen«, und der neapolitanische Botschafter bemerkte ironisch, dass er anscheinend »in einem Wald geboren und aufgewachsen« sei. Dass dieses ›wilde Kind‹ den Thron von seinem Großvater erben sollte, war ein Verhängnis, das der König und seine Minister nur zu gerne abgewendet hätten. Der Herzog von Choiseul war ein Mann der unverblümten Worte. Wüchse der junge Dauphin, so seine entmutigende Voraussage, zu einem ebenso peinlichen Manne heran, so würde er eines Tages der »Schrecken der Nation« sein.

Ein hartes Schicksal hatte Ludwig in seine Rolle gezwungen. Als der unbegabteste Sohn seines Vaters, tyrannisiert von seinen Geschwistern, bemitleidenswert scheu und kränklich, war er im Alter von zwölf Jahren nach dem Tod seines Vaters und seines älteren Bruders unversehens zum Thronerben ernannt worden. Er weinte vor

Angst und suchte Zuflucht an seinem liebsten Ort, dem Wald von Compiègne. Fern von den missbilligenden Blicken der Minister seines Großvaters konnte er dort jagen und sich in den Tiefen des Waldes verlieren. Ludwig war ein überspanntes Kind, schlecht im Unterricht, aber dennoch lesewütig und pedantisch (er erstellte eine detaillierte, prosaische »Beschreibung des Waldes von Compiègne«, noch bevor er zwölf wurde). Mit anderen Kindern kam er genauso wenig aus wie mit den Höflingen in Versailles, und am glücklichsten fühlte er sich in der Gesellschaft einfacher Arbeiter und Bediensteter. Karten galt seine Leidenschaft, und ab seinem zehnten Lebensjahr entwickelte er ein zusätzliches Interesse an Geschichte. Er führte ein Tagebuch, hauptsächlich um seine Jagden zu registrieren und über seine Ausgaben Buch zu führen.

Übergewichtig, ungehobelt, schlecht gekleidet und peinlich befangen, war sich der Dauphin seiner Mängel durchaus bewusst, aber er schien nicht in der Lage zu sein, sie zu überwinden. Und erst recht war es ihm unmöglich, sich mit den Herausforderungen der Regentschaft abzufinden. »Mein größter Fehler«, so schrieb er freimütig«, ist eine Trägheit des Geistes.« Und manch einer war bereit, diese Einschätzung noch zu erweitern. »Gesicht und Sprache dieses Prinzen zeigen nichts weiter als eine extrem eingeschränkte Intelligenz und große Ungeschicklichkeit«, lautete das Urteil des Grafen Mercy. »Die Natur scheint dem Dauphin alles verweigert zu haben.«[1]

Die Natur hatte ihm alles verweigert – abgesehen von einer charmanten und hübschen Ehefrau. Im Sommer des Jahres 1769 begannen die französischen und österreichischen Diplomaten damit, die Bedingungen des Verlobungsvertrages auszuhandeln. Man ging davon aus, dass die Vermählung im folgenden April stattfinden würde. Antoinettes Mitgift wurde auf Münzgeld im Wert von zweihunderttausend Silbertalern und Schmuck im gleichen Wert festgelegt. Da der Stolz zweier großer Mächte auf dem Spiel stand, maß man den zeremoniellen Einzelheiten eine große Bedeutung zu. Wer würde den Verlobungsvertrag zuerst unterschreiben, die Franzosen oder die Österreicher? Wessen Festzug würde der erste sein, wenn die Vergnügungen begannen? Wer würde die Braut von Wien nach Paris begleiten, und welchen Formalitäten musste Genüge getan werden, wenn sie in die Obhut ihrer neuen Familie übergeben wurde? Der kaiserliche Kanzler Kaunitz und sein Abgesandter, der Graf Mercy, stritten sich mit Choiseul und dessen Stellvertreter Durfort über diese Fragen. Während des ganzen Sommers und Herbstes gingen Vertragsentwürfe zwischen Versailles und der Hofburg hin und her.

Mercy, ein weltgewandter Lothringer und eng befreundet mit Kaunitz, hatte eine Schlüsselrolle bei den Verhandlungen. Durch seine Klugheit war er in der Lage, die Positionen beider Seiten einzuschätzen und ihre Forderungen vorauszusehen. Da Mercy mit beiden Höfen vertraut war, konnte er Schwierigkeiten vorwegnehmen, und zwar nicht nur diejenigen, die die Rechtmäßigkeit des Vertrages anbetrafen. Und für ihn war es absehbar, dass Antoinette untauglich war, die Frau des Dauphin zu werden, wenn man ihr nicht die entsprechende Ausbildung angedeihen lassen würde.

Wenn man alle höfliche Schmeichelei beiseite ließ, dann war Antoinette erschreckend unwissend und fast Analphabetin. Sie hasste das Lesen, das sie zweifellos nur mühsam beherrschte, und sie schrieb quälend langsam und nur mit großer Mühe. Wahrscheinlich war sie nicht in der Lage, ohne Hilfe einen einfachen Brief zu verfassen. Sie war zur Untätigkeit erzogen worden, und die Gräfin von Brandeis hatte sie übermäßig verwöhnt. Auch die Gräfin von Lerchenfeld, war erfolglos gewesen. Mercy fand einen französischen Hauslehrer für sie, den Abbé Vermond, einen unauffälligen, bescheidenen Mann, der sich dazu verpflichtete, diese Mängel zu beheben. Er stand vor einer gewaltigen Aufgabe. Um die Bildung der zukünftigen Dauphine war es schlecht bestellt. Vermond begann damit, seine Schülerin in französischer Geschichte und den dortigen Sitten und Gebräuchen zu unterrichten, und er brachte ihr die Namen und die Abstammung der führenden Familien bei, denen sie in Versailles begegnen würde. Anschließend ging er zu der zeitgenössischen französischen Literatur über und versuchte, sie ihr so angenehm wie möglich zu präsentieren. All diese Unterweisungen erfolgten in Gesprächen, obwohl Vermond sich auch zu Antoinette setzte, wenn sie sich mit ihren Schreibübungen abplagte.[2]

Man musste ihr zugute halten, dass sie unter Vermonds Anleitung Fortschritte machte. »Sie ist klüger, als man ihr lange Zeit zugebilligt hat«, bemerkte er. Sie war in der Lage zu lernen und sie war leicht zu erfreuen – wenn es denn nicht zu viel Mühe erforderte –, und sie bewies

Selbstbeherrschung und eine vernünftige Urteilskraft, wenn sie ihre Meinung zu bestimmten Fragen äußerte. Es war schwierig für Vermond, »sie dazu zu bringen, in einen Gegenstand tiefer einzudringen«, wie er es ausdrückte, und er musste sie bei Laune halten, um ihre Aufmerksamkeit nicht zu verlieren. Trotzdem machte er beharrlich weiter.

»Ich fing mit der Geschichte Frankreichs an«, schrieb er in einem seiner regelmäßigen Berichte an Mercy, »aber ich verwende sie nur als Hintergrund, um all die Dinge zu entwickeln, die man im alltäglichen Leben wissen muss. Mit Ausnahme der jüngsten Geschichte habe ich ihre Aufmerksamkeit nur auf die wichtigen Fakten gelenkt, besonders auf die Epoche machenden Ereignisse hinsichtlich unserer Gewohnheiten oder Regierung. Ich nahm jede Gelegenheit wahr, ihr die Kunst, die Gesetzgebung und unsere Sitten nahe zu bringen; ich habe sie ziemlich gequält mit meinen Fragen über die Regierungszeit Heinrichs IV.« Da er die zukünftige Königin unterrichtete, unterbrach Vermond seine Darstellung der französischen Geschichte von Zeit zu Zeit, um die Frage einzuwerfen, wie dieser oder jener Herrscher in einer bestimmten Situation hätte reagieren sollen. Befriedigt konnte er feststellen, dass seine Schülerin »oftmals den richtigen Standpunkt einnahm«. Er verwendete viel Zeit darauf, ihr die Verbindungen der französischen Königinnen mit dem Hause Habsburg zu erläutern, und stellte fest, dass Antoinette sich besonders dafür interessierte.

»Wir beenden jetzt die Herrschaft Ludwigs XIV.«, teilte Vermond Mercy im Oktober 1769 mit. »Ihre königliche Hoheit sind bereits mit den französischen Namen vertraut und haben eine Vorstellung von Genealogie, und die Akten über die Regierungszeit Ludwigs XV. werden ihr Wissen vermehren. Unterstützt mich darin, ihr eine Vorstellung von all den wichtigen Orten bei Hofe und im Königreich zu vermitteln, damit sie sich an die Namen all derer gewöhnen kann, die sie bevölkern.« Die französische Armee zog sie ganz besonders an, wie er entdeckte. »Schon bald nach ihrer Hochzeit wird sie die Inhaber der Regimenter mit Namen nennen können und die Farben als auch die Nummern dieser Truppen kennen.«[3]

Lediglich ihr Französisch bedurfte noch der Verbesserung, was Vermond angesichts des sprachlichen Durcheinanders in Wien als schwierige Aufgabe empfand. Jeder sprach viele Sprachen, aber niemand beherrschte eine einzige Sprache fehlerfrei und korrekt und ohne Anleihen aus anderen Sprachen. Schlechtes Französisch war weit verbreitet an Maria Theresias Hof, gutes hingegen sehr selten. Vermond gab sein Bestes, um die deutschen Wörter aus Antoinettes Französisch zu vertreiben, aber sie sprach es immer noch ausgesprochen falsch. Er konnte nur darauf hoffen, dass man angesichts der Lebendigkeit und Attraktivität der zukünftigen Herrscherin über ihre Sprechfehler hinwegsehen würde.

Sie wurde von Tag zu Tag anziehender. Die Sorgen um ihren kleinen Wuchs hatten sich als unbegründet erwiesen, denn im Laufe ihres vierzehnten Lebensjahres war sie 36 Zentimeter gewachsen. Sie entwickelte auch Rundungen, und die engen Mieder ihrer französischen Roben enthüllten mehr als nur die Andeutung eines Dekolletés. Der betagte französische Kardinal von Rohan, der nach Wien entsandt worden war, um in Augenschein zu nehmen, wie sie sich entwickelt hatte, war geradezu ergriffen. »Ihr Gesicht hat die Form eines perfekten Ovals«, berichtete er, »die Augenbrauen so gut ausgebildet, wie es einer Blondine ansteht, und sie sind einen Ton dunkler als ihr Haar. Die Wimpern haben eine charmante Länge ... Ihr Mund ist klein und kirschrot, die Lippen sind dick, vor allem die untere, was, wie man weiß, das unverwechselbare Zeichen des Hauses von Burgund (also der Habsburger) ist.« Im Einklang mit allen anderen Beobachtern war der Kardinal von Antoinettes makelloser Porzellanhaut und ihren natürlichen Farben beeindruckt. Ihre Mutter hatte Antoinette sogar erlaubt, Wangenrouge zu benutzen, aber das Schönheitsmittel überdeckte nur ihre natürliche Röte, die ihr viel besser zu Gesicht stand. »Ihre natürliche Würde wird durch ihren Liebreiz gemildert«, schloss der Kardinal seinen Bericht, »der ihr ebenfalls angeboren ist, und durch die Einfachheit ihrer Erziehung.«[4]

Antoinette reifte zur Frau heran. Nur eine Sache fehlte: ihre Menstruation hatte noch nicht eingesetzt, und solange das nicht der Fall war, konnten die Franzosen der Heirat nicht zustimmen. Im Februar des Jahres 1770, zwei Monate vor dem anberaumten Datum für die Hochzeitszeremonie, war es dann so weit: sie hatte ihre erste Periode. Maria Theresia informierte den französischen Gesandten Durfort, der einen Eilkurier mit der erfreulichen Neuigkeit nach Versailles schickte. Der »kleine Vogel«, wie die Kaiserin Antoinette nannte, war endlich zur Frau geworden.

Wenn die zukünftige Braut neugierig auf den Dauphin war – und sie war von Natur aus neugierig –, so sagen die erhaltenen Quellen nichts darüber aus. Möglicherweise hielt man eine solche Neugierde für undamenhaft, und mit Sicherheit hätte sie zu einer Enttäuschung geführt. Ludwig XV. hatte um Porträts von Antoinette gebeten, aber keine Abbildungen seines Enkels nach Wien geschickt. Als der Tag der Hochzeit nahte, verlangte die Kaiserin nach einem Bildnis. Zwei Porträts kamen in Wien an, aber keines konnte die Plumpheit des fleischigen Dauphins mit seinen Hängebacken verbergen. Antoinette bat um die Erlaubnis, eines der Bilder in ihrem Wohnzimmer aufhängen zu dürfen.

Durfort glaubte, die Porträts seien auf Zufriedenheit gestoßen, aber in Wahrheit war die Kaiserin bestürzt. Da sie während ihrer Ehe die tiefe Zufriedenheit einer glücklichen (wenn auch alles andere als sorgenfreien) Verbindung mit einem gut aussehenden Ehemann erlebt hatte, sah sie eine Missheirat der schmerzlichsten Art voraus. Sie versuchte, ihre Tochter auf die Ehe mit einem tölpelhaften Jungen vorzubereiten. Sie hatte ihr erzählt, eine Ehefrau müsse immer gefällig und unterwürfig sein. Leidenschaftliche Liebe sei eine flüchtige Freude und weder eine zuverlässige noch notwendige Basis einer Ehe, und die äußere Erscheinung eines Mannes sei weniger wichtig als seine Herzensbildung. Antoinette hörte ihr zu, während sie den Blick auf den Ring des Dauphins gerichtet hielt, den sie seit Januar trug. Dann schauten ihre unschuldigen, vertrauensvollen blauen Augen zu ihrer Mutter auf. Offenkundig hatte sie kein Wort verstanden.

Am fünfzehnten April traf Durfort an der Spitze einer riesigen Kutschenkarawane in Wien ein, begleitet von hundertsiebzehn livrierten Dienern, Pagen und Reitknechten. Er und sein Gefolge kamen als Stellvertreter Ludwigs XV., um die Braut seines Enkels zu holen. Unter den Kutschen befanden sich zwei besonders große Reiseberlinen, die eigens bei einem Pariser Kutschenbauer in Auftrag gegeben worden und so gestaltet waren, dass Antoinettes Reise nach Versailles komfortabel sein würde. Beide hatte man aus seltenen Hölzern gebaut und mit Satin ausgeschlagen. Die Polsterung bestand aus purpurrotem und blauem Samt, verziert mit kostspieligen Stickereien, die wahre Kunstwerke waren. Sie zeigten die vier Jahreszeiten und goldene Blumenbouquets. Durfort überreichte Antoinette einen Brief ihres künftigen Gemahls und ein weiteres Porträt des Dauphins, diesmal in Diamanten gefasst und an einem Band befestigt, damit sie es als Schmuckstück tragen konnte. Zwei Tage darauf verzichtete Antoinette feierlich auf alle Erbansprüche von väterlicher wie von mütterlicher Seite. Unter den ungeduldigen Blicken der österreichischen und französischen Staatsbeamten kritzelte und kleckste sie ihre Unterschrift unter die Verzichtserklärung.

Am Abend wurde ein denkwürdiges Abendessen abgehalten, an dem fünfzehnhundert sorgfältig ausgewählte Gäste teilnahmen. Sie verspeisten zweitausend geröstete Wildvögel, fünfhundert Fleischpasteten, zehntausend Portionen köstlicher Kuchen und süßen Gebäcks, und all das spülten sie mit Wein und Likör aus Hunderten von Flaschen hinunter. Dem Essen folgte ein Maskenball, zu dem noch mehr Gäste eingeladen worden waren. Wien war mit Laternen erleuchtet, und Bürger, die nicht das Glück gehabt hatten, den Ball besuchen zu können, versammelten sich in den Straßen. Sie beobachteten die Ankunft der Gäste und schauten dem Feuerwerk zu, das gegen Ende des Tanzvergnügens den Nachthimmel erleuchtete.

Festlichkeiten dieses Ausmaßes hatte es seit Jahren nicht mehr gegeben, und die ganze Stadt feierte während der folgenden Tage mit. Nacht für Nacht waren die Straßen illuminiert, und an jeder Straßenecke gab es Musik, Feuerwerk und Spektakel aller Art. Am achtzehnten April gab Durfort ein weiteres Bankett in der Französischen Botschaft, dem Lichtenstein-Palast. In den Gärten des Palastes war ein riesiger Tempel des Hymenaios, des griechischen Gottes der Hochzeit und Vermehrung errichtet worden, aus dem Raketen in den Himmel schossen und hoch oben und in solch blendender Pracht zerbarsten, dass sie das Feuerwerk des vergangenen Abends noch übertrafen.

Um achtzehn Uhr des folgenden Tages versammelten sich die Höflinge in der Augustinerkirche, um der Hochzeitszeremonie beizuwohnen. Da der Dauphin nicht anwesend war, übernahm Antoinettes Bruder Ferdinand *per procurationem* seine Rolle. Er kniete neben seiner lächelnden Schwester nieder und steckte ihr den Hochzeitsring an den Finger. Der päpstliche Nuntius, Visconti, vollzog die Hochzeitsmesse. Danach wurden die Geschütze der Hofburg wieder und immer wieder abgefeuert, und ihr Donner erschütterte die Wände der alten Kirche.

Antoinette strahlte, die langen Tage und Nächte der Feierlichkeiten und Lustbarkeiten hatten sie nicht ausgezehrt. Sie freute sich, im Mittelpunkt der allgemeinen Aufmerksamkeit zu stehen. Ihr Charme und ihre königliche Haltung hätten nicht besser zur Geltung kommen können, als sie in ihrem luxuriösen Hochzeitskleid aus silbernem Stoff neben ihrer Mutter einherschritt. Betrachtete man ihre äußere Erscheinung, dann schien sie weder ihre Zukunft zu fürchten noch vor den Verpflichtungen zurückzuschrecken, die auf sie warteten. Rührte ihre Haltung von wahrer Gelassenheit? Oder war sie sich nur der wahren Bedeutung der Vorgänge um sie herum nicht im Mindesten bewusst? Wahrscheinlicher ist, dass sie ein junges, naives und geziertes Mädchen war, das sich vergnügt inmitten eines aufregenden Wirbels von Ereignissen bewegte. Antoinette bewältigte die Situation jedenfalls mit Leichtigkeit. Ihre Mutter hatte sie in allem unterwiesen, was sie wissen musste. Und Maria Theresia hatte versprochen, ihr auch weiterhin mit Rat zur Seite zu stehen, wenn sie erst einmal ihr Zuhause verlassen hatte. Die zukünftige Dauphine vertraute ihrer Mutter, und war traurig, sich von ihr trennen zu müssen. Dieses Vertrauen und ihr eigener natürlicher Elan würden alles sein, was sie brauchte. Wie auch schon in der Vergangenheit würde sie liebenswürdig auftreten und alle Erwartungen erfüllen.

Maria Theresia hatte bereits dafür gesorgt, dass der Weg ihrer Tochter leichter ausfallen würde. Sie hatte ihr Regeln empfohlen, nach denen sie sich richten und die sie einmal im Monat durchlesen sollte. Diese Regeln ermutigten Antoinette dazu, ihren religiösen Pflichten die gebührende Aufmerksamkeit zu widmen und die privaten Morgengottesdienste zu besuchen. Außerdem sollte sie sich den französischen Gebräuchen anpassen, sich nicht mit Untergebenen gemein machen und Petitionen von einzelnen Bittstellern an Starhemberg weiterreichen.

»Scheuen Sie sich nicht, um Rat zu fragen, und machen Sie nichts nach Ihrem eigenen Kopf«, warnte die Kaiserin. Antoinette sollte keine Eigeninitiative zeigen, sich weder Gefälligkeiten erbitten noch Neugierde zeigen. »Lesen Sie kein Buch und keine Broschüre, bis Sie die Erlaubnis Ihres Beichtvaters dazu erhalten haben«, fuhr Maria Theresia fort. »Das ist in Frankreich eine Angelegenheit von besonderer Bedeutung, den dort erscheinen Bücher, die zwar angemessen gelehrsam sind, aber trotzdem verderblich für Religion und Moral sein können.«[5]

Frankreich musste tatsächlich als gefährlicher Ort angesehen werden. Die Kaiserin sagte das zwar nicht ausdrücklich, meinte es aber so. Ihr war bewusst, dass es einem naiven jungen Mädchen schwer fallen würde, in Versailles einen kühlen Kopf zu bewahren und dem gesunden Menschenverstand zu folgen. Auch bei der besten Anleitung. Dort würden zu viele verführerische Dinge warten, mit denen Antoinette nicht vertraut war. Zu viele lockende Stimmen würden versuchen, sie auf gefährliche Wege zu führen, aber sie würde nur wenigen Beispielen für Unschuld und Bescheidenheit begegnen. Ihr Ehemann erschien kaum dazu geeignet, sie vor all diesen Verderbtheiten zu bewahren, zumal er offenbar größte Schwierigkeiten hatte, sich selbst davor zu schützen. Aber Antoinette war immer noch die Tochter ihrer Mutter und mit einer liebenswürdigen Art gesegnet. Vielleicht würde sich ihre wahre Natur zur rechten Zeit zeigen.

Zwei Tage nach der Hochzeit, am einundzwanzigsten April, bestieg Antoinette eine der großen Berlinen, die dazu angelegt waren, ihr alle Annehmlichkeiten zu bieten. Sie durfte einige wenige vertraute Dinge in ihr neues Leben mitnehmen: ein paar persönliche Besitztümer, die sie besonders liebte, genug Kleidung für die Reise bis zur französischen Grenze und ihren kleinen Hund. Die Botschafter Frankreichs und Österreichs und der Abbé Vermond begleiteten sie. Antoinette musste auch auf die ihr seit der Kindheit vertrauten Dienstboten verzichten. Ein ihr kostbares Stück vergaß sie ebenfalls nicht: die »Anweisungen an meine Kinder, betreffend sowohl ihr geistliches als auch ihr weltliches Leben«, die ihr verstorbener Vater verfasst hatte. Dieses Traktat ermahnte Antoinette und ihre Geschwister dazu, sich als gläubige Katholiken zu erweisen, sich in Zurückhaltung und Diskretion zu üben, wohltätig gegenüber den Armen und nicht allzu versessen auf Luxus zu sein. »Die Welt, in der ihr euer Leben zubringen müsst, ist vergänglich«, ermahnte Franz sie über den Tod hinaus. »Außer der Ewigkeit gibt es nichts, was von Dauer wäre. Wir sollten die Annehmlichkeiten des Lebens in aller Unschuld genießen, denn da sie uns so schnell zum Schlechten führen – von welcher Art es auch sein mag –, hören sie auf, Freuden zu sein.«[6]

Etliche seiner Ratschläge hatte Kaiser Franz selbst nicht befolgt, zum Beispiel, »keine besondere Neigung für eine bestimmte Sache zu haben«, und »vor allen Dingen keine Leidenschaft zu hegen«. Seine Beziehung zur Prinzessin Auersperg war so intensiv gewesen, dass man nach seinem Tod kaum ermessen konnte, wer mehr um ihn trauerte, seine Witwe oder seine Mätresse. Auch hatte man ihn als passionierten Spieler in Erinnerung, obwohl er seinen Kindern geraten hatte, »sich mit Grausen von dem Spiel um hohe Einsätze« abzuwenden.

»Ich empfehle euch, zwei Tage im Jahr der Vorbereitung auf den Tod zu widmen«, schloss er«, als wäret ihr sicher, dass diese beiden die letzten eures Lebens sind; auf diese Weise werdet ihr euch mit dem Wissen um das vertraut machen, was ihr unter diesen Umständen zu tun habt. Und wenn dann euer letztes Stündchen schlägt, dann werdet ihr nicht überrascht sein, sondern wissen, was ihr tun müsst.« Hingabe, Religion und Tugendhaftigkeit, das war die Summe von Franzens Idealen. »Hiermit empfehle ich euch, diese Anweisungen zweimal pro Jahr zu lesen, sie kommen von einem Vater, der euch über alles liebt, und der es für notwendig gehalten hat, euch diesen Beweis seiner zärtlichen Zuneigung zu hinterlassen. Ihr könnt euch nicht besser revanchieren, als einander mit der gleichen Zärtlichkeit zu lieben, die er für euch empfindet.«[7]

Der liebevolle Vater war tot, und die zwar ebenfalls liebende, aber strenge Mutter würde bald weit entfernt sein. Die Berline fuhr langsam an und hatte bald ihre gemächliche Reisegeschwindigkeit erreicht. Viele Menschen säumten die Straßen, um die Dauphine in ihrer prachtvollen Kutsche vorbeifahren zu sehen. Sie winkten und riefen Antoinettes Namen. Die scharfäugigen unter ihnen bemerkten, dass ihre Wangen nass vor Tränen waren. Sie lehnte sich in die samtenen Kissen zurück und »bedeckte ihre Augen, manchmal mit ihrem Taschentuch, manchmal mit den Händen, und ab und zu steckte sie den Kopf aus der Kutsche, um noch einen Blick auf den Palast ihrer Vorfahren werfen zu können, den sie niemals wieder betreten würde«. Die lange Kolonne der Kutschen, die ihre Berline begleiteten, zog sich über mehrere Meilen der schlammigen Straße. Die Vorreiter verbargen ihre schmucken blaugelben Uniformen unter mausgrauen Mänteln, als ein kalter Frühlingsregen einsetzte. Die Menschenmenge wurde kleiner, und Wien verschwand allmählich in der Ferne. Antoinette war auf dem Weg in ein neues Leben.

# 5

Mit der Langsamkeit einer Schnecke kroch Antoinettes Tross nach Westen. An einem Tag war man acht bis zehn Stunden unterwegs, und die Nächte verbrachte man in geeigneten Schlössern, Klöstern oder Städten. Nach einer Woche wurde die Reise zunehmend eintöniger. Nach zweieinhalb Wochen, als die Reisegruppe in der Abtei von Schuttern anlangte, der letzten Station vor der französisch-österreichischen Grenze, war jedermann erschöpft, von den Hofdamen bis hin zu den Sekretären, Lakaien und Köchen. Die Dauphine selbst überstand die Strapazen der Reise gut. Ihre Wangen leuchteten wie gewöhnlich rosig vor Gesundheit, und ihre Stimmung war heiter.

In Schuttern wurde sie von dem Grafen von Noailles erwartet, einem steifen, wichtigtuerischen Mann, dem Abgesandten des Königs. Er zollte der Braut weit weniger Aufmerksamkeit als einer Formulierung in den Dokumenten, die die Bedingungen regelten, nach denen er Antoinette offiziell in seine Obhut zu nehmen hatte. Der Diplomat glaubte, eine Beleidigung entdeckt zu haben, denn die Namen von Maria Theresia und ihrem inzwischen regierenden Sohn Kaiser Joseph waren vor dem des hochwohlgeborenen Königs Ludwig genannt worden. Solch eine Kränkung konnte nicht toleriert werden.

Der österreichische Gesandte der Kaiserin, Starhemberg, betonte höflich, aber entschieden, die österreichischen Majestäten würden es als Beleidigung auffassen, wenn man den Namen des französischen

Königs an die erste Stelle setzen würde. Keiner der beiden Diplomaten gab nach, und man fand sich – nicht zum ersten Male – in einer Sackgasse wieder. Schließlich beschloss man zwei Ausführungen des Dokumentes vorzubereiten, eines für jeden Hof. In der österreichischen Version wurden Maria Theresia und Kaiser Joseph an erster Stelle genannt, in der französischen wurde Ludwig XV. der Vorrang eingeräumt.

Dieser widrige Zwischenfall verhieß nichts Gutes für die am nächsten Tag vorgesehene Übergabezeremonie, in deren Verlauf Antoinette ihre österreichische Staatsangehörigkeit ablegen und Französin werden sollte. Auf neutralem Gebiet, einer Sandbank inmitten des Rheines nahe Straßburg – betrat sie ein Gebäude, das man nur für diese Zeremonie erbaut hatte. Nachdem sie ein für diesen Tag bestimmtes Gewand angelegt hatte (und ohne sich von ihren österreichischen Juwelen und Schmuckstücken zu trennen), betrat sie den Pavillon, der die Grenzlinie zwischen den beiden Reichen symbolisierte. Auf der einen Seite stand ihre österreichische Eskorte, auf der anderen der spitzfindige Graf Noailles und zwei seiner Adjutanten. Noailles hielt eine Rede, dann wurden die Bedingungen verlesen, unter denen Antoinette die französische Staatsangehörigkeit erhielt.

Während der offizielle Wortschwall den Raum erfüllte, muss Antoinettes Blick über die großen und farbenprächtigen Tapisserien geschweift sein, welche die Wände bedeckten. Sie waren Beispiele feinster Handwerkskunst und stammten aus dem Palast des Erzbischofs von Straßburg, der sie eigens für dieses Ereignis ausgeliehen hatte. Allerdings trugen die darauf dargestellten Szenen gelinde gesagt kaum zur Beruhigung bei. Sie stellten den schrecklichen Augenblick dar, in dem Medea, durch das Verschwinden ihres Gatten Jason in die Raserei getrieben, ihre Kinder und dann sich selbst tötet. Ein beeinflussbareres Mädchen als Antoinette wäre bei diesem Anblick erschauert und hätte ihn für ein schlechtes Vorzeichen gehalten. Aber höchstwahrscheinlich war die immer neugierige Antoinette eher fasziniert als beunruhigt – aber vielleicht mag es ihr in den Sinn gekommen sein, dass wer auch immer die Wandbehänge ausgesucht hatte, ein bitteres Urteil über die Verbindung zwischen Habsburg und den Bourbonen fällte.[1]

Nachdem die offizielle Feier beendet war, kamen ihre österreichischen Hofdamen der Reihe nach zu ihr, um ihr die Hand zu küssen und Abschied zu nehmen. Antoinette wurde der Obhut von Noailles und seiner steinernen, übereifrigen Schwägerin übergeben. Die erste Reaktion dieser Frau auf den kindlichen Kuss Antoinettes war, entrüstet zurückzuweichen. Die Gräfin von Noailles befolgte Zeremonien mit unverrückbaren Prinzipien und sie erwartete von ihrer zukünftigen Herrin, dass diese Gefühlsausbrüche und andere Sentimentalitäten für sich behielt. Da ihre vorherige Herrin, Ludwigs XV. verstorbene Gemahlin, Königin Marie Leczinska, schwerfällig und zurückhaltend gewesen war, hatte es ihre Prinzipien kaum verletzt, in ihren Diensten zu stehen. Die Gräfin stellte Antoinette ihre Hofdamen vor, allesamt gesetzt und matronenhaft, um sie dann über die Türschwelle zu geleiten – als Symbol für ihre Ankunft in Frankreich.

Eine Woche darauf, am Abend des vierzehnten Mai, begegnete Antoinette endlich dem Dauphin Ludwig. Das Treffen fand am Waldrand von Compiègne statt. Man hatte diese Umgebung mit Bedacht ausgewählt, um es Ludwig so angenehm wie möglich zu machen, waren doch der Rand des großen Waldes mit den hohen Eichen und Kastanienbäumen sein bevorzugter Zufluchtsort. Trotzdem fühlte er sich außerordentlich unwohl. Sein Rock und die Kniehosen, beide reich verziert, all das feine Leinen und die Spitzen waren viel unbequemer als die grobe Kleidung, die er sonst zu tragen pflegte. Die Anwesenheit seines Großvaters, der ihn mit Verachtung strafte, machte ihn ebenso nervös, wie der Umstand, im Mittelpunkt der Aufmerksamkeit zu stehen.

Was er sah, als Antoinette ihrer Berline entstieg, muss bewirkt haben, dass seine schwachen Augen vor Überraschung blinzelten. Sie war zierlich, blond und in jeder Hinsicht so schön, wie es die Minister seines Großvaters behauptet hatten. Und sie erschien zudem sanft und liebenswert. Der freundliche, unschuldige Blick ihrer großen Augen bewirkte, dass er sich ein wenig entspannte.

Antoinette ihrerseits starrte auf den plumpen und ungeschickten jungen Mann, den zu heiraten man von ihr erwartete, und sie empfand Mitleid mit ihm. Sie sah mit einem Blick, wie schüchtern er war, und weder seine extreme Zurückhaltung noch seine schroffe Sprechweise stießen sie ab. Er erweckte ihre Anteilnahme, und die Furcht in seinen großen Augen berührte sie. Ludwig sah nicht wirklich schlecht aus, und er würde erheblich präsentabler wirken, wenn er sich gerade hielte und sein Gang weniger linkisch wäre. Dieser Jüngling wirkte undressiert, war aber vielleicht nicht unzähmbar.

Jeder Kontakt, den sie mit ihm hätte aufnehmen können, wurde von einer Vielzahl Vorstellungen und Zeremonien unterbrochen, nach denen diese Begegnung verlangte. Antoinette sank in einem Hofknicks vor dem König nieder, der seine bogenförmigen Lippen zu einem Lächeln formte und ihr dann wieder aufhalf, wobei er murmelte, wie charmant sie sei. Mit seinen neunundfünfzig Jahren war Ludwig XV. immer noch ein ausgesprochen gut aussehender Mann mit durchdringenden schwarzen Augen, einer römischen Nase und hoheitsvoller Haltung. Antoinette muss er uralt erschienen sein, aber andere, wie einige Engländer, die seinen Hof besuchten, stellten bei ihm trotz des fortgeschrittenen Alters und seiner runden Schultern die »Reste einer männlichen Schönheit« fest. Er galt mit einiger Berechtigung als Kenner schöner Frauen, und obwohl seine Vorliebe nicht naiven jungen Mädchen galt, sah er mit einem Blick, dass die Braut, die sein oberster Minister Choiseul zur Dauphine auserwählt hatte, zu einer ausgesprochen attraktiven Frau heranwachsen würde.

Ludwig regierte bereits seit mehr als einem halben Jahrhundert, wenn auch als unwichtige Galionsfigur. Choiseul, der ihn besser kannte als jeder andere, beschränkte sich in seinen nach dem Tode des Königs erschienenen Memoiren auf die Feststellung, dass er gehört habe, wie sein Herr über sich selbst sagte, er sei die »personifizierte Inkonsequenz«. Der König hatte hinzugefügt, es würde ihn nicht überraschen zu entdecken, dass er wahnsinnig sei.[2]

Überzüchtet, übermäßig verwöhnt und König seit seinem fünften Lebensjahr, hatte dieser Urenkel des Sonnenkönigs Ludwig XIV. keine rechte Vorstellung von dem, wer oder was er eigentlich war. Seine Königswürde schützte ihn wie der Panzer einer Schildkröte, und er hatte es vor langer Zeit aufgegeben, sich Gedanken zu machen. Da seine Lehrer es ihm beigebracht hatten, wusste er, dass er anders war als die gewöhnlichen Leute. Er war der König. Er glaubte von sich selbst, ein von dem Allmächtigen »auserwähltes Gefäß« zu sein mit der göttlichen Mission, die katholische Religion zu schützen. Und er glaubte (obwohl dieser Glaube nicht das Geringste dazu beitrug, seinen Charakter zu stärken), ein »direkter Bestandteil der Vorsehung« zu sein, weshalb Gott ihn für seine Vergehen nicht in die Hölle schicken würde, ganz gleich, wie unerhört seine Sünden auch sein mochten. Und weil er sicher war, ohne Strafe sündigen zu können, so sündigte er eben – doch auch seine Vergehen führten ihn nicht zu sich selbst.

»Der Charakter des Königs«, so schrieb Choiseul einmal, »erinnert an weiches Wachs, auf dem die unterschiedlichsten Objekte ihre flüchtigen Spuren hinterlassen können.«[3] Diese übermäßige Beeinflussbarkeit wäre bei einer Privatperson beunruhigend gewesen; bei einem Herrscher war sie verhängnisvoll. Er war in der Gefahr, das Opfer verschiedener Interessengruppen zu werden, aber glücklicherweise konnte sich der König auf Choiseul verlassen – obwohl auch der Graf selbstverständlich der Führer einer eigenen Fraktion war. Der oberste Minister erledigte die Arbeit des Königs von einem Schreibtisch aus, der in einem kleinen Zimmer neben dem königlichen Schlafzimmer in Versailles stand. Was auch immer Choiseul empfehlen mochte, der König stimmte seinen Vorschlägen zu und gab sich selten damit ab, Dokumente zu lesen, bevor er sie unterschrieb. Es war, als wäre er gar nicht da. König Ludwig war nicht nur unbedeutend und geistlos, ihm mangelte es an jeglicher Fertigkeit, es sei denn, man bezeichnet die Hirschjagd und das Zubereiten von Kaffee als Fertigkeiten. Besucher, die nach Versailles kamen, um den König essen zu sehen, registrierten die Geschicklichkeit, mit der er ein weich gekochtes Ei mit der Gabel köpfte, und bedachten diese Leistung mit Applaus. Mit Sicherheit war der König als Ehemann und Vater kein Erfolg Er hatte seine verstorbene Gemahlin, die Königin Maria, zu Gunsten vieler Mätressen ignoriert. Ihr blieb nichts weiter übrig, als ihre Tage mit Handarbeiten zu verbringen, und die langen, monotonen Abende verbrachte sie mit ihren Hofdamen. Seinen Kindern gegenüber verhielt sich der König bestenfalls unangenehm. Mit seinem verstorbenen Sohn Ludwig hatte er im Streit gelegen, denn dessen Ansichten über die Monarchie hatten sich drastisch von den seinen unterschieden. Seinen vier unverheirateten Töchtern begegnete er mit Verachtung. Er verspottete sie, machte sich über sie lustig und behandelte sie wie Luft. Den Enkel und Erben schätzte er ebenfalls gering ein, und zwar nicht nur wegen dessen Exzentrizität, sondern weil nichts auch nur entfernt Männliches an ihm war, eine Eigenschaft, an der es dem König selbst ganz gewiss nicht mangelte. Der Dauphin war ganz bestimmt noch nicht reif für die Ehe, wenn er es denn jemals sein würde. Antoinette stieg mit Ludwig und dem Dauphin in die geräumige königliche Kutsche, um durch den Wald zu dem Schloss von Compiègne zu fahren. Dort traf sie ihre neue Verwandtschaft an, jede Menge Herzöge und Herzoginnen, Prinzen und Prinzessinnen. All die Namen und Titel müssen bewirkt haben, dass ihr der Kopf schwirrte, denn es gab so viele von ihnen. Außerdem galt es, all die anderen Höflinge kennen zu lernen. Überdies waren es nur noch zwei Tage bis zur Hochzeit, und viele Details mussten in letzter Minute bedacht werden. Das Abendmahl wurde serviert – und man fragt sich, wie die Mahlzeit für den hübschen, liebenswürdigen Neuling verlaufen sein mag. Antoinette saß inmitten vieler Fremder, die sie mit äußerst kritischen Blicken begutachteten. Ihr Bräutigam war so schüchtern, dass er sie kaum anzublicken wagte, und ihre Tischmanieren waren erkennbar weniger förmlich als die der Franzosen. Nach dem Essen wurde Antoinette ihr Zimmer gezeigt, wo sie den Zeremonienmeister des Königs empfing. Er präsentierte ihr zwölf Eheringe, die sie einen nach dem anderen anprobierte, bis sie einen gefunden hatte, der perfekt passte. Dieser Ring wurde bis zur Hochzeit in Verwahrung genommen.

Zwei Tage später, vormittags, passierte Antoinette in ihrer Kutsche die hohen, vergoldeten Tore von Versailles. Die schiere Größe des ausgedehnten Steingebäudes mit seinen enormen Seitenflügeln und den drei riesigen Höfen muss sie beeindruckt haben. Aber in den Briefen an ihre Mutter erwähnte sie weder ihre Gefühle noch beschreibt sie ihre Eindrücke von Versailles. Obwohl viel größer und grandioser als Schönbrunn, war Versailles dennoch viel älter, und an dem Tag, an dem Antoinette den Palast zum ersten Mal sah, wirkte er schäbig und vernachlässigt. Die Fontänen waren zerbrochen, ihre Bassins schmutzig und voller Trümmer. Der Kanal war ebenfalls verschmutzt und mit Schlamm verstopft. In den Gärten waren viele Statuen umgestürzt, und nachlässige Gärtner und Diener ließen sie dort liegen, wohin sie gefallen waren.

Obwohl der Morgen dunkel und trübe war, hatte man keine Lampen entlang der Straßen angebracht, die zum Palast führten. Als Antoinettes Kutsche die Tore passierte, wartete keine Musikkapelle auf sie, um ihr mit Pfeifen und Trommeln ein Ständchen zu bringen. Keine Eskorte der Schweizer Garden hieß sie willkommen. Leute gingen in dem Vorhof ihren Geschäften nach und starrten die Kutsche an, die in den Hof rollte und vor der Treppe zum Halten kam.

Da heute die Hochzeit des Dauphin und seiner Braut gefeiert wurde, hatte man mehr als fünftausend Gäste zu der Zeremonie geladen. Und weil jedermann wusste, dass dies ein außergewöhnlich prunkvoller Tag werden würde, versuchten zusätzlich Tausende Neugieriger, in den Spiegelsaal zu drängen. Sie kämpften so beharrlich um Einlass, dass die Wachen nicht in der Lage waren, sie zurückzuhalten. Für das Fest hatte man Stühle in den langen, mit Spiegeln behangenen Korridoren aufgestellt. Aber schon seit dem frühen Morgen hatten sich Höflinge in ihrer allerprächtigsten Kleidung darauf niedergelassen, und die anderen Zuschauer sahen sich dazu gezwungen, irgendwo einen Platz zu finden. Sie drückten sich gegen die extra aufgebauten Balustraden und pressten sich unbequem gegen die offiziell geladenen Gäste. Der Druck der Menge nahm zu, als draußen ein Gewitterregen losbrach, denn jeder, der sich in den Höfen aufgehalten hatte, drängte sich nun mit tropfender Kleidung und schlammigen Stiefeln in das Gebäude.

Um ein Uhr begann die Prozession, sich von den Staatsgemächern in Richtung Kapelle zu winden. Der oberste Zeremonienmeister wies ihr den Weg, dicht gefolgt von Ludwig und Antoinette, die Hand in Hand hinter ihm her schritten. Antoinette lächelte selbstsicher, und ihre zierliche Gestalt glitzerte vor Diamanten. Die englische Herzogin von Northumberland, die als Gast an der Hochzeit teilnahm, äußerte ihr Erstaunen darüber, wie klein die Braut war und dass sie nicht älter wirke als zwölf Jahre. Die Herzogin fand auch an dem Hochzeitskleid etwas auszusetzen. »Das Oberteil ihrer Robe war zu klein«, vertraute sie ihrem Tagebuch an, »und ließ einen breiten Streifen ihrer Korsettverschnürung und ihres Hemdes sichtbar werden, was zwischen zwei breiteren Diamantenreihen einen schlechten Effekt hervorrief. Sie trug wirklich eine ganze Ladung Diamanten.«[4] Der Dauphin, der wie üblich schrecklich nervös war, trug einen Anzug aus glänzendem Goldstoff, der von Juwelen und Orden nur so strotzte. Der Herzogin zufolge wirkte Ludwig zaghaft, und er zitterte, so sehr hatte ihn seine Angst erschöpft.

Pagen folgten der Braut und dem Bräutigam und trugen Antoinettes lange Brokatschleppe, dann kamen die Gräfin von Noailles, Antoinettes nomineller Vormund, und die erlauchten Prinzen – der korpulente Herzog von Orléans, der nervöse Herzog von Penthièvre, die Prinzen Condé und Corti, die Herzöge von Chartres und Bourbon und der Herzog von la Marche sowie die beiden jüngeren Brüder des Dauphins, die Herzöge von Provence und Artois. Hinter ihnen schritt der König, der verwirrt wirkte, gefolgt von seiner zehnjährigen Enkeltochter, Prinzessin Clotilde, und seinen drei unverheirateten Töchtern Adelaide, Victoria und Sophie, den Tanten des Thronfolgers. Eine Schar juwelengeschmückter Hofdamen bildete den Schluss. Die Prozession defilierte durch den ganzen fünfundsiebzig Meter langen Spiegelsaal mit den mächtigen Kronleuchtern, bis sie schließlich den Eingang zur Palastkapelle erreicht hatte. Hier, inmitten der barocken Großartigkeit weißen Marmors und Vergoldungen, wartete eine weitere Schar Beobachter.

Eine Fanfare von Trommeln und Flöten kündete das Eintreten der königlichen Hoheiten an. Alle versammelten Gäste erhoben sich, als Ludwig und Antoinette zum Altar schritten, wo sie auf Kissen niederknieten und vor dem Erzbischof von Reims ihr Gelöbnis wiederholten. Als der Dauphin den Ring auf Antoinettes Finger steckte, lief sein Gesicht krebsrot an, und während der ganzen Hochzeitsmesse zappelte er nervös. Anschließend unterzeichnete das Paar die Hochzeitsurkunde, und damit war allen Formalitäten Genüge getan. Antoinette war nun die Dauphine.

Sie war die zukünftige Königin – und als solche erweckte sie Furcht, Hass und Missgunst.

Antoinette befand sich in einer paradoxen Situation. Trotz ihres ausnehmend jungen Alters und ihrer Unerfahrenheit war sie, zumindest theoretisch, die mächtigste Frau am Hofe. Und weil die männlichen Sprösslinge der königlichen Familie als schwach und träge galten, verdoppelte sich ihre Macht. Ihre Ankunft erschütterte den derzeitigen Zustand, der bereits ein Jahr zuvor dadurch gefährdet worden war, dass der König seine Mätresse, Madame du Barry, offiziell bei Hofe eingeführt hatte.

Die du Barry kontrollierte den König und tat ihr Bestes, um auf diese Weise auch die Kontrolle über den Hof zu gewinnen. Antoinette ihrerseits war im Stande, den Dauphin zu beherrschen, der jederzeit König werden konnte. Die Zukunft und eine größer werdende Macht gehörten ihr, und die erfahrenen Höflinge, verhärtet durch jahrelange Intrigen, vermuteten, dass sie keine Zeit verlieren würde, eine Anhängerschaft um sich zu scharen um ihren Einfluss zu festigen. Da sie ihr misstrauten, hielten sie sich in ihrer Gegenwart vorsichtig zurück. Aber hinter ihrem Rücken spannen viele von ihnen Intrigen gegen sie.

Unter anderen Bedingungen wären solche Hintertreppenrivalitäten innerhalb des königlichen Haushaltes von minderer Bedeutung gewesen. Aber das Frankreich des Jahres 1770 war eine Nation in Unordnung, und im Zentrum der Macht herrschte eine große Leere. Dem Grafen Mercy zufolge, der außergewöhnlich gut informiert war, herrschte in Versailles »eine schreckliche Verwirrung«, und der Palast sei »eine Heimstatt des Verrates, des Hasses und der Rache«. »Alles wird durch Intrigen bewirkt und von persönlichem Ehrgeiz inspiriert«, schrieb er, »und es scheint, als ob die Welt auch noch dem leisesten Anschein von Rechtschaffenheit abgeschworen hätte.«[5]

Es fehlte eine starke Autorität, die ihr moralisches Gewicht hätte geltend machen können, um bestimmten Angelegenheiten eine Richtung zu geben. Die Regierung verkam zu einem schmutzigen Gerangel um Stellungen, und die Gierigsten und Rücksichtslosesten gewannen den größten Einfluss. Da der zukünftige Herrscher über noch weniger Fähigkeiten verfügte als der schwache Ludwig XV., schauderte es erfahrene Beobachter wie Mercy, wenn sie an die Zukunft dachten.

»Diese Monarchie«, hatte Mercy ein Jahr vor Antoinettes Ankunft in Frankreich geschrieben, »ist so dekadent, dass sie nur durch einen Nachfolger des gegenwärtigen Herrschers erstarken könnte, dessen Qualitäten und Talente die extreme Unordnung des Königreiches in Stand setzen würden.« Aber dem Dauphin mangelte es an den erforderlichen Qualitäten und Talenten. »Gesicht und Sprache dieses Prinzen«, so Mercy, »zeigen nichts weiter als eine extrem eingeschränkte Intelligenz und große Ungeschicklichkeit.«[6]

Viele waren der Meinung, es sei Antoinettes Aufgabe, das zum Vorschein zu bringen, was ihr Gatte an bruchstückhaften Fähigkeiten besitzen mochte. Sie sollte seine Lebensart verfeinern, und falls das möglich war, rechtzeitig einen König aus ihm machen. All das hätte eine erwachsene, weltgewandte Frau kaum zu leisten vermocht, wie konnte man so etwas nur von einer vierzehnjährigen Unschuld erwarten?

Am Nachmittag ihres Hochzeitstages wurde Antoinette in ihre neuen Gemächer geführt, eine nicht allzu große, aber exquisit ausgestattete Zimmerflucht mit bemalten und mit Reliefschnitzereien verzierten Wänden. Abgesehen von Schlafzimmer und Bad standen ihr zwei Salons, eine große Bibliothek, zwei Vorzimmer und ein privates Andachtszimmer zur Verfügung. Hier empfing sie die Beamten ihres Haushaltes. Einer nach dem anderen legte den Treueid ab und schwor, ihr zu dienen. Ihre Oberhofdame, der Oberste Hofherr, der Almosenpfleger, Verwaltungsbeamte, der Oberdiener, der Erste Stallmeister, die Rechnungsprüfer – alle knieten sie vor ihr nieder, um den Eid zu wiederholen, und jedem von ihnen hatten wiederum Untergebene ihre Ergebenheit geschworen.

Fast zweihundert Bedienstete beschäftigten sich ausschließlich mit der Zubereitung und dem Servieren ihrer Mahlzeiten, von Köchen und Dienern über die Mundschenke bis hin zu den Kindern in der Spülküche. Eine weitere gute Hundertschaft Diener und Beamter stand für jedes nur denkbare persönliche Bedürfnis der Dauphine zur Verfügung, darunter der Perückenmacher, der auch den Dienst des Badeaufsehers versah, zwei Apotheker und neunzehn Kammerdiener. Antoinette hatte zwölf aristokratische Damen, die sich um sie kümmerten und ihr Gesellschaft leisteten. Dazu kamen vierzehn Zofen zur Bedienung, zwei Prediger, fünf Geistliche und ein Almosenpfleger (die, alle zusammengenommen, den Abbé Vermond überflüssig machten), sechs Stallmeister, neun Zeremonienmeister, zwei Ärzte und vier Chirurgen, ein Uhrmacher, einen Gobelinmacher, achtzehn Lakaien, einen Florettmeister und zwei Mauleseltreiber.

Der Nachmittag war bereits fortgeschritten, als die Prozession der Diener und Beamten endete und der letzte von ihnen die Gemächer der zukünftigen Königin unter Verbeugungen verließ. Aber die Ereignisse dieses anstrengenden Tages waren noch lange nicht vorüber. Der König, sein Enkel und dessen Frau präsentierten sich aufs Neue der Öffentlichkeit. An einem Tisch in den königlichen Gemächern spielten sie Cavagnole. Sechstausend geladene Gäste genossen das Privileg, ihnen dabei zuzusehen.

Am Abend wurde das Hochzeitsbankett abgehalten. Es fand in

dem erst kürzlich fertig gestellten Opernhaus statt, einem exquisit dekorierten Theater, dessen Balkone und Wandfriese von einer Auswahl der besten Künstler geschnitzt, bemalt und vergoldet worden waren. Hier nahm die königliche Familie das Abendessen ein, während Regen auf das Dach trommelte und draußen Donner grollte. Die Gäste hatten sich auf ein großes Feuerwerk am späteren Abend gefreut, aber sie wurden enttäuscht, weil das Spektakel wegen des Regens abgesagt werden musste. Das letzte Ereignis des Hochzeitstages war die Segnung des Hochzeitsbettes durch den Erzbischof von Reims. Der König überreichte seinem Enkelsohn das Nachthemd, und die Herzogin von Chartres half Antoinette, sich für die Nacht vorzubereiten. Der Moment, in dem die beiden jungen Leute ins Bett stiegen und die Höflinge sich zurückzogen, war alles andere als romantisch, sondern voller Peinlichkeit, zumindest für den bemitleidenswert linkischen Ludwig.

Allein gelassen mit ihrem Ehemann, und hin und her gerissen zwischen Neugierde und Furcht vor dem, was kommen würde, wartete Antoinette. Und wartete. Die vierschrötige Gestalt, die neben ihr im Bett lag, rührte sich nicht. Ludwig schlief.

Während der folgenden Wochen wiederholte sich dieses verwirrende Ritual Nacht für Nacht. Antoinette begab sich zur Ruhe, Ludwig kam zu Bett, legte sich nieder und schlief ein, ohne sie zu berühren. Obwohl es ihr an Erfahrung mangelte, war Antoinette auf dem Gebiet der Sexualität nicht vollkommen ahnungslos. Ihre Mutter hatte ihr erklärt, was sie als Ehefrau erwarten würde, und sie wusste, was ihre Schwester Caroline während ihrer qualvollen Hochzeitsnacht und den ersten Tagen ihrer alptraumhaften Ehe durchgemacht hatte. Irgendetwas stimmte hier ganz und gar nicht und sorgte bald für allgemeinen Klatsch. Die Pagen und Zofen suchten das Bettzeug der Dauphine nach den sprichwörtlichen Zeichen der ersten Nacht ab. Als sie keine fanden, gaben sie diese Information an jeden weiter, der bereit war, dafür zu zahlen. Und viele waren begierig darauf.

Zu ihnen zählte auch Mercy. Er hatte der Kaiserin das Versprechen gegeben, sie über alle Vorkommnisse am Hofe Ludwigs XV. zu unterrichten. Mercy beeilte sich, ihr den absonderlichen Zustand der Angelegenheit mitzuteilen. Er bediente sich eines speziellen Kuriers, der die Nachricht mit größtmöglicher Heimlichkeit nach Wien brachte.

Mercys Privatkorrespondenz mit Maria Theresia, die in den Tagen nach Antoinettes Hochzeit begann, war zu jener Zeit nachgerade ein Wunder. Der sichere und geheime Austausch von Informationen und Anweisungen zwischen einem Diplomaten und seinem Staatsoberhaupt in einer fernen Stadt war bis zu diesem Tage undenkbar gewesen. Überall gab es Spione, und alle mit der Post verschickten Briefe wurden routinemäßig abgefangen und geöffnet. Ludwig XV. und seine Minister unterhielten eine Armee Informanten, verstreut über ganz Europa, deren einzige Aufgabe darin bestand, jede geheime Korrespondenz auszuspähen. Aber dem Gesandten war es möglich gewesen, junge österreichische und ungarische Kuriere zu rekrutieren, die seine ausführlichen Nachrichten zu Maria Theresia brachten und ihm wiederum die Antworten der Kaiserin. Sie schafften es, die Informanten über Jahre hinweg zu überlisten. Auf diese Weise war es dem Grafen möglich, geheime Beobachtungen zu Papier zu bringen, die er unter anderen Umständen niemals zu äußern gewagt hätte. Und mit Hilfe ihres Gesandten in Versailles konnte Maria Theresia das Gefühl haben, an der Seite ihrer Tochter zu sein.[7]

Mercys erste Berichte klangen ernst. Der Dauphin, so schrieb er, sei »in den unangenehmen Zustand zurückgefallen, zu dem er von Natur aus neigt. Seit dem ersten Gespräch hat er nicht das geringste Zeichen von Zuneigung für die Dauphine gezeigt oder sich bemüht, ihr zu gefallen – weder in der Öffentlichkeit noch privat.« Die Kaiserin las zwischen den Zeilen. Ihr unbeholfener, exzentrischer Schwiegersohn, von dem die Leute sagten, »seine Figur gliche in hohem Maße der eines Eunuchen«, war möglicherweise tatsächlich ein Eunuch. Vielleicht würde es ihrer Tochter niemals vergönnt sein, Frankreichs Thron einen Erben zu schenken.

Die Kaiserin, ihr Gesandter, König Ludwig und seine Minister: sie alle waren ernstlich in Sorge. Die Hofärzte wurden konsultiert. Alles sei in Ordnung, so erklärten diese. Der Dauphin sei noch keine sechzehn Jahre alt, und damit noch nicht reif genug. Mit der Zeit, mit dem rechten Essen und ausreichender Ertüchtigung würde er in der Lage sein, seine Pflichten als Ehemann perfekt zu erfüllen.

In Wirklichkeit litt der unglückliche Ludwig an einer Phimose, einer Verengung der Vorhaut. Wurde sie zurückgezogen, so verursachte das

Schmerzen, wodurch keine Erektion zu Stande kam. Der Jüngling war nicht impotent, aber den Versuch, eine Frau zu lieben, bezahlte er mit rasender Pein. Sogar eine geringe sexuelle Erregung bereitete ihm Qualen, welche wiederum die schreckliche Angst vor noch mehr Schmerzen auslösten. Die Vorstellung, sein empfindliches Fleisch den grausamen Messern der Hofärzte auszuliefern, war für Ludwig am quälendsten. So bleibt die Frage, ob ihm der gewaltige sexuelle Appetit eines heranwachsenden Jungen zu eigen war oder nicht. Man darf aber annehmen, dass er ihn hatte und ihn zu verdrängen suchte, indem er sich mit Essen voll stopfte, und zwar so oft und so gierig, dass er davon regelmäßig krank wurde. Als er sich dazu entschloss, auf geschlechtliche Befriedigung zu verzichten, versuchte er zweifellos, Schmerzen zu vermeiden. Bedenkt man seine schmachvolle Schüchternheit, dann kann man leicht nachvollziehen, warum er lieber vor dem Problem davonlief, als sich ihm zu stellen und Heilung zu suchen.

Ludwig hielt sich weiterhin von Antoinette fern. Wenn die Hofetikette bei bestimmten Anlässen ihre gemeinsame Anwesenheit erforderte, ignorierte er seine Frau. Sie waren jedoch selten alleine miteinander. Immer waren sie von Dienern, Höflingen, Beamten und den stets präsenten Zuschauern umgeben, die die Korridore des Palastes bevölkerten. Diese Leute waren erpicht auf das Spektakel, das die königlichen Hoheiten boten, und wollten wissen, wie der Dauphin seine Frau behandelte. Die nicht vollzogene Ehe war das Gesprächsthema Nummer eins. War Ludwig impotent? Hegte er einen Widerwillen gegen Antoinette? War sie ohne all die Seide und Diamanten, ihrer Unterröcke und hochhackigen Schuhe entledigt, vielleicht viel weniger verlockend, als es den Anschein hatte?

Den beiden jungen Leuten muss es beklommen zu Mute gewesen sein. Allenthalben wurde geklatscht, man starrte sie an, flüsterte oder lächelte verschlagen – ganz zu schweigen von Spionage und Zuträgerei. Antoinette bewahrte nach außen hin die Fassung und zeigte Selbstbewusstsein, aber in unbeobachteten Momenten wirkte sie ernst und nachdenklich. »Unter ihrer Sicherheit erkenne ich Momente von Traurigkeit«, schrieb ihr Beichtvater, Abbé Vermond, an Kaunitz, und er fügte hinzu: »All das dreht mir das Herz im Leibe um.«[8]

Aber nach zwei Monaten gab es Anzeichen einer Veränderung. Antoinettes Wärme und die Gutmütigkeit, mit der sie ihren schwierigen Ehemann akzeptiert hatte, führten dazu, dass er ihr allmählich Vertrauen schenkte. Er hatte angefangen, mit ihr zu sprechen, suchte ihre Gesellschaft und vertraute sich ihr sogar an. Wenn sie seine Gemächer durchschritt, winkte er sie zu sich heran und wies so darauf hin, dass er zu reden wünschte. Dann zog er sie mit sich in ihre Räume, wo er von den lästigen Edelleuten und seinem Hauslehrer, dem Herzog von la Vauguyon, befreit war. Dieser Hauslehrer hatte es sich zur Aufgabe gemacht, jede Äußerung des Dauphins zu belauschen. (Bei einer Gelegenheit entdeckten Ludwig und Antoinette, dass der Herzog hinter einer Tür verborgen lauschte, wo er, »wie auf einem Zaun aufgespießt feststeckte und sich nicht zurückziehen konnte«, als die Tür geöffnet wurde.[9]

Eines Sonntags brachte Ludwig das Thema zur Sprache, über das alle Welt seit der Hochzeitsnacht tratschte. Dem Brief zufolge, den Mercy eine Woche darauf an Maria Theresia schrieb, teilte Ludwig Antoinette mit, er sei bestens vertraut mit der geschlechtlichen Seite der Ehe. Er habe aber beschlossen, alle Intimitäten bis zu seinem sechzehnten Geburtstag am 23. August zu verschieben. Der Hof würde diesen Tag in Compiègne verbringen, und dort, so versicherte er seiner Frau, würde er mit ihr in »all der Vertrautheit leben«, die ihre Vereinigung erforderte.[10]

Erfreut schrieb Antoinette ihrer Mutter, ihr »lieber Gemahl« habe sich »stark verändert, und das zum besseren«. »Die Dauphine ist auf dem Weg, den Dauphin zu gewinnen«, teilte Mercy der Kaiserin mit«, und sie ist so fröhlich und anmutig, dass der finstere, zurückhaltende Prinz, sonst so unzugänglich für jedermann, ihrem Charme erlegen ist.« Ludwig war gerne mit Antoinette zusammen, ihr gelang es, seine sanftere Seite zum Vorschein zu bringen. Wenn sie zusammen waren, zeigte er ihr »eine Art Gutwilligkeit und Liebenswürdigkeit, die man ihm nicht zugetraut hatte«. Er war sogar unterwürfig. Laut Mercy »regelte sie all die Kleinigkeiten für ihn, und er widersprach ihr nie«.[11]

Der Wilde, so schien es, war gezähmt worden. Aber er war immer noch nicht dazu bereit, ein Ehemann zu sein. Der 23. August kam und ging vorüber, und Antoinette war noch immer Jungfrau. Falls Ludwig gehofft hatte, seine Phimose überwinden zu können, so versagten seine Nerven. Wieder einmal kochte die Gerüchteküche, und der gedemütigte Dauphin machte sich auf zu einem gewaltsamen Ritt in den Wald. Erst Stunden später kehrte er zurück, torkelnd und vor Erschöpfung taumelnd kaum mehr in der Lage, sich auf den Füßen zu halten.

# 6

Antoinette hielt sich seit drei Monaten in Frankreich auf, und schon spürte sie, dass sich der Hof gegen sie gewendet hatte. Nur dem Namen nach war sie die Ehefrau des Dauphins, und ihre Gesellschafterin, die Gräfin von Noailles, begegnete ihr mit Missbilligung. Der König fühlte sich zweifellos von Antoinettes Charme angezogen, war aber andererseits zu sehr mit seiner Favoritin, Madame du Barry, beschäftigt, um ihr allzu viel Aufmerksamkeit zu widmen.

Auf die du Barry war Antoinette nicht vorbereitet gewesen. Ihre Mutter hatte sie nicht vor Ludwigs Mätresse und deren Macht über den König gewarnt.

Madame du Barry war als die uneheliche Tochter einer armen Näherin geboren worden, die sich prostituiert hatte, um ihre mageren Einkünfte aufzubessern. Jeanne Bécu folgte dem Beispiel ihrer Mutter und erregte als Geliebte eines gewissen Jean du Barry die Aufmerksamkeit des Königs. Sie war hübsch, ohne allerdings eine ausgesprochene Schönheit oder auch nur bemerkenswert zu sein. Aber sie verfügte über eine sinnliche Anziehungskraft, und der Blick ihrer weit auseinander stehenden blauen Augen war verheißungsvoll und einladend. König Ludwig war vollkommen bezaubert von ihr und kam auf den Gedanken, Jeanne an den Hof zu holen. Er wollte sie nicht zu einem weiteren Mädchen in seinem privaten Bordell machen, sondern zu seiner offiziellen Mätresse. Um zu seinem Ziel zu gelangen, arrangierte er eine Heirat mit Jean du Barrys Bruder Guillaume, der den Titel des Grafen du Barry trug. In ihrer neuen Stellung als Gräfin du Barry wurde Jeanne im April des Jahres 1769 offiziell bei Hofe vorgestellt. Sie verblüffte selbst die verwöhnten Versailler Höflinge mit dem Glanz ihrer Gewänder, die mit diamantenen Blumengirlanden geschmückt waren. Der König hatte sie mit glitzernden Juwelen überschüttet, und sie trug sie überall, sogar auf den Absätzen ihrer Schuhe.

Am Tage ihrer Einführung erstrahlte sie in blendender Schönheit, obwohl ihre Feinde ihr Möglichstes taten, sie herabzusetzen. »Ihre Blüte ist gänzlich dahin«, schrieb eine englische Herzogin, die Versailles gerade besuchte, und »sie trägt eine Weltgewandtheit zur Schau, die aufgesetzt wirkt und stark an ihre alte Profession erinnert.« Der kecke Blick ihrer Augen, die laute Stimme und die vulgären Manieren offenbarten ihre Herkunft.

»Ihr Benehmen (ist) in höchstem Maße freimütig und ungezwungen«, bemerkte die Herzogin weiter, »und ihrer Veranlagung nach mag sie durchaus wohlwollend und gutartig, großzügig und wohltätig sein. Ihr Temperament, so nehme ich an, (ist) jedoch so lebhaft wie ihr Wesen, da ihre Sprache grob und unfein wird, wenn Ärger oder Wut sie packt.«[1]

Alle Diamanten dieser Welt konnten aus einer gewöhnlichen Prostituierten keine vornehme Dame machen. König Ludwig aber war von ihr immer noch hingerissen, und nichts anderes zählte. Mochten andere über Madame du Barry höhnisch lächeln oder die Augenbrauen hochziehen, wenn sie über ihre Kammerfrau fluchte. Auch wenn sie dafür kritisiert wurde, dass sie ihr Haar nicht puderte und anstelle der in der Gegenwart des Königs üblichen *grande toilette* lieber einfache Gewänder trug – Ludwig war nicht willens, sich auch nur ein einziges gegen sie gerichtetes Wort anzuhören. »Sie hat mir Freuden bereitet, von deren Existenz ich nichts wusste«, bekannte er dem Marschall Richelieu, einem alternden Wüstling wie er selbst, und Richelieu wusste ohne Zweifel, was sein König meinte.

Gräfin du Barrys Aufstieg zu Macht und Reichtum erfolgte schnell und spektakulär. Ludwig beeilte sich, ihr ein eigenes kleines Schloss in Louveciennes zur Verfügung zu stellen, einen exquisiten Miniaturpalast mit marmornen Wänden, bemalten Decken und einem weiträumigen weißgoldenen Esszimmer, dessen kristallene Kronleuchter im Schein des Kaminfeuers funkelten. Die luxuriösen Dekorationen – reiche Tapisserien, feines Porzellan, edles Glas, Bronzestatuen und die mit besticktem Satin bezogenen Möbel – hatten Unsummen gekostet. Besucher des Schlosses bestaunten, dass sogar kleinste Details wie die Türgriffe aus den feinsten Materialien gefertigt waren. Und sie versäumten auch nicht, die große Zahl der Bediensteten zu bemerken, die der königlichen Mätresse in teuren, scharlachroten oder blassgelben Livreen aufwarteten. Auch in Versailles stand der Gräfin eine ganze Dienerschar zur Verfügung, darunter der höchst auffällige Page Zamore. Dieser exotische Bengale pflegte in Jacke und Hose aus rosa Samt hinter ihr her zu stolzieren. Um den Kopf hatte er einen weißen Turban gewickelt, und er trug ein kleines Schwert an der Seite.

Als Antoinette in Versailles ankam, war Madame du Barry eine Macht, mit der man rechnen musste, und sie hieß ihre junge Habsburger Rivalin nicht willkommen. Als man ihr von Antoinettes gutem Aussehen berichtete, reagierte sie gehässig. »Ich erkenne in rotem Haar, dicken Lippen, dem Teint einer Rotblonden und Augen ohne Wimpern nichts Attraktives,« kommentierte sie. »Entstammte sie nicht dem Königshaus von Österreich, wären solcherlei Vorzüge niemals Gegenstand der Bewunderung geworden.«

Antoinette zahlte ihr die Beleidigung mit gleicher Münze heim. Der König veranstaltete private Abendessen im Familienkreis, aber Antoinette weigerte sich, an einem Tisch mit der vulgären Mätresse zu sitzen.

»Sie ist das dümmste und unverschämteste Geschöpf, das man sich nur vorstellen kann,« schrieb Antoinette ihrer Mutter. »Sie hat jeden Abend mit uns in Marly gespielt und hat sich zweimal neben mir befunden; doch hat sie mit mir nicht gesprochen, und ich habe nicht gerade versucht, mit ihr ein Gespräch anzuknüpfen, wenn es aber nötig war, habe ich doch zu ihr gesprochen.«[2]

Die Rivalität zwischen den beiden Frauen erstreckte sich auch auf ihre Untergebenen. Ein Mitglied aus Antoinettes Gefolge, die Gräfin von Gramont, beleidigte die Gräfin du Barry, als sie sich eines Abends weigerte, während einer Theateraufführung ihren Platz für sie frei zu machen. Madame du Barry wandte sich an den König und erreichte, dass die Gräfin des Hofes verwiesen wurde. Auf Anraten von Mercy suchte Antoinette den König auf, um höflich geltend zu machen, dass mit ihrer Bediensteten nicht so umgesprungen werden darf. Die Gräfin hätte nicht fortgeschickt werden dürfen, bevor man nicht sie, Antoinette, über Ludwigs Missfallen informiert hatte. Der König geriet durch diesen peinlichen Zwischenfall in Verlegenheit. Da er einerseits in seine Mätresse vernarrt war, andererseits aber auch eine Vorliebe für die Dauphine hatte, schob er die Verantwortung auf den obersten Minister seines Haushaltes, den Herzog von la Vrillière. Nach kurzer Zeit durfte die Gräfin an den Hof zurückkehren.[3]

Nach außen hin wirkte dieser Vorfall wie der Austausch kleinlicher Beleidigungen, aber in Wirklichkeit hatte der Zwischenfall eine weiter reichende politische Dimension. Über ihre Schwägerin war die Gräfin von Gramont mit Ludwigs oberstem Minister Choiseul verwandt, und der galt als erklärter Feind der du Barry. Er war überdies federführend am Zustandekommen der Verbindung mit dem Hause Habsburg beteiligt gewesen, einer Heirat, die bis jetzt fruchtlos geblieben war. Manche behaupteten sogar, dass die Heirat gar keine gewesen sei. Antoinettes Versagen als Ehefrau sei das Versagen Choiseuls, und seine Feindschaft mit der Mätresse des Königs ginge in Wahrheit von der Dauphine aus.

Choiseul hatte das Bündnis zwischen Frankreich und Österreich voran getrieben, um zu verhindern, dass Maria Theresia sich mit Russland und ihrem alten Widersacher Friedrich II. von Preußen zusammenschloss. Eine solche Verbindung hätte die Stabilität ganz Europas bedroht und vielleicht sogar zu einem Krieg geführt. Doch trotz aller Bemühungen Choiseuls näherten sich Österreich und Preußen einander an. Kaiser Joseph hatte sich ausgerechnet Friedrich II. zum Vorbild erkoren. Für Joseph war Friedrich II. ein genialer Feldherr und Staatsmann. Er traf sich mit dem Feind seiner Mutter, um mit ihm ein Komplott über die eventuelle Teilung Polens zu schmieden. Auch die Verbindung zwischen Russland und Österreich wurden verstärkt. Die Politik Choiseuls war erfolglos geblieben, und Madame du Barry hatte eine Partei um sich geschart, die alle Anstrengungen unternahm, seine Stellung zu untergraben – und den König gegen die Dauphine einzunehmen, die sein Minister nach Frankreich geholt hatte.

Aber Choiseul hatte ebenfalls seine Parteigänger, und diese stellten sich natürlich auf Antoinettes Seite. An dieser Stelle kamen die familiären Konflikte der Königsfamilie ins Spiel, denn auch hier gab es Fraktionen, Konkurrenzkämpfe und Missstände. Zwischen dem Dauphin und seinen Brüdern bestanden Rivalitäten, vor allem mit dem nächstjüngeren. Der frühreife fünfzehnjährige Stanislaus Xavier, Graf von Provence, war so arrogant, witzig und weltmännisch wie der Dauphin schüchtern, linkisch und ungebildet. Abgesehen davon existierte eine Kluft zwischen König Ludwig und seinen drei unverheirateten Töchtern, die am Hofe lebten. (Seine vierte ledig gebliebene Tochter Louise war erst unlängst als Nonne in das Kloster von Saint-Denis eingetreten, um – wie manch einer behauptete – für die Sünden ihres Vaters zu beten.) Alle drei Frauen näherten sich der vierzig, aber wirkten viel älter. Horace Walpoles zeitgenössische Beschreibung ließ sie wie Darstellerinnen in einer Farce erscheinen.

»Die vier Damen«, so Walpole, »bei denen es sich um ungeschickte und plumpe, alte Mädchen handelt, und die über eine arg unvorteilhafte Ähnlichkeit mit ihrem Vater verfügen, stehen in einer Reihe da mit ihren schwarzen Mänteln und Handarbeitsbeuteln. Sie scheinen ausgezeichneter Stimmung zu sein, wissen aber nicht, was sie sagen sollen, und sie sind so zappelig, dass es scheint, als müssten sie Wasser lassen.«

Walpole neigte dazu, Personen grotesk zu überzeichnen. Andere Beobachter beschrieben die Prinzessinnen als »freundliche alte Frauen«.

In seiner ihm eigenen Böswilligkeit sprach der König von seinen Töchtern Adelaide, Victoria und Sophie nur als »Vogelscheuche«, »Ferkel« und »Schnitzel«, und er verspottete sie erbarmungslos. Die isolierte, heimwehkranke Antoinette fühlte sich zu ihnen hingezogen. Da die Dauphine einmal Einfluss haben würde, hofften die Schwestern, ebenjene Macht gegen den König und diesen Emporkömmling von einer Mätresse nutzen zu können.

Von dem Dreigespann der Schwestern war die stämmige Victoria die ansehnlichste, obwohl sie entsetzlich unter Nervenanfällen litt, die von Kindheitstraumata herrührten. Als kleines Mädchen hatte man sie in der dunklen Gruft einer Abtei eingeschlossen. Dort befanden sich die Grabstätten der Nonnen, und das Kind sollte an diesem Ort zur Buße gezwungen werden. In der Nähe hatte man einen Verrückten eingesperrt, und sein Schreien und Toben muss die Schrecken der

Gruft, die Victoria sich gewiss ausmalte, vervielfältigt haben. Das bedauernswerte Mädchen war für den Rest seines Lebens gezeichnet.[4] Trotzdem war Victoria »gut, von freundlichem Wesen und leutselig«, wie Madame Campan bemerkte, die lebhafte Chronistin des französischen Hoflebens. Victoria, die gutes Essen und ein weiches Sofa nahe dem Kaminfeuer zu schätzen wusste, war wohlwollend und lächelte gerne. Sie hieß Antoinette besonders herzlich willkommen.

Sophie hingegen erschien von härterer Natur. Sie war eine abstoßend hässliche Frau, deren stolze Haltung eine tief gehende Unsicherheit verbarg. Die ältliche Dame las viel, aber immer alleine. Laut Madame Campan »hätte die Anwesenheit einer Vorleserin sie in hohem Maße befremdet«. Menschen brachten Sophie unweigerlich aus der Fassung. Sie beeilte sich immer, die belebten Korridore des Palastes so rasch wie möglich zu durcheilen, um den Kontakt mit den Dienern und Höflingen zu vermeiden. Gewitterte es allerdings, so gewann ihre Furcht die Oberhand über ihre Scheu, und sie stürzte sich in die Arme des ersten Besten, der gerade in Reichweite war. So groß war ihre Angst vor Blitz und Donner.

Die dritte der Schwestern, Adelaide, war aus dem härtesten Holz geschnitzt. Tatsächlich konnte sie als die kraftvollste Persönlichkeit angesehen werden und auch als die streitbarste. Schon als Kind hatte sie ihren Lehrern Widerstand geleistet und mit dem Fuß aufgestampft, wenn ihr etwas nicht passte. Diese Starrsinnigkeit prägte sich mit den Jahren immer stärker aus. Die österreichische Heirat hatte sie ausdrücklich missbilligt, und ihre Ablehnung änderte sich nicht, als sie die Bekanntschaft der charmanten Antoinette machte. Madame Campan zufolge war Adelaide »der in ihren Augen aufdringlichen Fröhlichkeit der Dauphine überdrüssig«. Überdruss hin oder her, Adelaide war auch eine politisch denkende Frau. Und als solche erkannte sie, wie sehr Antoinette ihr von Nutzen sein könnte. Sie unterdrückte also ihre Abneigung und pflegte eine Beziehung zu der zukünftigen Königin. Was nicht hieß, dass auch Adelaide Antoinette als Konkurrentin empfand. Das abendliche Kartenspiel wurde in Antoinettes Gemächer verlegt. Sobald Antoinette die Rolle der Gastgeberin übernahm, verweigerte Adelaide die Teilnahme. Sie versammelte auch weiterhin ihre treuen Anhänger in der Privatsphäre ihrer eigenen Räume.

Unter Adelaides Führung bemühten sich die Schwestern, Antoinette zu beeinflussen. Mercy erkannte die Gefährlichkeit der Situation und warnte die Kaiserin. »Die Damen belieben, sich in kleine Intrigen einzumischen. Wenn sie die Dauphine da hineinziehen, so könnte das riskant werden.«

Die Schwestern hassten Madame du Barry, kritisierten sie ständig und hielten nach Gelegenheiten Ausschau, sie zu kränken und ihren Einfluss zu schmälern. Sie bedienten sich dabei gern Antoinettes Abneigung gegen Mätressen. Die Schwestern wussten, dass die Dauphine sich freiheraus und kritisch zu äußern pflegte und alles wiederholen würde, was sie ihr über Madame du Barry sagten.

Antoinette ihrerseits brauchte von ihnen nicht sonderlich angetrieben zu werden. Die königliche Mätresse war ihr als Mensch unsympathisch. Zwar pflegte sie einfache Diener oder gewöhnliche Bürger mit grenzenloser Freundlichkeit und Großzügigkeit zu behandeln – eine Haltung, die sie während der ersten Monate am französischen Hof wiederholt an den Tag legte. Aber ungebildete Emporkömmlinge, die versuchten sich bei Hofe einzuschmeicheln, waren ihr verhasst. Sie, die Erzherzogin Antoinette, war die Tochter einer Kaiserin, Jeanne Bécu aber stammte von einer Prostituierten aus Vaucouleurs ab. Eines Tages würde sie die Königin von Frankreich sein, und wenn dieser Tag käme – wenn nicht sogar schon früher –, würde sich die Gräfin du Barry plötzlich ihrer Freunde, ihres Einflusses und ihrer Einkünfte beraubt sehen.

Einen guten Teil der Zeit, die ihr täglich zur Verfügung stand, verbrachte Antoinette in der Gesellschaft ihrer Schwiegertanten. Sie stand jeden Morgen zwischen halb zehn und zehn auf. Nachdem sie angekleidet war und ihre Gebete gesprochen hatte, begab sie sich nach dem Frühstück in die Gemächer der Prinzessinnen, in denen auch der König häufig anzutreffen war. Sie hielt sich dort bis elf Uhr auf, anschließend hatte sie ihren täglichen Termin bei ihrem Friseur. Mit angemessen arrangiertem Haar vollführte sie dann die öffentliche Zeremonie des Händewaschens und Rougeauflegens, wobei sie von neugierigen Zuschauern beobachtet wurde. Danach wurde sie von ihren Damen angekleidet, und um zwölf Uhr war es an der Zeit, zur Messe zu gehen, begleitet von dem Dauphin, dem König und den Prinzessinnen. Nach dem Gottesdienst speisten Antoinette und Ludwig gemeinsam – wiederum vor den Augen der Öffentlichkeit, aber nur sehr kurz. Anschließend zogen sich die beiden in die Gemächer des Dauphins zurück, falls dieser nicht anderweitig zu tun hatte (und er war nahezu immer anderweitig beschäftigt, für gewöhnlich mit der Jagd). War dies der Fall, so suchte Antoinette ihre Privatgemächer auf. Dort stand ihr, um die Wahrheit zu sagen, so gut wie nichts zur Verfügung, womit sie sich hätte beschäftigen können. Allerdings unternahm sie ab und zu einen halbherzigen Versuch, zu lesen oder sich ihrer Stickerei zu widmen.

»Ich mache einen Rock für den König«, teilte sie ihrer Mutter mit, »... mit dem ich nicht weiterkomme. Ich hoffe aber, dass er mit Gottes Hilfe in einigen Jahren fertig sein wird.« Von dem Rock erfuhr man nie wieder etwas.

Um fünfzehn Uhr fand sie sich wieder in den Gemächern der Prinzessinnen ein, wo sich der König für gewöhnlich zu ihnen gesellte. Gegen sechzehn Uhr traf sie sich in ihren eigenen Räumen mit ihrem Beichtvater, Abbé Vermond. Eine Stunde später nahm sie Musik- oder Gesangsunterricht, und gegen halb sieben waren wieder Adelaide, Victoria und Sophie da, und diesmal brachten sie den Dauphin mit. Von neunzehn bis einundzwanzig Uhr übernahm sie den Vorsitz an den Spieltischen. Wenn das Wetter aber schön war, unternahm Antoinette einen Spaziergang. Das Abendessen wurde um einundzwanzig Uhr eingenommen, und wenn der König nicht daran teilnahm (er speiste oft mit Madame du Barry und einer kleinen ungezwungenen Gesellschaft), so leisteten die Prinzessinnen der Dauphine und dem Dauphin Gesellschaft. War der König anwesend, so aßen die Eheleute in den Räumen der Schwestern, wo sich der Herrscher gegen dreiundzwanzig Uhr zu ihnen gesellte. Antoinette wurde oft schläfrig, während man auf ihn wartete, und nickte auf einem der großen Sofas ein.[5]

Die Tage wurden ihr oft lang. Die monotonen öffentlichen Rituale und der Mangel an Abwechslung und Anregung stellten Antoinette auf eine harte Probe. Zur Gesellschaft stand Antoinette die königliche Familie zur Verfügung: ihr gehemmter Gemahl, der sich in der Gegenwart seines Großvaters besonders unwohl fühlte; der König, der ihr gegenüber zwar nachsichtig war, aber seine Töchter und den Dauphin hänselte und quälte; zu guter Letzt Adelaide, Victoria und Sophie, die über Madame du Barry tratschten und Antoinette dazu anstachelten, sich beleidigend über die Geliebte des Königs zu äußern. Zudem interessierten sie sich brennend für Neuigkeiten höchst persönlicher Natur. Vor allem: War der Dauphin letzte Nacht ins Schlafzimmer gekommen? Adelaide hatte eine Unterredung mit ihrem Neffen gehabt und ihn dazu ermahnt, seinen ganzen Mut zusammenzunehmen und sich wie ein richtiger Mann zu verhalten. Hatte dieses Gespräch eine Veränderung bewirkt? Empört und nervös musste Antoinette bekennen, dass er nicht in ihr Bett gekommen sei, obwohl er es wiederholt versprochen hatte. Nicht einmal König Ludwigs Vermittlungsversuch hatte zu einem Ergebnis geführt.

»Ich halte meine Frau für zauberhaft«, hatte der Dauphin seinem Großvater mit neu gewonnener Würde mitgeteilt. »Ich liebe sie, aber ich brauche immer noch ein wenig Zeit, um meine Zaghaftigkeit zu überwinden.«

Die Monate vergingen, und das Jahr neigte sich dem Ende. War es möglich, dass diese Ehe niemals vollzogen werden würde? Gerüchte über eine mögliche Scheidung machten die Runde – oder war eine Aufhebung wahrscheinlicher? Das Kirchenrecht bot diese Möglichkeit, wenn die Vermählten während ihrer Ehe keusch geblieben waren. Die Höflinge neigten schon dazu, den unmöglichen Dauphin abzuschreiben, und wendeten ihr Augenmerk auf seinen Bruder, den Grafen von Provence. Vielleicht bestand die Aussicht, dass dieser die Hoffnungen der Dynastie erfüllen würde.

Der Graf wurde verlobt, und seine Hochzeit sollte im Mai des Jahres 1771 stattfinden. Seine Braut, Marie Josephine von Savoyen, würde vielleicht den Thronerben gebären, wenn Antoinette kinderlos bleiben sollte. Und der Graf von Provence würde ohnehin als König eine bessere Figur machen, als dies dem Dauphin jemals möglich sein würde.

Kurz vor Weihnachten verlor Antoinette ihren mächtigsten politischen Verbündeten. Choiseul wurde vom Hof verbannt, seiner ministeriellen Verantwortlichkeiten enthoben und ins Exil auf seine Güter geschickt. Madame du Barry und ihre Gefolgsleute hatten den Sieg errungen. Der Herzog von Aiguillon, einer ihrer Bundesgenossen, ersetzte Choiseul als Außenminister. Die Gräfin du Barry bezog neue Gemächer innerhalb des Palastes – eine feudal ausgeschmückte Suite, die durch eine Treppe direkt mit den Zimmern des Königs verbunden war. Diese Räume wurden zum inoffiziellen Zentrum der Regierung, dem Ort, wo der König gemeinsam mit seinen Ministern und Botschaftern das besprach, was vor der Öffentlichkeit verborgen bleiben sollte. Hier residierte Madame du Barry, gekleidet wie eine Königin und umgeben von königlichem Prunk. Der Herrscher selbst, so hatte es zumindest den Anschein, hielt sich selten außerhalb ihres Blickfeldes auf. Er wollte sie an seiner Seite wissen und bestand darauf, dass sie auf der Lehne seines Sessels saß, während er seine Korrespondenz durchging oder Regierungsangelegenheiten besprach. Ludwig gestattete ihr sogar die Teilnahme an den Versammlungen des Königlichen Rates. Madame Campan vermerkte, dass sie sich dort wie ein gelangweiltes Kind aufführte und den König mit ihren Flausen ablenkte.[6]

Die Situation war bedrohlich, aber auch wie dazu geschaffen, Antoinettes Scharfsinn auf die Probe zu stellen. Obwohl sie es geschmacklos fand, musste sie sich gleichwohl mit Madame du Barrys zweifelhafter, aber einflussreicher Position abfinden. Der König wünschte es so, und Antoinette war sowohl seine Untertanin als auch die Frau seines Enkels.

König Ludwig zitierte Mercy zu sich in das Nähzimmer seiner Mätresse, um ihn über seine Wünsche zu unterrichten.

»Bis jetzt seid Ihr der Botschafter der Kaiserin gewesen«, erklärte er mit salbungsvoller Höflichkeit. »Ich bitte Euch darum, der meine zu sein, zumindest für eine kurze Zeit. Ich liebe die Dauphine von Herzen. Ich halte sie für charmant, aber sie ist lebhaft und hat einen Gemahl, der nicht in der Lage ist, sie zu führen. So befürchte ich, dass meine Schwiegertochter den Fallen nicht ausweichen kann, die gewisse Intrigen ihr stellen.«

Adelaide erwähnte er nicht mit Namen, aber die Bedeutung seiner Worte war unmissverständlich: Antoinette müsse, darauf bestand er, jede Person, die am Hofe eingeführt worden sei, mit Höflichkeit behandeln. Madame du Barry zählte zu jenen offiziell vorgestellten Personen. Deshalb schulde Antoinette ihr ein gewisses Maß an Anerkennung, und sei es auch nur das Mindestmaß. Wenn sie nur einmal mit Madame du Barry spreche, dann würde das genügen. Aber darauf müsse er bestehen.

Hier stand weitaus mehr auf dem Spiel als Antoinettes Stolz oder Madame du Barrys Eitelkeit. Choiseuls Sturz und Österreichs Pläne mit Polen, dem zeitweiligen Verbündeten Frankreichs, würden mit Sicherheit auch die französische Außenpolitik beeinflussen. Antoinette könnte ebenfalls ins Verderben gestürzt werden, wenn sie sich nicht mit besonderem Geschick bewegte. Vermond riet ihr, einerseits Kummer über Choiseuls Verbannung vorzutäuschen, andererseits aber über Madame du Barrys Triumph weder Ärger noch Bestürzung zu zeigen. Die Stellung des Abbé war jedoch wegen der Machtverschiebungen am Hofe gefährdet; Maria Theresia rechnete mit seiner baldigen Entlassung. Und ohne ihn würde Mercy keine direkte Verbindung mehr zu Antoinette haben. Ihre Tochter wäre damit isolierter denn je und all den klugen Intriganten wehrlos ausgesetzt, von denen sie umgeben war. Zumindest Mercy war sich darüber im Klaren, dass sie den Prinzessinnen nicht trauen durfte. Einst eine glühende Anhängerin Choiseuls, hatte sich Adelaide als eine der ersten gegen ihn gestellt, nachdem er in Ungnade gefallen war. Und Mercy bemerkte, dass am Anfang des neuen Jahres alle drei Töchter des Königs ihr Mäntelchen nach dem Wind hängten und Madame du Barry die eine oder andere kleine Gefälligkeit erwiesen. Sie verzichteten auf ihre gehässigen Kommentare über die Mätresse, drängten aber Antoinette nach wie vor dazu, sie zu brüskieren und hart zu beurteilen. Sie benutzten Antoinette »als Instrument eines Hasses, den sie nicht zu äußern wagten«, glaubte Mercy.[7]

Antoinette sah sich in einem Netz aus Intrigen gefangen und trug das Joch einer Ehe mit einem erbärmlich unfähigen Ehemann. Sie war immer noch ein Kind, aber dennoch wurden ihr die schweren Probleme Erwachsener aufgebürdet. Antoinette kämpfte darum, ihr Gleichgewicht nicht zu verlieren. Die »in gewisser Weise aufdringliche Fröhlichkeit«, welche Adelaide so gegen den Strich ging, war zum Teil eine Pose, die Antoinette einnahm, um ihre Furcht zu verschleiern. Doch diese Furcht wurde zeitweilig nur zu offensichtlich. Wenn die Briefe ihrer Mutter auf sich warten ließen, grämte sich die Dauphine, und wenn sie dann ankamen, ließ sie alles stehen und liegen. Antoinette sprang dann von ihrem Stuhl auf und rief »Gott sei Dank!«, als hinge ihr Überleben von dem Päckchen aus Wien ab.

»Ich schwöre Ihnen«, so schrieb Marie Antoinette im Juli des Jahres

1770, »dass ich noch keinen Ihrer teuren Briefe ohne Tränen des Bedauerns in den Augen erhalten habe … würde ich doch heiß wünschen, zurückzukehren und wenigstens für einen Augenblick meine teuere und geliebte Familie zu sehen.«[8]

Die Wärme des Wiener Familienleben war für immer verschwunden und von dem eisigen Hauch ständigen Argwohns und raffinierter Intrigen ersetzt worden. Es gab keinen sicheren Zufluchtsort im Palast von Versailles, den Antoinette hätte aufsuchen können, um neugierigen Blicken und all dem Getuschel zu entkommen. Der König, Madame du Barry und Mercy hatten ihre aufmerksamen Spione in jeder dunklen Ecke; hinter jedem Schlüsselloch mochte ein Späher lauern.

Während ihrer ersten Monate in Versailles entwickelte Antoinette eine ausgeprägte Angst vor Schlössern und Schlüsseln. Sie fühlte sich in ihren eigenen Räumen nicht sicher; denn sie fürchtete, ihre Feinde könnten über Nachschlüssel verfügen und nach Belieben kommen und gehen, ihren Schreibtisch öffnen und ihre Korrespondenz lesen.

Vermond gegenüber äußerte sie die Befürchtung, ihre Schlüssel könnten ihr, wenn sie schlief, aus ihren Taschen entwendet werden. Ohne ihre Schlüssel wäre die Dauphine Gefangene ihres Gefolges gewesen. Aber auch mit ihren Schlüsseln war Antoinette nicht wirklich frei, sondern gefesselt an Etikette und festgelegten Tagesablauf. Das Labyrinth des großen Palastes umschloss sie, und seine Korridore, die sie niemals wirklich willkommen geheißen hatten, schienen düster und abweisend zu sein.

# 7

In Antoinettes großen, zugigen Räumen im Schloss von Versailles herrschte Unordnung. Die riesige Wachstube oberhalb der weiten Marmortreppe war voll gestopft mit Waffen und der Ausrüstung der Wachen. Die Männer versuchten, sich die Langeweile mit Kartenspiel und Geschichtenerzählen zu vertreiben, während Kaufleute auf eine Gelegenheit warteten, der Dauphine ihre Waren anzubieten. Überall traf man auf erwartungsvolle Boten und Besucher. Im Vorzimmer warteten die Bediensteten darauf, der Dauphine ihre Aufwartung machen zu dürfen. Dort war auch die »Große Tafel« für das Mittagessen gedeckt. Die Stickereiteppiche hatten Löcher, die die beiden ringelschwänzigen Möpse Antoinettes hinein gekratzt hatten, und der Parkettboden war von schmutzigen Pfotenabdrücken übersät.

»Die Dauphine liebt Hunde sehr«, teilte Mercy Maria Theresia mit. Er fügte hinzu, dass sie darum gebeten hätte, ihr einen weiteren Hund aus Wien zu schicken, einen gelbbraunen Mops mit schwarzer Nase. Mercy war geneigt, ihr diesen Wunsch zu erfüllen, obwohl er anmerkte, die beiden Hunde, die sie bereits hätte, seien »extrem unreinlich«.[1]

Das Staatszimmer mit seinem großen Bett wies überall Spuren der beiden Hunde auf, aber die schlimmsten Verwüstungen traf man in den Privaträumen an. Antoinette ließ zu, dass die Tiere auf die mit Damast gepolsterten Möbel sprangen und an den vergoldeten Stuhlbeinen herumknabberten. Sie erleichterten sich, wann und wo es ihnen gefiel, denn ihr Frauchen unternahm nichts, um sie daran zu hindern. Keiner der Diener war mit der speziellen Aufgabe betraut, sich um die königlichen Lieblingstiere zu kümmern.

Zwei kleine Kinder vergrößerten das Chaos, eines davon vier-, das andere fünfjährig. Das erste war der Sohn ihres obersten Kammerdieners, Thierry, das andere der Sprössling der ersten Kammerfrau, die für das Schlafgemach zuständig war. Die Kinder krabbelten auf dem Boden herum, rannten umher, jagten einander nach und spielten mit den Hunden. Sie sorgten für ein fröhliches Durcheinander, besonders dann, wenn Antoinette eigentlich Anweisungen von Vermond entgegennehmen, eine Singstunde haben oder an dem Rock für den König sticken sollte.

Madame von Noailles oder »Madame Etikette«, wie Antoinette sie nannte, zeigte sich von dem Chaos angewidert. Ihre Herrin hatte sie zutiefst beleidigt, indem sie versucht hatte, die zeitraubenden Prozeduren abzukürzen, die erforderlich waren, um ihrem Gefolge eine Mitteilung zu machen. Sie hatte einfach Madame Thierry zu ihr geschickt, um ihr sagen zu lassen, die Dauphine verlange nach ihren Diensten. Wütend, beleidigt und aufs Tiefste verletzt war Madame von Noailles vor Antoinette erschienen und hatte ihr mitgeteilt, sie habe nicht die Absicht, Befehle von einer Kammerfrau entgegenzunehmen. Und schon gar nicht von einer, die noch nicht einmal in aller Form als solche eingesetzt worden war. Um Madame de Noailles' verletzten Stolz wiederherzustellen und zumindest den Anschein von Harmonie zu erwecken, hatte es Mercys ganzer diplomatischer Kunst bedurft. Sie war kurz davor gewesen, ihre Dienste aufzukündigen. Mercy musste entdecken, dass wie üblich Adelaide die Hauptunruhestifterin gewesen war. Sie war es gewesen, die Antoinette empfohlen hatte, das Protokoll zu umgehen, wohl wissend, was dann passieren würde. Mercy war nicht in der Position, die Prinzessin zu tadeln, sondern musste sich darauf beschränken, Antoinette vor der Gefährlichkeit von Adelaides Ratschlägen zu warnen.[2]

Madame Etikette war erschüttert über den Schmutz in Antoinettes Zimmern, und die »schrecklich laute, verdreckte Pest« von Kindern, die »ihre Kleider ruinierten, das Mobiliar zerrissen und zerbrachen und all ihre Räume in die größte Unordnung brachten«, erfüllte sie mit Bestürzung. Der Dauphine gelang es offensichtlich nicht, sauber und ordentlich zu bleiben. So pflegte sie durchnässt und schmutzbespritzt in ihre Gemächer zurückzukehren, wenn sie in ihrer Kutsche einer Jagd gefolgt war, und sie vernachlässigte ihre Frisur. Eine adlige österreichische Besucherin war schockiert, als sie sah, wie wenig Wert Antoinette auf ihr Äußeres und ihre Kleidung legte, dass sie Maria Theresia in ernstem Ton davon berichtete. »Sie hat mir gestanden«, beschwerte sich die Kaiserin daraufhin bei ihrer Tochter, »dass Sie sich sehr vernachlässigen, und das sogar bis auf die Reinheit der Zähne. Das ist ein ebenso bedeutsamer Punkt, wie der der Taille, die sie auch ärger gefunden hat. Sie sind jetzt in einem Alter, in dem Sie sich formen; ... Sie hat auch hinzugefügt, dass Sie schlecht angezogen sind und sie gewagt hat, es Ihren Damen zu sagen.«[3]

Die steifen Korsetts aus Fischbein, die gerade in Mode waren, waren der Anlass für einen speziellen Kummer, der Madame de Noailles bedrückte. Antoinette weigerte sich schlicht, ein solches Stück zu tragen, und Madame de Noailles beschwerte sich. Mercy kam das Problem zu Ohren, und er informierte Maria Theresia. Die Kaiserin schrieb umgehend ihrer Tochter und bot ihr an, einige Korsetts in Wien anfertigen zu lassen. Taktvoll fügte sie hinzu,« man sagt, dass sie in Paris, wohl zu stark sind«.[4] Tatsächlich wäre jedes Korsett zu steif für das ungezwungene, verspielte Leben gewesen, dem Antoinette den Vorzug gab. Aber nach ein paar Monaten des Widerstandes gab Antoinette auf und gestattete es ihren Damen, sie wieder in Fischbein einzuschnüren.

Bei ihrer fröhlichen Missachtung der anspruchsvollen Gebräuche bei Hofe war es nur noch eine Frage der Zeit, wann Antoinette mit ihrer spitzfindigen und gewissenhaften Ehrendame aneinander geraten würde. Madame Campan beschrieb die Gräfin von Noailles als »vom Äußeren her nicht attraktiv. Ihre Haltung war steif und ihr Blick ernst. Sie kannte die Etikette von vorne bis hinten auswendig.«

Madame Campan wurde selbst zum Opfer dieser Strenge, als sie eines Tages in Antoinettes Gemächern weilte, während ein Besucher, der gerade erst bei Hofe vorgestellt worden war, empfangen wurde. »Alles hatte seine Richtigkeit, jedenfalls glaubte ich das«, erinnerte sie sich. »Dann sah ich plötzlich, dass Madame von Noailles mich mit einem strengen Blick fixierte. Sie bewegte den Kopf ein wenig, um mir ein Zeichen zu geben. Dann zog sie die Augenbrauen hoch, senkte sie wieder und zog sie erneut hoch. Daraufhin begann sie, mir kleine Handzeichen zu geben. Ich hegte auf Grund dieser stummen Vorstellung keinen Zweifel daran, dass etwas nicht *comme il faut* war.«

Verwirrt blickte sich Madame Campan um, weil sie feststellen wollte, was wohl nicht stimmen mochte. Inzwischen gestikulierte die Ehrendame immer heftiger. Antoinette bemerkte, was vor sich ging, und lächelte Madame Campan an, die sich daraufhin neben die Dauphine drängte. Anscheinend hatte die Vorleserin es versäumt, ihre Kopfbedeckung vorschriftsmäßig zu richten. »Lockert die Flügel Eurer Haube«, flüsterte Antoinette, »oder die Gräfin wird tot umfallen.« Das Versäumnis wurde korrigiert, und die Aufregung der Gräfin legte sich.[5]

Bei diesem Anlass begegnete Antoinette Madame von Noailles' irritierender Gewissenhaftigkeit mit Anmut und Humor, aber zeitweilig müssen die Forderungen der Gräfin kaum zu ertragen gewesen sein. Die Dauphine wurde »ohne Unterlass« von ihrer Anstandsdame »gepeinigt«, die jeden ihrer Schritte verfolgte und sie tausendmal am Tag korrigierte. Sie erklärte ihr, wie sie diesen Besucher hätte grüßen sollen und wie jenen; sie kritisierte ihre Sprechweise; sie bedachte sie mit missbilligenden Blicken und schüttelte verzweifelt den Kopf.[6]

Verständlicherweise versuchte Antoinette, die Situation zu entspannen, indem sie sich über die nüchternen, ernsten Leute, von denen sie umgeben war, lustig machte. Selbst wenn sie mit dem Dauphin unter den Augen all der Höflinge und Zuschauer speiste, brach sie immer wieder in lautes Lachen aus. Die Anwesenden zeigten sich erwartungsgemäß fassungslos. Mercy konnte oft beobachten, dass sie »den jungen Damen etwas ins Ohr flüsterte« und dann »mit ihnen lachte«.

In einem Brief bemerkte er: »Manchmal macht sie Scherze über Leute, die sie lächerlich findet«, und fügte hinzu: »Sie weiß Witz und Sarkasmus so anzuwenden, dass ihre Kommentare sehr beißend ausfallen können.« Zwar sei sie oft »von freundlicher Natur und ohne böse Absichten«, aber eben nicht immer. Ihre Bemerkungen trafen in der Regel mitten ins Schwarze.[7] Und wenn sie sich »satirisch und hasserfüllt« über Madame du Barry äußerte, dann war der König verärgert. Das sagte er ihr allerdings niemals direkt, sondern nur über Dritte.[8]

Zu dieser Zeit beschäftigten den König allerdings wichtigere Angelegenheiten als die spitze Zunge der Dauphine. Frankreich stand kurz vor einer finanziellen Krise. Die Schatzkammern waren leer, und höhere Einnahmen wurden dringend erforderlich. Tatsächlich schrie das ganze Steuersystem nach einer Reform. Aber das blieb unmöglich, solange die Autorität des Königs durch die Provinzparlamente blockiert wurde. Diese *parlements* waren Gerichtshöfe, mittels derer der Adel das Vetorecht über königliche Erlasse beanspruchte. Während des politischen Durcheinanders des Jahres 1770 hatte Choiseul seine Ämter verloren, weil er die *parlements* unterstützte.

Im Gegensatz zu dem englischen Parlament handelte es sich bei den französischen *parlements* keineswegs um repräsentative Körperschaften mit nennenswerter politischer Macht. Sie waren ein veraltetes Standesforum, in dem der Adel seinen Anspruch auf Unabhängigkeit von der königlichen Autorität behauptete. Nicht jede der Provinzen des Landes verfügte über ein eigenes *parlement*. Insgesamt gab es dreizehn, und das von Paris war das größte und einflussreichste. Aber jede dieser Adelsvertretungen nahm für sich in Anspruch, der oberste Berufungsgerichtshof für die jeweilige Region zu sein und die Befugnis zu haben, königliche Gesetze für ungültig zu erklären. Hinsichtlich der Besteuerung verhielten sich die *parlements* von Alters her starrköpfig und unnachgiebig. Wann immer die Staatsminister versuchten, die Steuer für den Adel einzuführen, weigerten sich die *parlements* mitzuspielen.

Die zwiespältige Rolle der *parlements* hatte einen bedeutenden Anteil an den inneren Spannungen im politischen System Frankreichs. Natürlich waren die *parlements* eigennützige Interessenvertretungen, die eifersüchtig die Vorrechte ihrer adligen Mitglieder wahrten. Der Widerstand des Adels gegen den König wuchs und nahm zunehmend den Charakter einer Opposition gegen jede Form von Despotismus an.

Zwischen Ludwig und dem Adel, der sich seiner Ständevertretungen bediente, fand ein Machtkampf statt. Die Aristokraten versuchten, sich einen noch größeren Anteil am Staatsapparat zu verschaffen. Bei den *parlements* handelte es sich tatsächlich um Bastionen, aber um solche der Adelsprivilegien. Und als diese standen sie während der Ereignisse Anfang 1770 der dringend erforderlichen Finanzreform im Weg.

Nachdem man Choiseul losgeworden war, überzeugten Abbé Terray und der Kanzler Maupeou, ein rücksichtsloser, aber fähiger Rechtsanwalt, den König davon, dass der Einfluss der *parlements* ausgeschaltet werden müsse, wenn Reformen durchgesetzt werden sollten. Von einem Tag auf den anderen wurde das alte Rechtssystem für ungültig erklärt, und man setzte neue Gerichtshöfe ein. Terray ging das Problem der Staatsschulden an und erreichte, dass Anleihen erzwungen wurden. Langsam besserte sich die Lage – aber um den Preis eines gewaltigen Aufschreis des Adels.

Die Ernennung Aiguillons erlebten die Adelsvertretungen als eine weitere Schmähung ihrer Tätigkeit, denn der neue Kanzler war bereits mit den Parlamenten der Bretagne und von Paris in Konflikt geraten. In den sich daraus ergebenden politischen Auseinandersetzungen wurde Terray zum Symbol einer Monarchie, die entschlossen war, die Unabhängigkeit des Adels zu brechen. Auch die königliche Familie blieb von diesem Konflikt nicht verschont. Die Prinzen Condé und Conti sowie der Herzog von Orléans wurden verbannt. (Der König bezeichnete den Prinzen von Conti als »meinen Vetter, den zänkischen Anwalt«.)

Aber während der König sich anschickte, rigorose Maßnahmen gegen den Adel zu ergreifen, verschlechterte sich sein Gesundheitszustand zusehends, und die Frage der Thronfolge drängte sich immer drückender auf.

Die Vermählung des Grafen von Provence fand im Mai 1771 statt, und der Bräutigam brüstete sich dem Dauphin gegenüber damit, in der Hochzeitsnacht »vier Mal glücklich« geworden zu sein. Seine Braut, Marie Josephine von Savoyen, habe die Nacht ebenfalls »auf das Großartigste« genossen. Die Höflinge lehnten sich genüsslich zurück und hielten nach den Anzeichen für eine Schwangerschaft Ausschau.

Die neue Gräfin von Provence hätte aus keinem anderen Grund Aufmerksamkeit erregen können. Sie war gedrungen, hatte einen dunklen Teint und buschige schwarze Augenbrauen. Auf ihrer Oberlippe spross ein unweibliches Dickicht schwarzer Haare, das weniger wohlmeinende Beobachter als Schnurrbart bezeichneten. Ihre grobe rote Gesichtsfarbe fand wenig Anklang, und sie versäumte es oft zu baden. König Ludwig fühlte sich von den Angewohnheiten des neuen Familienmitglieds abgestoßen und schrieb ihren Eltern, sie sollten ihrer Tochter empfehlen, sich endlich den Hals zu waschen.

Josephines Wesen war nicht erfreulicher als ihre Erscheinung. »Ihre Haltung ist kalt und verlegen«, meinte Mercy. »Sie spricht wenig, und wenn sie es tut, dann drückt sie sich ungeschickt aus.« Die Pracht von Versailles und der Glanz seiner außergewöhnlichen Bewohner haben sie wahrscheinlich beschämt.

Nachdem Antoinette sich mit ihr angefreundet hatte, fand sie Josephine »sehr sanft, sehr gefällig und sehr lustig«. Weiter teilte Antoinette ihrer Mutter mit: »Sie liebt mich sehr, und sie hat großes Vertrauen zu mir. Auch steht sie ganz gewiss nicht auf Madame du Barrys Seite.«[9] Das sollte sich ändern, aber zumindest im Sommer 1771 hatte Antoinette eine gleichaltrige Gefährtin gefunden.

Und sie fand eine weitere Freundin, die Prinzessin Lamballe, eine recht melancholische junge Witwe und Schwiegertochter des Herzogs von Penthièvre. Die Prinzessin war für kurze Zeit mit dem liederlichen Prinzen Lamballe verheiratet gewesen, der schon in jungen Jahren seinen Exzessen zum Opfer gefallen war. Sie war sechs Jahre älter als Antoinette, aber von farbloserem Charakter. Ihre zuvorkommende Sanftheit und Gutwilligkeit bildeten einen schmeichelhaften Hintergrund zur Lebhaftigkeit der Dauphine. Die Prinzessin war zierlich, ihre Gesichtszüge unregelmäßig, aber nicht unangenehm. Ihre Hände seien ihr größter Nachteil, so ein Hofchronist, ihre Redlichkeit und das Fehlen jeglicher Neigung zu Intrigen stellten hingegen ihre größten Vorzüge dar.[10]

Im Winter 1771–72 wurden sie und Antoinette Freundinnen. Ihre »kindliche Art« zog die Dauphine, die Kinder liebte, an. Und die Tatsache, dass die Prinzessin aus Piemont hier ebenso als Fremde lebte, verband die beiden jungen Frauen noch mehr.

Antoinette begann, ihr Leben in die Hand zu nehmen. Sie wählte sich ihre Freunde aus, drückte ihren Gemächern ihren eigenen, unordentlichen Stempel auf und äußerte – wenn auch innerhalb festgelegter Grenzen – in kleinen oder größeren Angelegenheiten ihren eigenen Willen. Sie hatte es, wenn auch nur zaghaft, sogar gewagt, den Befehlen ihrer Mutter die Stirn zu bieten. Allerdings gestand sie Mercy ihre große Angst vor Maria Theresia.[11]

Die langen, drängenden Briefe der Kaiserin trafen Monat für Monat ein. Sie waren mit der Präzision und Direktheit verfasst, die zur zweiten Natur der Herrscherin geworden waren; aber auf ihre empfindsame Tochter wirkten sie einschüchternd. Die Briefe waren voller Kritik und Berichtigungen, die schriftlichen Entsprechungen zu Madame von Noailles' mündlichen Bevormundungen. Antoinettes Handschrift sei schlecht, beschwerte sich die Kaiserin. Ihr »jugendliches Aussehen« sei verschwunden, das könne man eindeutig auf ihren neueren Porträts erkennen. Sie solle den Österreichern am Hofe mehr Aufmerksamkeit widmen und nicht reiten. Sie müsse mehr lesen. Sie solle keinen solch intimen Umgang mit Adelaide, Victoria und Sophie pflegen. Sie solle mehr mit Madame du Barry reden, ganz gleich, wie unangenehm ihr das sei. Sie müsse gut auf sich aufpassen und sich vor Angriffen schützen. Und vor allen Dingen solle sie dafür sorgen, dass das Volk sie liebe.

»Dass die Menschen uns lieben«, schrieb Maria Theresia, »ist das einzige Glück unseres königlichen Standes. Sie haben die Menschen so vollkommen gewonnen! Verlieren Sie sie nicht, indem Sie das vernachlässigen, was es Ihnen verschafft hat: weder Ihre Schönheit, die tatsächlich nicht so groß ist, noch Ihre Talente, noch Ihre Kenntnisse (Sie wissen wohl, dass das alles nicht existiert) haben Sie Ihnen verschafft; es waren dies Ihre Herzensgüte, Ihre Offenheit und Aufmerksamkeit, die Sie mit so viel gesundem Sinn anwenden.«[12]

Maria Theresia erteilte Anweisungen über gesunde Ernährung, Körperertüchtigung, Kleidung und die Ehe. Die Kaiserin war fest davon überzeugt, dass ein schüchterner Ehemann zur Kühnheit überredet werden könne (immer vorausgesetzt, dass Schüchternheit die Ursache von Ludwigs Schwierigkeiten war, und nicht etwa unheilbare Impotenz). »Sei verschwenderisch mit deinen Liebkosungen«, riet sie Antoinette. Die Briefe waren voller Anklagen und drückten sogar Verzweiflung aus (»Ich sehe Sie mit bestimmter Gewissheit und Gleichgültigkeit mit großen Schritten Ihrem Verderben entgegen gehen, zumindest sich aber verirren«, so hieß es in einem Brief vom Oktober 1771). Aber im Lauf der Monate wurde der Ton der Briefe allmählich ruhiger und gelegentlich sogar traurig. Denn Maria Theresia alterte, und sie spürte die Last ihrer Jahre.

»Ich fühle so viele Behinderungen«, bekannte sie im August 1771, »und ich beginne fürchterlich zu altern. Sogar bei der Arbeit, benötige ich doppelt so viel Zeit wie früher.«[13] Sie war erst fünfundvierzig, als sie diese Zeilen schrieb, aber sie fühlte sich viel älter. Zwei Jahre darauf gestand sie ihrem Sohn und Mitregenten Joseph ein, dass die Verschlechterung ihres Zustandes rapide zunahm. »Meine Fähigkeiten, mein Aussehen, mein Hörvermögen und meine Gewandtheit verfallen schnell.« Ihre Kraft verließ sie, und sie fühlte sich in einer sich verändernden Welt nicht mehr heimisch. »Die Abkehr von der Religion, der Zerfall der Moral, der Jargon, den jedermann gebraucht und den ich nicht verstehe – all das ist dazu angetan, mich zu überwältigen«, beklagte sie sich. Sie fühlte sich einsam, denn die meisten Kinder lebten weit von ihr entfernt, und der Verlust ihres Gemahls erfüllte sie nach wie vor mit Trauer.[14]

Joseph war ein Quell ständigen Ärgers, unhöflich und schroff, »eine unhöfliche Kokotte«, wie sie ihn nannte, und so radikal, wie sie konservativ war. Er ärgerte sie, und wenn sie ihr Alter spürte, dann ermüdete er sie zusätzlich mit seinen Ansprüchen und der Drohung, seine Mitregentschaft niederzulegen. Josephs Verhalten bekümmerte sie.

Von all ihren Töchtern machten Caroline und Antoinette ihr die meiste Freude, aber Antoinette war sich dessen nicht bewusst. Tatsächlich bekannte sie Mercy, »sie male sich immer aus, sie würde nicht geliebt, und sie würde immer mit Schärfe behandelt«.[15] Sie lebte in ständiger Angst, war immer auf der Hut, ihre Furcht einflößende Mutter zu beleidigen. »Ich liebe die Kaiserin, aber ich fürchte sie«, erklärte sie dem Botschafter, »sogar über die weite Entfernung. Sogar, wenn ich ihr schreibe, verspüre ich Unbehagen.« Wenn sie schlechte Neuigkeiten mitzuteilen hatte, machte das die Sache noch schlimmer. Mit Tränen in den Augen bekannte Antoinette Mercy, dass sie Angst davor habe, ihrer Mutter »Dinge zu schreiben, die schief gehen«. Bei einer anderen Gelegenheit bekannte sie Mercy: »Mein Herz ist immer bei meiner Familie (in Österreich). Und wenn ich mit ihr streite, dann habe ich das Gefühl, dass meine Pflichten hier zu schwer wären, als dass ich sie tragen könnte.«[16]

Antoinette war durch starke Bande der Furcht und der Liebe an Maria Theresia gefesselt. So sehr sie auch die Briefe aus Wien fürchtete, so graute es ihr umso mehr vor dem Gedanken, dass sie eines Tages ausbleiben würden. Ende Februar 1772 machten Gerüchte die Runde, die Kaiserin sei sehr krank gewesen, und ihr Arzt hätte sie zweimal zur Ader gelassen. Antoinette brach in Tränen aus, schloss sich in der

Abgeschiedenheit ihrer Gemächer ein und sagte eine bereits festgesetzte Audienz ab. Mit dem Rosenkranz in der Hand, den Maria Theresia ihr geschenkt hatte, kniete sie sich zum Gebet nieder. In ihrer Trauer war sie so leidenschaftlich, wie sie in ihren unbeschwerten Momenten überschwänglich war. Der Dauphin kniete an ihrer Seite. Seiner Frau gegenüber war er mitfühlend und loyal, obwohl er weder Österreich noch die Österreicher mochte und ihm seine Schwiegermutter, die er nie kennen gelernt hatte, gleichgültig war.[17]

Ludwig und Antoinette standen auf bestem Fuße miteinander – aber nur als Freunde. Um sie zu erfreuen, hatte er angeordnet, dass einmal in der Woche ein Ball in ihren Gemächern abgehalten wurde, und er begleitete sie zu den Empfängen, die verschiedene Höflinge veranstalteten. Ein jeder bemerkte den Wandel, der sich in ihm vollzog. Auf seine ungeschickte Weise versuchte er, gesellig zu sein, obwohl er nach wie vor seine einsamen Jagden bevorzugte. Offenkundig strengte er sich an, seine Frau zufrieden zu stellen.

Antoinette behauptete, glücklich mit ihm zu sein, und beharrte darauf, dass die »schlimmen Gerüchte über sein Unvermögen ein solcher Unsinn« seien. Fast jede Nacht schlief er neben ihr und behandelte sie »aufs allerfreundlichste«. Aber sie waren immer noch nicht Ehemann und Ehefrau.

Antoinette beobachtete die Schwangerschaften anderer Frauen am Hof, und der Anblick Neugeborener ließ sie verzweifeln. Selbst wenn Schwangerschaften tragisch endeten, empfand sie Neid. Im Oktober 1771 erlitt die Herzogin von Chartres eine Totgeburt. »Obwohl es schrecklich ist«, schrieb Antoinette nach Wien, »so wünsche ich doch, an ihrer Stelle zu sein, aber es besteht immer noch keine Hoffnung.«[18]

Maria Theresia und Antoinette hatten sich darauf verständigt, den Namen »Generalin Krottendorf« in ihrer Korrespondenz zu verwenden, wenn von der Menstruation die Rede sein sollte. 1772 erschien die »Generalin« mit trauriger Regelmäßigkeit, während sie im vergangenen Jahr nur unregelmäßig aufgetaucht war.[19]

Antoinette war immer noch sehr jung, allerdings alt genug, um ein Kind zu gebären. Vielleicht war sie aber körperlich noch nicht ausgereift. Sie wuchs immer noch und gewann während der ersten paar Jahre am Hofe beachtlich an Körpergröße. Ihre Figur entwickelte weibliche Rundungen, vor allem nachdem sie auf den Rat ihrer Mutter hin jeden Morgen frische Milch trank. Die Kaiserin hatte immer an die gesundheitsspendende Qualität frischer Milch geglaubt.

In dieser Zeit reifte die junge Frau auch geistig. Sie gewann Vergnügen an Erbauungsliteratur und Sachbüchern. Abbé Vermond (den man doch nicht entlassen hatte) musste ihr manchmal stundenlang aus Werken über die französische Geschichte oder aus den Lebenserinnerungen von Höflingen früherer Herrscher vorlesen. Aufmerksam saß Antoinette dann da, ließ die Näharbeit im Schoß liegen und lauschte dem Geistlichen. Bei anderen Gelegenheiten diskutierte sie mit ihm über einen Bibelkommentar, den er ihr gegeben hatte. Oder über Humes Geschichte Europas, ihre aktuelle Lektüre. (»Das Werk weckt großes Interesse«, berichtete sie ihrer Mutter darüber, »obwohl man natürlich nie vergessen darf, dass es von einem Protestanten geschrieben wurde.«)[20]

Nach zwei Jahren in Frankreich hatte sich das Mädchen deutlich verändert. Den Charme hatte sie behalten, aber Intelligenz, Urteilsvermögen und sogar etwas Menschenkenntnis waren hinzugekommen. Politik mochte Antoinette zwar immer noch nicht, fürchtete sie sogar, doch sie verstand jetzt etwas mehr von den Zusammenhängen. Wenn man ihr einen Sachverhalt erklärte, begriff sie deutlich schneller als früher.

Antoinette lernte auch, die Untiefen der Hofpolitik zu umschiffen. Geschickt bewegte sie sich zwischen dem König, der Du-Barry-Partei und denjenigen, die sie nur als Steigbügelhalter für die eigene Karriere benutzen wollten. Schließlich erfreute sie den König, indem sie ihr langes Schweigen gegenüber seiner Mätresse brach – und dies tat sie in einer Weise, bei der ihre Würde keinen Schaden nahm.

Am Neujahrstag des Jahres 1772, inmitten der Feierlichkeiten, die anlässlich des Jahresbeginns abgehalten wurden, beschloss Antoinette, die Gelegenheit beim Schopf zu packen und das Eis zu brechen. Zu jeder der Hofdamen, die an ihr vorbeidefilierten und sich vor ihr verbeugten, sprach sie ein paar Worte. Als die du Barry an der Reihe war, übersah die Dauphine sie nicht wie sonst, sondern sagte: »Heute scheinen sich hier in Versailles viele Menschen eingefunden zu haben.« Eine nichtige Bemerkung, deren ungeheure Bedeutung ein Unbeteiligter niemals hätte erkennen können.

Antoinettes Veränderung zeigte sich auch in der Art und Weise, wie sie mittlerweile ihre Zeit verbrachte. Ab und zu suchte sie noch die Prinzessinnen auf, aber viel öfter unternahm sie den Versuch, ihren Geist weiterzubilden. Sie gab Audienzen für die Gattinnen der Botschafter oder übte sich auf der Harfe. Ihre Mutter hatte ihr Noten geschickt, und sie lernte langsam erst den Part der einen, dann den der anderen Hand. Die Kinder ihrer Kammerfrau hielten sich nur noch selten in ihren Räumen auf, die Hunde allerdings waren immer noch da. Viele Nachmittage verbrachten die beiden schlafend auf den Sofas, oder sie kratzten, rastlos vor Einsamkeit, an den Türen. Ihre Herrin war dann auf der Jagd. Sie ritt eines der edlen Pferde, die der König für sie gekauft hatte, und ihr Jagdkostüm aus königsblauem Samt und der weißbefederte Hut standen ihr besonders gut.

Sie ritt fast ebenso kühn wie Adelaide, mit wehenden Hutfedern, die Wangen rosig vor Erregung und weit aufgerissenen, leuchtenden blauen Augen. Die »wonnigen und sanften« Esel, die sie während ihrer ersten Monate in Frankreich geritten hatte, reichten ihr nicht mehr.

Diese Tiere waren ihr zu langsam und machten sie ungeduldig, vor allem dann, wenn sie an der Spitze all der Damen ihres Gefolges ausreiten musste und ihr ein riesiger Tross aus sechzig oder achtzig Eseln folgte. Auf ihrem herrlichen Jagdpferd konnte sie nach Herzenslust galoppieren, befreit von ihrer Mutter, befreit von Madame von Noailles, frei von den Sorgen über ihre Situation und den bedrückenden Gedanken über ihre Zukunft.

# 8

Der König alterte schnell. Sein Gesundheitszustand verschlechterte sich, sein Sehvermögen ließ nach und er bewegte sich wie ein Greis. Er wiederholte sich ständig, und seine geistige Verwirrtheit verwandelte sich allmählich in Altersschwäche. »Der König ist zwar nicht alt an Jahren«, schrieb ein Beobachter 1773, »aber wegen des Lebens, das er geführt hat, ist er es in Wirklichkeit doch.« Er verfiel an den Folgen seiner Ausschweifungen, und als die Höflinge das bemerkten, zogen sie sich in Scharen von ihm zurück.

Mercy, der keinerlei Sympathien für den König hegte, beobachtete Ludwigs erbarmungswürdigen Zustand trotzdem mit scharfem Blick. »Er ist isoliert«, notierte der Botschafter, »und ohne den Trost seiner Kinder, bar jeder Hilfe, jedes Ziels, jeder Bindung und jeglicher Treue seitens der bizarren Versammlung, aus der seine Umgebung besteht.«[1] Madame du Barry war seine ständige Begleiterin. Sie lehnte an seiner Schulter, wenn er saß, sie war an seiner Seite, wenn er seine immer langsamer werdenden Spaziergänge unternahm. Sie maß sich an, seine Briefe zu lesen, und beanspruchte den Vorrang über jedes andere Mitglied des Hofes, die königliche Familie ausgenommen.

Die Mätresse führte sich auf, als erwarte sie, dass der König ewig leben würde. Sie gab horrende Summen aus, kaufte goldenes Geschirr und goldene Spiegel und nahm weiterhin kostbare Geschenke von Königen und Botschaftern entgegen (König Gustav III. von Schweden überreichte ihr einmal ein Hundehalsband mit Kette für Dorine, ihren Blenheim-Spaniel, das gänzlich aus Diamanten und Rubinen bestand). Aber die Realität konnte nicht geleugnet werden: Früher oder später würde ihr Gönner das Zeitliche segnen, und dann würden ihre enormen Einkünfte – weit mehr als 1 500 000 Livres pro Jahr – versiegen. Sie würde all ihre Juwelen und Gewänder, jeden Teller und jedes Möbelstück zurückgeben müssen.

Im Jahr zuvor, 1772, hatte Ludwig den Versuch unternommen, eine Scheidung für seine Mätresse zu arrangieren. Sie stand damals auf dem Höhepunkt ihres Glückes – die Freigebigkeit des Königs schien grenzenlos zu sein, und der Luxus, den sie in ihrem mit weißem Brokat ausgeschlagenen Boudoir genießen konnte, schien ewig zu währen. Zu einer Scheidung kam es nicht.

Den Höflingen wurde rasch klar, dass die Mätresse schon sehr bald keinerlei Einfluss mehr haben würde. Sie umschmeichelten und bedienten sie nicht mehr, wie sie es einmal getan hatten, und mieden sogar ihre Abendgesellschaften.

Im März des Jahres 1773 veranstaltete die Gräfin ein Fest zur Eröffnung des Pavillons, den der König in den Gärten von Versailles für sie hatte errichten lassen. Er hatte keine Kosten gescheut, und das Gebäude protzte so prunkvoll, »dass es unanständig« war. Um es angemessen zu präsentieren, plante Madame du Barry eine spektakuläre Unterhaltung. Viele hundert Sänger und Tänzer sollten auftreten und die Bühnendekorationen der besten Pariser Theater herbeigeschafft werden. Alle wichtigen Höflinge wurden eingeladen, einschließlich der führenden Damen bei Hofe. Aber als alles bereit war und die Stunde des Festes heranrückte, blieb der Pavillon so gut wie leer. Der König erschien nicht, und kaum dreißig Gäste hatten sich eingefunden.[2]

Dieses Ereignis deutete an: Madame du Barry verlor an Macht. Ein weiteres Indiz stellte das immer häufigere Auftauchen von Liedern und Epigrammen dar, die sich über die Herkunft der Gräfin lustig machten und ihre Ansprüche verspotteten. Die »Gassendirne« habe ihre Zeit gehabt, so deuteten die Verse an, aber jetzt sei ihr Stern im Sinken begriffen, und ihre Reize verlören die Macht zu betören. Ein Engländer, der Madame du Barry während jener Zeit sah, stellte fest, dass ihr Gesicht zusehends vergilbe. Der Spätsommer ihrer Schönheit neigte sich seinem Ende zu.

Als der König immer schwächer wurde und der Tag nahte, an dem Ludwig und Antoinette den Thron besteigen würden, verschob sich das Machtgefüge. Die Ränke, die geschmiedet worden waren, um dem Grafen von Provence anstelle von Ludwig auf den Thron zu verhelfen, wurden eingestellt. Obwohl sich der Graf nach der Hochzeitsnacht mit seiner Manneskraft gebrüstet hatte, hatte er bislang kein Kind gezeugt. Seiner Frau gegenüber zeigte er eine Gleichgültigkeit, die an Abscheu grenzte. Auch hatte er an einer Hautkrankheit gelitten, während der Dauphin von Tag zu Tag größer, kräftiger und gesünder wurde.[3]

Das Interesse konzentrierte sich jetzt auf den jüngeren der königlichen Brüder, Artois. Adelaide hatte ihre Hoffnungen auf ihn gesetzt und die Aufsicht über seine Erziehung übernommen. Trotz der zänkischen Einwendungen, die Madame du Barry machte, unternahm sie den Versuch, die dominante Rolle bei der Auswahl seines Personals zu übernehmen. Seine Verlobung war bereits arrangiert worden. Er sollte Maria Theresia von Savoyen heiraten, die Schwester der Ehefrau seines Bruders Provence. Obwohl behauptet wurde, sie sei noch hässlicher als ihre rotgesichtige, schnurrbärtige Schwester, so hoffte man doch, dass das Paar Nachwuchs hervorbringen würde.

Antoinette, noch nicht ganz siebzehnjährig, hatte gelernt, ihre Kinderlosigkeit hinzunehmen und in leichtem Ton darüber zu reden. Ihrer Mutter schrieb sie über die außerordentlich fruchtbare Madame von Schwartzenberg, die vierzehn Kinder geboren hatte, »ich wünschte, sie könnte mir ein wenig von ihrer Fruchtbarkeit ausborgen«. In einem anderen Brief äußerte sie optimistisch: »Vielleicht werden die Kinder gesünder sein, wenn sie später kommen.«[4]

Ihr Geist reifte, und sie lernte, Dinge sorgfältiger und umfassender zu betrachten. Mercys scharfsinnige Führung, Abbé Vermonds sanfte Hilfestellung und die Schelte und Vorbehalte, die die Kaiserin zu äußern pflegte, zeigten Wirkung. Antoinette war im Begriff, sich ihren eigenen Weg durch den Mahlstrom der Intrigen und die ermüdende Etikette zu suchen und eine eigene Persönlichkeit zu entwickeln. »Als ich das erste Mal in dieses Land kam«, erzählte sie Mercy, war ich zu jung und gedankenlos. Ich habe alles geglaubt, was man mir sagte, aber jetzt …« Sie brauchte den Gedanken nicht auszusprechen, der Unterschied war offensichtlich. Sie hatte angefangen, ihre Ausbildung selbst in die Hand zu nehmen.

Zu diesem Zweck entwarf sie einen neuen Tagesplan und versuchte, die Zeit, die ihr nach den Anforderungen der unvermeidbaren Zeremonien übrig blieb, so sinnvoll wie möglich zu nutzen. Nach dem morgendlichen Aufstehen betete sie, anschließend hatte sie Musik- oder Tanzunterricht. Danach widmete die junge Frau eine Stunde »vernünftigem Lesen«, wie sie es nannte. Nach ihrer öffentlichen Toilette stattete sie dem König einen Besuch ab, um anschließend mit ihm zur Messe zu gehen. Dann wurde das Mittagsmahl eingenommen, gefolgt von weiteren anderthalb Stunden »vernünftigen Lesens« und einem Spaziergang oder der Teilnahme an einer Jagd. Konversationen mit ihrem Gemahl oder anderen Verwandten beschlossen den Tag. »Ich weiß nicht, ob ich all das ganz exakt erledigen kann«, erklärte Antoinette, als sie Mercy ihren Stundenplan zeigte, »aber ich werde mein Bestes tun.«[5]

Sie entwickelte sich zusehends und nahm sich selbst und ihre Verpflichtungen ernst. Und das war auch gut so. Mercy war sich des Umstands bewusst, dass der Dauphin niemals über die Standhaftigkeit verfügen würde, die ein König brauchte. Antoinette würde an seiner Stelle regieren und seine Taten und Entscheidungen dirigieren müssen. Sie würde die eigentliche Herrscherin über Frankreich sein.

Im Frühling des Jahres 1773 sprach er von ihr oft als die Staatsperson, »die eines Tages dieses Königreich regieren wird«. Maria Theresia teilte er mit, »die Dauphine« verfüge über »eine solche Stärke des Geistes und des Charakters, dass wir nicht den geringsten Anlass haben, daran zu zweifeln, dass wir uns auf ihre Wirkung verlassen können.«[6]

Antoinette unternahm beachtliche Anstrengungen, um sich auf ihre zukünftige Rolle vorzubereiten. Ihr Gemahl indessen tat nichts dergleichen, sondern schleppte sich geradezu durch den Tag. Er trug alte Kleider, bis seine Kammerdiener darauf bestanden, dass er sich eleganter anzog, er blinzelte kurzsichtig zu seinen Höflingen hinüber und bemühte sich nach Kräften, tanzen zu lernen. Alleine in seinen Gemächern, deren Türen fest verschlossen waren, um Eindringlinge draußen zu halten, stolperte er durch die komplizierten Schrittfolgen der höfischen Tänze. Er »schwitzte dicke Tropfen Schweißes«, während ein einsamer Geiger eine Melodie vor sich hin kratzte. Wenn ihn seine Versuche ermüdet hatten, gesellte er sich zu seinen Brüdern, die ihrem Privatvergnügen nachgingen und die Diener ihres Großvaters peinigten. Sie verfolgten »mit großer Heiterkeit« die Kammerdiener des Königs, wenn diese, mit Tabletts und Körben beladen, die königlichen Gemächer betraten oder verließen, um sie zu kitzeln. Hatte sich der Reiz dieser Spielereien erschöpft, dann zog sich der Dauphin zur Jagd zurück oder begab sich zu einer Baustelle. Dort gesellte er sich zufrieden zu den Arbeitern.

»Trotz ihrer Bemühungen«, berichtete ein Besucher, »gelingt es der Dauphine nicht, ihren Gemahl dazu zu bewegen, seine ungewöhnliche Vorliebe für alles, was mit dem Bauen zu tun hat, unter Kontrolle zu bekommen, als da wären Maurer- und Zimmermannsarbeiten und andere solche Dinge.«

Ludwig entdeckte immer wieder etwas, das gerichtet werden musste, und ließ dann Arbeiter kommen, denen er gern zur Hand ging. »Er arbeitet höchstpersönlich mit den Arbeitern und schleppt Baumaterial, Trägerbalken und Pflastersteine, wobei er dieser mühseligen Arbeit ganze Stunden widmet. Manchmal kommt er nach Hause und ist erschöpfter als jeder Baugeselle, der eine solche Arbeit verrichten muss, um davon leben zu können.« Der Eifer, mit dem der zukünftige König gewöhnliche handwerkliche Arbeiten verrichtete, galt als peinlich.

War er im Palast immer befangen und steif, so wirkte er im Schlamm und Schmutz einer Baustelle entspannt und zufrieden und genoss die Freuden der Anstrengung und die Befriedigung körperlicher Arbeit. Nichts erfreute ihn mehr, als sich endlose Stunden lang Seite an Seite mit den Zimmerleuten und Maurern abzumühen. Anschließend kehrte er verschwitzt und schmutzig in seine Gemächer zurück, einen Ausdruck tiefster Zufriedenheit auf dem dicklichen Gesicht.

Sich diesen königlichen Außenseiter als Regenten vorzustellen, fiel allenthalben schwer. »Der Dauphin zeigt gewisse wilde Tugenden«, schrieb die Gräfin von La Marck, »aber es gebricht ihm an Geist, Wissen, Erziehung und sogar an Geschmack.« Vor Frauen habe er Angst, fügte die Gräfin hinzu, »und da noch nicht einmal seine eigene Frau ihn kurieren konnte, so können wir davon ausgehen, dass das niemandem gelingen wird«.[7]

Diese Furcht vor Frauen wirkte sich zu Antoinettes Gunsten aus. Sie ging behutsam mit ihm um, ihm wiederum war es sehr wichtig, ihr zu gefallen, und das machte ihn anpassungsfähig. Merkwürdigerweise war sie für den Dauphin mit ihrer freundlichen, unkritischen Art, ihrer Wärme und Anteilnahme eher eine Mutter als seine Ehefrau. Manchmal schimpfte sie mit ihm, bis er in Tränen ausbrach (obwohl das oft dazu führte, dass sie aus Mitleid ebenfalls weinte), und sie ließ ihn sämtliches Gift ihrer scharfen Zunge spüren. Wenn er sich mit seinen beiden Brüdern bekriegte, schritt sie oft ein, um die Kämpfe zu beenden. Ludwig hatte es nie gelernt, sich gegen seine Geschwister zu verteidigen, und blieb dem schnellen Witz des Herzogs von Provence und Artois' Neckereien hilflos ausgesetzt. Er schlug im wortwörtlichen Sinne zurück, trat und schlug sie und nahm manchmal Rache, indem er ihr Eigentum zerstörte.

Provence besaß eine wundervolle Porzellanfigur, die auf einem Kaminsims in seinen Gemächern stand. Ludwig hatte Spaß daran, seinen Bruder zu peinigen, er nahm die Figur in die Hand und spielte damit herum. Eines Tages zerbrach er sie. Sein wutentbrannter Bruder stürzte sich auf ihn, schlug und kratzte den größeren und älteren Dauphin mit all der Heftigkeit, die sich in dem eifersüchtigen jüngeren Bruder aufgestaut hatte. Ludwig wehrte sich, er schlug zurück, und die beiden musterten sich mit mörderischen Blicken. Antoinette, die seit ihrer Geburt an die unvermeidlichen Balgereien in einer großen Familie gewöhnt war, schritt ein und trennte die Brüder. Sie kam mit einer zerkratzten Hand davon.[8]

Ein anderes Mal spielte sie mit de Provence, der eine beunruhigende Neigung zu ihr gefasst hatte (sie lachten gemeinsam über die Lieder und Scherze, die über die du Barry im Umlauf waren), eine Partie Piquet. Ludwig stand neben ihnen, eine kleine Peitsche in der Hand, und sah dem Spiel zu. Ob es nun aus Eifersucht oder Erregung geschah – jedenfalls schlug er mit der Peitsche wieder und immer wieder auf den Arm seines Bruders ein, ohne auf dessen Proteste zu reagieren. Spannung lag in der Luft, und dann schlug er einmal zu oft zu. Provence langte nach der Peitsche und versuchte, sie dem Dauphin aus der Hand zu winden. Ein Kampf drohte auszubrechen, und die beiden waren kurz davor, sich an die Kehle zu gehen. Wieder trat Antoinette dazwischen, ergriff die Peitsche, zerbrach sie in zwei Stücke und verhinderte so weitere Handgreiflichkeiten. Zweifellos bekam Ludwig später, unter vier Augen, eine Standpauke erteilt.[9]

Antoinette war alt genug, um zu erkennen, wie sehr die Mängel, die

Ludwig anhafteten, ihn als König behindern würden. Dank Mercys Anleitungen wusste sie, dass von ihr viel erwartet werden würde, wäre sie erst einmal Königin. Und in dieser Position würde sie erst recht von Intriganten und Ehrgeizlingen umgeben und zudem das Ziel unterschiedlicher Interessensgruppen, Klatschmäuler und aufdringlicher Ränkeschmiede sein. Ihr Pflichtbewusstsein drängte sie dazu, sich dem Unvermeidlichen zu fügen – aber ein anderer Charakterzug wuchs immer stärker heran, wie Mercy alarmiert notierte.

»Sie erlaubt sich nie auch nur die Vermutung, dass sie eines Tages sowohl Autorität als auch Macht haben könnte«, schrieb er nach Wien. »Das hat zur Folge, dass ihr Charakter täglich abhängigere und passivere Züge annimmt. Daraus ergeben sich Angewohnheiten wie Zaghaftigkeit und Furcht vor den geringsten Anlässen.«

Antoinette ahnte, dass eine überwältigende Bürde auf sie wartete, und davor scheute sie zurück. Möglicherweise wusste sie, dass sie niemals stark genug sein würde, ihre Aufgabe beherzt anzugehen. Vielleicht lag das auch an dem Umstand, im Schatten einer Mutter aufgewachsen zu sein, die im Übermaß von der zermürbenden Regierungsarbeit belastet wurde. Maria Theresias ganzes Leben war eine Huldigung der Pflicht. Zum Teil mag es auch der oberflächliche, frivole Zug in Antoinettes Charakters gewesen sein, der sie dazu verleitete, die Augen vor ihrer Aufgabe zu schließen und sich einfach nur zu amüsieren.

Mercy war der Verzweiflung nahe. »Wichtig ist, dass die Erzherzogin lernen sollte, ihre eigene Stärke kennen und schätzen zu lernen«, stellte er fest, denn sie verfüge über all die Intelligenz, den Charakter und das gute Urteilsvermögen, um die Bundesgenossin zu sein, die ihr Gemahl so dringend brauche. Aber ihr Eigensinn, ihre Vorliebe für »Zerstreuung und Amüsement« seien Hindernisse, die sie zudem auch gar nicht überwinden wolle. Sie würde von Gedanken gequält, die »sie sich selbst nicht erklären« könne. Und mehr noch – sie war im Jahre 1773 alt genug, um sich seinen Instruktionen zu entziehen. Die Grundzüge ihres Charakters waren geformt und er würde sich kaum noch ändern.[10]

Der König alterte zusehends. Bevor er starb, mussten der Dauphin und Antoinette ihren Einzug in Paris halten.

Am Morgen des achten Juni 1773 strömten solche Menschenmassen in die engen Straßen der Hauptstadt, dass die Straßenkehrer kaum ihrer Arbeit nachgehen konnten. Der schwarze, schwefelige Dreck, der sich auf den Pflastersteinen und in den Rinnsteinen ansammelte, stank nach Kot und verrottendem Abfall. Er musste in Karren geschaufelt und aufs Land gebracht werden, damit die empfindlichen Nasen des neuen Herrscherpaares nicht belästigt würden. Aber die Zuschauermenge behinderte die Arbeit, und die Straßenkehrer mit ihren Karren und Schaufeln wurden beiseite gedrängt. Die Menschen brachten mit ihren Stiefeln noch mehr Schlamm in die Stadt. Sie verschmutzten die Durchfahrtswege und Gassen, als sie begeistert zur Porte de la Conférence marschierten. Dort sollten der Dauphin und die Dauphine Einzug halten. Viele passierten das Tor in Richtung Versailles, da sie hofften, das königliche Gefolge auf seinem Weg vom Palast zur Innenstadt sehen zu können.

Die üblichen Aktivitäten waren eingestellt worden. Keine Märkte fanden statt, keine Schaf- oder Rinderherden durften durch die Gassen getrieben werden, kein Getreidekorn wechselte den Besitzer. Sogar die Straßenhändler wurden von dem Weg verscheucht, den die Prozession nehmen würde. Frauen, die Zinngefäße mit Milchkaffee, dem traditionellen Pariser Frühstück, mit sich trugen, mischten sich unter die Menge. Sie machten ein schnelles Geschäft, als sie die Tasse für zwei Sous anboten. Die Nonnen des Findlingshospizes holten die Säuglinge ins Haus, die in der Nacht zuvor auf ihrer Schwelle ausgesetzt worden waren. Es ging nicht an, dass das Weinen der Kinder die Festlichkeiten des Tages störte, noch nicht einmal das Wimmern der Neugeborenen. So hatte man auch die schäbigsten der Pariser Bettler aus der Stadt vertrieben oder eingesperrt. Den königlichen Hoheiten sollte der Anblick ihrer verkrüppelten oder gelähmten Gliedmaßen erspart bleiben. Die Horden von Prostituierten, die sonst ihren Lebensunterhalt mit den Bauern vom Getreidemarkt oder den vergnügungswilligen Lebemännern aus dem Palais Royal verdienten, mussten nach neuen Kunden Ausschau halten. Sie wanderten durch das Gewühl der Zuschauer, warfen den Männern Blicke zu und sprachen sie auch keck an.

Der Lärm, den die Menge verursachte, war gewaltig. Die Pariser waren dafür bekannt, laut und geschwätzig zu sein. Ein buntes Völkchen drängte sich durch die Straßen; wohlhabende Bürger in ihren besten Samtröcken und Spitzenmanschetten, Kaufleute in Mänteln und Kniehosen aus einfach geschneidertem Tuch, hier und da ein Edelmann mit Schnallenschuhen, Seidenstrümpfen und schleifengeschmückter Perücke, dessen Schwert in der tief gebundenen Scheide gefährlich hinter ihm her schwang. Man sah Wein- und Gemüsehändler, Gerber und Zahnärzte, Bankiers und Advokaten – aber vor allem viele einfache Arbeiter und Lehrlinge, die für diesen Tag ihren Werkstätten entkommen waren, Wasser- und Lastenträger, Schiffsleute und Bauern aus den Pariser Vororten. Andere waren die ganze Nacht hindurch gelaufen, um den festlichen Einzug mit eigenen Augen verfolgen zu können. Alle beeilten sich, Plätze entlang des Weges zu finden, den die königliche Kutsche nehmen würde. In den Gärten der Tuilerien wetteiferten Strickerinnen und schmutzige Schornsteinfeger mit Studenten, Flussfischern und entlaufenen Mönchen um einen der Plätze.

Im Laufe des Vormittages hatte ein jeder einen Platz gefunden, und das Orchester stimmte seine Instrumente. Zehn Kutschen wurden zur Porte de la Conférence gefahren, besetzt mit Soldaten, den Stadtverordneten und ihrem Gefolge. In der größten Kutsche saßen der betagte Gouverneur von Paris, der Herzog von Brissac, der Provinzial Michodière sowie der Generalleutnant Sartine, der für die Aufrechterhaltung der Ordnung verantwortlich war. Schwadronen der Stadtwache und der berittenen Garde formierten sich am Tor, bereit, den Dauphine und seine Ehefrau zu eskortieren.

Um halb zwölf sahen die Zuschauer die erste der königlichen Kutschen. Den Trompetern wurde das Signal gegeben, eine Fanfare zu blasen. Fast im selben Moment donnerte die Kanone des Invalidendoms einen Salut, gefolgt von Gewehrsalven aus dem Hôtel de Ville (Rathaus) und der Bastille. Dicker schwarzer Rauch erhob sich in den klaren Sommerhimmel und sammelte sich über der Stadt, als die donnernden Kanonaden weitergingen. Die Menge brach in Jubelrufe aus. Endlich ratterten die vier königlichen Kutschen durch das Tor und kamen zum Halten. Der Herzog von Brissac trat vor, um vor dem zukünftigen Herrscherpaar niederzuknien, Glückwünsche zu entbieten und dem Dauphin den symbolischen Stadtschlüssel zu überreichen. Der Provinzial hielt eine Rede, die jedoch im Lärm der Menge unterging. Alles jubelte, pfiff und sang Lieder, die speziell für diesen Tag geschrieben worden waren und auf Zettel gedruckt gekauft werden konnten. Sie unterbrachen ihren Gesang und das Geschrei auch nicht, als weitere Reden folgten, und ihr Jubel übertönte auch das dezente Spiel des Orchesters.

Für Antoinette war der betäubende Lärm aufregend und befriedigend zugleich. Da sie drei Jahre lang in Versailles regelrecht eingeschlossen gewesen war, hatte sie kaum eine Gelegenheit gehabt, dem französischen Volk Auge in Auge gegenüberzutreten. Aber jetzt standen sie zu Tausenden vor ihr, Arm und Reich gleichermaßen, und forderten lautstark eine bessere Sicht auf sie und ihren Gemahl. Sie kamen so nahe an die Kutsche, in der sie saß, wie sie es nur wagten, und sie konnte ihr breites Grinsen und die pockennarbigen Gesichter sehen. Während sich die Kutschen ihren Weg entlang der Kais nach Notre-Dame bahnten, beobachtete Antoinette die Menge mit einem faszinierten Lächeln. In Notre-Dame hielt der Erzbischof von Paris eine Messe. Anschließend bestiegen alle Würdenträger ihre Kutschen und fuhren die kurze Strecke zur Universität, wo der Rektor eine Ansprache hielt.

Die offiziellen Zeremonien ermüdeten, aber für Antoinettes begeisterte und neugierige Blicke waren die Stadt und ihre Bewohner unendlich fesselnd. Der Tumult, die unablässigen Rufe »Vive le dauphin!« und »Vive la dauphine!«, die Blumen, die auf ihren Weg gestreut wurden, die malerischen mittelalterlichen Gebäude in den ältesten Vierteln der Stadt, sogar die stechenden Gerüche, die vom Fluss herüber wehten, boten für sie Bilder des Entzückens. Nach drei Jahren traf sie nun mit den Menschen zusammen, deren Königin sie bald sein würde, und sie sah endlich die berühmte Hauptstadt. Die Eindrücke waren beinahe zu viel für sie.

»Ich werde das nicht vergessen, solange ich lebe nicht«, schrieb sie einige Tage darauf ihrer Mutter. »Was mich am meisten bewegte, war die Liebe dieses armen Volkes, das trotz der Steuern, die es niederdrücken, außer sich vor Freude war, uns zu sehen. Wie glücklich ist man in unserem Stand, die Liebe eines ganzen Volkes so leicht gewinnen zu können! Indessen gibt es nichts Kostbareres. Ich habe es wohl empfunden und werde es nie vergessen.«[11]

Der Dauphin und die Dauphine zogen die größte Menschenmenge an, die Paris seit dem Auftreten eines gefeierten Wunderheilers je zu Gesicht bekommen hatte. Dessen Ruhm hatte dreißigtausend Menschen in die Stadt gelockt. Die Bürger waren damals in die Rue des Ciseaux geströmt und hatten sich auch auf die umliegenden Straßen verteilt. Das Gedränge war durch die Krücken der vielen Invaliden und die Hunde, die die zahlreichen Blinden begleiteten, noch verschlimmert worden. Alle suchten sie die heilende Berührung des Wunderheilers. Die Menge hielt vor der Unterkunft des Heilers hoffnungsvoll Wache, bis das Gerücht aufkam, die Polizei hätte den Mann aus der Stadt gejagt. Doch selbst dann blieben die Leute gelassen und murmelten Segenswünsche für den Heiler, wohin er auch gegangen sein mochte.[12]

Aber heute gab es einen weitaus fesselnderen Anblick. Von Dächern und aus Mansardenfenstern, aus den übervölkerten Tuilerien-Gärten, wo das Paar an einem Festessen teilnehmen sollte, erklangen Rufe nach Ludwig und Antoinette. Nach dem öffentlichen Mahl begab sich das königliche Paar in die Gärten, wo die Beifallsrufe ohrenbetäubend laut klangen. Die Menschen drängten sich von allen Seiten so dicht an sie heran, dass sie nicht mehr von der Stelle kamen. »Wir konnten drei Viertelstunden weder vor- noch zurückgehen,« schrieb Antoinette. Die Wachen pflegten sonst mit Peitschen oder der flachen Seite des Schwertes auf Menschenmengen einzuschlagen, aber sie gehorchten dem Befehl des Dauphins, die Leute nahe an ihn herankommen zu lassen. Diese unerhörte Nachsicht machte »einen sehr guten Eindruck«, und glücklicherweise wurde niemand verletzt. (Solche Massenversammlungen verliefen nicht immer so harmlos. Drei Jahre zuvor hatte sich ganz Paris in der Rue Royale versammelt, um dem Feuerwerk zuzusehen, das man anlässlich der Hochzeit des Dauphins abgehalten hatte. Eine Panik war ausgebrochen, und während der anschließenden wilden Flucht waren über hundert Menschen erstickt oder zu Tode getrampelt worden.) Dann begaben sich Ludwig und Antoinette auf eine offene Terrasse, von der aus man die Gärten überblicken konnte, und blieben dort für eine halbe Stunde, um die anhaltenden Beifallsrufe entgegenzunehmen.

»Ich kann Ihnen, meine liebe Mama, die Ausbrüche von Freude und Liebe kaum schildern, die man uns in diesem Augenblick entgegenbrachte.« Von ihrem erhöhten Standort auf dem Balkon konnte Antoinette nun die tatsächliche Größe der enormen Menschenansammlung abschätzen.

»Mein Gott,« rief sie aus, »wie viele Menschen!«

»Madame«, bemerkte der Herzog von Brissac an ihrer Seite, »es möge seiner Hoheit, dem Dauphin nicht missfallen, aber Sie sehen hier zweihunderttausend Menschen, die in Sie verliebt sind.«

Und tatsächlich – so leidenschaftlich wie Liebhaber schrieen sich die Pariser die Kehlen heiser, so überschäumend klangen ihre Beifallsrufe und Jubelschreie, und Tränen liefen über lächelnde Gesichter. Sie waren begeistert von dem Dauphin, der auf sie einen strammen und zuverlässigen Eindruck machte, ein echtes Mannsbild eben. An diesem Tag übertraf er sich selbst, indem er mit Würde auf all die Reden und Beifallsbekundungen antwortete. Die Pariser waren von Antoinette hingerissen. Edmund Burke, der sie zu jener Zeit in Versailles sah, schrieb ein Loblied auf die Siebzehnjährige: »Gewiss wurde im Licht dieses Gestirnes, das sie nicht einmal zu berühren schien, niemals eine lieblichere Erscheinung gesehen. Ich sah sie, wie sie dicht über dem Horizont schwebte und in die erhabene Sphäre eintrat, die sie schmückte und erleuchtete – glitzernd wie ein Morgenstern, voller Leben, voller Pracht, voller Freude.«

Zehn Monate später, im April 1774, schloss sich das junge Paar in Antoinettes Versailler Gemächern ein, und betete für das Leben des alten Königs. Er war schwer krank, und die fünf Chirurgen, die sich um ihn kümmerten, hatten ihn schon zweimal zur Ader gelassen. Gleichfalls hatten ihm seine drei Apotheker ein Abführmittel verabreicht. Adelaide, Victoria und Sophie hielten tagsüber Wache an seinem Bett, des Nachts wich Madame du Barry nicht von seiner Seite. Unter vier Augen teilte einer der Ärzte, die einen »fiebrigen Katarr« diagnostiziert hatten, einem Höfling mit, er glaube nicht, dass der König am Leben bleiben würde.

Der Dauphin wartete, unterstützt von seiner verängstigten, aber loyalen Frau, gequält auf die medizinischen Bulletins aus dem Krankenzimmer. Der Erzbischof von Paris sollte für den Fall, dass man Ludwig ein drittes Mal zur Ader ließ, herbeigerufen werden, um dem König die Letzte Ölung zu erteilen. Der dritte Aderlass würde das Todesurteil bedeuten. Blass und ruhelos, die Nerven aufs Äußerste gespannt, kniete der Dauphin am Boden und flehte darum, noch eine Weile länger von der furchtbaren Verantwortung verschont zu bleiben, das Königreich von Frankreich zu regieren.

# 9

In dem spärlich beleuchteten Krankenzimmer in Versailles, in dem der König in tiefer Regungslosigkeit lag, befanden sich seine drei Töchter in heller Aufregung. Der König erkannte sie nicht, noch sprach er mit ihnen. Die Ärzte und Chirurgen hatten sich neben seinem schmalen Bett aufgereiht, und abwechselnd beugten sie sich über ihn. Die Diener, denen man befohlen hatte, den Raum abzudunkeln, weil die empfindlichen Augen des Königs kein Licht vertrugen, standen im Zwielicht da und warteten auf Befehle. Plötzlich loderte eine der Wandfackeln auf, und beleuchtete den Kopf des Königs, der einem Totenschädel glich. Sein Gesicht war mit dunkelroten Flecken übersät. Ludwig litt nicht an einem »fiebrigen Katarr«, er hatte die Pocken.

Die Pockenimpfung galt in Frankreich immer noch als exotische Maßnahme, der man nicht vertraute. Der Regent war nicht geimpft worden, genauso wenig wie der Rest der königlichen Familie. (Tatsächlich waren einige der Höflinge, die sich der Prozedur unterzogen hatten, bald darauf gestorben – so auch Madame von Noailles' Sohn –, was gegen die Impfung zu sprechen schien.) Aber die Pocken blieben eine gefürchtete Krankheit, und als die Versammelten Ludwigs fleckiges Gesicht sahen, wurden alle von einem Schauder erfasst. Er hatte die Pocken bereits gehabt, vor langer Zeit im Jahre 1728, aber das war kein Schutz vor der verhängnisvollen Wiederkehr der

Krankheit. Ludwig selbst schien zu spüren, dass er sich nicht wieder erholen würde. Er war am siebenundzwanzigsten April erkrankt, und am vierten Mai hatte er Madame du Barry weggeschickt, damit er wenigstens den Anschein von Reue erwecken und einen erbaulichen Tod sterben konnte.

Der König hatte starke Schmerzen. Die pulverisierte Ulmenrinde, die ihm die Apotheker verabreichten, linderte seine Qualen nicht. Nach acht Tagen der Krankheit stank er fürchterlich, da sein zerfallender Körper bereits den Geruch des Todes ausströmte. Der Dauphin wurde strikt fern gehalten, aber Adelaide, Victoria und Sophie waren Tag für Tag bei ihm. Sie riskierten bei dieser töchterlichen Pflichterfüllung ihr Leben. Und auch die königlichen Minister fanden sich regelmäßig im Krankenzimmer ein, genauso wie die Ärzte. Den Medizinern war sehr wohl bewusst, dass ihr Versagen bei der Behandlung des Königs ihre eigene Position ins Wanken brachte. Antoinette wurde gestattet, den sterbenden König am Morgen des siebten Mai aufzusuchen. Man teilte ihr mit, dass er nach seinem Beichtvater verlangt habe und die Absolution erhalten wollte. Da der König während der letzten vier Jahrzehnte nicht gebeichtet hatte, sahen die Höflinge dies als unmissverständliches Zeichen dafür an, dass sein Ende nahte.

Die großen Palasthöfe füllten sich mit Menschen. Manche weinten, andere flüsterten Gebete, und wieder andere waren erleichtert, den verhassten alten Lebemann loszuwerden, der sie seit frühester Jugend regiert hatte. Wie milde seine Haltung gegenüber seinen Untertanen in Wirklichkeit auch gewesen sein mochte, wie sinnvoll seine verspäteten Versuche einer Regierungsreform auch waren – für viele blieb er der König, dem sein Volk gleichgültig gewesen war. In ihren Memoiren beschrieb Madame Campan die Herzlosigkeit, mit der der König eines Tages einem Bauern im Wald von Senart begegnet war. Der König befand sich auf der Jagd, als er auf einen Reiter traf, der einen Sarg mit sich führte.

»Wohin bringst du den Sarg?«, wollte Ludwig wissen.

»Zum Dorf«, antwortete der Bauer.

»Ist er für einen Mann oder eine Frau bestimmt?«

»Für einen Mann.«

»An was ist er gestorben?«

»An Hunger,« lautete die unverblümte Antwort.

Der König gab seinem Pferd die Sporen und ritt davon.[1]

Nun war die Stunde des Todes für den Mann gekommen, der sich so wenig um die Hungernden gekümmert hatte. Vom neunten Mai an delirierte er zeitweilig und war zu schwach, um mehr als ein Flüstern hervorzubringen. Ludwig war nicht in der Lage, die Worte öffentlicher Reue auszusprechen, die sein Beichtvater ihm abverlangte. Monsignore von La Roche-Aymon, der Großalmosenier, musste sie an seiner Stelle vorlesen.

»Meine Herren, der König beauftragt mich, Ihnen zu sagen, dass er Gott um Verzeihung für die Beleidigungen bittet, die er ihm angetan, und für das schlechte Beispiel, das er seinem Volke gegeben hat.«

Die Höflinge, die fürchteten sich anzustecken, wussten, dass der gesamte Hof im Fall seines Todes sofort in einen anderen Palast ziehen würde. So beeilten sie sich, ihre Besitztümer einzusammeln und Vorbereitungen für die Abreise zu treffen. Die Soldaten der Wache warteten auf den Abmarschbefehl, und Hunderte gesattelter Pferde stampften in den überfüllten Höfen. Die königliche Kutsche stand bereit, um den neuen König und seine Brüder in Sicherheit zu bringen.

Stöhnend vor Schmerzen quälte sich der alte König bis zum zehnten Mai weiter. Sein Gesicht war schwarz vor Fäulnis. Nachmittags starb er dann schließlich, und der Oberkammerherr, der Herzog von Bouillon, trat aus dem düsteren Krankenzimmer, um die traurige Nachricht bekannt zu geben.

»Meine Herren, der König ist tot. Lang lebe der König!«

Die Nachricht verbreitete sich die Treppe hinunter, die Korridore entlang und bis in die entferntesten Winkel des weitläufigen Palastes. In den Höfen des Schlosses trampelten die Pferde auf dem Pflaster, und Pferdeknechte schrieen einander zu, sie sollten sich zum Aufbruch bereit machen. Unter Donnergetöse stürzten die Hofleute in Ludwigs Gemächer, zollten dem weißgesichtigen neuen jungen Herrscher ihren Respekt, und rannten dann zu ihren Kutschen. Binnen einer Stunde war Versailles menschenleer. Nur der Leichnam und ein paar Beamte, die den Toten zum Begräbnis nach Saint-Denis bringen sollten, blieben zurück.

Ludwig und Antoinette schlossen sich dem Tross an. Sie begaben sich nach Choisy, das kurz vor den Toren von Paris lag, um dann nach La Muette im Wald von Boulogne weiterzureisen. Ludwig war nun der

Gebieter, sein Wort war Gesetz, seine Person heilig. Man hatte ihn in keiner Weise auf diesen seinen ersten Tag als König vorbereitet. Aber er war nicht ganz auf sich alleine gestellt.

Adelaide, obwohl entkräftet nach den langen Wochen der Wache am Bett ihres sterbenden Vaters und selbst an den Pocken erkrankt, half ihm. Ludwig müsse, so erklärte sie, nach dem betagten Herzog von Maurepas schicken und sonst keinem.[2] Ludwig nahm ihren Rat an. Maurepas also sollte die Staatsgeschäfte führen.

Inzwischen scharten sich die Höflinge, die vor allem anderen danach trachteten, sich an die Seite der wahren Macht am Hofe zu gesellen, um Antoinette. Sie näherten sich ihr dabei so subtil wie Blutegel, die sich an einem Schwimmer festsaugen. Die zukünftige Königin empfing sie, in schwarze Trauerkleider gewandet und ohne Rouge auf den Wangen, aber auch ohne diese Schminke bezaubernd wie immer, und bedachte die jüngeren unter ihnen mit ihrer außergewöhnlichen Wärme und Ausstrahlung. Die älteren Frauen jedoch bekamen ihre scharfe Zunge zu spüren, als sie kamen, um ihr Beleid zu bekunden. Antoinette hasste nach wie vor Zeremonien, und sie war die Königin. Sie war entschlossen, all die Formalitäten entweder zu vereinfachen oder ganz abzuschaffen. Sie lächelte beim Anblick dieser »Hundertjährigen« und »Tugendbolde«, wie sie sie nannte, und lachte ihnen »höchst unangemessen« lauthals mitten in die runzligen Gesichter. Dieses Debüt war misslungen; die ältlichen Herzoginnen und Prinzessinnen waren empört, vor allem nachdem sie erfuhren, dass die noch nicht neunzehnjährige Königin unbedacht bemerkt habe: »Wenn jemand erst einmal über dreißig ist, dann verstehe ich nicht, wie er es wagen kann, bei Hofe zu erscheinen.« Eine solch grausame Frechheit hätte man auch bei einer französischstämmigen Königin nicht toleriert, schon gar nicht bei einer unverschämten Österreicherin. Die Frauen tratschten, tadelten, verleumdeten. Antoinette wurde das Opfer eines neuen Spottliedes, so wie sie und Provence es einst über Madame du Barry gesungen hatten:

Kleine Königin, noch kaum zwanzig,
Die du die Leute so schlimm misshandelst,
Du wirst nach Hause zurückgeschickt.

Neue Cliquen entstanden in den Reihen der Hofleute, neue Schlachtlinien wurden in dem ständigen Kampf um Stellung und

Prestige festgelegt. Man hatte vermutet, dass der neue König scheu, schwach und untauglich sein würde, beherrscht von seiner Frau. Aber Ludwig erwies sich als bemerkenswert energisch. Als sich die Minister seines Großvaters an ihn wandten und nach Anweisungen fragten, antwortete er ihnen entschieden und königlich barsch. Eine seiner ersten Amtshandlungen bestand darin, die Ärzte zu entlassen, denen es nicht gelungen war, den alten König zu kurieren. Mit Hilfe Maurepas', seinem auserwählten Mentor und Führer, begann er mit dem Studium der Außenpolitik, der Steuergesetzgebung und – vor allem anderen – der Finanzen. Seine Leidenschaft für die Schlosserei, die Jagd und das Bauhandwerk stellte er hintan und verbrachte die Tage hinter seinem Schreibtisch. Ludwig schrieb Briefe, las Berichte und Empfehlungen und lernte die Feinheiten der Ausführungen des Abbé Vermond kennen. Damit die Steuerlast für seine Untertanen nicht noch drückender wurde, kündigte er an, dass er auf die Steuerabgabe in Höhe von vierzig Millionen Livres verzichten wollte, die traditionell bei der Thronbesteigung eines neuen Monarchen erhoben wurde. Die Menschen waren überglücklich, versammelten sich zu Hunderten vor den Toren La Muettes und schrieen: »Vive le Roi!«

Zunächst klammerte sich Ludwig an seine neu gewonnene Macht. Er beschränkte sich auf Maurepas und Terray als seine Ratgeber, und Antoinette spielte in diesem Zusammenhang keine Rolle. Wenn sie sich seinem Schreibtisch näherte, dann verdeckte er seine Papiere und schlug einen gereizten Ton an. »Madame«, so meinte er, »ich habe Geschäfte, um die ich mich kümmern muss.« Er sagte, »Frauen haben dieses Land ruiniert, Ehefrauen und Mätressen.«[3]

Der englische Botschafter Lord Stormont berichtete seinen Vorgesetzten in London, dass Ludwig seine Frau anscheinend überhaupt nicht um Rat frage und fest daran glaube, dass Frauen sich nicht mit Politik befassen sollten.

Während seiner ersten Wochen als König erkannte Ludwig vernünftigerweise, dass die Kosten, die sein aufgeblähter und extravaganter Hof verschlang, die finanzielle Krise des Landes verschlimmerten. »Er wiederholt endlos die Worte Sparsamkeit, Sparsamkeit, Sparsamkeit«, schrieb der Botschafter. Aber während der königlichen Trauerzeit erwies sich Sparsamkeit als unmöglich. Viele Hundert Palastdiener mussten mit neuen schwarzen Livreen ausgestattet werden

– allein die Stallbediensteten brauchten vierzehnhundert neue Uniformen. Tausende Ellen dunklen Tuches wurden gebraucht, um die Betten und Einrichtungen des königlichen Palastes damit zu behängen. Dazu kam noch mehr violettes Tuch für die Kutschen des Herrschers. Die Trauerkleidung für die Königsfamilie und die Hofleute war kostspielig, und es ging nicht an, nur dunkle Kleider anfertigen zu lassen – man brauchte auch schwarze Schleier, Strümpfe, Handschuhe und sogar passende Fächer.

Tatsächlich blieb das Bestellen neuer Kleider eines der wenigen erlaubten Vergnügen während der langen Trauermonate. Man hielt keine Bälle ab, und Theaterbesuche waren nicht gestattet. Antoinette verbrachte ihre Tage mit Harfenunterricht. Nachmittags gab sie gern zwanglose Konzerte. An schönen Tagen ging sie spazieren, oder ritt aus. Oder sie saß Malern Modell, die Porträts von ihr malten.

Zweimal die Woche freute sie sich auf den Besuch bei ihrer Schneiderin und Hutmacherin Rose Bertin, die Inhaberin eines in Mode gekommenen Ladens namens Grand Mogul. Madame Bertin war keine Fremde bei Hof, denn sie hatte sich der Förderung der Herzogin von Chartres erfreut. Aber die Gunst der Königin war ungleich wertvoller, und mit Hilfe ihrer talentierten Näherinnen stieg sie rasch zur führenden Modeschöpferin auf. Was Antoinette trug, wollte jetzt jede andere Frau auch haben.

Das galt für Kleider, aber noch viel mehr für Antoinettes Hüte und ihre hoch aufgetürmten Frisuren.

Im Sommer und Herbst des Jahres 1774 erlagen die Damen des Hofes einem regelrechten Hutwahn. Zunächst gab es da das Hutmodell Iphigenie, welches die kürzlich erfolgte Pariser Aufführung von Glucks *Iphigenie* feierte – einer Oper, für die sich Antoinette ganz besonders eingesetzt hatte (Gluck war in Wien ihr Klavichordlehrer gewesen) und die kurz vor dem Tod Ludwigs XV. besonders modern war. Diese Hüte, kleine Reifen aus schwarzen Blüten, einem kurzen Schleier und einem aufgehenden Mond, waren von relativ bescheidener Größe, aber die Modelle, die in den folgenden Jahren erschienen, waren erheblich kunstvoller. Der Tod Ludwigs inspirierte die Bertin zur Kreation einer Zypresse mit aufgehender Sonne, die den Beginn einer neuen Regierungszeit ankündigte.

Vier Wochen nach seiner Thronbesteigung hatte Ludwig sich gegen die Pocken impfen zu lassen. Auch die Impfung gab eine extravagante Frisur her: Die Äskulapschlange um den Ölbaum der Weisheit gewunden.

Schon während der letzten Jahre der alten Regierung hatte man dem Haar und seinem Schmuck immer mehr Aufmerksamkeit gewidmet. Hauben, die nach dem türkischen Sultan, der königlichen Schatzkammer oder den Nonnen des Karmeliterordens benannt worden waren, hatten Rose Bertin berühmt gemacht. Die Frauen hatten sich daran gewöhnt, geduldig dazusitzen, während ihr Haar auf Papierwickler gerollt, mit Frisiereisen gekräuselt und mit Klettensaft ausgebürstet wurde. Anschließend wurde nährender Puder aus Rosenwurzeln, Aloe, roter Koralle, Bernstein, Bohnenmehl und Moschus aufgetragen. Lange Jahre hatte man eine aufgebauschte Frisur getragen und der Natur mit falschen Locken nachgeholfen, um mehr Fülle und Höhe zu erreichen. Diese Mode wurde stark vorangetrieben, sobald Antoinette den Thron bestiegen hatte. Für die neuen Frisuren mussten große Rosshaarpolster mitten auf dem Kopf platziert werden, über die natürliches und falsches Haar gekämmt wurde. Lange Stahlnadeln, die man durch Haar und Polster steckte, hielten das Ganze an Ort und Stelle. In diesen hohen Haarturm steckte man all die Blumen, Juwelen, Früchte, Federn und Figuren, welche die neueste Mode erforderte.

Die Konstruktion dieser Frisuren nahm Stunden in Anspruch, deshalb versuchte man natürlich, sie so lange wie möglich zu erhalten. Das bedeutete aber auch, dass die Kopfhaut, die unter der gewaltigen Last juckte und schwitzte, mit Haarpomade geschützt werden musste. Doch die Pomade, die aus organischen Substanzen bestand, wurde binnen weniger Tage ranzig, und zusätzlich zu dem Gestank waren auch noch die Qualen zu ertragen, die die spitzen Nadeln verursachten. Kritiker der hoch aufgetürmten Frisuren merkten an, dass den Frauen, die sie trugen, das Blut in den Kopf steige und überanstrengte Augen, Kopfschmerzen und Rotlauf die Folge seien. Haare fielen aus, Zähne schmerzten, und in den Lockennestern nisteten Flöhe und Läuse. Die adligen Damen benutzten lange dünne Stöckchen mit elfenbeinernen Klauen, um sich durch die Frisuren hindurch die Kopfhaut kratzen zu können.

Aber der Effekt, den die großartigen – wenn auch lächerlichen –

Aufbauten hervorriefen, war jede Unannehmlichkeit und jeden Schmerz wert. Modisch zu sein war entscheidend, selbst wenn einen die sechzig Zentimeter hohe Frisur daran hinderte, auf dem Sitz einer Kutsche Platz zu nehmen (die Frauen knieten sich auf den Boden) oder einen Ballsaal zu betreten (einer von Antoinettes wunderlichsten Haartürmen musste zerlegt und wieder neu aufgebaut werden, damit sie an einer Abendveranstaltung teilnehmen konnte). Selbstverständlich musste man für solche Auftritte Opfer bringen. Schlaf war unbequem, wenn nicht sogar unmöglich. »Des Nachts«, so der zeitgenössische Sozialkritiker Mercier, »wird die ganze Erhebung mittels einer Art Dreifachbandage zusammengepresst. Darunter befinden sich dann falsche Haare, Nadeln, Haarfarbe und Fett. Zu guter Letzt liegt dann der Kopf, der das Dreifache seiner wirklichen Größe hat, zitternd auf dem Kissen, das wie ein Paket hergerichtet ist, so dass sogar während des Schlafes die Handwerkskunst des Friseurs respektiert wird.«[4]

Die fantastischen Frisuren schätzte Antoinette als willkommene Ablenkung, die sie auch dringend brauchte. Nun, da sie Königin war, fand sie sich in einem stählernen Netz der Etikette und Pflicht gefangen.

Privatleben und private Unternehmungen gehörten der Vergangenheit an. Sie konnte keine Geste, keinen Schritt mehr machen und kein Wort von sich geben, ohne eine Reaktion all der Begleiter auszulösen, die sie ständig umgaben. Ihr erstes Gähnen am Morgen brachte eine Garderobiere mit einem Korb voller Unterkleider, Taschen- und Handtücher in ihr Boudoir. Eine weitere Bedienstete konfrontierte sie mit der ersten Aufgabe des neuen Tages: der Auswahl ihrer Kleider: einer förmlichen Hofrobe, einem zwangloseren Nachmittagskleid sowie einem Gewand für die Abendunterhaltung und das Abendessen. Die Auswahl wurde mittels eines Buches getroffen, das Zeichnungen all der zahlreich zur Verfügung stehenden Kleidungsstücke enthielt. Antoinette markierte ihre Auswahl mit einer Nadel, und die Dienerin verließ das Gemach, um die Kleider zu holen. Ein Zuber für das morgendliche Bad wurde in das Schlafzimmer gerollt, und mit ihm erschien ein Trupp von Bediensteten mit all den Dingen, die benötigt wurden – einschließlich des langen Flanellhemdes, das mit Leinen gefüttert war und bis zum Hals zugeknöpft wurde; in diesem stieg die züchtige Antoinette ins Bad. Sie verließ die Wanne hinter einem vorgehaltenen Tuch, das sie vor den Blicke der Diener schützte. Dann hüllte sie sich in einen Umhang aus weißem Taft und schlüpfte in mit Spitze verzierte Seidenpantoffel. Sie kehrte dann ins Bett zurück, bis es Zeit wurde für ihr spärliches Frühstück, das aus heißer Schokolade oder Kaffee bestand.

Der Rest des Morgens wurde von Besuchern wie dem Abbé Vermond, den Grafen Provence oder Artois, der Prinzessin Lamballe oder anderen jungen Freunden der Königin in Anspruch genommen. Ein paar kurze Momente mit Ludwig ließen sich einschieben, aber der Morgen blieb hauptsächlich jenen vorbehalten, die das begehrte Privileg der *petites entrées* besaßen (der Leibarzt, der Leibchirurg, Ordinariatsärzte, Vorleser, Privatsekretäre, die vier ersten Kammerdiener sowie die obersten Ärzte und Chirurgen des Königs).

Anschließend wurde es Zeit, mit der *grande toilette* der Königin zu beginnen, der wichtigsten Zeremonie des Tages. Prinzen der großen Familien, hohe Hofbeamte und alle, die zum *grande entrée* zugelassen waren, wohnten ihr bei.

Mittags wurde der große, reich verzierte Toilettentisch in die Mitte des Raumes geschafft und Faltstühle und Sofas im Kreis darum aufgestellt. Die Würdenträger betraten den Raum, und ein jeder von ihnen wurde, seiner Stellung entsprechend, von Antoinette begrüßt. Das reichte von einem leichten Kopfnicken für einen Hauptmann der Wache bis hin zu einer deutlicheren Geste, wenn die Prinzen begrüßt wurden (die Königin lehnte sich dann gegen den Toilettentisch, als wolle sie gleich aufstehen). Ebenfalls anwesend waren die Ehrendamen und die »Reifenfrauen«, die beim Ankleiden halfen. (Da die für das Schlafzimmer zuständigen Kammerfrauen mit dem Anziehen nichts zu tun hatten, warteten sie im Nebenzimmer, der so genannten »Großen Kammer« bis die *grande toilette* beendet war, um anschließend Antoinette zur Messe zu begleiten.) Nachdem die Frisur vollendet war, begann das Ankleiden: eine der Ehrendamen zog der Königin das Unterhemd an und goss Wasser in das Becken, in dem sich Antoinette die Hände wusch. Dann befestigten die Reifenfrauen den weiten Reifrock des Gewandes, rückten das Halstuch zurecht und legten Antoinette ein Halsband um. Die lange Hofschleppe wurde zuletzt angelegt.

Während all dieser Tätigkeiten fand das ernste Geschäft der *grande toilette* statt. Petitionen wurden der Königin zur Unterschrift überreicht. Aus dem Dienst tretende Militäroffiziere reichten ihren Abschied ein. Damen wurden vorgestellt, Botschafter eingeführt, Fremde hereingeleitet, um die Königin kennen zu lernen. Ein Zeremonienmeister stand im Eingangszimmer und bewachte die hohen Falttüren, um unbefugtes Eintreten zu verhindern und die Namen der wichtigen Besucher zu verkünden. (Der Etikette entsprechend kündigte er sie der Ehrendame an, die die Namen wiederum an die Königin weitergab.) Wenn dann schließlich die letzte Vorstellung erfolgt und das letzte Schmuckstück an dem königlichen Gewand befestigt war, kehrte Antoinette in ihr Schlafzimmer zurück. Sie stand in der Mitte des Raumes, und ihr ganzer Hofstaat versammelte sich um sie herum – die Prinzessin Lamballe, die den Rang der Superintendentin des Haushaltes bekleidete, die Ehrendamen und die Reifenfrauen, die Kammerfrauen, der erste Zeremonienmeister, der Oberstallmeister, der Geistliche, der die Königin an diesem Tag zur Messe begleiten würde, und die Prinzessinnen der königlichen Familie (mit all ihren Damen, Reifenfrauen und dem Gefolge). Die ganze Gruppe begab sich dann gemeinsam zur Kapelle, um der Messe beizuwohnen.

Ein englischer Besucher, Sir Samuel Romilly, schrieb seine Eindrücke von einer Messe nieder, die er in Versailles besuchte und der Ludwig und Antoinette in all ihrem Glanz beiwohnten. »In dem Moment, in dem seine Majestät erschien«, erinnerte sich Romilly, »dröhnten die Trommeln los und erschütterten den Tempel, als sei beabsichtigt, das Erscheinen eines Eroberers anzukündigen. Während der ganzen Zeit, in der die Messe gelesen wurde, sangen die Choristen, manchmal Soloparts, manchmal im Chor. Auf den vorderen Sitzen der Galerien waren die Damen des Hofes aufgereiht, die vor lauter Rouge glühten und herrliche Kleider trugen, um die Zuschauer zu erfreuen und ein Teil des protzigen Spektakels zu sein. Alle Blicke waren auf die Persönlichkeiten des Hofes gerichtet, jedes Ohr lauschte den Tönen der Sänger, während dem Priester, der inzwischen mit der Ausführung seines Amtes fortfuhr, von keinem der Anwesenden irgendeine Beachtung geschenkt wurde.« Sogar bei der Reichung der Hostie, so notierte Romilly, zollte die in der Kapelle versammelte

Menge nur dem König Aufmerksamkeit, und »jedermann war bestrebt, einen Blick auf ihn zu werfen«.

Nach der Messe folgte das Ritual des mittäglichen Mahles, das an Sonntagen aufs festlichste begangen wurde. Ludwig und Antoinette speisten gemeinsam, während die Damen des Gefolges auf Sofas saßen oder um den Esstisch herum standen. Der Tisch war mit einem Damasttuch gedeckt, darauf befanden sich Teller aus Silber und vergoldete Bestecke. Hinter dem Stuhl des Königs standen der Hauptmann der Wache und die vornehmsten Kammerherren; hinter der Königin wartete ihr oberster Tafelmeister, ihr Oberzeremonienmeister und der Oberstallmeister. Sobald der Tafelmeister mit seinem zwei Meter hohen Stab mit der Lilienkrone den Raum betrat, wurden die Speisen aufgetragen, und das Mahl konnte beginnen. Der Königin wurde eine Menükarte präsentiert, und die Diener stellten die Platten mit Fleisch und Geflügel und Pudding vor die Majestäten. Das Mahl war ausgesprochen zeremoniell, aber keineswegs trübselig. Ein Engländer, der 1775 den König und die Königin in Versailles dinieren sah, schrieb, dass »ihre Majestäten beim Essen viel sprachen und lachten. Die Königin ist jung und sehr gut aussehend. Sie scheint höchst lebendig und fröhlich zu sein, ohne all die Förmlichkeiten und Aufmerksamkeiten, die man von ihrem hohen Rang erwarten würde.« (Im Gegensatz dazu war der gleiche Besucher erstaunt von der »mächtigen Stille« am Esstisch des Grafen von Provence und seiner Frau, die »wie zwei mit Stroh ausgestopfte Leute dasaßen«. Nach dem Essen trennten sich die Wege des Königs und der Königin. Antoinette, immer noch umringt von ihrem Gefolge, kehrte in ihre Gemächer zurück, wo sie von dem sperrigen, förmlichen Hofgewand mit all den Reifen und der Schleppe befreit wurde. Sie zog dann ein einfacheres Nachmittagskleid an. Gespräche mit ihren Verwandten füllten den frühen Nachmittag aus, später folgten Harfenspiel, Audienzen, Spaziergänge und Ausfahrten. Am Abend wurden Kartenspiele veranstaltet, dann folgte das Abendessen und schließlich die Rückkehr in den Kreis der Familie. Jede Nacht kurz nach zehn, wenn Ludwig zu Bett gegangen war, gesellte sich Antoinette zu ihren jungen Freunden in den Gemächern der Prinzessin Lamballe oder der Prinzessin Guémené. Diese Treffen waren Anlass für Gerüchte und Kritik. Dort, im Kreise ihrer Verbündeten, konnte Antoinette sich entspannen und die ständige Aufmerksamkeit, die die Rituale des Tages von ihr forderten, vergessen. Sie konnte aus sich herausgehen und nach Herzenslust lachen. In diesen Apartments und in ihrem eigenen Zufluchtsort, dem Petit Trianon, dem kleinen Pavillon, den Ludwig ihr in den Gärten von Versailles zur Verfügung gestellt hatte, konnte sie Marie Antoinette sein.

Das Petit Trianon war zwar nur einen Kilometer von dem Palast entfernt, strahlte aber eine ganz andere Stimmung aus. Von zierlicher neoklassischer Architektur, einfach und perfekt proportioniert, sah es so aus, als sei es aus honigfarbenem Stein gehauen worden. Innen gab es nur sieben Räume – allerdings exquisite Räume. Antoinette schuf eine Atmosphäre warmer Eleganz, indem sie diese mit geblümten seidenen und samtenen Vorhängen, Wandbehängen, kleinen spindelbeinigen Schreibtischen, Tischen und Schränken ausstattete, von denen viele einzigartige Kunstwerke aus seltenen Hölzern mit Porzellaneinlegearbeiten waren. Überall gab es Blumen – frische Sträuße aus den Gärten, gewebte Blüten in sanften Pastellfarben auf Bettdecken und Behängen, Lilien und Rosen im geschnitzten Stuck der Wandpaneele und dem Marmor der Kamine. Obwohl sie es nie mit eigenen Augen gesehen hatte, nannte Maria Theresia das Petit Trianon »das allerliebste aller Häuser«, und es sollte zu Antoinettes bezauberndster Besessenheit werden. Ihr nachgiebiger Gatte hatte es ihr im ersten Monat ihrer Regentschaft übereignet, und sofort begann sie damit, die Gärten neu zu gestalten.

Im Einklang mit der damals herrschenden Vorliebe für alles aus England: englische Hüte, Stiefel, Gewänder und Pferderennen, befahl sie die Kreation eines englischen Gartens. Nicht lange danach hatte man den schmalen Streifen Land, der das Haus umgab, verändert. Ein See war gegraben worden, kleine Hügel wurden aufgeschüttet, und man hatte eine Grotte angelegt. Kleine Wäldchen, in denen viele exotische Pflanzenarten wuchsen, die man von überall auf der Welt hergebracht hatte, schmückten die weichen Rasenflächen, und durch sie hindurch wand sich ein kleiner Fluss. Auf einer Insel, die nach Flieder und Goldregen duftete, befand sich ein Liebestempel, dessen Inneres die Statue eines Cupido barg. Als sie vollendet waren, stellten die Gärten ein perfektes Miniaturutopia dar, einen zauberischen Platz von großer Schönheit, Beschaulichkeit und Ruhe, wo Nachtigallen sangen und die schrillen Stimmen der habgierigen Höflinge nicht zu hören waren. »Man kann sich einbilden, dreihundert Meilen vom Hof entfernt zu sein«, schrieb der Fürst de Ligne, ein bevorzugter Gast der Königin im Trianon.

Antoinettes private, fantastische Enklave, ihr eigener kleiner Palast, stellte für sie die einfachere Existenz dar, die sie als Mädchen gekannt hatte und nach der sie sich sehnte. Ihre Mutter hatte eine ähnliche Oase der Privatsphäre in Schönbrunn geschaffen und sich bemüht, ihre Familie von der steifen Förmlichkeit der höfischen Zeremonien zu trennen. Nun hatte auch Antoinette einen Ort, an den sie sich zurückziehen und sie selbst sein konnte. Hier war sie frei von ihrem Gefolge und den Wachleuten, die im großen Palast jeden ihrer Schritte verfolgten. Sie liebte Picknicke mit Erdbeeren aus den Trianongärten – jenen Erdbeeren in allen bekannten Sorten, die Ludwigs XV. ausgezeichnete Gärtner auf seine Anweisung hin gepflanzt hatten. Sie pflegte dann auf einer einfachen Bank zu sitzen und sich »in der denkbar zwanglosesten Weise zu benehmen«. Es erfreute sie, die Blumen zu bewundern, den Nachtigallen zuzuhören, den Goldregen zu riechen und durch ihre dünnen Schuhe den Tau auf dem Rasen zu spüren. Ludwig glaubte, Antoinettes Geschmack am einfachen Leben bedeute, sie wolle die bescheideneren Beschäftigungen der Landleute lernen. Er baute ihr in seiner Werkstatt ein Spinnrad und überreichte es ihr stolz. Sie fand das sehr charmant, dankte ihm mit aller Wärme, aber sobald er gegangen war, gab sie das Spinnrad weg.

# 10

Lange vor der Morgendämmerung waren die kleinen Kammern und dunklen Korridore in Versailles schon von geschäftigem Leben erfüllt. Pagen, Lakaien, Küchenbedienstete und Reitknechte, die sich hastig gewaschen und ihre Livreen angezogen hatten, standen vor den schwachen Kaminfeuern, die kaum ihre kalten, zugigen Räume erwärmten. Sie verschlangen hastig ein paar Bissen Brot, bevor sie zu den ihnen zugewiesenen Plätzen eilten, um mit ihren Arbeiten zu beginnen. Auch die adligen Damen und Herren standen früh auf und kleideten sich rasch an, wobei ihnen eigene Diener zur Verfügung standen, die ihnen beim Anlegen der aufwändigeren Kleidungsstücke behilflich waren. So erhaben die Adligen sich auch dünkten, ihre Pflichten bei Hofe verlangten doch die Dienste eines Niedriggestellten: das Öffnen einer Tür, das Halten einer Perücke oder eines Stockes oder das Arrangieren von Blumen in einer Vase. Und sie mussten bereit sein, diese Aufgaben auszuführen, sobald ihr Herr oder ihre Herrin sich erhoben.

Am Hofe von Ludwig XVI. gab es fast neunhundert Beamte und Diener. Der *Almanach de Versailles* führte sie alle auf, und diese Liste allein bestand aus hundertfünfundsechzig Seiten. Ein jeder hatte bestimmte Pflichten und Privilegien, präzise definiert und eifersüchtig verteidigt. Der Hauptmann der königlichen Maultierkutsche hätte nicht im Traum daran gedacht, Pferde zu lenken; der Edelmann, der dem König seinen Kammertopf brachte und ihn wieder entfernte, wenn er nicht mehr benötigt wurde, hätte niemals in Erwägung gezogen, ihm die Haare zu kämmen; die Kammerdiener, die Ludwig jeden Morgen mit parfümgetränkten harten Bürsten abrieben, wären davor zurückgeschreckt, seine Krawatte zu falten und zu knoten. Die Würde eines Dieners hing von der Natur seines Dienstes ab. Er war das, was er tat. Das Leben bei Hofe gestaltete sich als ein komplizierter Ablauf besonderer Handlungen und Funktionen, die von speziell ernannten Personen ausgeführt wurden; und von denen leitete eine jede ihre Würde und Identität aus ihrer Rolle am königlichen Hofe ab.

Der König und die Königin waren Gefangene der Etikette, aber die Bediensteten mussten die Rituale am Hof meisterlich beherrschen. Antoinettes Ehrendame, Madame von Noailles, mit ihren nörgelnden Hinweisen auf die richtige Form und der peinlich genauen Beachtung von Kleinigkeiten, tat nur ihre Arbeit, wenn auch mit Übereifer. Ein gut ausgeführter Dienst verlangte nach Genauigkeit bei jeder Einzelheit. Beamte und Diener, die neu am Hofe waren, mussten Hunderte Regeln lernen und wissen, wie sie auszuführen waren: welche Art von Schleife musste in das Band geknüpft werden, mit dem die Hüftpolster der Königin zugebunden wurden? Welche Livreen mussten in Choisy (blau) und welche in Compiègne (grün) getragen werden? An welche Türen durfte man klopfen, an welchen musste man statt dessen mit den Fingernägeln kratzen?

In manchen Räumen war es den Dienern gestattet, sich zu setzen, aber in anderen, zum Beispiel des Königs Schlafgemach, mussten sie stehen, selbst wenn der Herrscher nicht anwesend war. Nur die königliche Familie und jene, die auf vertrautem Fuße mit ihm standen, konnten ihn direkt ansprechen. Die Höflichkeit erforderte es, den König nicht unmittelbar anzusprechen, sondern in der dritten Person von ihm zu reden. (»Hat sich der König einer angenehmen Jagd erfreut?« »Ist Seine Majestät immer noch erkältet?«) Sogar mit Gegenständen musste man zu verschiedenen Zeiten unterschiedlich umgehen. So war das Bett der Königin ein Möbelstück, um das sich der erste Polsterer nur kümmern durfte, wenn Antoinette nicht darin lag. Wenn sie sich darin befand, dann war der Polsterer nicht mehr zuständig und musste die Verantwortung an die Schlafzimmerbediensteten abgeben.

»Ich würde niemals fertig werden«, so bemerkte Ludwigs Page, der Graf von Hézècques, in seinen Memoiren über den Dienst in Versailles, »wenn ich mir all die Kleinigkeiten in Erinnerung rufen würde, die man wissen musste, damit man nicht nur ein perfekter Höfling ist, sondern auch Fehler vermeidet.« Fehler konnten kostspielig sein. Bedienstete, die Regeln vergaßen oder in einer anderen Weise dagegen verstießen, konnten für zwei Wochen, einen Monat oder sogar noch länger von ihrer Position suspendiert werden. Entlassungen wurden aber bei weitem häufiger ausgesprochen als Suspendierungen. Absoluter Gehorsam ihren Vorgesetzten gegenüber wurde von allen Dienern gefordert, und Ungehorsam streng bestraft. Manchmal mussten dann zusätzliche Pflichten übernommen werden, mitunter wurden Schläge oder schlimmere und grausamere Strafen verhängt – dem Pagen Hézècques zeigte einer seiner Kollegen eine schreckliche Narbe. Dem Mann war mit einem glühenden Sporn ein Mal eingebrannt worden.

Vor allem tat ein Hofbeamter gut daran zu lernen, wie er es vermeiden konnte, seinen Kollegen in die Quere zu kommen. Das Amt des Schleppenträgers der Königin, eine unbedeutende Stellung, die aber »tägliche und fleißige Pflichten« beinhaltete, konnte nur von einem Edelmann bekleidet werden. Seine Herkunft musste vornehm genug sein, und der des ersten Zeremonienmeisters ebenbürtig. (Der Schleppenträger und der Zeremonienmeister mussten sich eine Kutsche teilen, und dem Letztgenannten konnte nicht zugemutet werden, zusammen mit einem ihm sozial Unterlegenen zu fahren.) Doch der Schleppenträger konnte sein Amt nur in einem recht eingeschränkten Umkreis ausüben. Sobald die Königin ihre eigenen Gemächer verließ und die Spiegelgalerie passierte, musste er die Schleppe an einen anderen Diener übergeben, entweder einem Pagen des königlichen Schlafgemachs oder einem Kapellendiener. Um ihn für seine ernstlich beschnittenen Verantwortlichkeiten zu entschädigen, war es dem Schleppenträger gestattet, den Pelzmantel oder den Umhang der Königin zu halten – ohne ihr jedoch die Kleidungsstücke direkt aushändigen zu dürfen. Er konnte sie nur dem ersten Zeremonienmeister oder dem ersten Stallmeister überreichen.[1]

Die Memoiren des Herzogs von Hézècques erlauben einen faszinierenden Einblick in das Leben eines Pagen am Hofe Ludwigs.[2] Er kam als zwölfjähriger Junge nach Versailles und verdankte seine Ernennung zum Pagen im Schlafgemach des Königs dem Einfluss eines Verwandten, einem der Kammerherren. Bei seiner Ankunft gab es insgesamt achtundfünfzig Pagen, diejenigen nicht mitgezählt, die den königlichen Prinzen dienten. Acht der Pagen waren dem Gemach des Königs zugeordnet, wo es ihre Aufgabe war, bei dem großen *lever* zu bedienen, den König zur Messe zu begleiten, ihm den Weg mit Fackeln zu beleuchten, wenn er nach Einbruch der Dunkelheit von der Jagd zurückkehrte, und ihm beim nächtlichen *coucher* seine Pantoffeln zu überreichen.

Die Pflichten waren nicht anstrengend, die Einweisung in dieselben aber sehr wohl, wie Hézècques zu seinem Missvergnügen herausfand. Als Neuling unter den Pagen war er der Gnade der Älteren ausgeliefert, jener Pagen, die sich seit zwei Jahren oder mehr auf ihren Posten gehalten hatten und ein extrem despotisches Regiment führten. Die Älteren bestraften gnadenlos jeden Fehler, den die Neulinge begingen. Diese mussten nicht nur ihre Pflichten tadellos erledigen, sondern man erwartete von ihnen auch, dass sie die Wünsche ihrer Vorgesetzten errieten. War das nicht der Fall, so mussten sie mit Stockschlägen rechnen.

Königlicher Page zu sein, war eine begehrte Auszeichnung, die nur Jungen zuteil wurde, die eine adlige Abstammung über zweihundert Jahre oder mehr nachweisen konnten. Für jeden Pagen gebot es sich, dass ihn seine Familie mit einer Jahrespension von sechshundert Livres ausstattete. Das Geld war jedoch nur für unerwartete Ausgaben gedacht, denn alles andere wurde zur Verfügung gestellt: reichhaltiges Essen, Livreen und andere Kleidung. Die Pagen wurden medizinisch betreut und ausgebildet.

Hézècques gewann den Eindruck, dass man sich mit »wahrhaft königlicher Großartigkeit« um ihn kümmerte. Die acht Kammerpagen hatten zwei Direktoren und einen Lehrer, die sie in ihrer Unterkunft beaufsichtigten. Während der Morgenstunden bekamen sie Unterricht erteilt (vor dem *lever* des Königs, das gewöhnlich nicht vor elf oder halb zwölf stattfand). Sie erlernten die Kunst des Reitens, und später am Tag, wenn sie nicht den König bedienen mussten, wurden sie in Mathematik, Deutsch, Zeichnen, Tanzen, Fechten, dem Gebrauch von Feuerwaffen, Bodengymnastik und athletischen Übungen unterwiesen.

Knaben wie der zukünftige Herzog Hézècques waren stolze kleine Herren, eingebildet und voller Arroganz. Dieser Dünkel war Quell ständiger Streitereien, und die Pagen fochten oft Duelle untereinander aus. Ihre Direktoren und Lehrer wachten nicht sorgfältig genug, um sie verhindern zu können. Duelle zwischen den Pagen des Königs und denen der Prinzen Condé oder Conti waren an der Tagesordnung, endeten aber selten tödlich. Die Verletzten wurden in Versailles versorgt oder von einem der »gemeinen Ärzte« der Königin. Diese kümmerten sich normalerweise um die niedriggestellteren Diener des Haushaltes, aber in Notfällen konnten sie zum Dienst befohlen werden.

Duelle wurden offiziell missbilligt, gehörten aber als ein anerkannter Bestandteil zum Leben eines Armeeoffiziers – und auf alle königlichen Pagen wartete eine Karriere in der Armee. Am Ende ihrer Dienstzeit, wenn sie achtzehn oder neunzehn waren, rechneten sie damit, so wie Hézecques, ein Patent als Offizier der Wache zu bekommen.

Nach vier Jahren als Page des Königs wurde der sechzehnjährige Hézècques, der inzwischen als Älterer das Leben der Neulinge beherrschte, zu den großen Ställen abgestellt. Dort waren die Regeln weniger streng, und den Pagen stand es frei, jeden Tag fünf bis sechs Stunden in der Stadt herumzustreifen.

Die fünfzig hier dienenden Jungen hatte man in einem Flügel der riesigen Ställe untergebracht. Ihre Räume waren klein, jeder gelb gestrichen, jeder mit dem gleichen Mobiliar ausgestattet und kaum größer als eine Pferdebox. Vier gewaltige Öfen sorgten für Wärme, und die Jungen teilten sich ein großes Studierzimmer und einen Esssaal. Obwohl die formelle Erziehung der Pagen vernachlässigt wurde, so galt ihr Training in der Kunst des Reitens doch als vorzüglich. Ihr Lehrer war der »strenge, aber niemals unbeherrschte« Prinz Lambese, Spross des ehedem königlichen Hauses von Lothringen (und damit ein entfernter Verwandter der Königin). Der Prinz stand vor der Morgendämmerung auf, und begann um fünf Uhr morgens mit der Unterrichtung der Pagen. Er brachte ihnen nicht nur bei, wie sie mit den edlen Pferden, die speziell für den König gehalten wurden (in den königlichen Ställen gab es mehr als dreitausend Tiere), umgehen mussten, sondern auch die Pferdepflege.

Die Pflichten der Stallpagen waren relativ leicht zu erfüllen. Man wählte unter ihnen eine Elitetruppe aus, die den König bei seinen Jagden begleitete. Diese Knaben trugen eine besondere Livree, die mit goldenen Schnüren verziert war (die Verzierungen wurden auf unterschiedliche Weise getragen, je nachdem, welches Tier gejagt wurde). Die Pagen trugen geladene Gewehre, welche sie für den König bereithielten. Sobald er geschossen hatte, nahmen sie die leere Waffe entgegen und überreichten sie den Jagdgehilfen, die sie erneut luden. War die Jagd zu Ende, wurde die Ausbeute aufgeteilt, und die Pagen taten sich an den Resten gütlich. Oft bekamen sie ein Dutzend Flaschen Champagner, um das Wildbret hinunterzuspülen.

Der Haushalt der Königin war kleiner als der des Königs, aber immer noch sehr groß – zusammengenommen vielleicht fünfhundert Beamte und Diener – und recht komplex aufgebaut. Antoinette hatte das Amt des Superintendenten kurz nach ihrer Thronbesteigung wieder aufleben lassen und ihre Freundin und Verbündete, die Prinzessin Lamballe, damit betraut. (Wegen der Auszeichnung der Prinzessin fühlte Madame de Noailles sich übergangen, und bald darauf quittierte sie den Dienst. Zweifellos hatte Antoinette das so beabsichtigt.)

Als Superintendentin besaß die Prinzessin ausgedehnte Machtbefugnisse, aber auf Grund ihrer sanften und gütigen Natur missbrauchte sie ihre Stellung nicht. Ihr unterstand die oberste Ehrendame, die Herzogin von Cossé, der später die Prinzessin Chimay und dann Gräfin Mailly in diesem Amt folgten. Letztere übte diese Stellung bis 1781 aus. Madame Campan, Antoinettes ergebene Dienerin und Biografin, war eine der beiden obersten Schlafzimmerdamen. Sie stand der Dienerschaft in diesem Raum und den Privatfonds der Königin vor. Außerdem war ihr der Schmuck Antoinettes anvertraut. Der Abbé Vermond hatte den Posten des Vorlesers der Königin.[3]

Die Führung von Antoinettes Haushalt beinhaltete eine weite Fülle von Aktivitäten. Rechnungen mussten überprüft und bezahlt werden, Briefe fremder Regenten, in denen Geburten, Todesfälle und andere Familienereignisse mitgeteilt wurden, wollten beantwortet werden. Zwei Sekretäre waren allein mit dieser Korrespondenz beschäftigt. Antoinettes Kutschen und Wagen mussten zeitaufwändig repariert und in Stand gehalten werden, darunter auch ein vergoldeter Schlitten, den sie benutzte, wenn in besonders strengen Wintern genug

Schnee gefallen war. Jedes Mal, wenn sich der Hof nach Marly, Choisy oder Fontainebleau begab, galt es, Einladungen zu Bällen, Festessen oder Jagdpartien zu schreiben – insgesamt Tausende. Außerdem mussten auch noch die Pensionen der ehemaligen Diener und weiterer Personen bezahlt werden, einschließlich der Bediensteten der verstorbenen Königin Marie Leczinska. Antoinette bestand darauf, die Bezahlung fortzusetzen.

Die Sorge um die Gesundheit der niederen Dienerschaft machte die Anstellung eines Apothekers und zweier Ärzte erforderlich. Sie wurden zusätzlich zu den »Leibapothekern« und Ärzten des Haushaltes eingestellt, die sich um die Königin und ihren Beamtenstab kümmerten.

Die Beschaffung von Nahrungsmitteln, die Pflege von Glaswaren und Silber, die Verwahrung und Instandhaltung der Gewänder und Hofroben – ganz zu schweigen von Schuhen, Beuteln, Fächern, Handschuhen, Unterkleidung und Hüten – beschäftigte etliche Menschen. Die Regeln, die der Abbé Vermond aufgestellt hatte, beinhalteten, dass Leinenkleidung, Servietten, Hemden und Spitze alle drei Jahre ersetzt werden mussten (später wurde der Rhythmus auf fünf, dann auf sieben Jahre ausgedehnt, da die Nachfolger des Abbé versuchten, eine sparsamere Haushaltsführung durchzusetzen). Die Vorsteher über die Leinenkammern mussten sicherstellen, dass diese Regeln beachtet und die aussortierten Gegenstände angemessen ersetzt wurden.

Neben der Regelung solcher langfristigen Angelegenheiten galt es, gleichzeitig die täglichen und stündlichen Dienstleistungen zu verrichten, ohne die der Haushalt nicht reibungslos funktionieren konnte. Das Bett der Königin musste beispielsweise gemacht werden, während Antoinette samt ihrem Gefolge die Messe besuchte. Sobald die Prozession die Gemächer in Richtung Kapelle verlassen hatte, eilten die Kammerfrauen mit sauberen Bettlaken und Kissen in das Schlafgemach. Die großen Doppelvorhänge, die das Bett umrahmten, wurden zurückgezogen, das alte Leinen abgezogen und in mit grünem Taft ausgeschlagene große Körbe gelegt, um zur Wäscherei gebracht zu werden. Anschließend wurden vier Lakaien hereingerufen, um die Matratzen umzudrehen, die zu schwer waren, als dass die Frauen sie hätten anheben können. Nachdem die Lakaien sich zurückgezogen hatten, wurden neue weiße Laken auf das Bett gezogen und die Bettdecken hergerichtet. Die Kammerfrauen waren so geschickt, dass sie diese Aufgabe in fünf Minuten erledigt hatten, einschließlich des Abstaubens der Möbel und der Beseitigung der Unordnung, die beim Anziehen und Frisieren der Königin entstanden war. Eine der Hofdamen saß derweil in einem der großen Sessel und überwachte die Arbeiten.[4]

Glücklicherweise hat eine der Hofdamen Antoinettes, die Gräfin von La Tour du Pin, einen langen und detaillierten Bericht über ihr Leben in Versailles hinterlassen. Sie war als Henriette-Lucy Dillon als Tochter eines irischen Offiziers geboren worden, der ein Regiment der französischen Armee befehligte. Ihre schöne Mutter, Lucie von Rotte, eine Französin, diente als eine der Damen der Königin. (Antoinette, so erinnerte sich die Gräfin, »war immer bereit, sich von Glitzer anziehen zu lassen«, und Lucie war hübsch und ›glitzernd‹. Etliche Verwandte Henriettes hatten Stellungen bei Hofe inne, und dank ihrer vielen Beziehungen wurde ihre Hochzeit mit dem Grafen von La Tour du Pin in der Versailler Kapelle gefeiert. Sie behielt ihre Stellung als Hofdame, musste aber zunächst unter ihrem neuen Namen förmlich eingeführt werden. Die Zeremonie stellte große Anforderungen an eine junge Frau, vor allem an ihre Anmut und Haltung.

Ihre Tante, die Prinzessin Hénin, brachte Henriette zu einem Pariser Tanzmeister, der darauf spezialisiert war, Damen auf ihre Einführung bei Hofe vorzubereiten. »Man kann sich wohl kaum etwas Lächerlicheres vorstellen als diese Proben für die Einführung,« schrieb die Gräfin in ihren Memoiren. »Herr Huart, ein großer Mann mit bemerkenswert wohlfrisiertem, weißgepudertem Haar, trug einen weit ausladenden Unterrock, stand am anderen Ende des Raumes und stellte die Königin dar.«

Der Tanzmeister brachte Henriette bei, wie sie ihre Handschuhe ausziehen und sich niederbeugen musste, um den Kleidersaum der Königin zu küssen. Sie lernte, die ganze Länge des Raumes mit Würde zu durchschreiten und trotz der Behinderung durch ihre umfangreichen Gewänder einen anmutigen Hofknicks zu Stande zu bringen. »Während dieser Proben, die drei oder vier Stunden währten, wurde nichts vergessen oder übersehen. Ich trug eine Schleppe und die breiten Hüftpolster der Hofroben, aber darunter und darüber mein übliches Morgengewand. Mein Haar war nur ganz einfach hochgesteckt. All das war sehr lustig.«

Der Tag der Präsentation kam, und Henriette wurde zu diesem Anlass in ihr besonderes weißes Gewand gekleidet, das mit Perlen und Silber bestickt war. Um den Hals trug sie »sieben oder acht Reihen großer Diamanten«, die Antoinette ihr für die Zeremonie ausgeliehen hatte. Weitere Diamanten funkelten in ihrem Haar. »Dank Herrn Huarts gutem Nachhilfeunterricht«, so erinnerte sich Henriette, »machte ich meine drei Hofknickse sehr gut. Ich zog meinen Handschuh aus und wieder an, ohne mich dabei allzu ungeschickt anzustellen. Dann ging ich, um die Auszeichnung vom König und seinen Brüdern, den Prinzen«, – und anderen Würdenträgern – »zu empfangen.« Jahre später erinnerte sich die Gräfin noch immer daran, wie peinlich und anstrengend die Zeremonie war. Obwohl viele ihrer Verwandten anwesend waren und die Vorliebe Antoinettes für Henriettes verstorbene Mutter ein Garant dafür war, dass sie die junge Frau wohlgesonnen aufnehmen würde, fühlte sie sich wie bei einem Spießrutenlauf: »Angestarrt vom ganzen Hof, und von kritischen Zungen in Fetzen gerissen.« »Man wurde zum Gesprächsthema einer jeden Unterhaltung, und als man des Abends wieder zurückkehrte, wurde man von jedermann beobachtet.«[5]

Es dauerte jedoch nicht lange, bis Henriette sich unter den Damen der Königin heimisch fühlte. Jeden Sonntag wartete sie gemeinsam mit den anderen in dem Salon neben Antoinettes Schlafgemach auf das Signal für die große Zeremonie der *grande toilette*. Der Salon, so erinnerte sie sich, war immer voller Menschen. Für gewöhnlich hatten sich mindestens vierzig Frauen dort versammelt, oft auch mehr. »Manchmal waren wir dicht zusammengedrängt,« schrieb sie, »weil unsere Hüftpolster einen großen Teil des Raumes in Anspruch nahmen.«

Sobald die Prinzessin Lamballe den Salon betrat, gefolgt von der ersten Hofdame und der Gewandmeisterin, wussten die Frauen, dass die Zeremonie bald beginnen würde. Kurz darauf erschien ein Lakai an der Schlafzimmertür und rief mit lauter Stimme: »Le Service.« Auf dieses Signal hin betraten die Frauen Antoinettes Schlafgemach.

»Sobald die Königin eine jede von uns auf ihre charmante und freundliche Art begrüßt hatte, wurde die Tür geöffnet und jedermann

Einlass gewährt. Wir standen so auf der linken und rechten Seite des Zimmers, dass bei der Tür und in der Mitte genug freier Raum gelassen wurde.« Oft mussten sich die Frauen in tiefen Reihen aufstellen. Dadurch wurden ihre Hüftpolster zerdrückt und ihre Gewänder zerknittert, noch bevor die ganze Gruppe aufbrach, um sich in Richtung Kapelle zu bewegen. Eines Tages begegnete Henriette dem englischen Botschafter, und da sie mit den englischen Sitten vertraut war, schüttelte sie ihm die Hand. Zufälligerweise war Antoinette anwesend, und da »sie diese englische Form der Begrüßung noch niemals zuvor gesehen hatte, fand sie sie sehr amüsant. Und weil Scherze an Höfen ziemlich langlebig sind, versäumte sie es nie, (den Botschafter) bei den vielen Gelegenheiten, wenn wir beide präsent waren, zu fragen: »Habt Ihr schon der Gräfin La Tour du Pin die Hand geschüttelt?«

Die Audienzen am Sonntagmorgen währten bis zwanzig vor eins. Dann erschien der König. Antoinette pflegte Ludwig nun »mit einer bezaubernden Miene voller Freude und Ehrerbietung zu empfangen. Der König neigte sein Haupt nach rechts und links und sprach mit einigen Damen, die er kannte, aber niemals mit den jungen.« Ludwigs extreme Kurzsichtigkeit bewirkte, dass er nur die erkannte, die sehr nahe bei ihm standen, erinnerte sich Henriette, und es war offensichtlich, dass er sich von seiner üppig bestickten Jacke, seinem Hut und dem Schwert behindert fühlte.

Die Prozession zur Sonntagsmesse fiel prächtig aus, und Besucher kamen gerne nach Versailles, um ihr, wenn möglich, zuzusehen. Der oberste Kammerherr des Schlafgemachs führte sie an, ihm folgte der Hauptmann der Wache, der vor dem König und der Königin einherparadierte. Das Herrscherpaar ging langsam genug, um ein paar Worte zu den Höflingen sagen zu können, an denen sie vorbeischritten.

»Oft sprach die Königin mit den fremden Damen, die ihr privat vorgestellt worden waren, und mit Künstlern und Schriftstellern. Eine Neigung des Hauptes oder ein gnädiges Lächeln wurde vermerkt und sorgfältig aufbewahrt für den Fall, dass es später einmal nützlich werden würde.« Dem Königspaar folgten die höchstrangigen Damen, während die niedrigeren Ranges den Schluss bildeten. »Wir liefen zu dritt oder zu viert nebeneinander«, schrieb Henriette. »Die jungen versuchten, an der Außenseite zu gehen, und diejenigen, von denen man annahm, dass sie in höchster Gunst stünden – und zu denen zu gehören ich die Ehre hatte –, bemühten sich sehr, so dicht wie möglich an den Reihen der Höflinge vorbeizugehen, damit ihnen die hübschen Sachen nicht entgingen, die ihnen beim Vorbeischreiten zugeflüstert wurden.«

Den langen Spiegelsaal zu durchqueren, ohne auf die lange Schleppe der Dame, die vor einem ging, zu treten, erforderte beachtliche Fähigkeiten. Man pflegte eher schwanengleich dahinzugleiten als die Füße tatsächlich vom Parkettboden zu heben. Dabei schaute man nicht auf den Boden, durfte aber auch nicht die Meter um Meter Samtes, Taftes und der Seide vergessen, die um einen herum wirbelten und durchaus einen Unfall verursachen konnten. Sobald der Saal sicher durchquert war, »warf sich jede der Damen die Schleppe über eines der Hüftpolster. Wenn sie sich vergewissert hatte, dass sie von ihrem Diener, der mit einem großen, goldbefransten, roten Samtbeutel auf sie wartete, gesehen worden war, begab sie sich eilends auf eine der Seitengalerien der Kapelle und versuchte, einen Platz zu finden, der so nahe wie möglich bei der Galerie war, auf der König und Königin saßen.« Der rote Samtbeutel enthielt ein Messbuch und andere notwendige Dinge.

Wenn die Messe und das Mittagsmahl vorüber waren, konnten sich Henriette und die anderen Damen zurückziehen. Die Etikette erforderte allerdings, dass sie Provence, Artois und den Tanten des Königs eine kurze Aufwartung machten. Dann erst durften sie sich in ihre eigenen Räume begeben. Henriette besuchte Artois, dessen Jugend und gutes Aussehen eine beträchtliche Anziehungskraft ausübten, gern. »Große Anstrengungen wurden unternommen, um ihn zu erfreuen«, erinnerte sie sich, »denn wenn man Erfolg damit hatte, war einem der Ruhm gewiss.«

Nach diesen Aufwartungen blieben die Damen für ein paar Stunden sich selbst überlassen. Sie suchten dann ihre eigenen Räumlichkeiten auf, entledigten sich der steifen förmlichen Gewänder, aßen und unterhielten sich miteinander. Die modischen hohen Frisuren machten es ihnen unmöglich, sich auszuruhen, aber sie konnten sich wenigstens hinsetzen, um sich bis kurz vor neunzehn Uhr zu entspannen. Dann begannen die Kartenspiele, und die Damen hatten wieder in Bereitschaft zu stehen.

»Wir mussten vor sieben dort sein«, schrieb die Gräfin, »da die Königin eintrat, bevor die Uhr die Stunde schlug. Einer der beiden Geistlichen pflegte an ihrer Seite zu sein. Er übergab ihr eine Geldbörse, mit der sie der Reihe nach zu jedem ging, um eine Kollekte durchzuführen, sie sagte: ›Für die Armen, wenn es genehm ist.‹« Von jeder der Damen wurde erwartet, dass sie eine Silbermünze spendete, und jeder Mann musste einen Goldlouis geben. Oft kamen bei dieser kleinen Kollekte um die hundertfünfzig Louis zusammen, die der Geistliche dann unter den Bedürftigsten seiner Gemeindemitglieder verteilte.[6]

Ohne die Künstlichkeit des königlichen Hofes, die Steifheit des Umgangs miteinander oder die Unbequemlichkeit der formellen Kleidung zu verschweigen, enthüllen die Memoiren der Gräfin auch Momente außerordentlicher Schönheit und Anmut. Viele Jahre nach dem Ende ihrer Dienstzeit, als die Glorie von Versailles schon längst der Vergangenheit angehörte, erinnerten sie und andere sich immer noch an den Schimmer der samtenen Gewänder und das Glitzern der Diamanten; an die Großartigkeit des riesigen Hoftheaters, das ganz aus Gold und Glas bestand und von Hundert Kronleuchtern erhellt wurde; an die herrlichen Ballsäle, die man mit Papiermachélaub und Seidenblüten in Wälder verwandelt hatte; an die galanten Herren und die reizvollen Damen. Die Abendessen, so erinnerte sich die Gräfin, waren die Quintessenz dieser exquisiten Glashauskultur. Man wählte die Gäste, die um einundzwanzig Uhr dreißig eintrafen, sorgfältig aus. Sie mussten Witz haben, kultiviert, weltgewandt und in der Lage sein, sich mit Leichtigkeit in der höfischen Gesellschaft zu bewegen.

»All die Schminkkunst, alle neuen Parfüms, all die Eleganz, alles, was die schöne, modische Pariser Gesellschaft an Raffinement und Charme aufbieten konnte, erlebte man bei diesen Abendessen.«[7]

Feine Speisen wurden serviert, die Konversation war sprühend, und all die Brillanz, all der Glanz hatten einen koketten, verlockenden Unterton. Musik erklang, Wein wurde ausgeschenkt, man lachte – das Leben war süß. Die Gespräche dauerten bis lange nach Mitternacht, und wenn die Kerzen niedergebrannt waren, wurden die Damen, die ihr Gähnen hinter ihren juwelenbesetzten Fächern verbargen, in die ihnen zugeteilten winzigen Kammern zurückbegleitet. Dort konnten sie eine Stunde oder zwei schlafen, bevor der Morgen dämmerte.

# 11

Der schottische Philosoph David Hume, der Versailles zehn Jahre vor der Thronbesteigung Ludwigs XVI. besuchte, war von dem Palast entzückt.«Ich esse nichts als Ambrosia, trinke nichts als Nektar, atme nur Weihrauch und wandle nur über Blumen«, schrieb er voller Begeisterung. Die Pracht des Ortes hatte ihm offensichtlich die Sinne verwirrt. Tatsächlich war Versailles eine riesige Senkgrube, die nach Schmutz stank und mit Kot besudelt war.

Im Inneren entströmte den Wänden, den gewebten Vorhängen und den teuren Möbelbezügen ein unangenehmer Rußgeruch. Die Kamine zogen schlecht, und die Räume waren von November bis August voller Rauch. Der Gestank haftete an den Kleidern, den Perücken und sogar an der Unterwäsche. Am allerschlimmsten aber war, dass Bettler und Diener sich ebenso wie die adeligen Besucher auf den Treppen, den Korridoren, schlicht allen stillen Ecken erleichterten. »Die Durchgänge, die Höfe, die Palastflügel und die Korridore«, bemerkte ein Zeitgenosse«, waren voller Urin und Fäkalien. Der Park, die Gärten und das Schloss ließen einen mit ihrem schlechten Geruch würgen.«[1]

Englische Besucher, gewöhnt an die »Sauberkeit« königlicher und adliger Häuser in ihrem eigenen Land, fühlten sich von dem »unsauberen Zustand« abgestoßen, in dem sich die »noblen Apartments« von Versailles befanden. Die Gemälde und Statuen wurden vernachlässigt, ebenso die Möbel, die schmutzig und schäbig wirkten. Die Menschen hier kümmerten sich wenig um ihre eigene Sauberkeit und Körperpflege. »Ich werde mich niemals an den Schmutz dieses Landes gewöhnen«, schimpfte Horace Walpole, der ein weit gereister Mann war.[2] Wenn man sich Versailles über die, von stattlichen Bäumen beschatteten Straßen näherte, so bestätigte der Engländer, sah der Ort großartig aus. Aber der Dreck im Inneren war unbeschreiblich.

So konnte es nicht weiter verwundern, dass Antoinette in ihren Räumen frische Blumen aufstellen ließ. Sie verbrannte Blütenessenzen in Parfümkohlebecken aus Porzellan und verzierten Öltöpfchen, um den Gestank zu vertreiben, der sie umgab.

Überall in Versailles liefen Hunde und Katzen herum, viele davon verwildert. Der von Antoinettes Hunden verursachte Aufruhr und Schmutz wurde bereits erwähnt. Aber auch Ludwig hielt Hunde und hatte im Hauptempfangsraum des Palastes eine große und geräumige Hundehütte aufstellen lassen. Diese Hütte war aus weiß gestrichenem Eichenholz gefertigt , und sah aus wie ein Miniaturpalast. Er war mit vergoldeten Pilastern und Zierleisten geschmückt und mit Blütenzweigen bemalt. Für jeden Hund lagen im Inneren mit rotem Samt bezogene Matratzen.[3]

Madame de Guémené, die Gouvernante von Ludwigs Schwestern Clotilde und Elisabeth und eine der Favoritinnen Antoinettes, zeigte sich stets von einem ganzen Rudel kleiner Hunde umgeben. »Sie entbot ihnen eine Art Verehrung«, berichtete Mercy Maria Theresia, »und behauptete, durch sie als Medium mit der spirituellen Welt zu kommunizieren.«[4] Wie hoch auch immer ihr Wert als Vermittlerin übersinnlicher Kommunikation gewesen sein mag – die kleine Bande muss die Gemächer der Gouvernante unbewohnbar gemacht haben.

Zu all dem Schmutz und der Unordnung trug auch die Vielzahl der ungehobelten, schlecht riechenden Menschen bei, die den Palast besuchten.

Buchstäblich jeder konnte den Palast betreten. Zwar versuchte man, wenigstens die Menschen fern zu halten, die kürzlich die Pocken gehabt hatten, aber ansonsten durfte jedermann eintreten. Einzige Bedingung war, dass Männer einen Anzug und einen Hut besitzen mussten, und beides konnten sie sich beim Pförtner ausleihen. Pariser mit verdreckten Stiefeln trampelten durch die eleganten Salons und die langen Galerien, wobei sie die Möbel und Kunstgegenstände bewunderten, anfassten und beschmutzten. Obwohl überall Diener anwesend waren, werden in den zeitgenössischen Quellen keine Wachen erwähnt, die ein Auge auf all die vorbeiströmenden Besucher geworfen hätten. Sie hätten verhindern können, dass kleinere Kostbarkeiten gestohlen oder goldene Quasten von den Vorhängen abgeschnitten wurden.

Man kann mit Gewissheit annehmen, dass sich im Palast eine ganze Diebesschar aufhielt, ungehindert ein und aus ging, den Höflingen auflauerte und dank ihrer geschickten Finger gute Beute machte. Der Abend des Hochzeitstages wurde mit einem Maskenball gefeiert. Eine Anzahl »reich gekleideter« Diebe wurde eingelassen, die sich daranmachten, die Gäste um ihre Uhren und Geldbörsen, ihre Schnupftabakdosen und Schmuckstücke zu erleichtern.[5]

Antoinettes Hochzeitsring wurde ihr 1771 von einer Frau gestohlen, die ihn angeblich für »eine Hexerei« benutzte, die »verhindern sollte, dass sie Kinder bekam«. (Antoinette glaubte allerdings, ihn beim Händewaschen verloren zu haben.) Die Diebin beichtete ihr Vergehen viele Jahre später dem Geistlichen der Magdalenenkirche, und der Beichtvater schickte den Ring mit einer erklärenden Notiz an Madame Campans Gatten. Dieser übergab das Schmuckstück selbstverständlich Antoinette, die glücklich war, den Ring wieder bekommen zu haben. Sie unternahm keinen Versuch, die Diebin zu finden und zu bestrafen.

Botschafter und andere Würdenträger fremder Höfe brachten ihr gesamtes Gefolge mit nach Versailles, komplett mit Sklaven, dem üblichen Gesindel und exotischen Haustieren. Die unterschiedlichsten Unterhaltungskünstler kamen zum Palast, um ihre Vorstellungen zu geben – von den Schauspielern und Musikanten der Pariser Theater bis hin zu den Bärenführern und Tierdompteuren, die sich ihren Lebensunterhalt auf den Straßen verdienten. Sogar die Kettensträflinge auf ihrem Weg zu den Brester Galeeren wurden durch Versailles getrieben. Im Laufe von Ludwigs XVI. Regierungszeit änderte man allerdings ihre Route, denn der weichherzige König begnadigte zu viele Verurteilte, die dann zu einer Gefahr für die Allgemeinheit wurden.[6]

Auch Verwirrte und Behinderte durften Versailles betreten, vorausgesetzt, sie gebärdeten sich nicht gewalttätig. Madame Campan hielt fest, dass Antoinette »die allerlästigsten Zudringlichkeiten von Leuten ertragen musste, deren Geist verwirrt war«. Sie weigerte sich, den Befehl zu geben, sie entfernen zu lassen.

Einer dieser Verwirrten war ein blasser, dünner Adliger aus Bordeaux, ein Mann, dessen »düstere Erscheinung« Madame Campan zufolge »das unangenehmste Aufsehen erregte«. Sein Name war Castelnaux, aber man pflegte ihn als den »Liebhaber der Königin« zu verhöhnen, denn als solchen bezeichnete er sich selbst. Schweigsam, humorlos und bedrohlich begleitete er Antoinette wie ein Schatten überallhin. Für mehr als zehn Jahre blieb ihr nichts anderes übrig, als seine Gegenwart hinzunehmen. Da ihm sein Status Zutritt bei Hofe verschaffte, war es ihm möglich, jeder Zeremonie, ob bei Tag oder bei Nacht beizuwohnen, und das nutzte er weidlich aus. Wenn Antoinette die Messe besuchte, saß er so nahe wie möglich bei ihr, und während des Essens starrte er sie an, beim abendlichen Kartenspiel saß er in ihrer Blickrichtung. Er wandte seine Augen einfach niemals von ihr ab. Wenn sie das Theater besuchte, war er da, wenn sie im Petit Trianon weilte, war er in der Nähe und wanderte endlos im Garten am Rand des Schlossgrabens herum. Regen schreckte ihn genauso wenig ab wie eiskalte Winde oder sengende Hitze. Wie eine geisterhafte Wache blieb er immer auf seinem Posten in der Nähe der Königin. Wenn der Hof von Fontainebleau nach Marly umzog, dann schien er das vorauszuahnen. Er erwartete Antoinette bereits bei ihrer Ankunft. Wenn sie aus ihrer Kutsche stieg, so war Madame Campan zufolge, sein melancholisches Gesicht immer das erste, in das die Königin sah.

Nach vielen Jahren aber war der »Liebhaber der Königin« nicht mehr amüsant, sondern, wie Madame Campan es ausdrückte, »ein nicht mehr zu duldendes Ärgernis«. Antoinette ließ es immer noch nicht zu, dass man ihn im Zaume hielt, aber sie besprach mit einem gefeierten Advokaten, ob er nicht versuchen könne, den Verwirrten davon zu überzeugen, ihr doch ihren Frieden zu gönnen. Der Anwalt tat sein Bestes und redete fast eine Stunde lang mit Castelnaux, um dann mit der guten Nachricht zurückzukehren, der Verrückte habe seine Zustimmung gegeben. Wenn »ihr seine Anwesenheit so unangenehm sei, dann würde er sich in seine Heimat zurückziehen«. Die Königin war erleichtert – aber nur für kurze Zeit. Eine halbe Stunde später kehrte Castelnaux zurück und bat um eine Audienz bei Madame Campan. »Er kam, um mir die Mitzuteilung zu machen«, schrieb sie, »dass er sein Versprechen zurücknehme, da er nicht die nötige Kontrolle über sich selbst habe, um darauf zu verzichten, die Königin so oft wie möglich zu sehen.« Sie unterrichtete Antoinette von dieser Unterredung, und die Königin nahm die Neuigkeit philosophisch entgegen.[7]

»Nun, dann lasst ihn mir ein Ärgernis sein!«, erklärte sie. »Aber beraubt ihn nicht des Vergnügens, frei zu sein.«

Castelnaux war keine Bedrohung für die Gesundheit oder die Hygiene im Palast, aber andere hartnäckige Untertanen waren es sehr wohl. Prostituierte machten sich in den Schlosshöfen und öffentlichen Räumen an ihre Kunden heran, sehr wohl wissend, dass sie geduldet wurden, solange sie sich von den königlichen Apartments fern hielten. Zerlumpte, barfüßige Kinder, von denen viele obdachlos waren, rannten die großen Treppen hinauf und hinunter, überbrachten Botschaften, stahlen Essen aus den Küchen und schliefen in den Ställen und Außengebäuden. Hungrige ehemalige Diener, verarmt und alles andere als sauber, standen in Grüppchen herum in der Hoffnung, etwas über freie Stellen im Haushalt zu erfahren. Eifersüchtig beobachteten sie ihre glücklicheren Kollegen, die königliche Livreen trugen. Bei so vielen Menschen, die ständig umhertrampelten, war Sauberkeit ein Ding der Unmöglichkeit. Die Diener jedenfalls kümmerten sich eher um ihre Vorrechte, als dass sie sich mit einer so gewöhnlichen Aufgabe wie dem Kehren, Säubern und Aufwischen der Böden oder der Entfernung störenden Abfalls abgegeben hätten. Der Hof war nicht nur die Brutstätte vieler Krankheiten. Er war überhaupt schwer zu organisieren. Von Zeit zu Zeit brach alles zusammen.

Bei einer Gelegenheit war der Hof im Begriff, sich von Choisy nach Versailles zu begeben. Der Umzug hatte keine Auswirkungen auf die Jagd, die der König wie gewöhnlich durchführte und die wie eh und je ablief. Antoinette beschloss, ihrem Mann in einer Kutsche zu folgen, begleitet von den drei Tanten. Als die Kutsche einen Fluss erreichte, machten sich die Damen allerdings Sorgen, ihr Gefährt könne umstürzen. Sie bestanden darauf, auszusteigen, obwohl sie sich an einem »extrem sumpfigen Ort« befanden. Antoinette stieg ebenfalls aus und machte sich auf den langen Rückmarsch nach Choisy. Diener, die ihr, oder den Prinzessinnen zu Hilfe hätten kommen können, waren nicht zu entdecken – die gesamte Dienerschaft hatte sich bereits nach Versailles begeben –, und der Weg erwies sich, wie sich herausstellen sollte, als lang und sehr feucht. Die Königin verlor im Schlamm einen ihrer Schuhe, und der Rest ihrer Kleidung war über und über mit Matsch bespritzt. Glücklicherweise konnte sie sich an einem Herdfeuer trocknen, wobei sie allerdings ihre Kleider versengte. Zu guter Letzt begab sie sich in der Hoffnung nach Versailles, dass die Dienerschaft den Palast für die Rückkehr des Hofes vorbereitet habe. Aber man hatte es versäumt, ihre Gemächer herzurichten, und die Räume waren nicht beheizt worden. Kurz danach lag sie mit einer Erkältung im Bett.[8]

Unannehmlichkeiten bestimmten das Leben der Höflinge. Man wohnte in beengten, dunklen Quartieren, wahrte über viele Stunden die Haltung und musste endlos drängeln, um sich einen Platz in den überfüllten Salons zu sichern. Man war »von einer abscheulichen Menge umgeben, die einen überaus ermüdenden Lärm veranstaltete«, wie einer der Höflinge niederschrieb.

Die Bewohner von Versailles litten um ihres Ranges willen. Sie wagten es nicht, sich zu entspannen, Müdigkeit zu zeigen oder sich anmerken zu lassen, wie sehr sie sich langweilten. Zuvorkommend zu sein, galt als oberste Tugend: Man musste lächeln, wenn die engen Brokatschuhe zwickten, die Kopfhaut juckte oder ein Rivale in der Gunst aufstieg. Ein erfahrener Beamter gab einem Neuling folgenden Rat: »Du musst drei Dinge tun: Sage jedermann Nettigkeiten, bitte um jedes Amt, das vielleicht frei werden könnte, und setze dich, wann immer es dir möglich ist.«[9]

Das Ziel eines jeden Höflings bestand darin, möglichst viele Ämter, Privilegien und Reichtum anzuhäufen. Aber der Preis, der dafür bezahlt werden musste, war hoch. Er oder sie musste stundenlang im *œil-de-bœuf* stehen, dem nur durch ein einziges Rundfenster beleuchteten »Ochsenaugen«-Raum neben dem Schlafzimmer des Königs. Man wartete ab, ob man bemerkt und in das innere Heiligtum vorgelassen werden würde, oder man versuchte, ein bisschen Tratsch oder sonstige Neuigkeiten aufzuschnappen, die einem beim Aufstieg von Nutzen sein konnten. Man musste an langweiligen Spektakeln teilnehmen. Anlässlich eines Balles lernten die Höflinge die komplizierte Choreografie eines Tanzes, bei dem sie die Buchstaben von Antoinettes Namen formten. Man musste schmeicheln, beschwatzen, seine Vorgesetzten überzeugen, während man gleichzeitig darum kämpfte, die Untergebenen auf ihren Plätzen zu halten. Und vor allem musste man sich in Geduld üben, oft jahrelang, ohne eine Garantie dafür zu haben, jemals die Belohnungen zu erhalten, die man sich ausgemalt hatte.

Dennoch konnten einen auch Entschädigungen erwarten. Diejenigen, die nicht das Privileg genossen, mit dem König, der Königin oder anderen großen Persönlichkeiten zu speisen, begaben sich zu einem riesigen Gemeinschaftsspeisesaal im Palast, wo man gutes Essen in guter Gesellschaft einnehmen konnte. Die Gesellschaft war angenehm, die Gespräche aufgeklärt. Man traf auf Künstler, Gelehrte und Schriftsteller. Politik und die aktuellen Affären wurden endlos diskutiert, und man debattierte über neueste Entwicklungen. Intrigen wurden ausgeheckt, Ehrgeiz wurde entfacht, und man beschwerte sich. »Es war in Mode, sich über alles zu beklagen«, schrieb die Gräfin La Tour du Pin. »Man gab sich gelangweilt und der Anwesenheit bei Hofe überdrüssig. Die Offiziere der Leibgarde, die während ihres Dienstes im Schloss untergebracht waren, beklagten sich darüber, den ganzen Tag über Uniformen tragen zu müssen. Zu den beliebtesten Gesprächsthemen gehörte die Frage, wie schnell man nach Paris entkommen könne, um dort zu speisen und die Theater zu besuchen. »Ganz obenauf konnten sich diejenigen fühlen, die sich über die Pflichten bei Hofe beschwerten, obwohl man doch von ihnen profitierte und manchmal, wenn nicht sogar oft, die Privilegien missbrauchte.«[10]

Die Höflinge klagten über die Kosten, die entstanden, wenn sie ihren Stil aufrecht erhalten wollten, über die teuren Perücken (die besten waren aus Menschenhaar gefertigt und den billigeren weit überlegen, die aus Pferde- oder Ziegenhaaren waren), die hohen Preise der besten Friseure, die endlosen Anproben von Roben und Westen, die sich ständig wandelnden Anforderungen der Mode. Keiner hatte jemals genug Geld, Schulden häuften sich, und es war sogar gefährlich, sparsam zu sein. Der Höfling, der das meiste Geld ausgab – selbst wenn es sich um geliehenes handelte –, hatte die besten Chancen, seine Investition wieder hereinzubekommen. Es musste ihm nur gelingen, die Gunst zu erlangen, nach der er trachtete.

Von einer Person mit Geschmack wurde erwartet, dass sie ihrem Schneider oder Schuhmacher Hunderttausende Livres schuldete. Sich finanziell einzuschränken, hätte den Ruin bedeutet.

Das Gerangel um Beförderungen führte zu ausgeprägter Eitelkeit und Kurzsichtigkeit. Niemand fand es der Mühe wert, sich seinen Konkurrenten allzu genau anzusehen. In dieser Atmosphäre florierte die Hochstapelei.

In den letzten Regierungsjahren Ludwigs XV. war es einem hübschen jungen Mädchen gelungen, eine nicht geringe Zahl von Menschen zu beschwindeln, indem sie vorgab, die Mätresse des Königs zu sein. Wie sie auf den Gedanken kam und ob außer ihr noch andere Personen in das Komplott eingeweiht waren, ist nicht bekannt. Fest steht allerdings, dass es ihr gelang, sich Zugang zu den Räumen des Herrschers zu verschaffen. Sie verführte einige der königlichen Pagen. Danach konnte sie überzeugend behaupten, tatsächlich auf vertrautestem Fuße mit Ludwig zu stehen und ihren Einfluss auf ihn zum Vorteil anderer nutzen zu können. Gierig nach jedem zusätzlichen Vorteil, so unbedeutend er auch sein mochte, bezahlten die nervösen Höflinge willig für ihren Einfluss – und wurden geprellt.

In kurzer Zeit häufte das Mädchen ein Vermögen von sechzigtausend Francs an, dazu viele Vergünstigungen und Gefälligkeiten. Sie schickte nach einem Arzt für eine Frau, die in den Wehen lag, und überzeugte ihn davon, dass er bei der Geburt eines unehelichen Kindes des Königs assistierte und sich daher geehrt fühlen müsse. Zweifellos betrog sie Händler und Schneider auf die gleiche Weise. Allein die äußere Erscheinung zählte bei Hof, und das Mädchen schien die zu sein, für die sie sich ausgab. Madame Campan, die sie kannte, beschrieb ihr Benehmen als so »bescheiden«, dass ihr niemand eine Täuschung zugetraut hätte. Zum Schluss hatte sie sogar die hochmütige Adelaide und die weichherzige Victoria von sich überzeugt.

Aber schließlich wurde sie als Betrügerin entlarvt. Sie war zu der Zeit erst achtzehn Jahre alt. Schlau bis zum Schluss versuchte sie, sich der Strafe zu entziehen, indem sie eine weitere Erfindung vorbrachte. Im zarten Alter von vierzehn, so behauptete sie, sei sie von einem Priester verführt worden. Der habe sie dazu gezwungen, die Rolle der königlichen Mätresse zu spielen, um sich zu bereichern. Der Priester wurde aus seinen Ämtern entlassen, aber später gelang es ihm, seine Unschuld zu beweisen. Das Mädchen wurde zunächst in die Bastille, anschließend in ein anderes Gefängnis gebracht. Ihre kurze und äußerst lukrative Karriere hatte ihr Ende gefunden.[11]

Eine andere Betrügerin erfreute sich einer längeren Karriere – und richtete viel mehr Schaden an. Cahouette von Villers, die Madame Campan als »sehr unregelmäßig im Verhalten und von Ränke schmiedendem Geist« beschrieb, trat ebenfalls als Mätresse Ludwigs XV. auf, und nach dessen Tod behauptete sie, eine Vertraute der Königin Antoinette zu sein. Cahouettes Gemahl war königlicher Schatzmeister, aber da er keinen Zugang zu den Gemächern der Königin hatte, setzte seine Frau alles daran, die Geliebte eines Mannes zu werden, der dieses Privileg genoss: Gabriel von Saint-Charles, Intendant der königlichen Finanzen.

Cahouette begab sich jeden Samstag in Begleitung ihres Liebhabers nach Versailles, blieb in seinem Gemach und prägte sich alles ein, was sie über den Hof in Erfahrung bringen konnte, vor allem über die Königin. Da sie eine einigermaßen talentierte Malerin war, dachte sie sich einen Plan aus, wie sie sich Antoinette direkt nähern könnte. Sie kopierte das Porträt, das ein anderer Maler von der Herrscherin angefertigt hatte, und präsentierte es Madame Campans Ehemann, der als Antoinettes Bibliothekar und einer ihrer Sekretäre fungierte. Da er »über ihr Betragen Bescheid wusste«, weigerte er sich, das Porträt an seine Herrin weiterzugeben. Die Prinzessin Lamballe jedoch war entgegenkommender.[12]

Über ihren Liebhaber Saint-Charles gelangten dann einige von Antoinette unterschriebene Dokumente in Cahouettes Hände. Sie übte sich darin, die abscheuliche und unverkennbare Handschrift der Königin nachzuahmen. Als Fälscherin erwies sich die Frau als geschickter denn als Malerin. Sie schrieb sich selbst eine Anzahl von Briefen und Notizen, die angeblich von der Königin unterzeichnet waren, eine persönliche Note hatten und vertrauliche Kosenamen enthielten. Cahouette zeigte diese Briefe dann Freunden und Bekannten und behauptete, ihre Freundschaft mit Antoinette sei ein »großes Geheimnis«, genau so wie ihre Beziehung zu dem verstorbenen König eines gewesen sei. Selbstverständlich wuchs ihr Ansehen, genoss sie doch angeblich die Gunst der intimen Vertrautheit mit der

Königin. Antoinette hege, so wurde geflüstert, »eine besondere Vorliebe für sie« und vertraue ihr sogar den Kauf von Dingen für ihren persönlichen Bedarf an.

Cahouette fälschte Briefe, in denen Antoinette sie darum bat, ihr Juwelen und andere kostbare Gegenstände aus Pariser Geschäften zu besorgen. Sie musste diese Briefe nur den Juwelieren und Ladenbesitzern vorlegen, und schon wurde ihr ausgehändigt, um was sie gebeten hatte – ganz abgesehen von unbegrenztem Kredit. Immer noch nicht zufrieden gestellt, wandte sie sich schließlich sogar an den General Beranger, der die Steuereinnahmen mehrerer Großgüter kontrollierte. Sie präsentierte ihm einen gefälschten Brief, in dem Antoinette angeblich darum bat, dass Cahouette zweihunderttausend Francs für sie abhole – sie benötige die Summe dringend, aber es widerstrebe ihr, ihren Gatten darum zu bitten. Der hohe Beamte glaubte, sich für die Zukunft eine angemessene Gegenleistung sichern zu können, wenn er der Königin eine Gefälligkeit erwies und ihr das Geld zur Verfügung stellte.

Bereitwillig überreichte er der Betrügerin die geforderte Summe. Dann kamen Beranger aber doch Zweifel, ob er nicht hintergangen worden sei. Er stellte vorsichtige Untersuchungen an – sehr diskret, denn immerhin bestand die Möglichkeit, dass Antoinettes Bitte echt gewesen war und er sich nun daranmachte, ihr Geheimnis zu enthüllen. Die ersten Nachforschungen ermutigten ihn jedoch, und schließlich setzte er sich mit der Pariser Polizei in Verbindung. Man fand die Spuren von Cahouette: unbezahlte Rechnungen, versetzten Putz und Prahlereien, die jeder Grundlage entbehrten. Die Betrügerin wurde entlarvt und ins Gefängnis geworfen. Außerdem zwang man ihren bedauernswerter Ehemann dazu, die zweihunderttausend Francs zu ersetzen. Die gefälschten Briefe, die man unter Cahouettes Habe fand, wurden Antoinette übersandt. Zusammen mit Madame Campan untersuchte sie Stück für Stück, und zu ihrem Entsetzen mussten die Frauen feststellen, dass die Betrügerin erstaunlich überzeugend klang. Der einzige Unterschied zwischen der Schreibweise der Königin und der der Fälscherin bestand darin, dass letztere ein wenig gleichmäßiger schrieb und so »ein bisschen mehr Regelmäßigkeit in die Anlage der Briefe brachte«.

Eine weitere Betrügerin ging raffinierter vor. Die schwäbische Gräfin von Walburg-Frohberg, die mit einem untergeordneten Hofbeamten verheiratet war, gab vor, die Vertraute verschiedener wichtiger Persönlichkeiten zu sein – vom Außenminister bis hin zum obersten Stallmeister der Königin. Sie wies ebenfalls Briefe vor, die ihre Behauptungen untermauerten, und ihre Opfer glaubten nur zu bereitwillig an deren Echtheit. Die Gräfin hatte Räume im Hotel Fortisson gemietet, wo sie Hof hielt. Sie empfing dort Besuche von Antragstellern, die sie dafür bezahlten, ihre Fälle bei den Großen zu vertreten. Die Idee war so gut wie narrensicher. Die Bittsteller, die zu ihr kamen, hatten keine Möglichkeit, herauszufinden, ob die Leute, die sie so gut zu kennen vorgab, ihr tatsächlich Gehör schenkten oder nicht. Alles, was sie tun konnten, war, sie weiter zu bezahlen – und auf das Beste zu hoffen.

Die Gräfin übernahm sich jedoch, als sie behauptete, das Recht zu haben, sich mit ihrer Kutsche einem königlichen Zug anschließen zu dürfen. Sie wurde erkannt und verhört, und der Generalleutnant der Polizei leitete eine Untersuchung ihrer Aktivitäten in die Wege. Bald war alles enthüllt. Die Gräfin war immerhin klug genug gewesen, nichts Belastendes zu hinterlassen. Die Polizei besaß nur die Aussagen der geprellten Opfer. Die Gräfin hingegen behauptete, ihren Einfluss ganz im Gegenteil aus schierer Freundlichkeit zu Gunsten dieser Menschen genutzt zu haben. Geld hätte dabei niemals den Besitzer gewechselt.

Sie war schwer zu fassen und gefährlich obendrein, denn anders als Cahouette von Villers kannte die Gräfin von Walburg-Frohberg viele Geheimnisse und war in der Lage, einige äußerst wichtige Leute in Verlegenheit zu bringen. Da man fürchtete, sie könne aus Rache so manchen Ruf ruinieren, wenn man sie ins Gefängnis warf, wurde sie nach Deutschland ausgewiesen. So weit man weiß, ist sie nicht nach Versailles zurückgekommen – zumindest nicht unter ihrem richtigen Namen.[13]

Diese Betrüger hatten nicht nur deshalb leichtes Spiel, weil die Höflinge und die Möchtegern-Höflinge leichtgläubig waren, sondern weil sie sich zudem verzweifelt um Erfolg am Hof bemühten. Der Mythos des Hofes war für manch einen stärker als seine Wirklichkeit, und dieser Mythos besagte, dass die Ehrgeizigen, die hart Arbeitenden, diejenigen mit den guten Beziehungen früher oder später Ämter und

Reichtum erlangen würden. Versailles warf einen Zauber über all jene, die dort lebten und arbeiteten, und solche, die zu Besuch weilten. Und unter dem Banne dieses Zaubers atmeten sie nichts als Weihrauch, tranken nichts als Nektar, aßen nichts als Ambrosia – und stellten sich vor, auf Rosenblättern zu wandeln .

# 12

Im Oktober 1774 berichteten die Spione, die alle jüngeren Mitglieder der königlichen Familie beobachteten, dass Marie Therese, Gräfin von Artois, höchstwahrscheinlich schwanger sei. Ihre Periode sei seit Tagen überfällig, und ihr Ehemann hatte ihr während der letzten Wochen mehr Aufmerksamkeit als üblich geschenkt.

»Über die Schwangerschaft der Gräfin Artois gibt es halbe Vermutungen und viele Gerüchte«, teilte Antoinette ihrer Mutter mit. Die Zeichen als solche waren nicht ganz sicher, da Marie Therese keine regelmäßige Periode hatte, aber Antoinette wusste, dass ihre Schwager und Schwägerinnen ihr Bestes taten, um möglichst schnell Erben zu bekommen. Ihre Bemühungen wurden intensiver, als die Übernahme des Thrones durch ihren Bruder herannahte. Ludwig war der König; wenn er ohne Erben starb, würde Provence den Thron besteigen; solange dieser keinen männlichen Nachwuchs zeugte, würde Artois König werden. Abgesehen von der Rivalität unter den Beteiligten stand die Zukunft der Dynastie auf dem Spiel. Keiner war dies deutlicher bewusst als Antoinette. Obwohl sie absolut sicher wusste, dass ihre Kinderlosigkeit auf das Konto ihres Gemahls ging und nicht auf ihr eigenes, beschloss sie, freiwillig auf das Ausreiten während der letzten zehn Tage vor dem Einsetzen ihrer Periode zu verzichten. Sie hoffte, dadurch ihre Fruchtbarkeit zu steigern.

Diese Geste war überflüssig, wenn nicht sogar mitleiderregend.

Generalin Krottendorf erschien wie immer pünktlich, und Antoinettes Schwägerin Marie Therese war weiterhin überfällig. Im Dezember war Marie Therese sicher, schwanger zu sein, und für dieses Mal war die gedrungene, wenig einnehmende langnasige Gräfin in der Position, ihre lebendige und attraktive Schwägerin auszustechen.[1]

Wie vorauszusehen, war dieses Ereignis schmerzlich für Antoinette, aber charakteristischerweise zeigte sie nur gnädige Anteilnahme für Marie Therese. »Etwas, das ich immer geargwöhnt und gefürchtet habe, ist eingetreten«, schrieb Mercy der Kaiserin nach Wien. »Die Königin, die von diesem Ereignis getroffen wurde und über ihren eigenen Zustand nachdenkt, hat einen sehr schwerwiegenden Grund, Schmerz zu empfinden. Ich beobachte mit Anteilnahme, dass die Königin innerlich auf eine äußerst qualvolle Weise betroffen ist.« Marie Thereses Schwangerschaft verstärkte Antoinettes alte Trauer über ihre Ehe. Würde sich Ludwig jemals seiner Unfähigkeit stellen und sich behandeln lassen? Er hatte eine lange Unterredung mit Antoinettes Arzt und diskutierte die kurze, wenn auch schmerzhafte Operation, die ihn zeugungsfähig machen sollte. Die Angelegenheit gedieh bis zu dieser Besprechung, aber nicht weiter. Als der Chirurg seine scharfen Stahlinstrumente ausbreitete, fiel der König beinahe in Ohnmacht und brach die Operation ab.

Anscheinend bedrängte ihn Antoinette in dieser äußerst delikaten Angelegenheit nicht weiter. Aber dennoch war beiden bewusst, dass ihre anhaltende Kinderlosigkeit nicht nur für Spott sorgte und Ludwigs Autorität untergrub, sondern mit großer Wahrscheinlichkeit auch zu schmutzigen Ränken unter den Höflingen führte. Ein impotenter König konnte nicht durch Mätressen beeinflusst werden, aber die Frau des Herrschers, sexuell frustriert und voller versteckter Ressentiments gegen ihren Mann (so vermutete man jedenfalls), konnte von einem Liebhaber kontrolliert werden. Die Höflinge beobachteten Antoinette genau, um herauszufinden, wen sie bevorzugte. Würde es ein junger, und gut aussehender Soldat sein, ein fremder Diplomat, ein erfahrener Höfling mittleren Alters?

Männer dieses Typus und mehr standen zur Verfügung. Da gab es den Grafen Valentin Esterházy, einen unverschämt gut aussehenden ungarischen Offizier, dessen Familie sehr reich war und der Attila, den König der Hunnen zu seinen Vorfahren zählte. Antoinette half ihm, seine Schulden zu zahlen und ein Regiment zu erwerben. Da gab es den Herzog von Lauzun, verschlagen, mit einem übersteigerten Selbstwertgefühl und einem unerschöpflichen Vorrat amüsanter Geschichten. Antoinette fand ihn unterhaltsam und zählte ihn zu ihren Freunden – aber seine eindeutigen Angebote lehnte sie ab. Da gab es den dreiundfünfzigjährigen Schweizer Baron Pierre Victor Besenval, Oberstleutnant der Schweizer Garden, der aktuelle französische Lieder sang und gerne heftig flirtete. Besenval wurde ebenfalls zurückgewiesen, genauso wie der Graf von Adhémar, ein Dandy, der wie Antoinette Harfe spielte, und der Fürst von Ligne, in seinen Vierzigern und weltgewandt. Der Fürst war Österreicher und in der Hofburg zu Hause. Antoinette mochte ihn, weil er sie an ihre Kindheit erinnerte. Er war ein angenehmer Begleiter, denn er versuchte nicht, sie zu verführen, sondern pries im Gegenteil ihre Reinheit und beschrieb »ihre Seele« als »so schön und weiß wie ihr Antlitz«.

Die Klatschmäuler beobachteten Antoinette weiterhin und warteten darauf, dass sie vom Pfad der Tugend abkommen würde. Als sie enttäuschte, wartete man mit einer bösartigen Erklärung auf: die Königin nahm sich keinen Liebhaber, so wurde behauptet, weil sie bereits einen hatte – den Grafen Artois.

Der junge Artois, im Winter 1774–75 kaum siebzehnjährig, war ziemlich unerträglich geworden. Er war äußerst zufrieden mit sich selbst, und das war nicht zu übersehen. Er hatte es fertig gebracht, ein Kind zu zeugen, eine Leistung, die keinem seiner älteren Brüder gelungen war. Er sah gut aus, während keiner seiner Brüder über seine Anziehungskraft verfügte. Er hatte Elan und Stil und war allgemein als der »Prinz der Jugend« bekannt. Alle Frauen bei Hofe, sogar diejenigen, die alt genug waren, seine Mutter zu sein, beeilten sich, ihm ihre Komplimente zu entbieten und wetteiferten um sein Lächeln und seine Aufmerksamkeit. Er stand im Mittelpunkt der Gruppe der Favoriten der Königin, und wurde bewundert und beneidet. Da seine Frau in ihrer Schwangerschaft aufging, verbrachte Artois jeden freien Augenblick mit Antoinette – so erschien es jedenfalls den gehässigen Höflingen. Er wich niemals von ihrer Seite. Sie besuchten zusammen die Rennen, oder er fuhr sie in seiner verwegenen offenen Kutsche, dem »Teufel«, herum. Man hätte den Eindruck gewinnen können, als sei er, Artois, der König, und nicht der schwerfällige Ludwig.

Artois maß sich sogar Sonderrechte an, schritt vor Ludwig einher, obwohl die Etikette dies streng verbot. Er machte in der Gegenwart seines Bruders unverschämte Bemerkungen, stieß ihn an und trat ihm auf die Füße – kurz gesagt, er war eine Plage. Und Ludwig reagierte nicht mit königlicher Ungnade, wie er es hätte tun sollen; er blieb schwach und untätig, was wiederum den Verdacht zu bestätigen schien, dass Artois ihm Hörner aufsetzte. Ludwig, der mitleiderregend unfähig war, seiner Frau beizuwohnen, wie es einem Ehemann angestanden hätte, schien der Komplize in der Affäre zu sein.

So jung Artois auch war, so hatte er sich doch bereits einen weit verbreiteten Ruf als Schwerenöter und Lebemann erworben, der Mätressen in Paris aushielt und kostspielige Kurtisanen aufsuchte. Gerüchte besagten, dass er Hofdamen verführte und sich gelegentlich Trinkgelagen und exzessivem Spiel hingab. Eine Liaison mit seiner Schwägerin hätte gut zu seinem Lebensstil gepasst.

Und wie stand es mit Antoinette? Sie war nicht besser als er, wollte das Gerücht wissen. Hatte sie nicht damals in Marly eine Orgie veranstaltet, nachdem der König zu Bett gegangen war?[2] Trug sie nicht Roben mit Namen wie »Maskiertes Verlangen« und »Indiskrete Freuden«? Beleidigte sie nicht die älteren Damen des Hofes und machte sie sich nicht über sich lustig, so wie Artois sich über Ludwig mokierte? Und war es nicht auch schamlos, bekleidet mit Männerhosen unter ihrem englischen Reitkostüm, wie ein Mann im Sattel zu sitzen, und bösartig blickende Pferde zu reiten?

Niemand konnte beweisen, dass Antoinette und Artois ein Liebespaar waren – und selbstverständlich waren sie das auch nicht. Und doch hatte Antoinette sich verändert. Ihre Feinde machten die verbotene Liebschaft dafür verantwortlich; einfühlsamere Beobachter hätten es als Ausdruck ihrer Verzweiflung deuten können.

Die Antoinette der guten Vorsätze, der selbst auferlegten Studien und des Lesens war verschwunden, genauso wie die Antoinette, die Mercy für scheu und ängstlich, abhängig und passiv gehalten hatte. Eine neue Persönlichkeit war zum Vorschein gekommen, eine Antoinette, die ein ständiges Übermaß an Genüssen spröde, ungestüm und verhärtet gemacht hatte. Die neue Seite Antoinettes kam zum Vorschein, nachdem sie Königin geworden war, aber ihre neu erworbene, herausragende Stellung war nicht der einzige Grund für ihre Wandlung. Auch die zeremoniellen Zwänge müssen in hohem Maße ihre Veränderungen bewirkt haben, dazu die Gedanken an ihre Kinderlosigkeit.

Tag für Tag gab Antoinette verschwenderische und exzessive Summen für das Petit Trianon, für Kleider, Frisuren und Federn, für kostspielige Ernennungen bei Hofe und Pensionen für ihre Freunde, und nicht zuletzt für Schmuck aus.

Anfang 1775 steigerte sich ihr Kaufrausch bedrohlich: Die Königin entwickelte eine Passion für federgeschmückten Kopfputz. Regelrechte Federkronen wurden Mode. Besucher in Versailles fanden sich in einem »Wald von Federn« wieder, und ein neuer Ausdruck wurde geprägt »Federköpfe«, um Antoinette und ihre flatterhafte Clique zu beschreiben.

Federn hatten ihren Preis, aber Diamanten waren sündhaft teuer. Trotzdem musste Antoinette sie haben, es gelüstete sie geradezu danach. Diamantene Ohrringe, Armbänder, noch mehr Armbänder – im Wert von nahezu einer Million Livres innerhalb weniger Monate. Und man musste elegante Anlässe schaffen, um all diesen Putz vorführen zu können. Die Hofbälle des Winters 1774–75 waren außergewöhnlich großartig. Man scheute weder Mühe noch Kosten. Die Theater und Salons, in denen die Bälle stattfanden, wurden kunstvoll dekoriert und die Kostüme der Tänzer aufwendig gearbeitet. Favoriten der Saison waren indische und Tiroler Kostüme. Antoinette aber bestellte sich ein mittelalterliches Gewand. Es wurde nach Vorlagen aus der Zeit Heinrichs IV. gefertigt und mit kostbarer Spitze verziert.[3]

Zusammengenommen kosteten die Bälle, die in den ersten drei Monaten des Jahres 1775 veranstaltet wurden, mehr als hunderttausend Livres, hauptsächlich »wegen der Menge von Goldstickerei, die für die Roben und die Quadrillen gebraucht wurden«, wie der verantwortliche Beamte anmerkte.

Als dem Herrscherpaar die Kostenaufstellung vorgelegt wurde, verteidigten sie ihre Extravaganz. Sie »fanden diese Ausgaben keineswegs zu hoch«, bemerkten sie«, um den ganzen Hof den gesamten Winter über zu amüsieren«.[4] Ludwigs Finanzminister Turgot hingegen, sah das ganz anders.

Als nüchterner und enthaltsamer Edelmann machte sich Turgot nicht die Mühe, seine Verachtung für die verschwenderischen Gewohnheiten der Königin zu verbergen. Als Generalkontrolleur der Finanzen war er mit der Sparsamkeit verheiratet, so wie es der König offiziell für sich selbst auch in Anspruch nahm. Und Turgot prägte eine Ehrlichkeit, wie man sie bei Hofe nur selten fand. Nur durch eine deutliche Einschränkung der Ausgaben, so erklärte er, könne die Wirtschaft des Landes wieder gesunden. Mit dieser Politik war Turgot in der Provinz erfolgreich gewesen. Sie würde sich auch für ganz Frankreich auszahlen, wenn sich der König und die Königin nur als kooperativ erwiesen.

Mit seiner Abneigung gegen die Verschwendung bei Hofe, brachte Turgot eine weit verbreitete Kritik zur Sprache. Viele Franzosen, besonders die Geschäftsleute und Handwerker, waren über die Verschwendung und die Nutzlosigkeit der Monarchie und ihrer Diener verbittert. Für sie stellte Versailles nichts weiter als eine kostspielige Frivolität dar, wo sich verhätschelte Taugenichtse auf Kosten der hart arbeitenden Handelsleute und Arbeiter bereicherten. Und Versailles bildete nur die Spitze eines ganzen Systems, das um des Wohlergehens einiger nutzloser Weniger willen, die Mehrheit ausbeutete. Turgot war sicherlich nicht der radikalste Vertreter dieses Standpunktes, aber einer der freimütigsten. Er äußerte seine Verachtung für die Monarchie und ihre Traditionen unverblümt, Traditionen, die, wie er sagte, zu »barbarischen Jahrhunderten« gehörten, sollten abgeschafft werden. Nur eine grundlegende Reform der Finanzen würde den Staat retten können; das bedeutete konsequente Sparsamkeit, gepaart mit der Verpflichtung, keine weiteren Steuern zu erheben und keine neuen Kredite aufzunehmen.

König Ludwig brauchte Turgot, und das nicht nur, um die Beschneidung der Kosten voranzutreiben, sondern auch um seine schwache Selbstdisziplin zu stärken. Ludwig meinte es gut, und seine Absichten waren die besten. Er wollte Nüchternheit und Strenge fördern, nicht die Extravaganz. Doch als König war er zu schwach und ohne Durchsetzungskraft. Er hatte keinen Einfluss auf Antoinette.

Ludwig hatte während der ersten Monate seiner Regierung versucht, sich den Aufgaben des Herrschertums zu widmen. Aber ihm fehlte die Hartnäckigkeit, sich diesem Vorhaben für längere Zeit zu widmen. Allmählich nahte der Winter und damit die Saison der kunstvollen Bälle Antoinettes. Ludwig hatte seine bevorzugten Beschäftigungen wieder aufgenommen, die Jagd, das Bauhandwerk und die Arbeit in der Schlosserwerkstatt. Er überließ die Regierungsgeschäfte Turgot, so wie sein Großvater sich auf Choiseul verlassen hatte. Ludwig tat dies, obwohl er wusste, dass Turgot ein Feind der Monarchie war.

»Turgots Ideen«, so äußerte sich Ludwig, »sind extrem gefährlich.« Aber sein Ziel, die finanzielle Solvenz des Staates, teilte er mit dem König, und zu seinen Methoden, so schien es, gab es, keine Alternative. Ihm wurde daher freie Hand gewährt.

Turgot beschnitt die Ausgaben des Hofes, beseitigte den Zunftzwang und förderte die Gewerbefreiheit. Er schaffte das *corvée* ab, das Recht der Adligen auf unentgeltliche Arbeitsleistungen der Bauern auf ihren Gütern. Mit diesen Maßnahmen wandte er sich gegen die überkommenen Bräuche aus den »barbarischen Jahrhunderten«.

Aber das war ihm noch nicht genug. Der Finanzminister schaffte die Wegzölle ab, die den Transport von Getreide durch das Königreich behinderten, und zum ersten Mal entstand ein freier Getreidemarkt. Die Ernte des Jahres 1774 war dürftig ausgefallen, und man erwartete, dass der freie Transport von Getreide und die dadurch fallenden Brotpreise die drohende Hungersnot lindern würden. Aber das Gegenteil trat ein. Reiche Spekulanten kauften das Getreide auf und trieben die Brotpreise über die Grenze dessen, was die Armen sich leisten konnten. Man machte Turgot für diese Entwicklung verantwortlich, der nicht nur den Hass des hungernden Volkes auf sich zog, sondern auch den der Zollbeamten, die sich ihres Lebensunterhalts beraubt sahen. Die Höflinge hassten ihn ebenfalls, weil er ihre Ausgaben beschnitten hatte, ebenso die Adligen und die Mitglieder der Zünfte.

Der Hass verwandelte sich in Furcht, als die katastrophale Getreideknappheit zu Unruhen führte. Stadtbewohner plünderten Bäckereien, Bauern griffen Getreidemühlen an und überfielen sogar Boote, die Mehl geladen hatten. Kriminelle nutzten das Chaos aus und raubten und plünderten nach Belieben. Der Aufruhr in Paris Anfang Mai 1775 eskalierte rasch, und die Pariser Polizei war unfähig, die Ordnung wieder herzustellen.

Die Unruhen dehnten sich bis nach Versailles aus, und die Höflinge gerieten in Panik. Eine wütende Menge versammelte sich vor den Palasttoren. Die Menschen schrieen, »dass sie kein Brot hätten, dass sie gekommen wären, es zu holen, und zeigten Brot vor, das sehr minderwertig war«, obwohl sie zwei Sous dafür bezahlt hatten.[5] Sie beschwerten sich auch darüber, dass befohlen worden war, den Versailler Marktplatz zu schließen.

Turgot hatte sich nach Paris begeben, um mit der Krise dort fertig zu werden, und während seiner Abwesenheit lag die Verantwortung bei dem jungen König. »Ihr könnt auf meine Entschlossenheit zählen«, schrieb er in einer hastig verfassten Note an den Finanzminister, und Standfestigkeit bewies er tatsächlich – kombiniert mit Aufgewecktheit und gesundem Menschenverstand. Er schickte ein Wachkommando zum Marktplatz und ordnete an, ihn unter seiner Aufsicht wieder zu eröffnen. Ludwig sandte den Hauptmann seiner Leibwache aus, um zu den Leuten zu sprechen. Inzwischen hatte der Bürgermeister von Versailles ohne Rücksprache mit Ludwig den Bäckern befohlen, die Preise für Weizenbrot von guter Qualität auf zwei Sous zu senken, wie es die Aufständischen gefordert hatten.

In Versailles war nach ein paar Stunden alles vorüber, ohne dass es zu einem Blutvergießen gekommen wäre. Die Anwesenheit der Wachleute hatte einen beruhigenden Effekt, und Brot konnte zu einem vernünftigen Preis erworben werden (sehr zum Ärger des Königs; er beschuldigte den Bürgermeister eines »dummen Manövers«). Die Standhaftigkeit des Königs bewirkte, dass sich die Höflinge wieder ein Herz fassten. »Ich werde heute nicht ausgehen«, schrieb er Turgot nach Paris, »nicht aus Angst, sondern damit sich die Dinge beruhigen.«

In Paris jedoch schickte Turgot Militär gegen die Aufständischen. Ludwig empfahl Zurückhaltung, aber der Minister war davon überzeugt, dass es sich bei dem Aufruhr um ein politisches Komplott handelte, nicht aber um den Protest hungriger und enttäuschter Menschen. Er befahl den Truppen anzugreifen, und sie schossen und prügelten nach Belieben. Als Kanonen auf die Wälle geschafft wurden und in den Straßen Erhängungen stattfanden, legte sich der Aufruhr, aber die Pariser waren immer noch wütend. Sie hielten sowohl Turgot als auch seinen Herren für die Verantwortlichen, und ihre Verbitterung dauerte an.[6]

Mercy suchte Antoinette auf und fand sie erschüttert vor. Sie hatte die Berichte über die Ausschreitungen gelesen. Die Königin war an nichts anderes gewöhnt, als von den Menschen bewundert zu werden. Trotz der kritischen Lieder und giftigen Verleumdungen, die über sie verbreitet worden waren, glaubte sie fest, dass die Pariser sie liebten. Selbstverständlich empfanden sie Zuneigung, wenn sie die Oper besuchte, und jubelten ihr zu, manchmal eine Viertelstunde lang. Die Menschen jubelten sogar noch lauter, als sie sahen, dass sie zu Tränen gerührt war. Natürlich wusste Antoinette, dass in der Hauptstadt Geschichten über ihre Großzügigkeit gegenüber ihren Dienern und den Opfern von Ungerechtigkeit kursierten. Als Ludwig zu Beginn seiner Regierungszeit den Kanzler Maupeou entlassen und damit die aufgeklärte Politik seines Großvaters revidiert hatte, verbrannten die Pariser Strohpuppen von Maupeou. »Lasst uns unsere bezaubernde Königin rächen«, hatten sie geschrieen, »denn diese Kreatur hat es gewagt, schlecht über sie zu sprechen und Verleumdungen über sie zu schreiben.«[7] Pariser Läden machten ein gutes Geschäft mit königlichen Schmuckgegenständen und Nippes, Porzellanmedaillons, Stichen, Büchern und einfach gemalten Porträts. Ein englischer Besucher sah in Paris zwei teure, fein ausgeführte Porzellanfiguren, die den Harfe spielenden Ludwig und Antoinette mit einer Stickarbeit auf dem Schoß darstellten.[8]

Allerdings wurden auch Karikaturen feilgeboten, die sich über die gigantischen Frisuren und die Federkronen der Königin lustig machten. Aber die Haltung, die in ihnen zum Ausdruck kam, stellte gewiss keine radikale Ablehnung dar. Ein Bildband mit Antoinettes Frisuren, enthielt folgendes Gedicht:

Seht die Frisur uns´rer Königin,
perfekten Geschmack wir darin seh´n.
Sollst ihren Stil zum Vorbild wählen
Im Kleinen wie im Großen darauf zählen.
Denn wer sie zum Vorbild kürt,
Dem Liebe und Respekt gebührt,
Und säe wie sie den Samen
Gern unter Gottes Armen.[9]

Antoinette glaubte, sie und Ludwig würden von den Parisern bewundert, geliebt und sogar verehrt; und das trotz des offensichtlichen Leidens der Ärmsten unter ihnen und trotz der hohen Steuern, die sie kaum bezahlen konnten. Nun aber war sie dazu gezwungen, sich mit dem furchterregenden Zorn ebendieser Menschen auseinander zu setzen. Und das riss sie aus ihrem Gleichgewicht.

Mit Sorge dachte sie an die Krönung des Königs.

Seit dem vergangenen Sommer traf man die nötigen Vorbereitungen für dieses große Ereignis. Die Krönung sollte, althergebrachten Traditionen entsprechend, in der Kathedrale von Reims stattfinden; die Könige Frankreichs waren seit der Zeit Ludwigs VII. im zwölften Jahrhundert dort gekrönt worden. Die Taufe Clovis' I. im Jahre 496 hatte dort stattgefunden. Aber seit über einem halben Jahrhundert hatte es keine Krönung mehr gegeben. Die Kathedrale musste in Stand gesetzt und neue Gebäude mussten errichtet werden. Zimmerleute und Maurer arbeiteten monatelang, während gleichzeitig Schneider, Näherinnen und Stickerinnen damit beschäftigt waren, die kunstvollen Gewänder für die kirchlichen Würdenträger und die Roben, Mäntel und Westen herzustellen, die der König und die Mitglieder des Hochadels tragen würden.

All das kostete sehr viel Geld. Obwohl Turgot die Ausgaben beschnitten hatte und Ludwig weitere Kürzungen anordnete – er wies die Pariser Kaufleute an, keinesfalls Geld für Krönungsfeiern auszugeben, sondern es statt dessen den Armen zu geben –, belief sich die endgültige Summe auf etwa eine Million Livres.[10] Der vorsichtige und umsichtige Maurepas schlug vor, die Zeremonien aufzuschieben. Aber das hätte bedeutet, dass die Aufträge, die man Goldschmieden, Juwelieren, Tuchhändlern, Spitzenklöpplern und Draperiemachern erteilt hatte, zurückgezogen werden müssten. Außerdem würden zu einem späteren Zeitpunkt noch mehr Kosten entstehen, denn die Straße von Paris nach Reims würde nicht einmal, sondern zweimal in Stand gesetzt werden müssen. Auf die Gefahr hin, eine bereits aufgebrachte Öffentlichkeit noch mehr zu verärgern, traf man die Entscheidung, mit der Vorbereitung der Krönung fortzufahren.

Das Volk reagierte insgesamt erfreut. Als die glitzernden Kutschen mit den Würdenträgern, dem Klerus, den hohen Beamten und dem königlichen Gefolge die Straße zur Kathedrale entlang fuhren, knieten zwar Arbeiter links und rechts am Straßenrand und flehten um Brot. Aber es gab keinen Aufstand, und es wurde auch nicht mit Steinen nach den Kutschen geworfen. Die Zuschauer jubelten vielmehr, als der König vorbeifuhr.

Die Krönungszeremonie selbst verlief äußerst eindrucksvoll und genauso feierlich wie das übrige Spektakel. Vor der großen Menge versammelten sich die kirchlichen und weltlichen Würdenträger. Die Bischöfe trugen ihre komplette Amtstracht, und die Adligen waren in Röcke aus golddurchwirktem Tuch und violette, hermelingesäumte Herzogsmäntel gekleidet. Zwei Bischöfe begleiteten den König, der in seinem violetten Samtmantel und dem Hermelinumhang großartig aussah. All seine Gewänder waren mit goldenen Lilien geschmückt – dem französischen Wappen. Die Zeremonie dauerte lange und fand in drückender Hitze statt. Ludwig schwitzte heftig und für alle sichtbar, während er unter der Last seiner Gewänder kniete. Die Zuschauer beobachteten alles ganz genau, hörten aufmerksam zu und brachen hin und wieder in Beifallsrufe aus. Sie sahen, wie der Erzbischof von Reims das heilige Krönungsöl von dem Zeremonienmeister entgegennahm und dem König damit Haupt, Brust, Schultern und Arme salbte. Sie hörten Ludwigs Versprechen, Gewalt und Unrecht zu verhindern, die Ketzer auszurotten und sein Volk gerecht zu regieren. Sie lauschten, während der Erzbischof die Gebete anstimmte.

»Möge der König die Stärke des Nashorns haben«, sprach er, und seine Worte hallten durch das uralte Gebäude mit seinem hohen Hauptschiff und dem funkelnden Glas wider, »und möge er, einem rauschenden Wind gleich, die Nationen unserer Feinde vor sich her treiben, sogar bis ans Ende der Welt.«

Ludwig erhielt das goldene Zepter, das gut anderthalb Meter maß, und die *Hand der Gerechtigkeit*, einen mächtigen goldenen Stab, der mit Juwelen besetzt war und am oberen Ende in einer goldenen Hand endete. Man setzte ihm die Krone Karls des Großen auf, deren Rubine und Saphire im Licht der Kerzen schimmerten. Dann führte man Ludwig zum Thron, und der Erzbischof verbeugte sich tief vor ihm, um dann laut »Vivat Rex in aeternum – Möge der König ewig leben!« auszurufen. In diesem Moment öffneten sich die großen Kirchentüren, und die Menschen, die draußen stundenlang in der Hitze gewartet hatten, stürmten herein, und »ihre Rufe ›Lang lebe der König!‹ hallten sogleich von den Dächern wider, und die Menschen, die der Zeremonie beigewohnt hatten und in der Choranlage wie in einem Amphitheater aufgestellt waren, antworteten ihnen wie ein Echo«.

Die Untertanen begannen zu applaudieren, und der Beifall wuchs, bis er die ganze Kathedrale füllte. Er wurde stärker und stärker und wuchs zu einem Donner heran, und während er anhielt, ließen die Vogler ungezählte Vögel aus Käfigen frei, die hoch flatterten und in den weiten Raum unter dem gewölbten Dach flogen. Sie symbolisierten die Freiheit Frankreichs unter der Herrschaft eines wohltätigen Königs.[11]

Antoinette war überwältigt. Zu Tränen gerührt musste sie sich in die inneren Räume zurückziehen, die man für sie vorbereitet hatte. Die Menge, die sie beobachtete, freute sich darüber, dass sie so viel Gefühl zeigte. Als sie zurückkehrte, schwoll der Beifall wieder an. Der Abbé Véri, ein Freund und Ratgeber Maurepas' berichtete von Beifallstürmen für Antoinette. Aber er hegte den Verdacht, dass dieser Jubel die öffentliche Meinung nicht wiedergab. Es seien sehr viele Schmeichler anwesend gewesen, schrieb er in sein Tagebuch, aber die Krönung habe sich aus kaum mehr zusammengesetzt als »Förmlichkeiten und Dekoration«. In Wahrheit blickten die Franzosen säuerlich auf die Kosten der Zeremonie, und man warte ungeduldig darauf, dass die Regierung sich endlich ernsthaft mit ihrer finanziellen Lage beschäftigte.[12]

Antoinettes ganze rührende Loyalität Ludwig gegenüber und ihr natürlicher Optimismus kamen in dem Brief zum Ausdruck, in dem sie Maria Theresia über die Krönung Bericht erstattete. Sie schrieb, »… die heilige Zeremonie war in allen Punkten vollkommen, alle waren vom König höchst angetan, und das zu Recht.« Diese Zeremonie habe die Monarchie dem Volk näher gebracht. »Ich konnte mich nicht beherrschen, ich habe wider Willen Tränen vergossen, und man war mir dankbar dafür. Ich habe während der ganzen Zeit auf der Fahrt mein Möglichstes getan, um auf den Jubel des Volkes zu antworten, und obwohl die Hitze und die Menge groß gewesen sind bedaure ich nicht meine Ermüdung.« Vor allem aber verwunderte und freute sich Antoinette darüber, dass dasselbe hungrige Volk, das die Getreidespeicher gestürmt und an den Toren von Versailles seine Unzufriedenheit hinaus geschrieen hatte, seinen König mit einem solch großen Enthusiasmus aufgenommen hatte.

»Es ist erstaunlich und ein großes Glück, dass man uns zwei Monate nach der Revolte und trotz der Brotverteuerung so gut empfangen hat. Bemerkenswert an den Franzosen ist, dass sie sich durch bösen Rat leicht verführen lassen, aber schnell wieder zum Guten zurückkehren.«[13]

Antoinette hatte Recht, die Franzosen waren sprunghaft, aber nicht, weil sie sich von den Einflüsterungen von Unruhestiftern hätten »verführen« lassen. Sie liebten ihren Herrscher, hassten aber die Monarchie. Ludwig, so hofften sie, würde ein neuer Heinrich IV. sein, ein Held seines Volkes, ein Retter seines Landes. Aber Ludwigs Minister und ihre gespaltene Politik wurden verabscheut. Und der Hass auf sie wuchs.

Inzwischen näherte sich für die kleine Gräfin von Artois die Zeit ihrer Niederkunft. Sie hatte während ihrer Schwangerschaft wenig gelitten, und wenn die Liederlichkeit und gewohnheitsmäßige Untreue ihres Gatten sie überhaupt störten, dann zeigte sie es nicht. »Sie hat das Glück, ihre Niederkunft nicht zu fürchten«, schrieb Antoinette Ende Juni 1775 ihrer Mutter. Antoinette muss die bevorstehende Geburt gefürchtet haben, denn ihre eigene Ehe blieb so hoffnungslos unfruchtbar wie eh und je. Außerdem musste sie die Erniedrigung durchstehen, bei Marie Thereses Niederkunft anwesend zu sein.

Die Bräuche schrieben vor, dass alle Mitglieder der königlichen Familie und die Höflinge bei der Geburt eines Prinzen oder einer Prinzessin zusammenkommen mussten. Als Marie Thereses Wehen einsetzten, nahm Antoinette ihren Platz im Geburtszimmer ein. Sie sah, nach außen hin fürsorglich, aber im Inneren von Schmerzen gequält, den Hebammen und Ärzten bei ihrer Arbeit zu. Marie Therese hatte eine leichte Geburt. Die Wehen zogen sich nicht allzu sehr in die Länge – »Sie hat nur drei Schmerzanfälle gehabt«, dann war das Kind da, ein gesunder Junge. Die Mutter legte sich die Hand auf die Stirn und rief: »Mein Gott, wie glücklich ich jetzt bin!«

Antoinette fühlte sich zutiefst gedemütigt. »Ich muss meiner lieben Mama nicht sagen, wie ich gelitten habe, einen Erben zu sehen, der nicht von mir ist«, schrieb Antoinette sechs Tage darauf an Maria Theresia. »Aber dennoch vergaß ich nicht all die Aufmerksamkeit, die Mutter und Kind gebühren.«[14]

Der Hof wurde über die Geburt eines Jungen, des Herzogs von

Angouléme, informiert, und aus den Korridoren und Salons, wo die Öffentlichkeit gewartet hatte, drang der Lärm der Jubelrufe durch den ganzen Palast. Antoinette hielt sich an Marie Thereses Seite auf, bis diese gewaschen und zu Bett gebracht worden war. Dann kehrte sie in ihre eigenen Gemächer zurück. Sie versuchte, so ruhig wie möglich zu erscheinen, während sie an den Zuschauern vorbeischritt und sich fragte, was wohl in ihren Köpfen vorgehen mochte. Eine Delegation Pariser Fischweiber heftete sich an ihre Fersen, folgte ihr durch die langen Korridore. Sie riefen ihr »mit äußerst zügellosen Worten zu, dass *sie* Erben hervorbringen sollte«.[15] Die Königin beschleunigte ihre Schritte und eilte in ihr innerstes Heiligtum, wo Madame Campan sie erwartete. Dort weinte sie, offen und bitterlich, während die Hofdame ihr Bestes tat, den untröstlichen Kummer zu stillen.

# 13

Im April 1777 entstieg ein gut gebauter Mann von sechsunddreißig Jahren in einem Anzug aus einfachem Tuch und von altmodischem Schnitt und Farbe einer bescheidenen Kutsche und betrat ein preiswertes Pariser Hotel. Er wurde von drei Dienern begleitet und trug kaum Gepäck mit sich. Vorübergehende hätten ihn für einen reisenden Schulmeister oder Beamten halten können, hätten seine beweglichen Gesichtszüge nicht außerordentliche Intelligenz verraten und seine wachen, leicht vorstehenden Augen nicht auf eine ganz besondere Wahrnehmungsfähigkeit hingewiesen. Er trug eine Halbperücke über dem kahlen Schädel, und sein eigenes langes Haar war im Nacken zu einem spärlichen Pferdeschwanz zusammengefasst. Sein Diener redete ihn mit »Herr« an, aber im Hotel stellte er sich als Graf Falkenstein vor. Dieser Titel löste ein gewisses Maß an Geschäftigkeit und Ehrerbietung bei dem Hotelpersonal aus, um nicht zu sagen Überraschung.

Graf Falkenstein war niemand anders als Antoinettes ältester Bruder Joseph, Kaiser des Heiligen Römischen Reiches und an der Seite seiner Mutter Maria Theresia Mitregent über die habsburgischen Lande. Er reiste inkognito, um Kosten zu sparen und, was ihm wichtiger war, jegliche Umstände und die Etikette zu umgehen. Joseph bevorzugte es, ohne Fanfarentöne frei kommen und gehen zu können. Er war von Natur aus einfach und direkt, sogar unhöflich und zermürbend in seiner Offenheit. Wann immer ihm die Möglichkeit dazu gegeben wurde, beliebte er, Förmlichkeiten und Künstlichkeit zu durchkreuzen, um zum Kern der Dinge zu kommen. Ihm war klar, dass er mehr von der Wirklichkeit sehen würde, wenn er als Graf Falkenstein reiste, und er wollte so viel wie möglich über die Situation seiner Schwester und über Frankreich erfahren.

Aus dem mürrischen und launenhaften Jungen hatte sich ein scharfsinniger und überkritischer Mann entwickelt, der zu Missmut und Unberechenbarkeit neigte. Er hatte sich nach dem Tod seiner zweiten Frau Josefa nicht wieder verheiratet. Dafür hatte er zahlreiche Liebschaften. Weltzugewandter als sein Vater, besaß Joseph zudem ein idealistisches soziales Gewissen. Der herrschenden sozialen Ordnung mit ihren Rangfolgen und Hierarchien begegnete er mit Skepsis. Der Monarchie misstraute er, und die Aristokraten erfüllten ihn mit Verachtung. Er hatte seine eigene Meinung über alles und jedes, selbst wenn ihm die Sachkenntnis fehlte. Er schockierte gerne, es gefiel ihm, Selbstzufriedenheit bloßzustellen und er sorgte gerne für Aufruhr. Aber Joseph war auch verwundbar. Schmeichelei entwaffnete ihn. Wie seine Mutter bemerkte, »liebte er es, zu glänzen«. Unter seinem schroffen Auftreten wohnte auch so etwas wie Liebesfähigkeit, aber er fürchtete, wie jemand, der ihn sehr gut kannte, schrieb, sich zu binden und bemühte sich, sowohl Liebe als auch Freundschaft auf Distanz zu halten.

Zweifellos wollte Joseph Antoinette besuchen, denn er tat selten etwas, das ihm nicht behagte. Aber er unternahm die Reise nach Frankreich auch auf Drängen seiner Mutter. Sie sorgte sich verzweifelt um ihre Tochter. Antoinette war jetzt zweiundzwanzig und nach sieben Jahre Ehe, davon drei als Königin, immer noch kinderlos. Seit langer Zeit schon erreichten skandalöse Gerüchte Wien. Sogar Mercy gab in Briefen, die manchmal mehr als fünfzig Seiten umfassten, zu, dass Antoinette extravagant sei, sie eine Vorliebe für unziemliche Gesellschaft und lose Vergnügungen habe und außerdem fast jede Nacht besessen und leichtsinnig dem Glücksspiel fröne. Ihre Missachtung der Höflinge und der Umstand, dass sie nicht von einer Clique intriganter Favoriten lassen könne, hätten zu einer Situation geführt, die Mercy zufolge unhaltbar sei.

Im Winter 1776–77 war Versailles nahezu ausgestorben gewesen.

Die Menschen waren in Scharen ferngeblieben, was zum Teil aus Protest gegen Antoinettes unkluge Politik der Exklusivität und ihr unkontrolliertes Benehmen geschah. Unübersehbar fügte die Königin sich und ihrem Land Schaden zu, und ihr Ehemann war entweder nicht willens oder nicht in der Lage, sie davon abzuhalten.

Vielleicht würde Joseph Antoinette beeinflussen können. Er war ihr älterer Bruder, hatte sie als Kind sehr gemocht, und konnte ihr seinen brüderlichen Rat geben. Außerdem lag es in seinem Interesse als Herrscher, das Bündnis Frankreichs mit Österreich zu erhalten. Antoinettes Benehmen und noch viel mehr ihre Unfähigkeit, ihrem Land einen Thronerben zu gebären, bedrohte dieses Bündnis. Joseph hatte vor, Teile Bayerns und der Niederlande zu annektieren. Sollte die französische Regierung damit nicht einverstanden sein, würde er seine Pläne aufgeben müssen, und Österreich würde zudem auch noch Gefahr laufen, gegenüber seinem alten Feind Friedrich II. von Preußen ins Hintertreffen zu geraten.

Außerdem konnte Antoinettes Kinderlosigkeit nicht länger ignoriert werden. Jeder Hof in Europa sorgte sich um die französische Thronfolge. Die Geburt des Herzogs von Angouléme bedeutete zumindest für den Augenblick, dass der König von Sardinien (der Großvater des herzoglichen Infanten) darauf hoffen durfte, dass einer seiner Abkömmlinge König von Frankreich werden könnte. Der König von Spanien, ein Nachfahre von Ludwig XIV., hätte Ansprüche auf den französischen Thron, wenn Ludwig und Antoinette kinderlos blieben. Savoyen, Spanien, Preußen und Sachsen schickten Spione nach Versailles. Der Stand der Thronfolge sollte genauestens überwacht werden. Die Fruchtbarkeit des Herrscherpaares war lebenswichtig für den Frieden in Europa, und erst recht für das Wohlergehen Österreichs.

Graf Falkenstein ließ sich nach Versailles fahren und betrat den Palast über eine geheime Treppe. Seine Wiederbegegnung mit Antoinette, die er seit ihrem vierzehnten Lebensjahr nicht mehr gesehen hatte, war von anrührender Wärme. Sie unterhielten sich mehrere Stunden lang unter vier Augen. Mit der gewohnten Offenheit erzählte Antoinette ihrem Bruder alles, was er wissen wollte. Sie sprach darüber, wie sie sich die Zeit vertrieb, wen sie mochte und wie sich ihr Eheleben mit Ludwig gestaltete. Antoinette muss erleichtert gewesen sein, offen zu ihrem Bruder sprechen zu können, obwohl sie wusste, dass er ihre Art zu leben missbilligte. Sich die Last von der Seele zu reden, zuzugeben, wie es um ihre Ehe wirklich stand und wie verletzt sie sich fühlte, kam wohl einer inneren Reinigung gleich.

Sie erzählte ihm, wie sehr sie während der Niederkunft ihrer Schwägerin gelitten und wie der Hohn der Fischweiber sie verfolgt hatte und dass die Leute Spottverse über sie und Ludwig sangen (»Jedermann flüstert, kann der König oder kann er nicht? Seht der Königin verzweifeltes Gesicht.«). Der König verbrachte die Nächte so selten mit seiner Frau, dass die Höflinge, die überall das Gras wachsen hörten, vermuteten, eine andere Frau habe ihn betört.[1] Leute meldeten sich zu Wort und boten Aphrodisiaka und Fruchtbarkeitsmittel an; man fürchtete böse Einflüsse wie Zaubersprüche und Hexerei, die eine Empfängnis vereiteln sollten. Als Antoinette und Ludwig wenige Monate zuvor aus der Kapelle gekommen und durch eine der öffentlich zugänglichen Galerien gegangen waren, hatte sich ein Geistlicher vor dem Paar auf den Boden geworfen. Er hatte ihnen den Weg versperrt und Ludwig einen Zettel in die Hand gedrückt, der »das Geheimnis, wie seine königliche Rasse fortgeführt werden könne«, enthielt. Der Mann wurde hinausgeworfen, und der König lachte, aber er las den Zettel. Ludwig solle Alraunenwurzeln essen (ein traditionelles Aphrodisiakum) oder direkt auf sein geplagtes Fleisch legen.

Während Antoinette redete und von Zeit zu Zeit vor Kummer weinte, erkannte Joseph allmählich, zu welch einem Geflecht der Schwierigkeiten die Ehe seiner Schwester herangewachsen war. Was eigentlich eine gesunde körperliche Vereinigung hätte sein sollen, angenehm und lustvoll für beide Seiten, war von Anfang an von Spannungen und Eigenarten überlagert worden, die ihren Ursprung in Ludwigs leichter Deformation und der sexuellen Unwissenheit beider Partner hatte. Die Hofärzte waren zu sehr darauf bedacht, genehm zu sein, als dass sie unverblümte Ratschläge erteilt hätten, und hatten den beiden keinerlei Hilfe geboten. Keiner von ihnen besaß die Kühnheit, Ludwig klarzumachen, dass seine Phimose das Problem war, dass man sie beseitigen könne und dass er vorher nicht in der Lage zu einem Samenerguss sein würde.

Zweifellos widerstrebte es den Ärzten, dem ängstlichen Ludwig Schmerz zuzufügen. Deshalb gaben sie ungenaue und widersprüchliche Diagnosen ab. Manche behaupteten, die »Schwierigkeit« würde sich im Laufe der Zeit auch ohne einen Eingriff von selbst erledigen, andere ergingen sich in Ausflüchten (einer äußerte die kluge Meinung, es gäbe »viele Nachteile, wenn man die Operation durchführe, aber auch viele Nachteile, wenn man sie unterließe«).

Halbwegs überzeugt, dass die Zeit alleine eine plötzliche Wunderheilung zu Stande bringen würde, hatte das Paar ab und zu naiv herumexperimentiert. Aber ihr Versagen hatte beide beschämt und ihnen das Gefühl gegeben, der Situation nicht gewachsen zu sein. Einige Tage vor Josephs Ankunft hatten sie wieder einen Versuch unternommen, und Antoinette schrieb ihrer Mutter, sie habe »größere Hoffnungen«.

Aber Joseph erkannte, wie naiv diese Hoffnungen waren. Er schrieb an seinen Bruder Leopold: »Das Geheimnis liegt im Ehebett. Er hat ausgezeichnete Erektionen, führt sein Glied ein, verharrt dort regungslos vielleicht zwei Minuten lang, und ohne sich zu ergießen, zieht er sein immer noch aufrecht stehendes Glied zurück und wünscht seiner Frau gute Nacht. Das Ganze ist unbegreiflich, da er manchmal feuchte Träume hat. Er ist völlig zufrieden und gibt offen zu, dass er den Akt nur als Pflichterfüllung betrachtet und keinerlei Vergnügen daran findet. Ach, wenn ich nur einmal hätte dabei sein können, ich hätte es ihm schon beigebracht. Man sollte ihn auspeitschen wie einen Esel, damit er ejakuliert.«[2] Antoinette, so fügte er hinzu, mangele es an Leidenschaft, mehr von ihrem Mann zu verlangen – und offensichtlich war sie nicht klug genug, eine ihrer Damen um Rat zu fragen. Nicht einmal Madame Campan, mit der sie sich doch so gut verstehe. Auch Ludwig hatte anscheinend niemanden, dem er sich hätte anvertrauen können. Durch seine Schüchternheit und weniger auf Grund seiner herausragenden Stellung lebte er so isoliert von den anderen Männern bei Hofe, dass er seine Notlage mit keinem von ihnen besprechen konnte.

Joseph verachtete die »beiden kompletten Trottel« insgeheim, aber wenigstens diesmal erschien ihm Takt angebrachter. Er befreundete sich mit dem scheuen König, klärte ihn auf und überredete ihn, sich der gefürchteten Operation zu unterziehen, die endlich einen Mann aus ihm machen würde. Danach stellte er Antoinette zur Rede und empfahl ihr, Ludwig des Nachmittags in ihr Bett zu locken, wenn er noch voller Energie sei; abends, nach einem umfangreichen Mahl, würde er wenig zu Stande bringen. Joseph schonte die Gefühle seiner Schwester nicht. Ihre gesamte Sicherheit hinge davon ab, dass sie einen Sohn gebären würde, teilte er ihr mit. Und nach Möglichkeit sollte sie mehr als einen hervorbringen. Kinderlose Königinnen würden in Klöster abgeschoben oder verbannt. Sie hörte zu und nickte, die Augen vor Furcht geweitet. Joseph war sich sicher: Sie würde seinen Rat beherzigen.

Antoinette machte ihren Bruder mit allen wichtigen Personen am Hofe bekannt. Er war beim *lever* ebenso zugegen wie beim *coucher*, wohnte den komplizierten sonntäglichen Zeremonien bei und besuchte elegante Abendessen und Spielabende. Antoinette prahlte mit seiner Intelligenz, seinem militärischen Wissen, mit seiner Nüchternheit und Anspruchslosigkeit.

Die Höflinge betrachteten den »Grafen Falkenstein« mit seiner einfachen flohfarbenen Kleidung mit schiefen Blicken. Flohfarben waren in Versailles vor zwei Jahren kurz in Mode gewesen; es hatte viele Schattierungen gegeben von »alter Floh« über »junger Floh« bis hin zu »Flohkopf« und »Flohschenkel«. Josephs Farbwahl wurde belächelt. Die modische Welt hatte sich neuen Farbtönen zugewandt: ›Pariser Schlamm‹, ›Indiskrete Tränen‹ und ›Mut des Edelmannes‹. Sie nahmen an seiner Unhöflichkeit Anstoß und machten sich über sein zwar fließendes, aber eigenartiges Französisch lustig. Man betrachte ihn, so schrieb Madame Campan, frostig und von oben herab, als einen Fürsten, der »eher einzigartig als bewundernswert« sei.

Man mochte ihn lieber, als Antoinettes jüngeren Bruder Maximilian, der Versailles 1775 einen kurzen Besuch abgestattet hatte. Ihm war es vollkommen misslungen, zu beeindrucken oder zu bezaubern. Man bedachte die Tatsache, dass Joseph Gefallen an Schauspielerinnen fand (er erforschte die Pariser Halbwelt), mit Beifall. Abgesehen von seiner Mutter und seiner Schwester, die sehr wohl etwas daran auszusetzen hatten, nahm niemand an seinem Besuch bei Madame du Barry Anstoß. Aber man belächelte seine Vorliebe für einfaches Essen und sein nahezu klösterliches Leben (er schlief in seinem billigen Pariser Hotel in einem schmalen unbequemen Bett, wollte nicht im Palast wohnen und bevorzugte eine Herberge in Versailles). Man verübelte ihm die Neugierde, die er den Regierungsfunktionen, vor allem aber finanziellen Angelegenheiten gegenüber zeigte. Joseph untersuchte Ausgaben des Hofes, machte sich Notizen über die Buchhaltung und hatte bald einige Kritik am Finanzgebaren zu äußern. Madame Campan hielt fest, dass Joseph ihren Schwiegervater abpasste und ihm »ohne die geringste Zurückhaltung« über eine Stunde lang einen vehementen Vortrag über die Regierung hielt – und dabei zweifellos deren Fehler hervorhob.[3]

Joseph für seinen Teil fühlte sich von den im Übermaß geschmückten Höflingen und ihren ausschweifenden Vergnügungen abgestoßen. Er neckte Antoinette damit, dass sie zu viel Rouge verwendete. Eines Tages legte sie vor einem Theaterbesuch mehr Wangenrot als üblich auf, und er »riet ihr, noch mehr aufzutragen, und zeigte auf eine Dame, die zugegebenermaßen grotesk angemalt war. ›Ein bisschen mehr unter die Augen‹, meinte der Kaiser zur Königin, ›leg das Rouge auf wie eine Furie, so wie die Dame dort es tut.‹« Antoinette teilte ihm unter vier Augen mit, er solle seine Unhöflichkeit zügeln. Allerdings merkte Madame Campan in einem Seitenhieb an, dass Josephs beißende Kommentare« sehr gut zu dem höhnischen Geist passten, der damals vorherrschte.[4]

»Die wuchernden Federn, die zu Bergen aufgetürmten Haare und den raffinierten Modestil hielt der mürrische Österreicher für lächerlich, und er verhöhnte sie lautstark. Er kritisierte Antoinette, die Franzosen zu solch bizaren Abweichungen vom guten Geschmack angeleitet zu haben.

Joseph gelangte zu äußerst negativen Ansichten über die königliche Familie. Den fettleibigen und verdrießlichen Provence fand er »unbeschreiblich und sehr kalt«, seine Frau vulgär und intrigant. Artois' unkontrollierte Leidenschaft für Rennen ließ ihn in Josephs Augen als vollkommen nutzlos erscheinen und trug ihm die Bezeichnung »Geck« ein. Seine Frau bezeichnete Joseph als »absolut schwachsinnig« (schwachsinnig oder nicht, Marie Therese hatte bis jetzt zwei Kinder geboren und würde bald ein weiteres zur Welt bringen). Joseph enthielt sich eines Kommentars über die drei königlichen Damen, die zu diesem Zeitpunkt eher am Rande der Ereignisse standen. Adelaide jedoch fasste eine Vorliebe für ihn. Unter dem Vorwand, ihm einige Porträts zeigen zu wollen, überredete sie ihn, sie in ihren Gemächern zu besuchen. Als sie dann alleine waren, umarmte sie ihn und meinte, dass es »wenigstens erlaubt sein müsse, eine alte Tante zu umarmen«.[5]

Ob brüderliche Zuneigung ihn blendete, oder ob Antoinettes frischer Liebreiz und ihr raffinierter Charme ihn einnahmen – Joseph empfand jedenfalls trotz ihrer Fehlurteile und ihrer eigenwilligen Vergnügungen Sympathie für seine kleine Schwester. Er erkannte, dass sie unter konstanter nervöser Anspannung stand. Sie brach oft in Tränen aus, und ihr Weinen erschöpfte sie und zehrte sie aus. Antoinette verfiel oft in Trauer, konnte aber auch herrschsüchtig sein. Wenn sie etwas wollte, dann stand ihr ein großes Waffenarsenal zur Verfügung: Das reichte von Schikanen, Arglist und Überredung bis zu Tränen und Trotz. Sie probierte ihre mächtigsten Waffen an ihrem Mann aus, der ihre Szenen über sich ergehen lassen musste und ihr selten etwas verweigerte.

»Ihre Situation mit dem König ist sehr merkwürdig«, teilte Joseph Leopold in einem Brief mit. »Er ist nur zu zwei Dritteln ein Ehemann, und obwohl er sie liebt, fürchtet er sie doch mehr; unsere Schwester hat die Art von Macht, die man von einer königlichen Mätresse erwarten würde und die eine Ehefrau nicht haben sollte, denn sie zwingt ihn dazu, Dinge zu tun, die er eigentlich nicht tun möchte.«[6] Ludwig war so kindlich, dass er Halt brauchte, und er suchte Mütterlichkeit bei allen Frauen, die ihm nahe standen. Das muss nicht unbedingt Antoinettes Schuld gewesen sein, aber ihre Beziehung wurde dadurch aus dem Gleichgewicht gebracht. Die Königin gewann jedenfalls ein unverhältnismäßig hohes Maß an Macht über ihn. Und paradoxerweise konnte sie dadurch ihre eigene Kindheit verlängern und sich selbst gegenüber nachsichtig sein, denn Ludwig war ihr kein erwachsener Partner.

»Die Königin ist eine schöne Frau«, teilte Joseph Leopold offen mit, »aber sie ist hohlköpfig und unfähig wie eh und je, ihre guten Gaben zu entwickeln. Sie verschwendet ihre Tage, indem sie von Zerstreuung zu Zerstreuung rennt. Daran ist nicht viel auszusetzen. Dennoch bergen sie Gefahren für Antoinette, verhindern sie doch, dass sie sich Gedanken macht. »Die Königin sei durchaus liebenswert, aber sie »denkt nur an Vergnügungen.« Sie fühle sich »an keine Etikette gebunden«, sie »läuft alleine herum oder mit ein paar Begleitern, ohne äußerliche Zeichen für ihre Stellung, und das sieht ein wenig unschicklich aus«. Kurz gesagt, »sie erfüllt ihre Aufgabe nicht«, weder als Königin noch als Frau, und in der Zukunft würde das unweigerlich zu schlimmen Konsequenzen führen.

Glücklicherweise, so schloss Joseph, sei seine Schwester eine rechtschaffene und tugendhafte Frau. Die schlimmsten Verleumdungen über sie, nämlich dass sie Liebschaften mit Artois und zahlreichen anderen Männern, wenn nicht sogar Frauen unterhielte, seien offensichtlich unwahr. »Ihre Tugendhaftigkeit ist unberührt, und sie achtet sehr darauf«, schrieb Joseph an Leopold, »aber weniger durch Vorbedacht als vielmehr durch angeborene Wesensart; mit einem Wort, bis jetzt ist es in Ordnung gewesen, aber auf lange Sicht wird sie mit ihrer Weisheit am Ende sein, und dann können die Dinge schlecht ausgehen; das habe ich ihr gesagt, aber obwohl ich mit ihrer Freundlichkeit und ihrer Aufrichtigkeit – sie hört zu, pflichtet mir bei – sehr zufrieden bin, so verhindert doch der Wirbelwind von Ablenkungen, der sie beständig umgibt, an etwas anderes zu denken, als von einem Vergnügen zum nächsten zu eilen«.

Am schlimmsten aber sei, dass kein Zweifel daran bestehen könne, dass Antoinette an ihren oberflächlichen Zerstreuungen und Amüsements festhalten würde, solange sie von Leuten umgeben blieb, die sie dazu ermunterten. Und es gebe »Armeen« solcher Personen. »All die Menschen, die sie umgeben, ermutigen sie zu dieser Raserei«, schrieb der angewiderte Joseph. »Wenn sie ein bisschen weniger auf die Leute hören würde, die sie dazu drängen ... sie wäre perfekt. Ihr Bedürfnis, Spaß zu haben, ist sehr mächtig, und weil die Leute das wissen, nutzen sie ihre Schwäche aus. Denen, die ihr den vielseitigsten Spaß bieten, hört sie am meisten zu und behandelt sie auch am besten.«[7]

Trotzdem blieb Antoinette in der Mitte des »Wirbelwinds von Ablenkungen« ihrem Wesen treu und war großzügig, ehrlich und im Grunde ohne Laster – abgesehen vom Glücksspiel, was Joseph entsetzte. Sie verspielte riesige Summen beim Pharaospiel, und benahm sich dabei auch sonst durch und durch leichtsinnig und gedankenlos. Aber sie betrog nicht beim Spiel (was viele andere taten), sie machte keine Szenen (wie Artois es tat), und sie versuchte auch nicht, sich zu rächen oder zu schmollen, wenn sie verlor.

Den Kern des Problems, so erkannte Joseph, stellte Ludwig dar.

Groß und robust, das runde Gesicht von Pockennarben gezeichnet und mit kleinen kurzsichtigen Augen, war der König mit seinen dreiundzwanzig Jahren so stark wie ein Ochse. Er rang gerne mit den Höflingen, wobei er den Fürsten von Ligne beinahe erwürgt und den korpulenten Herzog von Coigny und andere ernstlich verletzt hatte. Seine Ratgeber wussten nie im Voraus, wann ihn wieder kindliche Lust packte und er eine Kohlenschaufel ergriff, um damit den erstbesten Pagen hochzustemmen. Er sprang dann im Zimmer herum wie ein Sechsjähriger und kitzelte den ältlichen Kammerdiener, der wie ein Hase vor ihm davonlief, was Ludwig erheiterte. Der König gesellte sich zu seinen jungen Pagen und freute sich, wenn sie würdevollen Beamten die Perücken von den Köpfen rissen oder Dienern, die auf den Korridoren eingeschlafen waren, Schnurrbärte auf die Oberlippen malten. Wenn ihm ein Streich gelang, dann verließ er laut lachend »das Schlachtfeld mit der Geschwindigkeit einer jungen Armee«. Während des *lever* oder *coucher* amüsierte er sich damit, den Adligen, die ihm sein Hemd reichten, Fratzen zu schneiden, sich zur Seite zu ducken und dem Kleidungsstück auszuweichen. Gern lief er dann auch weg, und der betreffende Edelmann musste ihm hinterherjagen. »Ganz gleich, wie viele vornehme Besucher auch anwesend sein mochten, Ludwig schien in solchen Momenten keine königliche Würde zeigen zu wollen.«

Der König wollte das Beste für sein Land, er kannte den Ernst der Lage, und er hatte Mitgefühl mit seinem Volk. Aber es fehlte ihm an der geistigen Festigkeit, Schwierigkeiten direkt anzugehen. Auch fehlte ihm die körperliche Energie, Tag für Tag die Mühsal des Regierens durchzustehen. Er war hoffnungslos überfordert, und im Frühjahr 1777 war er in einen Zustand ständiger Apathie verfallen. »Er führt ein sehr eintöniges Leben ohne Neugierde«, berichtete Joseph Leopold, »und ohne jeden Überblick.« Seine Minister führten die gesamten Regierungsgeschäfte. »Er kann jederzeit seine Minister auswechseln, aber er wird niemals die Art und Weise meistern, wie seine Regierung geführt werden muss, es sei denn, er entwickelte sich zu einem überirdischen Genie. Sie können sich vorstellen, wie die Staatsgeschäfte erledigt werden; für meinen Teil kann ich klar erkennen, dass all die persönlichen Intrigen mit der größten Aufmerksamkeit bedacht werden. Die Finanzgeschäfte hingegen werden vollkommen vernachlässigt.« Die Ausgaben des königlichen Haushaltes betrugen ein Sechstel des gesamten Staatshaushaltes – eine Tatsache, die Joseph schockierte und dazu führte, dass er dem Generalkontrolleur der Finanzen, dem schweizerischen Bankier Jacques Necker, misstraute.[8]

Während der wenigen Monate, die er in Frankreich verbrachte, sah und unternahm Joseph sehr viel. Er besichtigte die Sehenswürdigkeiten von Paris und besuchte die wichtigen Institutionen, die Gefängnisse, die Werkstätten und die Bildergalerien. Er unternahm ausführliche Reisen in die Provinzen, denn er interessierte sich für Landwirtschaft, Tierzucht und das dörfliche Leben. Seine einfachen Gewohnheiten und simplen Mahlzeiten behielt er bei, und wurde im Land zu einer Art Berühmtheit. Die Höflinge lachten ihn aus – sie lachten über fast alles und jeden –, aber die Pariser mochten ihn und bedauerten es, ihn gehen zu sehen. Ludwig überreichte ihm zum Abschied kostbare Präsente – Gobelinstickereien, Savonnièreteppiche und ein Service aus Sèvres-Porzellan. Antoinette schenkte ihm eine Uhr mit ihrem Porträt darauf und nahm ihm das Versprechen ab, sie bald wieder zu besuchen. Joseph reiste ab, wie er gekommen war. Er trug seinen einfachen flohfarbenen Anzug und bestieg die bescheidene Kutsche. Antoinette war traurig, aber die Höflinge fühlten sich erleichtert, denn es war nicht einfach gewesen, seinem verächtlichen Blick standzuhalten, und überhaupt hatte seine ganze Art bei ihnen Vorbehalte gegen Österreicher genährt.

Nachdem Joseph abgereist war, veränderte sich Antoinettes Verhalten. Sie begab sich seltener nach Paris, sie spielte seltener, und sie versuchte, ihren Geist weiterzubilden. Artois, der Gefährte ihrer Frivolitäten, befand sich auf Reisen in der Provinz, und in seiner Abwesenheit fiel es ihr leichter, sich zu disziplinieren. Aber ihre Veränderung war nur von kurzer Dauer: Als der Herbst anbrach, waren alle guten Vorsätze vergessen und sie spielte wieder, inmitten einer Gesellschaft, die sich so »ungestüm und unschicklich« gebärdete wie eh und je.

Kurz nach Josephs Abreise hatte sich Ludwig der Operation gestellt, vor der er sich so viele Jahre gefürchtet hatte. Und nachdem er sich davon erholt hatte, konnte er zum ersten Mal mit seiner Frau schlafen.

»Ich genieße das größte Glück meines ganzen Lebens«, teilte Antoinette ihrer Mutter Ende August freudig mit. »Schon seit acht Tagen ist meine Ehe vollkommen vollzogen, der Beweis ist wiederholt worden, und noch gestern vollständiger als das erste Mal. Ich habe zuerst daran gedacht, sofort an meine liebe Mama einen Kurier zu schicken, aber ich habe Angst gehabt, dass Aufsehen und Gerede entstehen könnten.«[9] Antoinette hoffte darauf, gleich schwanger zu werden, und war enttäuscht, als das nicht eintrat. Aber die Aussichten waren jetzt bestens, und diese Hoffnung beflügelte sie. Maria Theresia war außer sich vor Freude, als sie erfuhr, dass Antoinette endlich zur Frau geworden war. Aber sogleich erteilte sie ihr Anweisungen: kein Reiten im Männersattel, keine Kutschfahrten, keine übermäßigen Gedanken über die Sorgen und Nöte der Dienerschaft oder der Freunde mehr. »Eine erste Schwangerschaft ist stets wichtig für die folgenden«, warnte die Kaiserin.[10]

Die Kaiserin schrieb immer noch energische Briefe, aber Alter und Krankheit quälten sie und hielten sie von allen Aktivitäten ab, die sie auch nur im geringsten strapaziert hätten. Ihr Geist war hellwach, und sie las und schrieb immer noch viel, wie es die Regentschaft von ihr forderte. Aber ein Großteil der Verantwortung hatte sie Joseph übertragen. Beine und Fußgelenke versagten ihr den Dienst und trugen ihren schweren Körper nicht länger. Sie brauchte Hilfe beim Gehen, selbst über kurze Distanzen, und ihre Hände und Arme waren von Rheuma befallen. Maria Theresia konnte die Stufen, die zur Gloriette, ihrem Lustschlösschen im Garten von Schönbrunn, führten, nicht mehr bewältigen, und musste mit einer mechanischen Vorrichtung hinauf und wieder hinunter geschafft werden. Dabei handelte es sich um ein großes, mit grünem Marocain gepolstertes Sofa mit verspiegelten Seiten, das von einer Winde bewegt wurde. Sie ließ sich häufig in die Gruft der Kapuzinerkirche tragen, wo Franz in seinem Sarg lag und, wie sie einem ihrer Diener sagte, ungeduldig darauf wartete, sie an seiner kalten Seite zu haben.

Im März 1778 erschien die Generalin Krottendorf nicht. Als sie Ende April immer noch nicht eingetroffen war, wähnte Antoinette sich in guter Hoffnung. Für kurze Zeit schwiegen die giftigen Zungen – aber nur für den Augenblick. Sie fanden bald neue Nahrung für ihren Klatsch: Wenn Antoinette tatsächlich schwanger sein sollte, wer war dann der Vater des Kindes? Nach all der Zeit handelte es sich bestimmt nicht um Ludwig. Artois? Oder einer aus dem Kreis ihrer Bewunderer?

Trotz aller Verleumdungen frohlockte die Königin. Sie und Ludwig wussten, dass sie ihre wichtigste Aufgabe erfüllt hatten, und das brachte sie einander näher. Marie Therese mit ihren drei Kindern wurde in den Schatten gestellt, der Herzog von Angouléme war in jeder Hinsicht ein kränkliches Kind, und seine Schwester war ein winziges, schwaches Wesen, das jederzeit sterben konnte. Das dritte Kind war noch zu klein, als dass man schon jetzt Spekulationen darüber hätte anstellen können, ob es mit genügend Widerstandskraft ausgestattet sein mochte. Provence und seine Frau hatten immer noch keine Kinder, und das würde, so meinten die Leute, wohl auch so bleiben.

Antoinette hoffte und betete, dass ihr Kind ein Junge werden würde, ein kräftiger, gesunder Knabe, der zum König heranwuchs. Sie gab gut auf sich und ihren ungeborenen Sohn acht, aß tüchtig (obwohl sie sich normalerweise sehr genügsam ernährte), unternahm jeden Morgen und jeden Abend Spaziergänge und verbrachte ihre Zeit mit beruhigenden Beschäftigungen. Die Königin fühlte sich wohl, abgesehen von einem »Gefühl des Erstickens«, das sie ab und zu überkam. Von ihrem Geburtshelfer, einem Bruder des Abbé Vermond, sagte man, er sei der Beste, der zur Verfügung stehe.

Aber der Sommer des Jahres 1778 war außergewöhnlich heiß, und Antoinette, die sich unwohl fühlte und zu ersticken glaubte, verbrachte ganze Tage in ihren verschlossenen Räumen, um der Hitze zu entfliehen. Erst in der Kühle des Abends tauchte sie wieder auf, um zusammen mit Artois und Provence Spaziergänge auf der Terrasse unter ihren Gemächern zu unternehmen. Die Stimmung am Hof hatte sich in diesem Sommer angespannt, denn seit März befand sich Frankreich im Krieg mit England, und das Kriegsgeschehen drohte sich auf Habsburger Besitz auszudehnen. In Wien hatte Joseph Ländereien in Bayern unter einem fadenscheinigen Vorwand annektiert, und erwartungsgemäß drohte Friedrich II. damit, in Österreich einzumarschieren und das Unrecht zu rächen, das dem bayerischen Kurfürsten zugefügt worden sei. Nicht ganz so voraussehbar war, dass der französische Außenminister Vergennes Österreich im Stich ließ, Josephs Unternehmung verurteilte und keinerlei Bereitschaft signalisierte, Österreich im Falle eines preußischen Angriffs zu Hilfe zu kommen. Maria Theresia fürchtete das Schlimmste. »Ich bin überwältigt«, schrieb sie Mercy. »Ich weiß nicht, wie das Leben weitergehen soll. Nichts als mein Glaube hält mich aufrecht.«[11] An Antoinette schrieb sie in strengerem Ton und drängte sie dazu, all ihren Einfluss zu nutzen, um zu erreichen, dass die Allianz zwischen Österreich und Frankreich bestehen blieb.

In die Jahre gekommen und in ihren Fähigkeiten eingeschränkt, kam der Charakter der Kaiserin jedoch in den Briefen, die sie ihrer Tochter in jener Zeit schrieb, immer noch deutlich zum Ausdruck. Sie bestand darauf, dass Antoinette zur Politikerin wurde, Ludwig manipulierte und Maurepas und Vergennes schachmatt setzte. Gleichzeitig predigte sie ihr die Pflichten einer Ehefrau, und erteilte nicht enden wollende Ratschläge über die Mutterschaft. Antoinette sollte ihrem Mann absolut gehorchen; sie sollte das Kind, sobald es geboren war, nicht zu fest wickeln; sie solle nicht zulassen, dass ihm zu warm würde oder es zu viel gefüttert würde; sie sollte eine zuverlässige gesunde Amme finden, obwohl man in Paris von solchen Frauen noch nie etwas gehört hatte.[12]

Antoinette musste mit der Hitze zurechtkommen, mit ihrer Schwangerschaft und ihrer fordernden Mutter, und dazu auch noch mit der Krise ihres Mannes. Der sich abzeichnende Konflikt mit Österreich bekümmerte Ludwig. Er wollte seiner Frau zu Gefallen sein, war aber zu hilflos, seine Minister kontrollieren zu können. Maurepas, der zwar alt, aber rüstig und boshaft war und danach trachtete, Unstimmigkeiten in der königlichen Ehe zu stiften, war ihm alles andere als eine Hilfe. In Tränen aufgelöst erschien Ludwig bei Antoinette und bekannte, dass er nichts ausrichten könne. Sobald er versuchte, seinen Willen durchzusetzen, stritten die Minister mit ihm, brachten ihn zum Schweigen und erreichten, dass er an sich selbst zweifelte. »Du siehst«, erklärte er seiner Frau, »ich habe so viele Fehler und kann kein einziges Wort erwidern.«[13]

Antoinette hatte keine Erfahrung im Umgang mit Politikern, aber sie wusste, wie man die Oberhand gewann und wie man einen Streit für sich entschied. Eine Frau wie sie zum Verstummen zu bringen, war gewiss nicht leicht. Sie schlug Ludwig vor, dass sie während der Treffen mit den Ministern anwesend sein und ihm dabei helfen würde, seinen Standpunkt zu vertreten. Die Königin würde dafür sorgen, dass seine Entscheidungen auch ausgeführt wurden.

Antoinette tat mehr als das; sie ging Maurepas direkt an und bezichtigte ihn der Intrige mit Preußen und dass er die Befehle des Königs ins Gegenteil verkehrte. »Ich lasse mich nicht länger mit solchen Ausflüchten abspeisen«, erklärte sie ihm. »Ich habe bis jetzt Geduld bewahrt, aber nun stehen die Dinge zu ernst.« Aufgeschreckt versuchte der Minister, sich im Nachhinein bei der Königin einzuschmeicheln, aber das gelang ihm nicht. Dieses eine Mal zeigte sie weder Wärme noch Charme. Sie blieb unerschütterlich, und sie war kalt.

Die Lage verkomplizierte sich, denn im Februar 1778 hatte sich Frankreich in einem Geheimabkommen verpflichtet, die amerikanischen Kolonien mit Waffen und Munition für ihren Kampf gegen England zu unterstützen. Der amerikanische Unabhängigkeitskampf erfreute sich in Frankreich großer Popularität – Benjamin Franklin, der Botschafter der Kolonisten in Paris, wurde zum Held des Tages, und modische Damen zeigten ihre Loyalität, indem sie Hüte in einem neuen Stil trugen, der als »Die Aufständischen« bezeichnet wurde. Aber Frankreich konnte es sich kaum leisten, zu tief in einen globalen Krieg verstrickt zu werden.[14] Das Land wusste um den Wert seiner amerikanischen Kolonien, insbesondere Französisch Westindien mit seinem Überfluss an Zucker, Kaffee und Baumwolle, und wollte nicht das Risiko eingehen, sie durch eine direkte Konfrontation mit England aufs Spiel zu setzen. Sollte es jedoch zu einer solchen Auseinandersetzung kommen, so wollte Vergennes Frankreich nicht gleichzeitig in Verstrickungen in Europa gefangen sehen. Vor allem sollte das Land frei von allen Verpflichtungen gegenüber Österreich sein. Das war auch der Grund für die politische Annäherung an Friedrich II.

Indem sie Ludwig zu Hilfe kam, tat Antoinette sich selbst keinen Gefallen, und auf lange Sicht auch nicht der österreichischen Sache. In ihrer Gegenwart zeigte sich Maurepas zuvorkommend und höflich, aber hinter ihrem Rücken kritisierte er sie. Ihre Feinde – und damit waren alle gemeint, die nicht zu ihren wenigen Favoriten zählten – begannen, sie *l'Autrichienne* (die Österreicherin) zu nennen, mit der Betonung auf der letzten Silbe (*chienne* bedeutet Hündin). Als Frankreich sich zum Krieg rüstete, Soldaten in Lagern in der Bretagne und der Normandie zusammengezogen und Schiffe in Brest ausgerüstet und bemannt wurden, wuchs ihre Angst um Österreich, ihre Familie und ihre Ländereien. Joseph schrieb ihr vorwurfsvolle Briefe. »Da du den Krieg nicht zu verhindern gedenkst«, äußerte er hochmütig, »werden wir wie tapfere Männer kämpfen.«[15] Maria Theresia bedrängte sie in zunehmendem Maße und Antoinette tat, was sie konnte, aber sie war ebenso erfolglos wie Ludwig.

Enttäuscht und von der Vorstellung gepeinigt, dass sie ihren Verpflichtungen nicht nachkäme, brach sie zusammen und bat Mercy um Hilfe. Für gewöhnlich hielt sie Abstand von dem glatten Diplomaten, gab sich in seiner Anwesenheit vornehm spröde und wahrte eine höfliche Distanz. Aber jetzt brach ihre Abwehr zusammen. Sie bekannte Mercy weinend, dass »ihre tiefe Sorge« – mit der sie ihre Unfähigkeit meinte, das Bündnis zu schützen – sie dazu bringe, ernsthaft über ihr zukünftiges Leben nachzudenken. Zweifellos hatte die nahende Geburt ihres Kindes denselben Effekt. Sie war zerknirscht und hatte das Bedürfnis, ihr oberflächliches Leben und ihre nichtswürdigen Freunde einer Prüfung zu unterziehen.

»Ich habe die Königin niemals so bedrückt erlebt«, teilte Mercy der Kaiserin in seiner nächsten Botschaft mit. Antoinette bat um seinen Rat, und er erteilte ihn ihr. Er drängte sie dazu, ihrer Mutter die traurige Wahrheit über Ludwigs Schwäche mitzuteilen (die sie allerdings bereits aus Mercys unverblümten geheimen Berichten kannte). Auch solle sie erneut versuchen, Maurepas zur Raison zu bringen, und zwar nicht mehr durch offene Konfrontation, sondern mittels Schmeichelei und Verstellung. Antoinette, die nach Belieben und gut genug heucheln konnte, wenn es um Ludwig ging, zog allerdings eine Grenze: Sie würde Maurepas keine Freundschaft vortäuschen und könne gegenüber »einem Mann, den sie verachtete, kein Wohlwollen zeigen«, ganz gleich, was auf dem Spiel stünde.

Die Krise entspannte sich. Obwohl immer noch Kriegszustand herrschte, bestand im Herbst nicht mehr die Gefahr einer drohenden militärischen Auseinandersetzung. Wieder konzentrierte Antoinette all ihre Kraft auf die Vorbereitung der Geburt ihres Kindes. Sie erklärte sich bereit, ihr altes Leben aufzugeben und einen neuen Anfang zu machen. »Ich möchte als Mutter leben, mein eigenes Kind pflegen und mich seiner Erziehung widmen«, erklärte sie. Antoinette würde den Säugling im Erdgeschoss des Palastes unterbringen, nahe der

Terrasse, auf der sie so gerne spazieren ging. Zu gegebener Zeit würde es dort seine ersten Schritte machen. Im Petit Trianon sollte das Kind an Spielen und Festlichkeiten teilnehmen, zusammen mit Marie Thereses Kindern, seinen Vettern und Kusinen. Und das beste von allem war, dass seine Geburt helfen würde, die zerbrechlichen Bande zwischen Wien und Versailles wieder zu festigen.

# 14

Ludwig konnte die Geburt seines Sohnes kaum erwarten. Er wachte mit aller Zärtlichkeit über Antoinette, besuchte sie viele Male am Tag in ihren Gemächern, beladen mit Geschenken, und vergewisserte sich eifrig, ihrer Gesundheit. Der König tat sein Bestes, um die immer stärker werdende Flut von niederträchtigen Liedern und derben Versen, die bei Hofe und in der Hauptstadt kursierten und die seine Vaterschaft bezweifelten und seine Frau verleumdeten, zu ignorieren. Aber es erwies sich als unmöglich, diese unschönen Dinge von der Königin fern zu halten, auch wenn sie ihren Seelenfrieden noch so sehr störten. Mitte Dezember, als man täglich mit der Geburt rechnete, wurde ein ganzer Band mit Liedern, die sich über Antoinette und einige ihrer Hofdamen lustig machten, durch das *œil-de-bœuf* in den Palast geworfen. Im ganzen Königreich stimmte man aber auch Dankeslieder in den Kathedralen an, und man betete für die Königin und eine leichte Geburt. Unzählige Menschen strömten nach Versailles. Adlige, die in Paris lebten, begaben sich in den Palast, um dort auf das große Ereignis zu warten, davon wenn möglich zu profitieren, und mit etwas Glück auch als Augenzeuge dabei sein zu können.

Als am Morgen des 18. Dezember die Geburtswehen einsetzten, begaben sich die königliche Familie, die Prinzen des Königshauses und die obersten Staatsbeamten alle miteinander in die Gemächer der Königin und warteten in den Räumen neben ihrem Schlafzimmer.

Sie mussten im Augenblick der Geburt anwesend sein, und hatten das Recht Zeuge der Niederkunft zu sein. Die Räume der Gemächer füllten sich mit Höflingen und Beamten, Verwandten und Anhängern.

Im Schlafzimmer machten sich der Geburtshelfer Vermond und seine Helfer rund um das spezielle »Wehenbett« nützlich, in dem die Königin lag. Riesige Tapisserieparavents umgaben das Bett, die man auf den Befehl des Königs hin mit Seilen gesichert hatte. Kein Lüftchen regte sich in dem überhitzten Zimmer. Die großen hohen Fenster waren mit Teer luftdicht versiegelt worden, und über die Scheiben hatte man Papier geklebt, um jegliche Zugluft fern zu halten. Als die Wehen stärker wurden, ließ man die königliche Familie und die Beamten ein. Sie kamen herein und nahmen ihre Plätze rund um das Bett herum ein. Die Prinzessin Lamballe war als Freundin der Königin und Oberhofmeisterin anwesend, ebenso wie Antoinettes engste Verbündete, Yolande, Gräfin von Polignac. Auch Mercy hatte man hinzugebeten, obwohl er sich hier äußerst unbehaglich fühlte. Geburten setzten ihm zu.

Etwa acht Stunden blieben die Zeugen an Ort und Stelle, während Antoinettes Wehen immer stärker wurden. Sie tat ihr Bestes, um tapfer zu sein. Hatte ihre unbeugsame Mutter nicht über ein Dutzend Geburten ohne mit der Wimper zu zucken überstanden? Brüsteten sich deutsche Frauen nicht ihrer Fähigkeit, Schmerzen ohne Klage zu ertragen? Sie war Zeugin gewesen, als Marie Therese in den Wehen lag, nun war Marie Therese dazu gezwungen, bei den ihren zugegen zu sein und sich an ihrer Stelle unwohl zu fühlen. Auch Provence und Artois warteten auf das Kind, das sie in der Thronfolge hintanstellen würde. Ohne Würde und elend, wie sie war, als sie sich unter den Augen ihrer Verwandtschaft auf dem hohen Bett wand, muss Antoinette dennoch Stolz und ein Gefühl des Triumphes verspürt haben. Die Wehen kamen heftiger und häufiger. »Die Königin zeigte großen Mut«, schrieb Mercy anschließend lakonisch in seinem Bericht an Maria Theresia.

Ihr Mut verließ sie beinahe, als der Geburtshelfer ankündigte: »Die Königin wird entbunden werden!«, und Madame Campan zufolge sofort »ein so gewaltiger Strom von Neugierigen« mit tumultartigem Lärm aus den umliegenden Räumen in das Schlafzimmer stürmte. Sie drückten sich gegen die Tapisserien, rempelten die verärgerten Beamten beiseite, stießen gegen die Möbel und machten jede Bewegung unmöglich. Die Zuschauer waren eine »solch bunte Menge«, erinnerte sich Madame Campan«, dass man sich auf einem öffentlichen Platz zu befinden glaubte.«[1] Alles schien sich gleichzeitig zu ereignen. Antoinette Schmerz erreichte einen qualvollen Höhepunkt, der Raum schien heißer denn je zu sein und so stickig, dass sie Mühe hatte zu atmen. Die Königin war sich dessen bewusst, dass das Kind endlich geboren war – und nach Luft ringend und keuchend blickte sie zu der Prinzessin Lamballe hinüber. Die hatte sich bereit erklärt, ihr ein bestimmtes Zeichen zu geben, wenn es ein Junge war, ein anderes, wenn sie ein Mädchen zur Welt gebracht hatte.

Das Zeichen kam: ein Mädchen!

Ihre wurde schwarz vor Augen. Der Lärm schwoll in den Ohren der Königin zu Gebrüll an. Marie Antoinette, die still auf ihren spitzenverzierten Kissen lag, hatte das Bewusstsein verloren. Ihr Mund verzog sich auf merkwürdige Weise. Die Prinzessin Lamballe, nie besonders beherzt in Krisensituationen, fiel in Ohnmacht und musste mitten durch die Menge hinausgetragen werden.

»Frische Luft!«, schrie der von Panik erfasste Vermond, dem klar war, dass er kurz davor stand, seine Patientin zu verlieren. »Heißes Wasser! Sie muss am Fuß zur Ader gelassen werden!« Das Kind hatte in diesem Moment seine ersten Atemzüge getan und einen ersten leisen Schrei ausgestoßen, aber später konnte sich niemand daran erinnern, das gehört zu haben. Alle Sorge galt der Königin. Der König eilte zum nächsten Fenster und setzte seine beachtliche Kraft ein, um die Versiegelung zu zerbrechen und die Fensterflügel zu öffnen. Eiskalte Luft drang ins Zimmer.

Kein Gefäß mit heißem Wasser stand bereit, in das man die Königin hätte zur Ader lassen können, aber der Geburtshelfer befahl den Ärzten, die Wöchnerin ohne die üblichen Vorbereitungen zur Ader zu lassen. Als die Königin die Augen aufschlug, machte sich Erleichterung breit. Die Freude, die jetzt auf die allerfürchterlichsten Ängste folgte, war kaum zu unterdrücken. Hastig scheuchten die Kammerdiener den lärmenden Pöbel aus dem Zimmer, wobei sie die Zuschauer, die sich widersetzten, am Kragen packten und hinauszerrten. Höflinge fielen sich in die Arme und weinten vor Freude, und der ungeheuer erleichterte Vermond ordnete an, das Kind in Decken einzuwickeln und zu seiner Gouvernante, der Prinzessin Guéméné zu bringen.

Obwohl Zeitgenossen nichts darüber berichteten, muss Antoinette maßlos enttäuscht gewesen sein, keinen Knaben bekommen zu haben. Eine Tochter konnte den Thron nicht erben, sie würde also einen Sohn gebären müssen. Zweifellos wünschte sie sich weitere Kinder. Nachdem die Königin sich gerade dieser Qual unterzogen hatte, kann es keine angenehme Vorstellung gewesen sein, sich ihr wieder unterziehen zu müssen, und dazu noch bald, um die Erwartungen zu erfüllen.

Ludwig gab in einer Proklamation die Geburt seiner Tochter bekannt, die auf den Namen Marie Thérèse Charlotte getauft und Madame Royale genannt wurde. Er stellte darin fest, dass »das sichtbare Zeichen der Vorsehung mir Hoffnung macht für die vollständige Erfüllung meiner Sehnsucht und der meines Volkes, nach der Geburt eines Dauphins«.[2]

Antoinette hatte Mitleid mit dem Kind. »Arme Kleine«, sagte sie, als sie es zum ersten Mal in die Arme nahm, »du kommst uns eben nicht erwünscht; aber du wirst mir deshalb nicht minder lieb sein.«[3] Möglicherweise fühlte sich Antoinette, die Mercy viele Jahre zuvor gestanden hatte, sich während ihrer Kindheit niemals wirklich geliebt gefühlt zu haben, deshalb ganz besonders von dem winzigen Kind angezogen.

Einundzwanzig donnernde Kanonenschüsse wurden in Paris als Salut für Madame Royale abgefeuert, und man entzündete ein riesiges Feuerwerk auf dem Platz vor dem Hôtel de Ville. Mit Prozessionen, Dankgottesdiensten, Musik und speziellen Theateraufführungen wurde die Geburt gefeiert. In den Armenvierteln der Hauptstadt fanden Feste im Freien statt, und die Menschen erfreuten sich an Fleisch und Brot, das der König zu verteilen befohlen hatte, und aus den Springbrunnen sprudelte Wein. Es war eine Orgie der Sättigung in einer Zeit des Mangels und des Hungers. Glücklich über die Großzügigkeit des Königs vergaßen die Armen für ein paar Tage ihre Vorbehalte gegen die Königin und lauschten befriedigt den Bulletins aus Versailles über ihre Genesung. Ihr Gesundheitszustand sei »zufrieden stellend«, ihr »Bauch weich und überhaupt nicht von Schmerzen erfüllt«. Die Königin kümmere sich ganz selbstverständlich um ihre Tochter, esse Getreide und Biskuits und sogar ein kleines Hähnchen. Ihre gute Laune war binnen einer Woche nach der Geburt wieder zurückgekehrt, und sechs Wochen später hielten sie und der König ein weiteres Mal Einzug in Paris, um die Glückwünsche der Stadt entgegenzunehmen.

Die Straßen und die Häuser wurden geschmückt, um die Majestäten in Empfang zu nehmen. Beamte trugen ihre besten Mäntel, Wachen ihre schmuckste Uniform. Die öffentlichen Reden waren voll des Lobes, die Fanfaren mitreißend. Nach außen hin frohlockte Paris. Aber ein Schatten lag über dem königlichen Einzug. Der unpopuläre Krieg mit England traf die Ladenbesitzer und Kaufleute, und die Arbeiter verdienten nicht genug, um über die Runden zu kommen, denn Brot war teuer. Antoinette mochte zwar die Heldin der Stunde sein, aber die Geschichten über ihre Eskapaden auf den Opernbällen, die Gerüchte über ihre zahlreichen Liebhaber beiderlei Geschlechts ließen sie vielen Parisern unwürdig erscheinen. Als ihre geschmückte Karosse durch die Straßen rollte, drängte sich dort nicht zu viel Volk, und an manchen Stellen schwiegen alle. Im Bewusstsein der Öffentlichkeit wurde Antoinette nicht mit Monarchie und Mutterschaft in Verbindung gebracht, sondern mit Ausschweifung und Verschwendung.

Nur wenige Monate nach Madame Royales Geburt war Antoinette wieder schwanger, und natürlich erhofften sie und Ludwig sich einen Sohn. Aber sie überanstrengte sich, erlitt eine Fehlgeburt, und ihre Hoffnungen waren zunichte gemacht. Sie fürchtete laut Madame Campan, dass ihre Untertanen, sobald sie von der Fehlgeburt erfuhren, gewiss dazu neigen würden, ihrem ausschweifenden Leben die Schuld daran zuzuschreiben. Die Fehlgeburt wurde geheim gehalten, auch vor Mercy und Maria Theresia. Die Kaiserin verfolgte ihre Tochter unentwegt mit der Forderung nach einem Thronfolger. Jeder Brief aus Wien brachte Tadel, Warnungen und dringliche Nachfragen.

Am 29. November 1780 starb die große Kaiserin Maria Theresia. Sie hatte ihren baldigen Tod geahnt. Sie hatte den rapiden Verfall ihres Körpers gespürt. Die Regierungsarbeit war ihr unendlich schwer gefallen. In der ihr noch verbleibenden Zeit nähte sie ihr Leichentuch und ihr Beerdigungskleid.

Antoinette hatte ihre Mutter zehn Jahre lang nicht gesehen, aber sie trauerte um sie, als hätten sie in engster Vertrautheit gelebt. In ihre schwarzen Trauergewänder gekleidet, schloss sie sich in ihre allerprivatesten Gemächer ein und ließ jeden wegschicken – außer Yolande von Polignac und die Prinzessin Lamballe.[4]

Mit zwei Jahren war die kleine Marie Thérèse Charlotte ein hübsches kleines Mädchen mit einem frischen Gesicht, riesigen Augen und der klaren Haut ihrer Mutter. Sie zeigte Anzeichen eines schwierigen Temperamentes, und sie war gewiss kein kleiner Sonnenschein. Antoinette zeigte sich entschlossen, sie nicht zu einem königlichen Flegel heranwachsen zu lassen, der sich seiner Stellung nur zu bewusst war und unbeherrschbar und hochmütig wurde. Die Königin verringerte die Anzahl der Diener, die sich mit dem Kind zu befassen hatten, auf ein Minimum. Außerdem ordnete sie an, die Madame Royale in einer Atmosphäre der Schlichtheit zu erziehen (so weit das in einem Palast möglich war). Die Diener und nicht die Königin kümmerten sich stündlich um die kleine Thérèse, aber Antoinette besuchte Madame Guémenés Wirkungsstätte täglich, um sich über jeden Zahn, den das Kind bekam, und jedes Wort, das es sprach, zu informieren. Wenn die Kleine an Zahnfieber litt, saß Antoinette jedes Mal stundenlang an ihrem Bett, die Stirn gerunzelt vor Sorge über »die Lieblichkeit und Geduld des armen kleinen Dings während seines Leidens«.

Anfang 1781 schließlich wurde Antoinette endlich wieder schwanger. Sie, ihr Gatte und das ganze Land waren erleichtert. Als ihr Bruder Joseph, nun der alleinige Herrscher über die österreichischen Gebiete, Versailles im August einen kurzen Besuch abstattete, fand er seine Schwester bei guter Gesundheit und ihre Schwangerschaft weit fortgeschritten vor. Zwei Monate später, am 22. Oktober, gebar sie einen Sohn. Dieses Mal hatte man Vorsorge getroffen, um die Mutter und das Kind vor der erstickenden Menge der Zuschauer zu schützen. Neben dem Geburtshelfer und den Ärzten wurde nur etwa einem Dutzend Verwandter und Beamter die Anwesenheit im Geburtszimmer gestattet.

»Eine solch tiefe Stille beherrschte den Raum in dem Moment, als das Kind das Licht zum ersten Male erblickte«, erinnerte sich Madame Campan, »dass die Königin glaubte, sie hätte wieder nur eine Tochter hervorgebracht; aber nachdem der Siegelbewahrer das Geschlecht bekannt gegeben hatte, begab sich der König zum Bett der Königin und sagte zu ihr: ›Sie haben meine und Frankreichs Wünsche in reichem Maße erfüllt, Sie sind Mutter eines Dauphins.‹«[5]

Während Ludwig sprach, rollten ihm Tränen über die Wangen. Vergessen war seine gewohnte Ungeschicklichkeit, als er im Zimmer umherschritt, jeden bei der Hand ergriff und glücklich über »seinen Sohn« plapperte. In den Vorzimmern brach die Hölle los, sobald die Neuigkeit verkündet war. Fremde umarmten einander und lachten und weinten gleichzeitig vor Freude. »Sogar jene, die sich am allerwenigsten um die Königin scherten«, wie Ludwig in seinem kurzen Bericht über die Geburt schrieb, »waren von dem allgemeinen Jubel überwältigt.«[6] Der neugeborene Thronfolger wurde nachgerade zum Objekt der Verehrung.

Alle Zünfte von Paris entsandten Delegationen nach Versailles, um anlässlich der Geburt des Dauphins ihre Ehrerbietung zu erweisen. Jede dieser Abordnungen trug verschiedene Kostüme, und brachte, begleitet von Musikanten, ein Geschenk mit, das ihren Beruf charakterisierte. Die Schornsteinfeger führten einen nachgemachten Schornstein mit sich, aus dessen Spitze ein kleiner Junge hervorlugte. Die Stiefelmacher ein kleines Paar Stiefel, das für den Dauphin gedacht war. Die Schneider überreichten eine kleine Uniform, die für den Säugling in den Farben seines Leibregiments hergestellt worden war.

Die förmlichen Feiern in Paris zu Ehren der Geburt des Dauphins wurden erst abgehalten, als das Kind drei Monate alt war.

Man fürchtete die düstere Stimmung der Pariser und hatte auch nicht vergessen, wie verhalten ihr Jubel für Antoinette nach der Geburt der Madame Royale gewesen war. Deshalb versuchten der Bürgermeister und die städtischen Beamten zu verhindern, dass sich die Menschenmassen vor dem Hôtel de Ville, dem Zentrum der Festlichkeiten, versammelten. Man verteilte die Feierlichkeiten über die ganze Stadt. An verschiedenen Plätzen bot man den Bürgern Speisen, Wein und Zerstreuung. Die Rechnung ging auf. Zwar empfingen sie Ludwig mit weit größerem Jubel als Antoinette, aber in der Stadt blieb es ruhig. Abends wurde ein prächtiges Feuerwerk abgebrannt. Den krönenden Abschluss bildete ein Maskenball. Dreizehntausend Gäste feierten und amüsierten sich hier.

Jetzt gab es einen Thronerben. Obwohl damit das Problem der Nachfolge gelöst war, wurde Frankreichs anderes Dilemma, das gewaltige Staatsdefizit, immer größer.

Von 1777 bis 1781 hatte der Genfer Bankier Jacques Necker, ein reicher Emporkömmling, den der Adel wegen seiner bürgerlichen Herkunft ablehnte, die Staatsfinanzen geführt. Man hielt Necker für ein Finanzgenie. Einen Geschäftsmann, der wie Midas die Wirtschaft zum Blühen bringen konnte. Er verfügte über weit reichende Beziehungen in Bankierskreisen und erfreute sich des Vertrauens unter seinesgleichen. Man hoffte, dass er dieses Vertrauen in seine Person in ein Vertrauen in Frankreich umwandeln könne, und genau das gelang ihm tatsächlich – obwohl seine Erfolge auf lange Sicht katastrophale Ergebnisse zeitigten.

Necker sah sich mit enormen Schwierigkeiten konfrontiert. Seit vielen Jahren befand sich das Land in einer Wirtschaftskrise. Der wirtschaftliche Niedergang hatte geringere Steuereinnahmen zur Folge und somit blieben immer weniger Mittel, um die wachsenden Kosten der Monarchie auszugleichen. Der Umstand, dass es kein zentrales Schatzamt, nicht einmal ein Staatsbüro gab, in dem Buchhalter die Eingänge und Auszahlungen kontrollierten, verschlimmerte das Problem zusätzlich. Die Buchhaltung lag in den Händen Adliger, die das Privileg gekauft hatten, als Geldgeber, Geldempfänger oder Schatzmeister einer bestimmten Regierungsabteilung dienen zu dürfen. Das Recht, die Steuern einzuziehen oblag ebenfalls dem Adel. Diese gingen der Aufgabe nicht gewissenhaft genug nach. Vor allem verschwand viel Geld in ihren eigenen Taschen. Die Adligen, die sich Staatsämter kauften, erhofften sich davon natürlich Profite für sich selbst, und der Weg zum Profit war der, das Geld des Königs zu benutzen, um eigene Unternehmungen zu finanzieren. Es existierte keine Nationalbank, die für Stabilität gesorgt oder der Anker der Ökonomie gewesen wäre, sondern nur eine Schar von Geschäftsleuten wie Necker, die danach trachteten, die bestmögliche Balance zwischen einer gesunden Regierung und einem gesunden eigenen Bankkonto herzustellen.

Unerschrocken machte sich Necker daran, die öffentlichen Finanzen zu ordnen, aber ihm gelangen kaum Fortschritte. Er war reformerischen Ideen nicht abgeneigt, und wenn seine Amtszeit das Jahr 1781 überdauert hätte, wäre es ihm vielleicht gelungen, sowohl in der Finanzpolitik als auch in ihrer Umsetzung in die Praxis eine Wende zum Besseren zu Wege zu bringen. Aber während seiner vierjährigen Amtszeit musste er den Amerikanischen Krieg finanzieren. Um die benötigten Gelder aufzubringen, bediente er sich des zweckdienlichsten Mittels: Anleihen wurden gezeichnet. In diesem Falle kam ihm seine Reputation zugute. Es gelang ihm, Investitionen in bislang beispielloser Höhe aufzutun – um die fünfhundertzwanzig Millionen Livres –, indem er lukrative Bedingungen und das Versprechen anbot, die Darlehen in weniger als zwanzig Jahren zurückzuzahlen.[7]

Die Schuldzinsen für diese gigantischen Darlehen belasteten die Ökonomie aufs Äußerste; per anno beliefen sie sich auf viele Millionen Livres.

Necker genoss das Vertrauen und die Bewunderung des Volkes, aber Maurepas zwang ihn im Jahre 1781 zum Abschied. Er informierte den König dahingehend, dass die anderen Minister mit Rücktritt drohten, wenn Necker nicht seinen Hut nehme. Die Entlassung war ausgesprochen unpopulär, zumal der Generalkontrolleur einen optimistischen (und gründlich irreführenden) Bericht über den Zustand der öffentlichen Finanzen herausgegeben hatte, den *Compte rendue au roi*, in dem behauptet wurde, es gäbe einen kleinen Überschuss in der Kasse des Königs. Der *Compte rendu* wurde ausführlich gelesen und noch ausführlicher diskutiert; außer Neckers Feinden erkannte aber kaum jemand, dass der Ex-Minister nicht die ganze Wahrheit offen legte und die wachsenden Defizite verschleierte. Folglich blieb Necker weiterhin beliebt und fuhr auch nach seiner Entlassung damit fort, die Regierung lautstark zu kritisieren.

Im September 1782 erschütterte eine Nachricht den Hof und breitete sich von dort in immer weiteren Kreisen aus. Der Prinz von Guémené, einer der höchstrangigen Adligen bei Hofe und verheiratet mit der Erzieherin der Königskinder, musste seinen Bankrott erklären. Als man seine Verbindlichkeiten schließlich einige Jahre später zusammengefasst hatte, beliefen sie sich auf mehr als dreiunddreißig Millionen Livres.

In Versailles war es gängige Praxis, dass sich die Inhaber von Ämtern untereinander Geld liehen, abgesichert durch die zukünftigen Einkommen, die der Schuldner erwartete. Der Prinz hatte Schulden bei Bankiers, Finanziers, Adligen, Juwelieren, Händlern, Perückenmachern, Schneidern, Bediensteten und sogar den wohlhabenden Bauern, die auf seinen Ländereien in der Bretagne lebten und ihre Ersparnisse seinen Verwaltern anvertraut hatten. Jedermann hatte ihm auf seinen guten Namen, seine starken Verbindungen und seine Erwartungen hin Geld geliehen. Die Besitztümer des Prinzen und die seiner Frau, Ländereien, Häuser und Juwelen, all die prächtigen Dinge, die zu einem privilegierten Leben gehörten, schienen unbegrenzt zu sein.

Aber in Wirklichkeit war aller Prunk so hoch mit Hypotheken belastet, dass der ganze Schuldenberg schließlich zusammenkrachte. Über dreitausend Gläubiger hatte der Prinz geprellt. Sie wünschten den Prinzen und die Prinzessin zum Teufel, und auf die exzentrische und extravagante Madame Guémené, die Gastgeberin so vieler ruinöser Spielpartien, war die Wut besonders groß.

Man war schockiert, der Skandal war da. Und darüber hinaus stellte der Bankrott der Guémenés einen Riss im vergoldeten Vorhang höfischen Lebens dar. Für einen kurzen Augenblick enthüllte er das riskante System der Anleihen und Spekulationen, der Risiken und Zweckdienlichkeiten hinter der prunkvollen Fassade. Wenn ein Mann wie der Prinz Guémené in Ungnade fallen und ihn letzten Endes weder seine allerhöchsten Verbindungen noch sein altehrwürdiger Name schützen konnten, dann war jedermann verwundbar. Kredite, erweitert und übermäßig ausgeschöpft, bildeten das Lebensblut des Hofes und seiner Bewohner. Je größer die Schulden eines Mannes waren, für desto reicher hielt man ihn. Dennoch hatte sich aus irgendeinem Grund der Kredit des Prinzen erschöpft. Niemand, weder seine Freunde noch seine Verwandten (die so schnell wie nur möglich ihre Juwelen, ihre Gemälde und ihre Pferde verkauften, da sie fürchteten, in seinen Bankrott mit hineingezogen zu werden), ja noch nicht einmal der König, waren eingeschritten.

War es möglich, so fragten sich die Menschen, dass einem nicht ewig Kredit eingeräumt werden würde, und wenn dem so war, was konnten sie tun, um sich zu schützen? Jeder schuldete jedem Geld. Was würde geschehen, wenn eines Tages Schulden zurückgefordert werden würden?

Für einen Moment schien der Mythos Versailles – jener Mythos, der allen Reichtum und Ruhm verhieß, die ihrem König geduldig dienten, auf ihre Zukunftsaussichten hin hohe Schulden gemacht hatten und aller Welt ein Bild des Erfolges boten – zusammenzubrechen. Und dabei hatten sie darauf zu warten, dass der wirkliche Erfolg sich einstellte. Die Höflinge zitterten und hielten den Atem an.

Der Prinz von Guémené wurde zu keiner Gefängnisstrafe verurteilt, nur sein Notar entging der Gerechtigkeit nicht. Während Hunderte weniger bedeutender Personen in den Ruin getrieben wurden, zog sich der Prinz lediglich auf seine Ländereien in Navarra zurück, und seine Frau entfernte sich unauffällig vom Hof und ließ sich mit ihren vielen kleinen Hunden in der Bretagne nieder. Ludwig und Antoinette gingen mit Diskretion über das unglückliche Schicksal des Paares hinweg und behandelten die Angelegenheit eher als Peinlichkeit denn als Skandal. Schließlich hatten auch sie enorme Schulden, genau wie alle anderen Mitglieder der königlichen Familie. Von Artois vermutete man, dass er Verbindlichkeiten in Höhe von einundzwanzig Millionen Francs hatte, und Antoinette bestellte weiterhin Roben und Juwelen und ließ das Petit Trianon renovieren, als gäbe es keine Grenzen.

Wochen zogen ins Land, der Bankrottskandal dehnte sich aus, und die Höflinge kämpften darum, sich neue Kreditquellen zu erschließen. Die Krise ging vorüber. Aber die Menschen fühlten sich bei ihren Geschäften untereinander und in der verwirrenden Welt der Finanziers unsicherer denn je. Mit jeder neuen Transaktion fragten sie sich, wie lange es noch dauern würde, bis ihr eigener Kredit oder vielleicht sogar der Regierungskredit erschöpft wäre.

# 15

Im Alter von siebenundzwanzig Jahren stand Antoinette auf dem Gipfel ihrer Schönheit. Ihre wachen blauen Augen schauten mit Wohlwollen in die Welt, und ihr zarter Teint wurde durch die Fülle aschblonden Haares und einer Gesichtsfarbe betont, die in ihrer strahlenden Frische so perfekt wirkte, dass Porträtmaler bei dem Versuch verzweifelten, sie auf die Leinwand zu bannen. Sie war recht rundlich geworden und hatte große Brüste und ein Doppelkinn entwickelt. Aber ihre Arme waren wunderbar geformt, und ihre Hände und Füße klein und zierlich. Die Haltung ihrer Majestät suchte ihresgleichen. »Sie schreitet vornehmer als jede andere Frau in Frankreich«, notierte die Malerin Elisabeth Vigée-Lebrun, »und trägt ihren Kopf so majestätisch erhoben, dass man die Herrscherin unter ihrem ganzen Hofstaat sofort erkennen kann.«

Reife und Mutterschaft hatten ihr Temperament gemildert und ihrem Ausdruck Tiefe hinzugefügt. Ihre warme Zärtlichkeit hatte sich nicht verändert, aber ihr ruhender Gesichtsausdruck drückte Sorge aus. Sie wurde älter, war mit zwei Kindern, die sie anbetete, gesegnet, aber mit einem Ehemann belastet, der eher einem ungeschickten Jungen als einem Mann glich. Er bot ihr keine wirkliche Partnerschaft, sondern zeigte sich zunehmend abhängig von ihrer Hilfe, besonders wenn er Entscheidungen treffen, oder seinen bescheidenden Mut zusammenhalten musste.

Die Königin war sehr, sehr einsam. Sicherlich bot ihr Yolande von Polignac einen gewissen Trost, und erwies sich als eine Freundin, mit der sie weinen, der sie sich anvertrauen konnte und die sie in die Arme nahm, wenn sie die Anteilnahme einer Seelenverwandten brauchte. Aber das reichte nicht. Um Erfüllung zu finden, brauchte Antoinette die Liebe eines Mannes, und im Alter von siebenundzwanzig Jahren fand sie diese Liebe, ergab sich ihr und wurde zu einer anderen Frau.

Groß, elegant und von poetischer Schönheit, so präsentierte sich Axel von Fersen, ein junger schwedischer Graf, den man von Geburt an dazu erzogen hatte, ein vornehmes Leben bei Hofe zu führen. Sein Vater, Feldmarschall Frederick Axel von Fersen, war eine bedeutende Persönlichkeit der schwedischen Politik, und von dem Sohn wurde erwartet, dass er in seine Fußstapfen trat oder den Erfolg seines Vaters sogar übertraf. Pflichtbewusst und wohlerzogen, wurde der junge Mann mit sechzehn in Begleitung eines Lehrers ins Ausland geschickt, um an den besten Militärakademien Europas zu studieren und seine Manieren an fremden Höfen zu vervollkommnen. Der junge Fersen verbrachte einige Zeit in Braunschweig, ging dann nach Turin und studierte in Straßburg. Er stattete Voltaire einen Besuch auf dessen Besitz in Ferney ab. Fersen registrierte amüsiert, dass ihn die betagte Berühmtheit in einer altertümlichen scharlachroten Weste empfing, eine schäbige alte Perücke auf dem Kopf und in einen ausgeblichenen Morgenrock gehüllt. (»Aber wir waren«, notierte Fersen in sein Tagebuch, »von der Schönheit seiner Augen beeindruckt und von der Lebendigkeit seines Blickes.«)

Es blieb nicht aus, dass Fersen Versailles besuchte, und dort traf er Antoinette, die zu dieser Zeit noch die Dauphine war. Später begegnete er ihr auf einem Maskenball wieder, und sie sprach eine ganze Weile mit ihm, bevor er bemerkte, wer sie war. Antoinette muss sehr beeindruckt von ihm gewesen sein, und das nicht nur wegen seines einzigartigen, guten Aussehens, den klassischen Gesichtszügen und seiner fast femininen Schönheit. Er war auch intelligent und, wie ein Zeitgenosse bemerkte, »von nobler und beispiellos erhabener Denkungsart«. Eine edle Melancholie ging von Fersen aus, die eine Saite in der Seele der einsamen Antoinette anschlug. Wie sie, besaß auch er einen Anflug von Traurigkeit. Und wie sie lehnte er Förmlichkeit und Verstellung ab. »All seine Kunst besteht in der Einfachheit«, beschrieb der Graf von Tilly Fersen, und Antoinette schätzte diese Gemütsart über alle Maßen.

Nachdem er seine *Grand tour* beendet hatte, kehrte Fersen nach Schweden zurück. 1778 hielt er sich jedoch wieder in Versailles auf, und dieses Mal schrieb er in sein Tagebuch, dass »Antoinette die schönste und liebenswerteste Prinzessin ist, die ich kenne«.

In seiner schwedischen Kavallerieuniform mit dem blauen Wams, der weißen Jacke und den engen Reithosen aus Chamoisleder muss er einen Anblick geboten haben, der jedem jungen Mädchen das Herz erwärmte. Am Ende seines Aufenthaltes war Antoinette offenkundig in ihn verliebt. Die Begeisterung für die amerikanischen Kolonisten hatte zu jener Zeit ihren Höhepunkt erreicht, und Fersen war entschlossen, nach Amerika zu gehen, um dort gegen die Engländer zu kämpfen. Als er sich verabschiedete, bemerkte man, dass Antoinette »ihre Augen nicht von ihm wenden konnte«, aber ihre Tränen blieben ungeweint.

Seine Abreise stellte sich jedoch als falscher Alarm heraus. Die Expedition, der sich Fersen anschließen wollte, wurde aufgeschoben, so dass er noch einmal nach Versailles zurückkehren konnte. Im Frühjahr 1780 schließlich schiffte er sich nach Amerika ein, als Adjutant des Generals Rochambeau, der das Expeditionskorps der französischen Armee zur Unterstützung der amerikanischen Kolonisten führte.

Die Entbehrungen des Amerika-Feldzuges härteten Fersen ab, während ihn seine Kenntnis des Englischen für das französische Militär unersetzlich machte. Er wurde delegiert, an der Seite George Washingtons zu verhandeln (den er für »sehr kalt« hielt, trotz seines »sanften und ehrlichen Gesichtes« und seiner »heldenhaften Aura«). Am Ende des Krieges ernannte ihn Washington zum Mitglied des Cincinnatus-Ordens.

Im Juli 1783 kehrte ein reiferer, schmalerer und mit Ruhm bedeckter Fersen nach Frankreich zurück. Sowohl die Franzosen als auch die Schweden überhäuften ihn mit militärischen Ehren und Beförderungen, er wurde zum Idol und allgemein bewundert. Der Graf nahm seine Besuche in Versailles wieder auf. Doch damit nicht genug: Im Verlaufe dieses Sommers entwickelte sich zwischen ihm und der Königin eine Intimität, die zu diesem Zeitpunkt oder später mit an Sicherheit grenzender Wahrscheinlichkeit auch körperlich wurde.[1]

Die Idylle währte nur wenige, aber entscheidende Monate. Fersen hatte sich nach einer Braut umgesehen und zwei Kandidatinnen ausgemacht, die als ehetauglich in Frage gekommen wären, aber nun entschied er sich plötzlich dazu, niemals zu heiraten. »Ich habe meinen Entschluss gefasst«, schrieb er seiner Schwester Sophie. »Ich kann nicht der Person gehören, der ich zu gehören wünsche, der einen, die mich wirklich liebt, und so möchte ich keiner gehören.«[2]

Zwar konnte er Antoinette nicht heiraten, aber er wusste sich einen Posten zu sichern, der ihm die Möglichkeit verschaffte, sich regelmäßig in Versailles aufzuhalten. Er erwarb das Kommando über das Königlich Schwedische Regiment in der Französischen Armee. Von jetzt an erwartete ihn ein Wanderleben, während dem er gewisse Zeitspannen am schwedischen Hof beziehungsweise in Versailles verbringen musste. Der schwedische König Gustav III. nahm ihn auf seine Reisen mit, aber wo immer Fersen sich aufhielt, schrieb er Briefe an Antoinette.

Sicherlich unterhielten die beiden keine konventionelle Romanze. Die Zeit, die sie gemeinsam verbringen konnten, war immer zu kurz, und sie mussten äußerste Diskretion wahren. Fersen hatte andere Liebschaften, wenn er von »der einen, die ihn wirklich liebt«, getrennt war, so wie es die meisten Männer und nicht wenige Frauen seiner Klasse hielten, aber dabei handelte es sich um Abenteuer der Lust, nicht der Liebe. Er verheiratete sich nie. Antoinette blieb für ihn immer etwas ganz Besonderes. Für sie war seine Liebe eine Offenbarung und ein Quell der Freude, auch wenn er nicht bei ihr war. Anwesend oder nicht, er blieb immer in ihrem Herzen, und es verging kaum eine Stunde, in der sie nicht an ihn dachte.

Thérèse war sechs und der Dauphin drei Jahre alt, als sie im März 1785 ihr drittes Kind gebar, Ludwig Karl, Herzog der Normandie, ihren zweiten Sohn. Die Schwangerschaft war nicht leicht verlaufen, aber die Wehen kamen schnell, und die Geburt verlief ohne Komplikationen. Ein weiterer Sohn war höchst willkommen, denn er garantierte den Fortbestand der Dynastie, sollte seinen Bruder ein Unglück befallen. In Paris wurden die üblichen Zeremonien abgehalten, um seine Geburt zu feiern: Feuerwerk, Illuminationen und Feste. Als die Königin jedoch sechs Wochen später in die Hauptstadt kam, wurde sie außerordentlich kühl empfangen. Die Pariser, schon seit Jahren mit dem Mangel an Brennstoff und steigenden Brotpreisen konfrontiert, litten gegenwärtig unter der anhaltenden Dürre und waren kaum in der Stimmung, das »österreichische Luder« in der prächtig vergoldeten Kutsche willkommen zu heißen. Die Kanonen donnerten vom Invalidendom, und die herausgeputzten Wachen standen bereit, aber die Menschen drängte es nicht, die Königin zu feiern.

Mehr und mehr Stimmen erhoben sich, die Antoinette für die Nahrungsmittelknappheit, die Finanzkrise und die neu erwachte Aggression Österreichs verantwortlich machten, die Frankreich in den Krieg hineinzuziehen drohte. Kaiser Joseph war ehrgeizig und kriegerisch, und die Überzeugung, dass Antoinette sein Werkzeug am Hofe von Versailles sei, war weit verbreitet. Auch führten die Geschichten über ihre Extravaganzen zu immer neuen Vorbehalten. Während der derzeitige Generalkontrolleur der Finanzen, Calonne, darum kämpfen musste, auch nur die Zinsen für die riesigen Anleihen zu zahlen, wurden Millionen für den persönlichen Haushalt der Königin und ihrer speichelleckenden Favoriten ausgegeben. Man erzählte sich, dass ihre Kleiderschränke überquollen, ihre Gier nach Diamanten und Luxus unermesslich sei und sie ihr Geld für ihre Liebhaber verschwende.

Jedermann hatte von ihrem privaten Zufluchtsort gehört, dem Petit Trianon, und dem kleinen Weiler, den ihr Architekt dort für sie errichtete. Man sah es als eine besonders perverse Extravaganz an, dass die Königin ein Dorf zu ihrem eigenen Amüsement bauen ließ, während in vielen Teilen Frankreichs die echten Bauern bittere Not litten. In ihrem künstlichen Dorf standen acht kleine strohgedeckte Häuschen. In ihren Gärten gab es eine Fülle von Gemüse und Obst, und nicht weit davon entfernt befanden sich Scheunen, ein Geflügelhof und eine Mühle. Ein Bauer mit Namen Valy wurde in dem Bauernhaus untergebracht, um das Vieh zu versorgen. Auf einem kleinen Feld weideten Kühe, und in einer exquisiten kleinen Meierei molk man sie in Porzellanbottiche. Die Herrscherin hatte ihre eigenen Kühe, Brunette und Blanchette genannt, außerdem weiße Ziegen und weiße Lämmer, Hasen, gurrende Tauben und gackernde Hühner. Den Miniaturort umgab inmitten all seines beträchtlichen Charmes ein Hauch von Pathos; er repräsentierte eine geradezu kindliche Vision einer einfacheren, glücklicheren Welt. Aber diese Sicht erschloss sich Antoinettes Kritikern nicht. Für sie war das Dorf nur ein weiterer Posten auf der langen Liste ihrer frivolen Anschaffungen. Sie nannten das Kunstgebilde »Klein-Wien« und machten sich über die Königin lustig.

Zu ihrer großen Empörung erfuhren die Bürger kurz nach der Geburt des Herzogs der Normandie, dass noch ein weiterer Palast für die Königin erworben worden sei: Saint-Cloud, eine sehr große und geräumige Villa inmitten eines Gartens mit Kaskaden und Fontänen. Saint-Cloud befand sich auf einem ansteigenden Gelände auf der anderen Seite des Flusses, der durch den Wald von Boulogne fließt. Das Anwesen hatte dem Herzog von Orléans gehört, der es dem König verkauft hatte. Ludwig übergab seiner Frau Saint-Cloud als ihren eigenen Besitz, den sie nach Belieben nutzen konnte. Die Kaufsumme für Saint-Cloud wurde zum Teil durch den Verkauf königlicher Ländereien aufgebracht, aber die Menschen, die das nicht wissen konnten, vermuteten, dass den Staatsschulden wiederum Millionen von Livres hinzugefügt worden waren, um die Königin zu erfreuen.

Man begann damit, sie »Madame Defizit« zu nennen, und verurteilte sie mehr denn je. Im Pariser *parlement* riefen ihre Kritiker, es sei »unpolitisch und unmoralisch«, dass einer Ausländerin ein wertvoller königlicher Palast gehören solle, noch dazu einer, die dafür bekannt sei, kostspielige Renovierungen an ihren Wohnsitzen vornehmen zu lassen. (Antoinette ordnete an, dass Veränderungen an den Fassaden von Saint-Cloud vorgenommen und die Privaträume umgestaltet wurden; die Arbeiten waren erst 1788 abgeschlossen.)

In Wahrheit wollte Antoinette Saint-Cloud für ihre Kinder, ganz besonders für den Dauphin, denn sie glaubte, dass La Muette ihn zu sehr in seiner Bewegungsfreiheit einschränke. Die Kinderstube hatte sich erweitert. Zusammen mit dem Neugeborenen gab es jetzt drei Kinder, und die Königin plante, noch weitere zu bekommen. In Versailles hatte sie gerne Thérèse um sich – Mercy beschwerte sich darüber, dass es ungünstig sei, die anstehenden Geschäfte in Antoinettes Gegenwart zu erledigen, da ihre Tochter immerzu auf dem Boden herumkrabbele, die Mutter ablenke und Gespräche unterbrach –, aber die Söhne brauchten ihre eigenen Etablissements. Saint-Cloud würde dafür perfekt sein, und seine Parks und Anlagen waren weiträumig genug, dass die Jungen dort frei herumstreifen konnten. Mit seiner günstigen Lage, näher an Paris als an Versailles, bot die Villa außerdem genug Platz, um auch Ludwigs Schwester aufzunehmen.

Elisabeth, die im Jahre 1785 einundzwanzig war, entwickelte sich zu einer viel geliebten Freundin und Gefährtin Antoinettes. Hinzu kam, dass Versailles dringend renoviert werden musste. Die notwendigen Reparaturen würden bis zu einem Jahrzehnt dauern. Saint-Cloud bot sich geradezu als Ausweichlösung an. Trotzdem hegte man Groll gegen die neueste Errungenschaft der Königin.

Und noch verbitterter war man über die Familie, die Antoinette auserwählt hatte, um ihr eine auffällige Förderung zuteil werden zu lassen: die Polignacs.

Yolande, Gräfin von Polignac, war eine sanftäugige, milde Frau von delikater Schönheit. Sie besaß eine anziehende Gelassenheit, die beruhigend auf die rastlose und zeitweilig zur Rücksichtslosigkeit neigende Antoinette wirkte. Sie hatte viele Bewunderer wegen ihrer exquisiten Manieren, ihrer »narzissenweißen« Haut, der schönen braunen Augen, ihrer guten Zähne und ihres charmanten Lächelns – und sogar wegen ihrer »kleinen rosa Fingerspitzen«.[3]

Yolande mag auf Antoinette die Anziehungskraft einer älteren Schwester ausgeübt haben, denn sie war sechs Jahre älter als die Königin. Verheiratet mit dem Grafen Jules von Polignac, einem Soldaten aus guter, wenn auch nicht besonders wohlhabender Familie, hätte Yolande versuchen können, mittels Intrigen an Macht und Einfluss zu gewinnen, wie es so viele in Versailles taten. Statt dessen schien sie mit dem zufrieden zu sein, was sie bereits besaß.

Als Antoinette ihr während eines Balles im Palast zum ersten Mal begegnete und ihr »Engelsgesicht« und ihre gute Figur bewunderte, erzählte sie der Königin freimütig, dass sie selten nach Versailles käme, da das Einkommen ihres Mannes nicht ausreiche, die Kosten zu tragen, welche das Leben bei Hofe mit sich brachte. Yolande kleidete sich einfach, sprach sanft und liebreizend, und stellte insgesamt einen erfrischenden Kontrast zu all den habgierigen Höflingen dar. Antoinette fasste eine große Vorliebe für sie, und im Jahre 1777 waren sie die besten Freundinnen.

Yolandes Kritiker beeilten sich zu behaupten, dass ihr offensichtlicher Mangel an Ehrgeiz und ihr angeblich natürlicher Charme lediglich eine geschickte List seien und in Wirklichkeit ihre Rücksichtslosigkeit und Habgier verbergen sollten. Manche argwöhnten, hinter dem sanften Benehmen den Beweis ihrer »unverschämten Niedertracht« erkennen zu können. Aber Madame Campan, die Arglist verachtete, konnte bei Yolande keine Anzeichen dafür erkennen. Sie sei von »zurückhaltendem Charakter«, glaubte die Kammerfrau. Anmaßung und Affektiertheit seien ihr fremd, sie »strahle vor Güte«. Manchmal, so schrieb Madame Campan in ihren Memoiren, verbrachte Yolande mehrere Stunden mit ihr, während sie auf Antoinette wartete, und sprach dann »offen und freimütig über alles das, was sie nur halb und flüchtig sah, nämlich über das Ehrenvolle und zugleich gefährliche dieses Wohlwollens, deren Gegenstand sie war«.[4]

Wie stets zeigte sich Antoinettes Freundlichkeit in Form von verschwenderischer Großzügigkeit. Graf von Polignac wurde der Posten des ersten Stallmeisters der Königin verliehen, womit all seine finanziellen Schwierigkeiten behoben waren und er zu einem reichen Mann wurde. Yolande und Jules bekamen geräumige und günstig gelegene Quartiere im Palast zugewiesen – eine äußerste Seltenheit und ein eifersüchtig gehütetes Privileg. Yolande übernahm schließlich die Stellung der skandalbefleckten Madame de Guéméné als Gouvernante der Königskinder. Und alle Verwandten des Paares nahmen an deren Erfolg teil.

Antoinette und Yolande wurden unzertrennlich, als die Königin in ihren frühen Zwanzigern und ihre Freundin kurz vor den Dreißigern stand. Während der nächsten zehn Jahre blieb die Herrscherin Yolande geneigt, »einer Freundin, die meinem Herzen unendlich nahe steht«, wie sie es ausdrückte. »Wenn ich mit ihr alleine bin, bin ich nicht länger eine Königin, sondern ich selbst!«

Die gehässigen Gerüchteköche erfanden immer neue Lügen über die beiden Frauen: sie seien lesbisch veranlagt, oder Yolande betätige sich als Kupplerin, die Antoinette junge Frauen zuführe. Die Nähe der beiden Frauen wirkte in der Tat außergewöhnlich, zumindest von Antoinettes Seite her, hatte aber nichts mit Sex zu tun. Das Herz der Königin gehörte Fersen, und Yolande war jahrelang die Mätresse des schwierigen, gelegentlich gewalttätigen Grafen von Vaudreuil gewesen, eines literarischen Dilettanten und unverbesserlichen Intriganten.[5] »Die Königin kommt nicht länger ohne die Gesellschaft dieser jungen Frau aus und teilt all ihre Gedanken mit ihr«, kommentierte Mercy, und seine Beschreibung war vielleicht die genaueste von allen.

Yolande selbst mag keine Ränke geschmiedet haben, aber viele in ihrer Umgebung taten genau das, und sie erkannten in der Freundschaft mit der Königin eine goldene Gelegenheit. Sie »entrangen der Königin Gunstbeweise, die von der Öffentlichkeit mit Empörung quittiert wurden«, schrieb Mercy. Die Mitglieder des polignacschen Zirkels erhielten einen unverhältnismäßig hohen Anteil an Leibrenten, Ämtern und Empfehlungen, die bei Hofe zu vergeben waren. Diejenigen, die aus dem bevorzugten Kreis ausgeschlossen waren, einschließlich der Männer, die von viel altehrwürdigerer Herkunft waren und länger auf ihren Posten gedient hatten (und gelegentlich sogar solche mit größeren Verdiensten), ärgerten sich sehr und schlossen sich der langen Reihe von Feinden der Königin an. Antoinette ließ sich zu leicht von den beiden manipulieren und belohnte Personen nur, weil Yolande oder ihr Gemahl sie mochten oder mit ihnen verwandt waren.

Die Liste der Empfehlungen war lang. Diane von Polignac, Yolandes Schwägerin, wurde die Ehrendame der Gräfin von Artois. (Hässlich, nachtragend, mit einer rasiermesserscharfen Zunge und einer schneidenden Intelligenz, wurde Diane »der rote Mond« genannt, wegen ihrer auffälligen rötlichen Gesichtsfarbe.) François-Camille, den Marquis von Polignac (der Onkel von Yolandes Gatten Jules) ernannte man zum ersten Stallmeister des Grafen von Artois, und er bezog neben einem großzügigen Gehalt und den Vergünstigungen seines Amtes auch noch eine üppige Pension. Louis-Héraclius Victor, Baron von Polignac, wurde mit einem Gouverneursamt bedacht und mit einer hohen Leibrente ausgestattet. Seine Tochter wurde die Ehrendame von König Ludwigs Schwester Elisabeth. Auguste-Apollinaire von Polignac, ein Kluniazensermönch, bekam eine Pension, und ein anderer Geistlicher aus der Familie, Camille-Louis, bezog als Bischof von Meaux und Abt von Saint-Epure ein doppeltes Einkommen. Unbedeutendere Zweige der Familie erhielten Geschenke und Leibrenten im Wert von Zehntausenden von Livres.[6] Jules von Polignacs Freund (und Antoinettes angeblicher Liebhaber), der Herzog von Coigny, wurde als erster Stallmeister des Königs zu einem reichen Mann, und der Herzog von Vaudreuil schließlich erhielt die Ernennung zum obersten Falkner.

Yolandes Ehemann profitierte am auffälligsten von der Freigebigkeit der Königin. Im Jahre 1780 wurde er zum Herzog ernannt. Riesige

Geldgeschenke folgten in späteren Jahren. Nicht zufrieden mit seinem Reichtum, missbrauchte er offenkundig sein Amt, um die königliche Schatzkammer zu plündern. Er kaufte im Namen der Königin hundertfünfzig weitere Pferde, stellte zusätzliches Stallpersonal ein, und machte gestiegene Ausgaben für Gerätschaften und Futter geltend. Jede zusätzliche Ausgabe brachte Jules Geld ein, denn in jedem Fall war die Summe, die er tatsächlich zahlte, erheblich geringer als der Betrag, den er seiner königlichen Herrin in Rechnung stellte.[7] Mit dem Profit aus seinem Schwindel erwarb er mehrere wertvolle Häuser, gab Unsummen aus, um sie einzurichten, und lebte wie ein Prinz.

Zugegeben, die Polignacs und ihr Zirkel, waren nicht die einzigen Höflinge, die von der besonderen Bevorzugung durch die Königin profitierten, sie erwiesen sich lediglich als die gierigsten und auffälligsten Profiteure. Die Prinzessin von Lamballe erfreute sich, bevor sie von Yolande von Polignac ausgestochen wurde, nahezu einer Million Livres in Honoraren, Gehältern und Subventionen, und sie sorgte dafür, dass ihr Bruder ebenfalls in außerordentlichem Maße bedacht wurde. Aber die Polignacs erhielten als Gruppe zweieinhalb Millionen Livres in bar und eine weitere halbe Million in Form von Leibrenten und Gehältern – eine wahrlich gewaltige Summe, besonders wenn man sich vor Augen hält, dass das Haushaltsbudget des gesamten Hofes im Jahr 1776 etwa sechsunddreißig Millionen Livres betrug. Verglich man den Reichtum der Polignacs mit den zwei Livres, die der durchschnittliche Pariser Arbeiter am Tag verdiente, erscheint er einem als noch größer und noch unverfrorener. Die Feinde der Monarchie gerieten darüber außer sich. Während die ehrlichen Arbeiter von Paris im Schweiße ihres Angesichts für ihr tägliches Brot schuften mussten, so beschwerten sie sich, wurden die vergoldeten Faulenzer bei Hofe immer reicher und reicher – und das alles wegen der bösen österreichischen Hexe.

Im Jahr 1785 brachte ein Skandal Marie Antoinette um den letzten Rest ihrer Popularität. Beteiligt daran waren der Kardinal von Rohan, Großalmosenier von Frankreich, ein märchenhaft teures diamantenes Kollier und eine geschickte Betrügerin.

Im Mittelpunkt des Skandals stand der Kardinal, ein weltlich orientierter, gewitzter und leichtgläubiger Mann in den Fünfzigern. Als Prinz von Rohan gehörte er dem Hochadel Frankreichs an, als Kardinal war er Mitglied der höchsten Kirchenkonzile, und als Großalmosenier hatte er eines der bedeutendsten Ehrenämter. Man konnte ihn oft beim Betreten und Verlassen der Palastkapelle beobachten, wo er in seiner scharlachroten Seidenrobe präsidierte. Seine Laster waren ebenfalls von grandiosem Ausmaß und wohl bekannt. Seine grenzenlose Eitelkeit führte dazu, dass er Gelder dazu verwendete, seine eigene Großartigkeit in den Vordergrund zu stellen. Der Bischof erwarb kunstvoll bemalte Kutschen und beschäftigte Diener, die in scharlachrote, mit goldenen Spitzen verzierte Livreen gesteckt wurden. Seine Fleischeslust, so wurde ihm nachgesagt, sei der des verstorbenen Ludwigs XV. ebenbürtig, und wie Ludwig unterhielt er einen großen Harem – zusätzlich zu den zahlreichen Eroberungen, die er unter den Damen des Hofes machte. Antoinettes Bruder Leopold nannte den Kardinal einen Mann »ohne Religion oder Moral«.

Seit ihren ersten Tagen am französischen Hof kamen Antoinette immer wieder Beschwerden über den Kardinal zu Ohren. Rohan war in den frühen siebziger Jahren als Botschafter nach Österreich geschickt worden, und man hätte sich keinen schlechteren Gesandten für die hart arbeitende, hochmoralische Maria Theresia vorstellen können. Er beleidigte die Kaiserin, indem er, gestiefelt und gespornt, mitten durch religiöse Prozessionen ritt, ein privates Bordell errichtete und seine ungehobelten Diener auf die Wiener losließ. Der Kardinal häufte gigantische Schulden an, führte den Thronerben mit Geschichten über das exklusive Leben in Paris auf Abwege und besaß die Frechheit, Seide einzuschmuggeln und, entgegen den Zollbestimmungen, in seiner Villa zu verkaufen. Maria Theresia bezeichnete Rohan als »schlimmes Los« und »vollkommen unverbesserlich«. In ihren Briefen an Antoinette verlangte sie wieder und wieder, dass er zurückgerufen werden sollte, da er Frankreich entehre und die Österreicher befremde. Abgesehen davon, so fügte sie hinzu, sei er von Grund auf unwissend in allen Staatsangelegenheiten, ein frivoler Mensch ohne Substanz und mit banalen Interessen. Und seine sexuellen Ausschweifungen – er habe es fertig gebracht, alle Frauen Wiens zu betören, wenn nicht sogar zu verführen, »jung und alt, schön oder hässlich«, bereite ihr nichts als Ekel.[8]

Maria Theresias heftige Kritik an Rohan hinterließ einen starken Eindruck bei ihrer Tochter, und als Rohan aus Wien zurückkehrte und schließlich Großalmosenier wurde, schenkte sie ihm keine Beachtung. Ihre Abneigung zeigte sich so ausgeprägt, dass jedermann Notiz davon nahm – und wie immer verbreiteten diejenigen, die Antoinette hassten, das Gerücht, dass dies nur ein Vorwand wäre und Rohan in Wirklichkeit einer ihrer geheimen Liebhaber sei. Der Kardinal selbst jedoch wusste, dass ihre Kälte nicht gespielt war, und sah darin ein gewaltiges Hindernis für sein weiteres Vorankommen.

Die Ungnade der Königin und die ihm eigene Leichtgläubigkeit machten Rohan zu einem leichten Opfer von Scharlatanen und Schwindlern, und von denen wimmelte es in Versailles. Unter den gefeiertsten war Giuseppe Balsamo, ein Magier und Hypnotiseur, der sich Graf Cagliostro nannte und übertriebene Behauptungen über sich selbst und seine Fähigkeiten verbreitete. Er gab vor, und viele glaubten ihm das, da er über eine enorme hypnotische Überzeugungskraft verfügte, mehrere tausend Jahre alt zu sein, Krankheit und Tod überwunden zu haben und auch anderen dazu verhelfen zu können. Angeblich konnte er jede Krankheit kurieren, Reichtum schaffen und Macht in weltlichen Angelegenheiten verleihen. Cagliostro trat als der Großkopte des Ordens der Ägyptischen Freimaurerloge auf und brachte viele seiner leichtgläubigen Anhänger dazu, sich in seine Loge aufnehmen zu lassen.[9] Rohan glaubte, dass der Magier ihm den Weg zum Erfolg bei Hofe frei räumen, ihn mit Antoinette aussöhnen und ihn zu einem der Minister des Königs machen könnte.

Aber es gab im Umfeld des Kardinals noch einen anderen, gleichermaßen gerissenen Scharlatan. Dabei handelte es sich um Jeanne de Saint-Rémy, die sich selbst Gräfin von La Motte-Valois nannte. Jeannes Vater war tatsächlich ein Nachfahre der spätmittelalterlichen Könige aus dem Hause Valois gewesen, aber ohne einen Sous zu hinterlassen gestorben. Er hinterließ zwei Kinder, welche von ihrer bäuerlichen Mutter großgezogen wurden, die sie schlug und ausbeutete. Jeanne war zu einer geschickten Betrügerin herangewachsen. Zusammen mit ihrem Mann, einem Soldaten, gab sie vor, gewohnheitsmäßig am königlichen Hofe zu verkehren und sich der Freundschaft der Königin zu erfreuen. Ein Komplize, Rétaux von Villette, fälschte Antoinettes Unterschrift auf Briefen, die Jeanne benutzte, um ihre Glaubwürdigkeit zu untermauern. Es gelang ihr, dem Kardinal vorgestellt zu werden, und nach einiger Zeit wurde sie seine Mätresse. Als er ihr sein Vorhaben bekannte, königlicher Minister zu werden und vor allem das Wohlwollen der Königin zu erlangen, sah Jeanne ihre Möglichkeit, zu sehr großem Reichtum zu gelangen.

Jeanne erzählte Rohan, sie wolle ihren Einfluss auf ihre »Freundin«, die Königin, zu seinen Gunsten nutzen. Nach einer Weile überzeugte sie ihn davon, dass es ihr gelungen sei, Antoinettes Vorbehalte gegen ihn zu überwinden. Er freute sich unbändig und verlangte von ihr, sie solle eine Audienz für ihn arrangieren. Da Jeanne das beim besten Willen nicht bewirken konnte, bestellte sie den Kardinal zu einem vorgeblichen Treffen und brachte eine Pariser Prostituierte mit, die sich als Königin ausgab. Rohan, vor Eifer außer sich, stellte die merkwürdigen Umstände dieser »Audienz« nicht in Frage. Das Treffen sollte um Mitternacht in den Gärten von Versailles stattfinden. In der Dunkelheit glaubte der Kardinal, dass es sich bei der mit einem schönen Schleier verhüllten Frau, die ihm eine Rose übergab und murmelte: »Sie wissen, was das bedeutet, aber wahren Sie weiterhin Diskretion«, um Antoinette handelte.

Der Kardinal konnte es nun kaum erwarten, einen Beweis seiner Ergebenheit für die hochgestellte Dame zu erbringen, und Jeanne beeilte sich, ihm das angebliche Ansinnen der Königin zu übermitteln. Sie bat ihn um Geld, zunächst sechzigtausend Livres, dann mehr. Und dann tat sich für Jeanne die Möglichkeit auf, sich weit über ihre kühnsten Träume hinaus zu bereichern.

Über Jahre hinweg hatte der Hofjuwelier Böhmer versucht, Antoinette ein märchenhaftes Halsband zu verkaufen, ein Diamantenhalsschmuck von unvergleichlicher Schönheit. Insgesamt waren in dem Schmuckstück etwa fünfhundertvierzig Steine verarbeitet worden, und sein Wert betrug 1,6 Millionen Livres. Dass sich niemand außer der Königin eine solch teure Spielerei leisten konnte, stand außer Frage – aber Antoinette hatte die Lust an Diamanten verloren und ließ sich nicht dazu bewegen, das Halsband zu erwerben. Böhmer hatte von der Gräfin von La Motte-Valois und ihrer Prahlerei, mit der Königin auf vertrautestem Fuße zu stehen, gehört. Sie erschien ihm als geeignete Vermittlerin, und so näherte er sich ihr und versprach ihr tausend Louis für den Fall, dass sie Antoinette dazu brächte, das Halsband zu kaufen. Ihre Chance witternd, erzählte Jeanne dem Juwelier, dass der Kardinal den Kauf im Namen der Königin tätigen würde, was er auch bald darauf tat. Das Halsband wurde Rohan übergeben, der es Jeanne aushändigte, und nicht den geringsten Zweifel hegte, dass sie es ihrer Freundin Antoinette überbringen würde. (In Wirklichkeit gab sie es ihrem Ehemann, der sich damit nach England absetzte, um dort die Diamanten Stück für Stück zu verkaufen.) Ein paar Monate später, als Böhmer die Bezahlung verlangte, flog der ganze Schwindel auf.

Antoinette erfuhr zu ihrer Überraschung, dann zu ihrem Entsetzen, dass Böhmer über Rohan ein Halsband an sie geliefert hatte, das sie niemals bestellt hatte. Und die erste Rate des Kaufpreises für das Schmuckstück war längst überfällig. Rohan, so erklärte sie, habe ihren Namen benutzt »wie ein niederer und ungeschickter Fälscher«. Er sei ein Lügner und Betrüger. Wie jedermann wisse, sei er hoch verschuldet, und aus Verzweiflung habe er seine Stellung bei Hofe ausgenutzt und versucht, die Königin zu prellen.

Rohan wurde in das Kabinett des Königs zitiert, um sich vor seinem Herrscher und etlichen Ministern zu verantworten. Antoinette war ebenfalls anwesend. Ludwig befragte den Kardinal, und als offenkundig wurde, dass er von der gerissenen Jeanne übertölpelt worden war, wurde er blass und schien in Ohnmacht fallen zu wollen. Rohan verteidigte sich damit, dass »eine Dame, Gräfin von La Motte-Valois genannt,« ihn übervorteilt habe. Er versprach der empörten Antoinette, für das Halsband zu bezahlen. Eine Unmöglichkeit angesichts seiner Schulden und der enormen Rechnung Böhmers. Außerdem bestand er darauf, geglaubt zu haben, »durch die Ausführung dieser Kommission Eurer Majestät eine Gefälligkeit zu erweisen«.

Nichts von dem, was Rohan vorbrachte, konnte ihn entlasten. Vor den Augen des gesamten Hofes, wurde der Kardinal festgenommen und in die Bastille gebracht. Jeanne wurde am folgenden Tag verhaftet. Obwohl sie ihre Schuld bestritt und versuchte, ihre Ankläger davon zu überzeugen, dass Cagliostro Rohans Spießgeselle beim Diebstahl des Halsbandes gewesen sei, vermochte sie nicht zu überzeugen. Die Polizeiuntersuchung brachte vernichtende Beweise gegen die Gräfin ans Licht. Sie und ihr Mann waren kurz vor seiner Abreise nach England über Nacht reich geworden, hatten exklusive Möbel gekauft, einen großen Stab Bediensteter eingestellt und großzügige Feste veranstaltet. Nur der Verkauf der Diamanten konnte diesen plötzlichen Reichtum erklären, deshalb musste Jeanne schuldig sein.

Die Zeitgenossen deuteten den Skandal entsprechend ihrer politischen Gesinnung. Die Polizei war der Überzeugung, dass Rohan sich lediglich der Leichtgläubigkeit schuldig gemacht hatte. Rohans Feinde hielten ihn für den Hauptschuldigen und Jeanne für seine Helfershelferin. Aber die Mehrheit der Menschen, machte Antoinette für den Skandal verantwortlich. Sie sei extravagant, und sie liebe doch bekanntlich Diamanten, also habe sie die ganze Halsbandaffäre gemeinsam mit Rohan in Szene gesetzt. Seine Verhaftung sei nichts als ein Schachzug, um die Österreicherin unschuldig erscheinen zu lassen, während in Wirklichkeit sie es war, die in die Bastille gehörte.

Rohan wurde Ende Mai 1786 vor Gericht gestellt. Antoinette, zu dieser Zeit im siebten Monat schwanger mit ihrem vierten Kind, rechnete fest damit, dass man ihn für schuldig befinden würde, wenn schon nicht des Diebstahls, dann wegen seiner Kenntnis und seiner Mitwirkung von und bei einem Betrug. Das Verfahren löste in der Öffentlichkeit das allergrößte Interesse aus Rohans Anhänger trugen kardinalsrote Hüte und verkündeten, ihr Held würde wie die frühchristlichen Heiligen und Märtyrer verfolgt. Pamphlete tauchten auf, die, wie nicht anders zu erwarten, Antoinette anschwärzten. Unversehens wurde der ruchlose Rohan für arglos und unschuldig erklärt, ein Opfer der bösen Königin – seiner ehemaligen Geliebten. Eine Gruppe, zu der viele Damen des Hofes gehörten, verteidigte ihn am lautstärksten. Sie schuldeten ihm Dank, weil er gleich zu Beginn der Untersuchung ihre Liebesbriefe vernichtet hatte. Rohan wurde zu einem Symbol, er repräsentierte alle, die glaubten, von Antoinette gekränkt worden zu sein. Sich auf seine Seite zu stellen, war wie Rache an der Königin zu nehmen. Es gab viele, die eifrig darauf bedacht waren, Antoinette mit allen zur Verfügung stehenden Mitteln zu verletzen.

Unter ihnen waren die Advokaten des *parlements*, die verlangten, dass Rohan freigesprochen werden müsse, und die Richter, die ihn wie einen Prinzen behandelten. Nach achtzehnstündiger Beratung wurde die Anklage gegen den Kardinal abgewiesen. Jeanne alias Gräfin von La Motte-Valois wurde verurteilt, öffentlich ausgepeitscht, gebrandmarkt und ins Gefängnis geworfen (aus dem sie achtzehn Monate später entfliehen konnte), ihr Mann in Abwesenheit auf die Galeeren geschickt und Cagliostro entlastet.

Das Volk bejubelte den Freispruch des Kardinals. Als Held und Märtyrer verließ Rohan das Gericht. Ludwig überzeugte ihn davon, seinen Posten als Großalmosenier aufzugeben, und zwang ihn dazu, Paris zu verlassen und sich in ein Kloster zurückzuziehen. Aber seine höchstrichterliche Ehrenrettung überschattete diese unbedeutenden Rückschläge. Viel bedeutsamer erschien, dass die Königin in höchstem Maße gedemütigt worden war.

# 16

Kardinal von Rohan wurde am 31. Mai 1786 freigesprochen. Am folgenden Tag schrieb Antoinette der Gräfin von Polignac einen *crie de cœur*, einen bitterlichen Brief.

»Kommt und weint mit mir, kommt und tröstet Eure Freundin. Das Urteil, das gerade verkündet wurde, ist eine abscheuliche Beleidigung. Ich bin in Tränen der Trauer und der Verzweiflung gebadet.«

Antoinette befand sich nun schon im achten Monat, und während der Schwangerschaft war sie großen Belastungen ausgesetzt gewesen. Die Untersuchungen im Fall Rohan, die wachsende Krise des Staatshaushaltes und die endlosen Kolumnen, die ihre zahlreichen Feinde über sie veröffentlichten, demoralisierten und schwächten sie. Während des vorangegangenen Monats hatte sie ihre Aktivitäten einschränken müssen und sich darüber beklagt, dass sie nicht die körperliche Kraft aufbrächte, ihre gewohnte Routine durchzustehen.[1] Es muss Frauen in Versailles gegeben haben, die die Schwangerschaft der Königin mit Sorge beobachteten, die Köpfe schüttelten und bemerkten, dass eine solch angespannte und kummervolle Zeit dem Kind Schaden zufügen würde.

Die Königin machte sich Sorgen um ihre Kinder und ihren Gemahl. Die Regierungsgeschäfte überforderten Ludwig zunehmend, und er erwartete Trost und Rat von ihr. Ihre Tochter Thérèse, die sie *Mousseline* rief, war inzwischen sieben Jahre alt, eine kleine Dame in fließenden Gewändern und mit sorgfältig, aber einfach frisierten Locken. *Mousseline* erwies sich als tückisches Kind mit Anflügen von Eigensucht, aber sie hing sehr an ihrer Mutter. Antoinette gab sich alle Mühe, damit das Kind nicht zu eingebildet wurde. Um dies zu erreichen, nahm sie ein weiteres kleines Mädchen in den Haushalt der Prinzessin auf, die Tochter einer der Zofen, und ordnete an, dass dieses Kind, dem sie den neuen Namen Ernestine gab, in genau der gleichen Weise behandelt werden sollte wie *Mousseline*. Die beiden Mädchen trugen die gleichen Kleider, nahmen ihre Mahlzeiten gemeinsam ein und wurden zusammen unterrichtet. Madame Royale erhielt keine besonderen Ehrerbietungen mehr, doch statt deswegen zu grollen, fasste *Mousseline* eine starke Zuneigung zu Ernestine und liebte sie wie eine Schwester.

Antoinettes ältester Sohn, der Dauphin, war nun fast fünf Jahre alt, eine kleine traurige Gestalt in seinem Matrosenanzug und mit den langen Kinderlocken. Sein Rückgrat war verkrümmt, eine Schulter stand erheblich höher als die andere, und für sein Alter wirkte er sehr klein. Der Knabe schien besonders anfällig für Fieberanfälle und kräftezehrende Krankheiten zu sein und nahm nicht wie ein gesundes Kind an Gewicht zu.[2] Der Dauphin hatte sich einen ernsten Blick angewöhnt, vielleicht wegen der Schmerzen, die er zu erdulden hatte, vielleicht weil er von Natur aus verschlossen war. Er wusste, dass seine Rückgratverkrümmung – die sich mit zunehmendem Alter deutlich verschlimmerte – seiner Mutter Sorgen bereitete. Sein Anblick trieb ihr der Prinzessin Lamballe zufolge Tränen in die Augen. Wenn Antoinette mit ihrem Sohn soupierte, weinte sie ungehemmt und konnte kaum essen.

Das jüngste Kind, der fünfzehn Monate alte Ludwig Karl, Herzog der Normandie, stellte mit seiner robusten Gesundheit das genaue Gegenteil zu seinem Bruder dar: ein Säugling mit rundem Gesicht und Apfelbäckchen. Antoinette bezeichnete ihn als ihren *chou d'amour*, ihren kleinen Liebling. Er hatte ihre robuste Gesundheit geerbt. Die Königin nannte ihn »ein wahres Bauernkind« und freute sich an seiner frühreifen Intelligenz und seinem gutmütigen Naturell. War ihr älterer Sohn der Grund für anhaltenden Kummer und tiefe Sorgen, so bewies wenigstens der jüngere, dass sie gesunden Nachwuchs gebären konnte. Antoinette rechnete fest damit, dass er gut gedeihen würde. Als sie ihn eines Tages besuchte und einen Arzt vorfand, der Blutegel an sein weiches Fleisch setzte, traf sie ein großer Schock, und sie fiel in Ohnmacht. Der kleine Herzog hatte eine Schwäche, nämlich empfindliche Nerven, und ein plötzliches, unerwartetes Geräusch – das Bellen eines Hundes, das Rumpeln von Kutschenrädern – regte ihn auf.

Während der letzten Wochen ihrer Schwangerschaft hatte Antoinette die seltene Freude, dass ein Mitglied ihrer Familie zu Besuch kam. Ihr Bruder Ferdinand, ein Jahr älter als sie und in Kindertagen ihr Lieblingsbruder, kam mit seiner italienischen Frau Mitte Mai nach Frankreich, um für einen Monat zu bleiben. Antoinette muss inmitten all ihrer Sorgen froh gewesen sein, ihn zu sehen. Aber es gefiel ihr sicherlich nicht, dass er Zeuge ihrer Demütigung durch die Halsband-Affäre wurde und all die Verleumdungen zu Ohren bekam, die über sie im Umlauf waren. Sie muss ihm beteuert haben, am Skandal um das diamantene Halsband unschuldig zu sein – »diesem Horror«, wie sie die Angelegenheit nannte. Ferdinand wird kaum einen Schritt getan haben, ohne Pamphlete, Karikaturen und Flugblätter zu Gesicht zu bekommen, die seine Schwester angriffen, schmähten oder verhöhnten.

Die Leute erzählten sich, dass die Königin den Boden des Petit Trianon mit wertvollen Edelsteinen hatte pflastern lassen, die sie unter ihren Absätzen zertrat. Karikaturisten mokierten sich über den fettleibigen König und seine verschwendungssüchtige Frau. Zeichnungen kursierten, auf denen sie sich bei einem üppigen Bankett voll stopften, während um sie herum hohlwangige Gestalten versammelt waren, die sich die leeren Bäuche hielten und hungrig auf das Essen starrten.

Die Schmähschriften fanden auch ihren Weg in den Palast. Rachsüchtige Diener verteilten sie ohne Hemmungen und besaßen manchmal sogar die Unverschämtheit, sie in den königlichen Schlafzimmern oder am Essplatz des Königs unter seiner Serviette zu hinterlassen. Die abstrusesten Behauptungen waren dort zu lesen: Die Königin sei mit dem Kind des Kardinals schwanger – oder war doch Fersen der Vater? Sie trieb das Land in den Bankrott, weil sie Hunderttausende von Francs nach Österreich schicke und dreihunderttausend Livres im Jahr für Kleider und monströse Hüte ausgebe.[3]

Die Königin zu verleumden, entwickelte sich genauso zur Mode wie die »Heinrich IV.- Halskrausen«, die im Sommer 1786 den Halsausschnitten modischer Kleidungsstücke entsprossen, oder wie die neue Farbe, die man »Gänsemist« nannte und nach der alle Welt verrückt war. Manche Pariser nahmen sich das königliche Zebra zum Vorbild, und unversehens musste alles, was sie trugen, gestreift sein, von Mänteln über Westen bis hin zu Strümpfen. Die neuen Marotten kannten keine Grenzen: Frisuren trugen Namen wie »Stachelschwein« und »Babymützchen«, »Granatapfel«, »Immergrün« und, in Anspielung auf die eben flügge gewordenen Vereinigten Staaten von Amerika, »Boston« und »Philadelphia«. Man zog gepudertes Haar den Perücken vor, ebenso »republikanische« Kleidung (flache Schuhe statt Absätze, Frauenröcke ohne das Panier, runde Hüte und Gehröcke für die Männer); Hüte hatten die Form von Kirschen oder Rüben, und die Kopfkratzer wurden mit Diamanten verziert. Ein bemerkenswerter Wandel fand in der Knopfmode statt. Bisher trug man Gold- und Silberknöpfe. Aber jetzt mussten es Stahlknöpfe sein. Ein »Stahlfieber« ergriff die Wohlhabenden, die nicht nur Stahlknöpfe, sondern auch Stahlschnallen auf den Schuhen und stählerne Borten auf ihren Uniformen trugen. Uhrketten aus diesem Material baumelten über ihren »republikanischen« Westen, und sie ließen sogar die Schwerter ihrer Vorfahren mit Stahl überziehen.

Die Mode spiegelte die Politik wider, und in der Politik war man nach allem Englischen verrückt. So baten Frauen ihre Friseure darum, ihnen die Haare à la »Englischer Park« oder »Jäger im Versteck« zu frisieren. Man las englische Romane und tanzte zu englischen Melodien; wählte Teller und Silberservice aus, die »englisch in der Form« waren, und man fuhr englische Kutschen. Nicht wenige der jungen Männer in Versailles bemühten sich, Französisch mit britischem Akzent zu sprechen, und sie »studierten all die Besonderheiten im Benehmen, der Art zu gehen, kurz, aller Äußerlichkeiten, die einen Engländer auszeichneten, damit sie all das für den eigenen Gebrauch übernehmen konnten«. Das größte und schönste Kompliment bestand darin, versehentlich für einen Engländer gehalten zu werden.[4]

In dieser unheilvollen Atmosphäre bereitete sich Antoinette auf ihre vierte Geburt vor. Am 9. Juli erblickte eine Tochter, Sophie Béatrice, das Licht der Welt. Der Geburt wurde wenig Aufmerksamkeit gezollt, und noch weniger dem Kind, sobald sein Geschlecht feststand. Es war zart und zerbrechlich, und die Hebammen flüsterten von Missbildungen. Zweifellos murmelte Antoinette dem winzigen Mädchen tröstende Worte und Kosenamen zu, aber auch sie muss wegen seiner Größe und dem unvollkommenen Körperbau bestürzt gewesen sein. Sophie sah nicht wie ein gesunder Säugling aus, und während der ersten Tage ihres Lebens gedieh sie nicht.

Antoinette hatte sich noch nicht vollständig von den Anstrengungen der Geburt erholt, als eine der Verwandten, die sie am wenigsten mochte, für einen einmonatigen Besuch in Frankreich eintraf. Es handelte sich um ihre Schwester Christine, dreizehn Jahre älter als Antoinette und ihrem Wesen nach ganz die sich ständig einmischende, alles kritisierende ältere Schwester. Christine war immer Maria Theresias artige, perfekte Tochter gewesen, gesegnet nicht nur mit einer außergewöhnlichen Intelligenz, sondern auch mit einer glücklichen Ehe mit dem Mann, den sie sich ausgewählt hatte, dem Grafen Albrecht von Sachsen-Teschen. Ihr Leben war nicht frei von Kummer gewesen – wenigstens eines ihrer Kinder hatte sie früh verloren –, aber sie scheint einer jener resoluten Charaktere gewesen zu sein, die solche Verluste hinnehmen und wenig Sympathie für sentimentalere Gemüter hegen. Mit vierundvierzig hatte sich Christine zu einer dominierenden Matrone entwickelt, die es zweifellos als ihre Pflicht ansah, Antoinette den rechten Weg zu weisen.

Der Besuch stand von Anfang an unter keinem guten Stern, und alles ging schief, was nur schief gehen konnte. Christine präsentierte Antoinette ein paar »schäbig aussehende Schachteln« als Geschenk und kommandierte sie noch dazu in einer Weise herum, die die jüngere Schwester als »äußerst ärgerlich« empfand. »Die Erneuerung der Vertrautheit zwischen den beiden Schwestern«, schrieb Mercy Kaiser Joseph nach Wien, »entbehrt nicht ganz der Schwierigkeiten.«

Antoinette fühlte sich seelisch und körperlich angegriffen und zerbrechlich. Das letzte, was sie jetzt brauchen konnte, war eine lästige Verwandte, die ihr sagte, wie sie ihr Leben zu führen hatte. Mit Mercys Hilfe mied sie ihre Schwester und hielt sie, so weit es nur ging, vom Palast fern. Wenn Christines Besuche unvermeidlich waren, so sorgte Antoinette dafür, dass sie kurz ausfielen.

Die Königin beschäftigte sich vor allem mit der kleinen Sophie, die nicht zunahm und nach sechs Wochen immer noch so klein und schwach war wie ein Neugeborenes. Weder Mutter noch Kind ging es allzu gut; Antoinette bekannte, dass sie ihre Kräfte nur langsam wiedererlangte, und sie fühlte sich erleichtert, als ihre Schwester und ihr Schwager Ende August abreisten. Kaum hatten die beiden Versailles verlassen, brachen ihre Schutzwälle zusammen, und sie erkrankte für mehrere Wochen ernstlich an hohem Fieber und einer schweren Halsentzündung.[5]

Mit dreißig wurde Antoinette, höflich ausgedrückt, allmählich rundlich. Mit Hilfe von Korsetts konnte ihre Taille auf schmale 56 Zentimeter zusammengeschnürt werden, aber Madame Eloff, die Hofschneiderin, maß als Brustumfang 112 Zentimeter. Ohne Zweifel wuchsen ihre Formen recht üppig. Dreißig galt als gefährliches Alter, und aristokratische Damen bekannten sich selten dazu, älter zu sein. Man fand es allerdings verständlich, dass eine Dame, sobald sie das unaussprechliche Alter erreicht hatte, nicht mehr tanzen konnte oder darauf verzichtete, frische Blumen allzu nahe an ihrem welkenden Gesicht zu tragen. (»Für einen Bürgerlichen war eine Herzogin niemals jenseits der Dreißig«, bemerkte die sechzigjährige Herzogin von Chaulnes einmal.) Um ihre ausladenden Proportionen zu kaschieren, kreierte Antoinette einen neuen Stil, dessen Faltenwurf so großzügig ausfiel, dass er der Figur schmeichelte.[6]

Sie verbrachte mehr Zeit denn je im Kreise ihrer Familie und ihrer weiblichen Bediensteten. Nach Paris zu fahren, war weder erfreulich noch ungefährlich, und ihre eleganten beheizten Logen in der Oper und der Comédie Française blieben leer. Im Theater bestand immer das Risiko, dass das Publikum jede Anspielung auf »die grausame Königin« in einem klassischen Drama mit Applaus bedachte, und Opern boten sogar noch mehr Gelegenheiten für Beleidigungen. Anstatt sich in Paris nach Zerstreuungen umzusehen, verbrachte Antoinette ihre Abende mit ihren älteren Kindern. Sie unterhielt sich, indem sie Billard spielte und die Rätsel im *Mercure de France* löste (worauf sie sich sehr gut verstand). Oder sie zog sich in das »Goldene Kabinett« zurück, wo ihre Harfe und ihr Cembalo aufbewahrt wurden, und spielte und sang mit Madame Vigée-Lebrun (deren künstlerische Talente auch die Musik einschlossen) und dem Komponisten Grétry. Die Königin besaß eine melodiöse, wenn auch nicht bemerkenswerte Singstimme, und spielte nach Jahren des Übens flüssig die Harfe. Laut Madame Campan hatte Antoinette gelernt, »Noten zu lesen wie ein erstklassiger Professor«.[7] Ein Beobachter des Hofes, der schwedische Botschafter, vermutete, dass Antoinette mehr Zeit mit Gebeten und der Messe verbrachte als in der Vergangenheit – wobei sie zweifellos für die Gesundheit ihrer zerbrechlichen jüngsten Tochter betete.

Antoinette hatte kaum Gesellschaft. Man mied Versailles, und seit der Halsbandaffäre hatte sie am Hofe mehr Feinde denn je. Kardinal Rohan war durch Blutsverwandtschaft oder Verschwägerung mit den meisten großen Familien Frankreichs verbunden, und deren Mitglieder mieden die Frau, die ihm ihrer Ansicht nach großes Unrecht zugefügt hatte.

Yolande von Polignac, jahrelang Antoinettes beste Freundin, zeigte ihr zunehmend die kalte Schulter. Antoinette glaubte, dass Yolande von der Rohan-Fraktion »unterjocht« wurde. Obwohl sie in ihren schlimmsten Stunden die Herzogin immer noch zu sich rufen ließ, damit die ihr beistand, besuchte sie Yolande nicht mehr gern in deren Haus. Sie fürchtete, auch dort auf Feinde zu treffen.

Fersen war nach Schweden zurückgekehrt, und Ludwig konnte auch zu seinen besten Zeiten nur als unzureichender Gesellschafter bezeichnet werden. Außerdem befand er sich fast immer auf der Jagd oder hatte sich zu seinen Schlössern und seiner Kartensammlung zurückgezogen. Antoinette verbrachte viele Stunden alleine und beschäftigte sich im Petit Trianon damit, Brunette und Blanchette zu melken und ihre weißen Ziegen und Schafe zu streicheln. Sie überwachte den Verkauf der vierzig Kilogramm Orangen, die ihr Garten jedes Jahr hervorbrachte. Vielleicht blätterte sie auch in ein paar leicht zu lesenden Büchern (*Memoiren einer jungen Maid, Geheimnisse einer schönen Frau, Anekdoten ehelicher Liebe* lauteten einige der Titel, die sie im Trianon aufbewahrte), aber viel wahrscheinlicher weinte und betete sie. Oder sie untersuchte ihr Gesicht im Spiegel und begutachtete die Tränensäcke, die sich unter ihren Augen bildeten, und die tiefen Falten, die sich zwischen Nase und Kinn eingegraben hatten.

Die Königin fühlte sich umzingelt. Ihre Untertanen verachteten sie, Pamphletschreiber attackierten sie, ihre Feinde mieden sie und griffen sie hinter ihrem Rücken an, und ihre ehemaligen Freunde zogen sich immer mehr zurück. Eines Tages im September 1786 fand Madame

Campan im Schlafzimmer des Trianon eine in Tränen aufgelöste Antoinette vor, die gerade einige bösartige Briefe gelesen hatte.

»Oh, diese schlimmen Männer, diese Ungeheuer!«, weinte sie. »Was habe ich ihnen nur angetan … ich wünschte, ich wäre tot!«

Orangenblütenwasser und Äther wurden herbeigebracht – die Mittel, die man für die Nervenanfälle der Königin bereithielt –, aber Antoinette verschmähte sie.

»Nein«, wies sie ihre Bediensteten an, »wenn ihr mich liebt, dann verlasst mich; es wäre besser, wenn ich tot wäre!« Die Dienerschaft verließ den Raum, aber Madame Campan blieb, und Antoinette fiel ihr schluchzend in die Arme.

Im Oktober zog der Hof wie üblich nach Fontainebleau um, den alten, zerfallenden Palast inmitten des wilden Waldes von Bière mit seinen riesigen Felsen und dichten Gehölzen. Jeden Herbst machte man sich auf den langen Treck, und Hunderte Wagen, Karren und Kutschen rollten über die schlammigen Straßen, gezogen von Tausenden erschöpfter Pferde. (Der König und die wichtigsten Hofleute benötigten alleine über zweitausend Tiere.) Abgesehen vom Hofpersonal mussten Mobiliar und Tapisserien mitgeführt werden – alles in allem etwa vierhundert Wandteppiche. Dann musste die Küchenausrüstung untergebracht werden, das Bettzeug, die Essensvorräte, die Weine und Kohle und die großen Reisekoffer, die ein jeder unter den Herren und Damen besaß.

Zusätzlich fuhren Wagen voller Schauspieler aus Paris mit, und sie hatten ihre Kulissen, ihre Maler, Bühnenbildner und Wäscherinnen dabei, außerdem die Schneider, Stickerinnen und Perückenmacher, die ihre Kostüme herstellten. Neue Stücke wurden traditionell in Fontainebleau vor dem König und der Königin aufgeführt, und diese Saison schien keine Ausnahme zu bilden. Insgesamt kostete der Umzug beinahe sechshunderttausend Livres, und Calonne, der schon alle Mühe hatte, die normalen Ausgaben zu begleichen, musste Geld leihen, um ihn zu finanzieren.

Als die Reisenden den Palast erreicht hatten, präsentierte er sich ihnen verwahrloster denn je. Nur zwei Räume hatte man in jüngster Zeit neu dekoriert – das Schlafgemach der Königin, ein dezentes Meisterwerk der Innenausstattung mit zarten goldenen und silbernen Ornamenten, und das Spielzimmer. Dieses hatte man im »pompejianischen« Stil hergerichtet, die Wände mit Imitationen von Kunstwerken aus Pompeji bemalt und Stühle und Tische von römischen Vorbildern kopiert. Die übrigen Räumlichkeiten waren schäbig und unbewohnbar. Große Teile des Palastes waren schimmelig und von Ratten verseucht; einstmals elegante Wandbehänge und Böden aus intarsierten Hölzern moderten vor sich hin, fleckig von dem Regen, der durch die Löcher in den Dächern herabtropfte. Weniger als zweihundert der Räume konnten bezogen werden, was bedeutete, dass die meisten Höflinge unbequem und teuer im nahe gelegenen Städtchen untergebracht werden mussten.

Sobald die Räume hergerichtet, die Tapisserien aufgehängt waren und die gewohnte Routine des Hofes einkehrte, erwies sich das Leben in Fontainebleau als angenehm. Und zumindest eine Beobachterin, nämlich Neckers Tochter Germaine, inzwischen Madame de Staël, äußerte die Ansicht, dass es Antoinette sei, die im Mittelpunkt der Aufmerksamkeit stehe. »Zuvörderst um die Königin herum brandeten die Wellen der Menge«, schrieb sie. Jedermann buhlte darum, von ihr beachtet zu werden, »ihre Blicke klebten an den Schritten der Königin«.[8]

Jedes ihrer Worte und alle ihre Gesten drückten Anmut und Freundlichkeit aus. Sie verhielt sich niemals zu vertraulich, erweckte aber jederzeit den Eindruck, ihren herausgehobenen Rang aus Freude darüber vergessen zu haben, mit all den Menschen, die sie umgaben, zusammen zu sein. Das galt jedoch nur in der Öffentlichkeit. In ihren eigenen, wunderbar dekorierten Räumen und den Zimmern der Kinder, wo die kleine Sophie um ihr Leben kämpfte, holten die Sorgen die Königin wieder ein, besonders an den Regentagen, wenn man unmöglich ausreiten oder lange Spaziergänge in den Wäldern unternehmen konnte.

Wie gewöhnlich verbrachte Ludwig seine Tage in Fontainebleau damit, auf die Jagd zu gehen. Er besuchte gerne den nahen Wald von Compiègne, den bevorzugten Zufluchtsort seiner Kindertage. Er liebte Fontainebleau und hatte unlängst angeordnet, mit umfangreichen Instandsetzungsarbeiten an einem der Palastflügel zu beginnen. Für ihn und seine Kinder sollten bewohnbarere Quartiere entstehen. Er wusste, dass die herbstlichen Besuche in Fontainebleau teuer waren und Jahr für Jahr höhere Kosten verursachten. Aber er sträubte sich dagegen, sie einzustellen, obwohl Calonne ihm erst kürzlich unmissverständlich erklärt hatte, dass das Land am Rande des Ruins stünde.

Der Finanzminister hatte den König im August mit einer betrüblichen Nachricht aufgesucht. Die Schatzkammer sei leer, es könnten keine Anleihen mehr aufgenommen werden, und der Handel stagnierte. Das Zutrauen der Öffentlichkeit in die Regierung sei auf dem tiefsten Punkt seit Menschengedenken angelangt. Frankreich war mit über hundert Millionen Livres verschuldet. Das Land stand vor dem Ruin. Nur eine umfassende, tiefgreifende Reform des Staates würde auf lange Sicht etwas ändern.[9]

Wenigstens zehn Jahre lang hatte sich Ludwig solche dringenden Warnungen anhören müssen, und bis jetzt hatte er es vermeiden können, sich mit ihnen auseinander zu setzen. Calonnes Nachricht jedoch erforderte Beachtung und muss den König während seines ganzen Aufenthaltes in Fontainebleau beschäftigt haben. Er dachte mehr über das Wohl seiner Untertanen nach, als er es sonst zu tun pflegte, denn früher in diesem Jahr hatte er eine achttägige Reise an die Küste der Normandie unternommen, wo man ihn mit großer Begeisterung empfangen hatte. Jubelnde Menschen hatten ihn in Cherbourg begrüßt, und in Caen, Honfleur und Le Havre war es genauso gewesen. Als er die Rufe »Lang lebe der König!« hörte, antwortete er erfreut: »Lang lebe mein Volk!« Am Ende der Reise gab er bekannt, er sei der »glücklichste König der Welt«. Männern und Frauen zu begegnen, die keine Pariser waren und auch deren Verachtung für die Monarchie nicht teilten, erfrischte ihn. Und es tat ihm gut, wenn auch auf eine unerfreulich enthüllende Weise, den Beifall der Öffentlichkeit in dem Wissen entgegenzunehmen, dass er für ihn alleine bestimmt war – kurz gesagt: Die Begeisterung seiner Untertanen blieb ihm nur gewiss, wenn er ohne Antoinette reiste.

Mit zweiunddreißig war Ludwig hässlicher denn je. Er besaß nach Ansicht eines der Versailler Gärtner den gedrungenen, fleischigen Körper eines »guten und rauen Mannes«, nicht den eines Königs. Madame La Tour du Pin meinte, »er sah wie ein Bauer aus, der hinter seinem Pflug her trottet«.[10] Während der Mahlzeiten stopfte er sich so gefräßig voll, dass seine wachsende Fettleibigkeit ihn allmählich in seiner Beweglichkeit einschränkte. Ein Doppel-, wenn nicht sogar Dreifachkinn war das markanteste Merkmal seines Mondgesichtes, und seine Haut verunzierten tiefe Narben. Die wegen seiner Kurzsichtigkeit ständig zusammengekniffenen kleinen gelblichen Augen (bei Hofe trug man keine Brillen) blickten abgestumpft in eine immer enger werdende Welt.

Zwar war Ludwig nicht mehr so zaghaft wie in seiner Jugend, aber das linkische Benehmen blieb ihm. Tatkraft war ihm fremd, er brauchte Führung, gutes Zureden und musste zum Handeln getrieben werden. Auch zum Reden musste man ihn drängen, denn er war, wie Antoinette beschönigend meinte, »von Natur aus wortkarg«. (Der mutige Ausruf »Lang lebe mein Volk!« muss ihm als persönlicher Triumph vorgekommen sein.) Ludwig hatte den Geschmack an kindischen Streichen und Späßen verloren, und sein schon immer exzentrischer Intellekt blühte mit zunehmender Reife auf. Sein gut entwickelter Geist glich einem unerwartet reichhaltig ausgestatteten Warenhaus. Er vermochte lange Passagen aus den Stücken Racines zu zitieren, und manchmal unterbrach er die nächtlichen *couchers* mit sich in die Länge ziehenden und erstaunlich ausdrucksstarken Rezitationen. Der König konnte sehr gut Englisch lesen und Madame Campan zufolge, schwierige Passagen aus Miltons *Das verlorene Paradies* übersetzen. Was die Genealogie der Bourbonen und der großen Adelsfamilien betraf, erwies er sich als Experte. Ludwigs Kenntnisse der Geografie waren umfassend genug, dass er Navigationsinstruktionen für einen Entdecker aufzeichnen konnte, wie die Welt zu umsegeln sei. Und er verfügte über ein gutes Namens- und Zahlengedächtnis – manchmal irritierte er seine Minister damit, dass er sie auf die geringfügigsten falschen Additionen oder sonstige unbedeutende Fehler in den Konten hinwies und verlangte, dass sie korrigiert wurden. Geradezu redselig wurde er, wenn die Sprache auf seine liebste Beschäftigung kam, das Jagen. Er besaß beeindruckende Kenntnisse über den Wald, die er aber kaum jemandem außer seinen Jägern offenbarte.[11]

Im Lauf der Jahre hatte sich Ludwig mehr und mehr in die Privatsphäre seiner Gemächer in Versailles zurückgezogen. Dort entsprach alles seinen Interessen und seinem Geschmack, dort fand er seinen Frieden.

Betrat man diese Räume, so fand man eine Ausstellung vieler, dem König gewidmeter Stiche vor. Einige zeigten die während seiner Regierungszeit gebauten Kanäle, auf die er besonders stolz war. Eine Treppe führte hinauf zu einem weiteren Raum, der seine Sammlung geografischer Karten, seine Globen und ein Landkartenkabinett beherbergte. Ludwig hielt sich gerne hier auf, um Karten zu zeichnen, und das Zimmer war übersät mit unvollendeten Skizzen und halb vollendeten Karten, manche sogar koloriert. Auch Aufzeichnungen über seine Jagden befanden sich hier. Er notierte Datum und Stunde jeder Jagd, außerdem die Anzahl der Tiere, die er erlegt hatte. Für jeden Monat, jede Saison und jedes Jahr seiner Regierung war seine Jagdstrecke genau vermerkt.

Die Schreiner- und Drechslerwerkzeuge, die in einem weiteren Raum aufbewahrt wurden, hatte Ludwig von seinem Großvater geerbt, der ebenfalls gerne mit Holz gearbeitet hatte. Die Bibliothek barg die Schätze vergangener Jahrhunderte – die Handschriften von Anne von Bretagne und Franz I., Gebetbücher und die kostbar gebundenen Bände, die einst den späteren Valois-Königen und Ludwig XV. gehört hatten – sowie Bücher, die während der jetzigen Regierung gedruckt worden waren. Des Weiteren gab es zahlreiche Folianten mit den Debatten des Englischen Parlaments und eine handgeschriebene Geschichte all der mehrere Jahrhunderte umfassenden Pläne Frankreichs zur Eroberung Englands. In der Bibliothek bewahrte Ludwig kistenweise nach Ländern sortierte Staatspapiere auf, außerdem ein paar »pikante« Geschichten über die Regierungszeiten von Katharina der Großen und Paul I. von Russland.

In seiner Schlosserwerkstatt verbrachte der König die meiste Zeit. Hier standen ihm zwei Ambosse und eine große Zahl von eisernen Werkzeugen zur Verfügung, mit denen er an seinen Schlössern arbeitete.

Und Schlösser gab es hier in allen Arten und Variationen, von kleinen gewöhnlichen über komplizierte geheime bis hin zu reich geschmückten. Der Schlossermeister Gamain arbeitete hier und lehrte den König sein Handwerk.

Gamain beurteilte seinen königlichen Schüler als »gut, nachsichtig, scheu, neugierig und süchtig nach Schlaf. Er widmete sich der Arbeit an den Schlössern bis zur Maßlosigkeit«, und außerdem »versteckte er sich vor der Königin und dem Hof, um mit mir zu feilen und zu schmieden. Um seinen Amboss und mein eigenes Kommen und Gehen zu verbergen (Gamain arbeitete auch in anderen königlichen Residenzen), blieb uns nichts anderes übrig, als tausend Listen zu ersinnen.«

Ludwigs Lieblingsdiener Duret hielt sich ebenfalls in der Werkstatt auf, um die Werkzeuge zu schärfen, die Ambosse zu säubern und die Räume in Ordnung zu halten. Duret war seinem ungeschickten und wenig einnehmenden Herrn sehr zugeneigt, und er erwies ihm gerne kleine Gefälligkeiten.

In seinen privaten Gemächern erlaubte sich Ludwig den Luxus, die Augengläser zu tragen, die die Hofetikette verbot, und Duret ließ es sich nicht nehmen, ihm die Brille auf die Nase zu setzen und zurechtzurücken, bis der kurzsichtige König scharf sehen konnte.

Die Schlösser, die schweren Ambosse und das Werkzeug wurden zusammen mit den anderen Haushaltsgegenständen über die schlammigen Straßen nach Fontainebleau befördert – zweifellos ohne die Billigung der Königin. Sie erwartete, dass Ludwig die Abende im großen Salon und an den Spieltischen verbrachte und sich nicht mit Gamain, Duret und seinen Schlössern absonderte. Aber es gelang ihr nicht immer, sich durchzusetzen.

Tatsächlich konnte sie, je älter sie wurde, umso weniger darauf zählen, dass alles nach ihrem Willen geschah. Ludwig war eben so, wie er war. Antoinette wusste, wann er Kummer hatte und den Rückzug in die Privatheit brauchte, und ihr war auch klar, dass früher oder später die ganze Last seiner Sorgen auf ihren Schultern ruhen würde.

# 17

Während der Hof in Fontainebleau weilte, unterbreitete Calonne dem König einen Reformplan. Nach Turgot und Necker unternahm der Generalkontrolleur den dritten Anlauf zur Rettung der Krone.

Anstelle der gegenwärtigen komplizierten Besteuerung, schlug er eine Landsteuer vor, die nicht in barer Münze, sondern zur Erntezeit in Naturalien gezahlt werden sollte. Alle französischen Bürger und auch der Adel und der Klerus wären dieser Steuer unterworfen, und die Administration der Steuer würde den Landbesitzern selbst obliegen. Für diese Aufgabe sollten sie Versammlungen wählen, die dann von königlichen Intendanten überwacht werden würden. Die Einkünfte der Krone würden sich durch die Abschaffung der Zölle und eine effizientere Verwaltung königlicher Ländereien erhöhen. Um die stagnierende Wirtschaft zu beleben, wollte er das Warenangebot vergrößern, um so die Preise zu drücken. Diese waren in den vergangenen Jahren um zwei Drittel gestiegen. Die Einkünfte hingegen nur um ein Viertel.

Sobald sein Reformprogramm in Kraft trete, erklärte Calonne dem König, könnte man kurzfristige, durch die erwarteten Einnahmen abgesicherte Anleihen zeichnen. Calonne wusste, wie schwer eine Reform durchzusetzen war. Er hatte die Idee, die Reform von einer Notabelnversammlung billigen zu lassen. Sie bestand aus 144 Notabeln, ausgewählt aufgrund ihrer Loyalität und Treue zur Krone.

Calonnes Plan begann viel versprechend, und am 22. Februar 1787 tagte die Notabelnversammlung. Aber schon von Anfang an lief alles schief. Die Würdenträger weigerten sich, die Reformpläne des Finanzministers zu unterstützen oder sie auch nur in Betracht zu ziehen. Nach sechs bitteren Wochen entließ der König Calonne, der ihm vier Jahre treu gedient hatte. Als Nachfolger ernannte der zutiefst bestürzte König den bejahrten Erzbischof von Toulouse, Kardinal Loménie von Brienne.

Die neue Regierungskrise erschütterte Ludwig über alle Maßen, und er suchte Trost bei Antoinette. Er erschien weinend in ihren Gemächern und bezeichnete sich selbst als wertlosen Bankrotteur, der an dem mit jedem Tag wachsenden Berg von Schulden verzweifelte. Calonnes Programm war an der Widerborstigkeit der Notabeln gescheitert, und der König kochte vor Zorn.

Seine Minister ließen ihn im Stich, seine Untertanen verweigerten nicht nur die Zusammenarbeit, sondern trotzten ihm sogar. Calonne hatte die Notabeln zusammengerufen, weil er sich Unterstützung beim Abbau der Privilegien erhoffte. Angesichts der schlimmen Lage waren der Adel und Klerus nicht bereit Steuern und Zölle zu entrichten.

Loménie von Brienne, ein fähiger Mann mit den besten Absichten, hoffte, dass es ihm gelingen würde, dort mit den Notabeln zusammenzuarbeiten, wo es Calonne nicht gelungen war. Er schlug bei der Landsteuer Kompromisse vor, und versicherte den Notabeln, dass die Herrscherfamilie die Ausgaben für den königlichen Haushalt reduzieren würde, um das Defizit zu mindern. Aber die Notabeln blieben unbeugsam. Zu spät erkannte Loménie von Brienne, dass kein Kompromiss erreicht werden konnte. Am 25. Mai 1787 löste er die Versammlung auf.

Axel von Fersen hielt sich zu jener Zeit in Versailles auf und beobachtete die Abschlusszeremonien. Er notierte in seinem Tagebuch, wie imposant die Notabeln in den Roben und Gewändern aussahen, die sie ihrem jeweiligen Rang und Amt entsprechend trugen. Der Graf vermerkte, dass die Versammlung wenig dazu beigetragen habe, das Defizit zu vermindern oder die Zukunftsaussichten zu verbessern. Von gewissen Einsparungen beim königlichen Haushalt abgesehen – beispielsweise der Senkung der Pensionen für die Höflinge, des

Budgets von Antoinettes Reitstall und der Ausgaben Ludwigs für die Jagd –, fanden keine tiefgreifenden Änderungen am System statt, und nur das hätte die Situation von Grund auf retten können.[1]

Fersen hielt sich häufig in Versailles auf, obwohl er in seiner Rolle als Verbindungsmann zwischen den Herrschern Frankreichs und Schwedens auch viel Zeit am Hofe Gustavs III. verbringen musste. Schweden und Russland befanden sich im Krieg; als Oberst eines schwedischen Regimentes hatte Fersen neben seinem Dienst in Frankreich als Kommandeur der Königlich Schwedischen Armee militärische Verpflichtungen zu erfüllen. Er führte ein recht hektisches und unbeständiges Leben, und im Frühling 1787 machte sich Antoinette daran, ihm eine Heimstätte zu schaffen. Sie ließ ihre Gemächer umändern, so dass Fersen einen Ort besaß, wo er während seiner offiziellen Aufenthalte in Versailles wohnen konnte. Das auffälligste Merkmal dieser Unterkunft, die in den Räumen der Königin geschaffen wurde, war ein großer schwedischer Ofen. Die Installation kostete nicht wenig, ein Teil der Wand musste abgerissen und die Bodendielen verlängert werden. Die Umgestaltung wurde im Inventar der königlichen Immobilien vermerkt, und Fersen bezog sich in seinem Tagebuch recht geheimnisvoll auf die Angelegenheit. Am 7. April 1787 notierte er die Existenz »eines Planes für eine Unterkunft im Obergeschoss«, und zwei Wochen darauf schrieb er von dem, »was sie für mich im Obergeschoss zum Wohnen finden muss«. Der Ofen und die notwendig gewordene neue Nische wurden im folgenden Oktober erwähnt.[2]

Selbst für den Fall, dass Fersen und die Königin kein Liebespaar waren – und zu dieser Zeit hatte ihre Beziehung ihr intensives, glühendes Frühstadium schon lange überschritten und war zur Sanftheit gereift –, erschien es durchaus sinnvoll, Fersen in Versailles wohnen zu lassen, denn er hielt sich, wenn er in Frankreich weilte, nahezu jeden Tag bei Hofe auf. Drei- oder viermal die Woche ritt er in der Nähe des Trianon aus, und Antoinette setzte sich ohne Begleitung aufs Pferd, um ihn dort zu treffen. Während sie durch den Park galoppierten, konnten sie wenigstens ein gewisses Maß an Privatsphäre genießen. Der Hof jedoch verhielt sich wie immer, und deshalb wurden sie beobachtet. Neugierige Augen verfolgten, wie oft sie sich trafen und wie lange sie unterwegs waren. »Diese Treffen verursachten einen ganz gewaltigen öffentlichen Skandal«, kritisierte scharf der Graf von Saint-Priest, Minister des königlichen Haushaltes, »trotz der Bescheidenheit und Zurückhaltung des Favoriten, denn äußerlich ließ er sich niemals etwas anmerken und war der diskreteste unter den Freunden der Königin.« [3]

Der Minister beurteilte den schwedischen Grafen ganz gewiss nicht objektiv (der allzeit galante Schwede hatte seine Frau verführt), und er hegte wenig Sympathien für Antoinette, die versucht hatte, ihn abzusetzen. Dennoch verhielt sich Antoinette ganz offenkundig unklug – oder sie hatte es zu der Zeit vielleicht aufgegeben, sich zu sehr um das zu scheren, was die Leute über sie redeten.

Aber sie musste sich damit befassen, als ihr Mangel an Umsicht Ludwig Schmerzen zufügte. Eines Tages während einer Jagdpartie wurde dem König ein Packen Briefe übergeben. Er setzte sich ins Gras und las sie auf der Stelle. Das, was er zu Gesicht bekam, beschäftigte ihn so sehr, dass er darüber die Jagd vollkommen vergaß. Seine Reitknechte zogen sich taktvoll zurück. Als sie sich dem König wieder näherten, fanden sie ihn in einer schrecklichen Verfassung und so aufgelöst vor, dass er nicht einmal mehr sein Pferd besteigen konnte. Tränen strömten über sein rundes Gesicht, und seine gelblichen Augen waren rot gerändert. Seine Begleiter setzten ihn eilends in eine Kutsche und fuhren ihn nach Hause. Wie sich herausstellte, enthielt einer der Briefe die Anschuldigung, Antoinette habe ihn mit Fersen betrogen. Offenkundig handelte es sich bei den Anwürfen keineswegs nur um den banalen Klatsch, wie er bei Hofe seit Jahren die Runde gemacht und den Ludwig oft genug zu hören bekommen hatte, sondern um etwas wahrhaft Erschütterndes.

»Sie wollen uns den einzigen Freund nehmen, auf den wir uns verlassen können«, sagte Antoinette voller Kummer, als Ludwig ihr erzählte, was geschehen war. Vielleicht war sie unaufrichtig, als sie vorschlug, Fersen vom Hof zu verbannen, aber der König wollte davon nichts hören. Verletzt wie er sich fühlte, vertraute er Fersen dennoch. Zudem brauchte er ihn in dieser Krisenzeit mehr denn je.

Was auch immer Ludwig über seine Frau und den gut aussehenden Schweden gedacht haben mag, dies war nicht der rechte Augenblick, Antoinette mit Vorwürfen zu überziehen; denn ihr jüngstes Kind lag im Sterben.

Die kleine Sophie rang in ihrer Wiege nach Luft – ihre Lunge versagte. Antoinette hielt neben ihr Wache, in Tränen aufgelöst wegen ihres »armen kleinen Engels«. Ihr brach das Herz, aber es lag nicht in ihrer Macht, das winzige Kind zu retten, das von Tag zu Tag schwächer wurde. Am 15. Juni verschlechterte sich Sophies Zustand dramatisch, und vier Tage darauf war sie tot. Antoinette schloss sich mit Ludwig und ihrer Schwägerin im Trianon ein. »Kommt«, hatte die Königin Elisabeth geschrieben, »wir werden über den Tod meines armen kleinen Engels weinen ... ich bedarf Eures Herzens, um das meine zu stärken.« Während die Mutter trauerte, öffneten Chirurgen den kleinen Brustkorb des Mädchens und untersuchten die Organe. Wie erwartet, fanden die Ärzte beide Lungenflügel »in einem sehr schlechten Zustand« vor.

Antoinette trauerte – und voller Furcht klammerte sie sich an ihren älteren Sohn. Auch er war kränklich, und sein verkrümmtes Rückgrat machte es ihm unmöglich, wie ein gesundes Kind umherzutollen und zu spielen. Auch seine Ernsthaftigkeit schien ihr nicht normal zu sein. In ihren schlimmsten Momenten fürchtete Antoinette um sein Leben; jetzt, da eines ihrer Kinder gestorben war, schien die entsetzliche Möglichkeit, ein weiteres könnte ihr genommen werden, näher zu rücken – vielleicht sogar das wichtigste unter ihnen, der Erbe des Thrones.

Aber ihr sollte nicht die Muße vergönnt sein, sich privaten Ängsten oder Trauer hinzugeben. Die Monarchie befand sich in einer Krise, und der König blieb unfähig, sich der Situation ohne Umschweife zu stellen, geschweige denn Abhilfe zu schaffen. Von Panik gelähmt, in Tränen aufgelöst und unentschlossen, wandte Ludwig sich an seine Frau, damit sie ihn aus dem Sumpf rette, in dem er zu versinken drohte. Er wusste, dass sie treu sein würde, wenn er verzagte.

Treu war sie in der Tat, aber ohne politische Begabung. Intelligent und mit expliziten Ansichten, scheute sie sich nicht, den Ministern entgegenzutreten und ihre Ansichten kühn vorzutragen. Aber ihr Mut und ihre Vorstellungen scheiterten jämmerlich. Der Staat bedurfte vielmehr der Führung. Kenntnisreichtum und das entschlossene Bekenntnis zu grundlegendem Wandel waren gefragt. Und Antoinette verfügte über keine dieser Qualitäten. Unbeliebt, wie sie war, hätte sie die Führung nicht übernehmen können, selbst wenn ihre Abstammung (und ihr Charakter) kein Hindernis gewesen wäre. Sie konnte keine Kenntnisse vorweisen. Und als Tochter ihrer Mutter war ihr das Konzept radikalen Wandels fremd. Wenn es Probleme mit den Finanzen gab oder eine allgemeine Unzufriedenheit um sich griff, dann sagte ihr der Verstand, dass die Minister dafür verantwortlich seien. Wenn man die Minister ersetzte, würde schon alles wieder in Ordnung kommen.

Fersen beschrieb den Stand der Dinge in Versailles sehr treffend. »Der König ist schwach und misstrauisch wie immer«, notierte er. »Er vertraut nur der Königin, die anscheinend alles entscheidet. Die Minister lassen es sich angelegen sein, sie auf dem Laufenden zu halten.« Offenbar versuchte Antoinette, die Regierung zu übernehmen. Die Bürger erzählten sich daraufhin wieder, was sie schon seit Jahren behaupteten, nämlich dass der König trank und seine Frau darauf bedacht sei, ihn darin zu bestärken, damit sie ihn »dazu bringen konnte, all das zu unterschreiben, was sie wollte«. Aber Fersen kannte die Wahrheit. Ludwig hatte keine ausgeprägte Vorliebe für Alkohol. Er war nicht betrunken, sondern verängstigt. Und er versteckte sich hinter seiner Frau.[4]

Hinter ihrer Fassade aus Entschlossenheit und Mut fühlte sich Antoinette miserabel. »Meine glücklichen Tage sind vorüber«, teilte sie Madame Campan mit, »denn sie haben mich zu einer *intrigante* gemacht.« Sie wusste, dass man sie wegen ihrer Einmischung kritisierte, und sie spürte auch, dass man sie hasste. Sogar einige ihrer Diener taten unüberhörbar murmelnd ihre Missbilligung kund. Eines Tages hörte sie wie ein Musiker der königlichen Kapelle bemerkte: »Eine Königin, die ihre Schuldigkeit tut, bleibt auf ihrem Zimmer und strickt Filet.« Bei diesen Worten, so erzählte sie ihrer Kammerzofe, fühlte sie Gewissensbisse. »Ich dachte bei mir selbst: Du hast Recht, Unglücklicher, aber du kennst nicht meine Lage, ich muss der Notwendigkeit und meinem bösen Schicksal weichen.«[5]

Die Schar ihrer Feinde verstärkte nun die Kampagnen gegen die Königin. Immer mehr verleumderische Pamphlete kamen in Umlauf, und die Zahl der Karikaturen wuchs. Adelaide, die boshafte Tante des Königs, die sich inzwischen mit ihrer Schwester Victoria nach Bellevue zurückgezogen hatte, machte sich einen Spaß daraus, die giftigen literarischen Erzeugnisse zu sammeln, die über die Königin zirkulierten. Sie sammelte so viel bösartigen Klatsch wie möglich, um ihn

Wien, Schloss Schönbrunn, Gartenseite, Gemälde von Canaletto 1758/61.

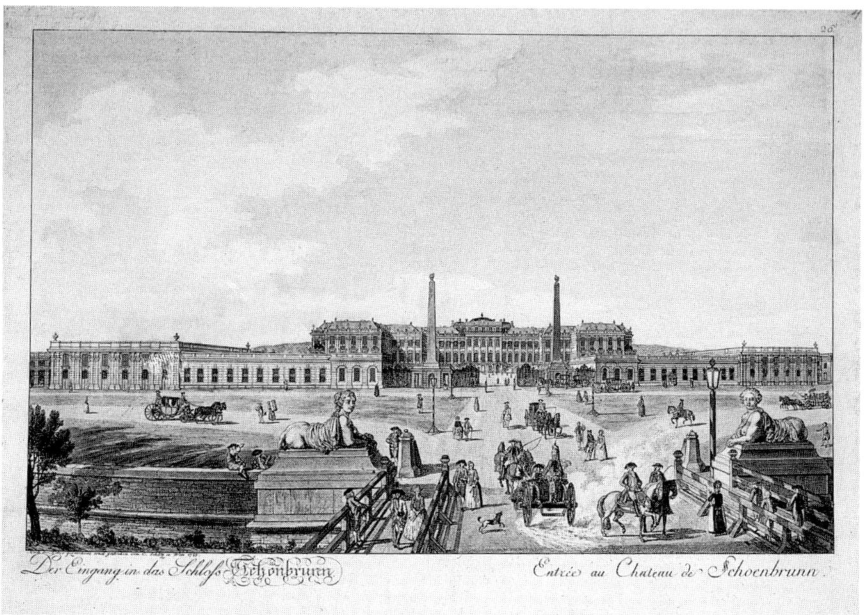


Wien, Schloss Schönbrunn, Radierung, koloriert, von Carl Schütz, 1783.

Maria Theresia, die Mutter Marie Antoinettes, Gemälde um 1760.

Maria Theresia, Gemälde von Martin van Meytens.

»Il Trionfo d'Amore«, Kinderbalett, Wien, am 31. 1. 1765 zur Hochzeit Joseph II. mit Maria Josefa. Marie Antoinette mit ihren Brüdern Ferdinand und Maximilian, Gemälde von Johann Franz Greippel.

Joseph II.,
Kupferstich,
koloriert.

Joseph II., Bruder
Marie Antoinettes,
Gemälde von
Moritz Daniel
Oppenheim, 1840.

Schloss Versailles, Gemälde von Pierre Denis Martin, 1722.

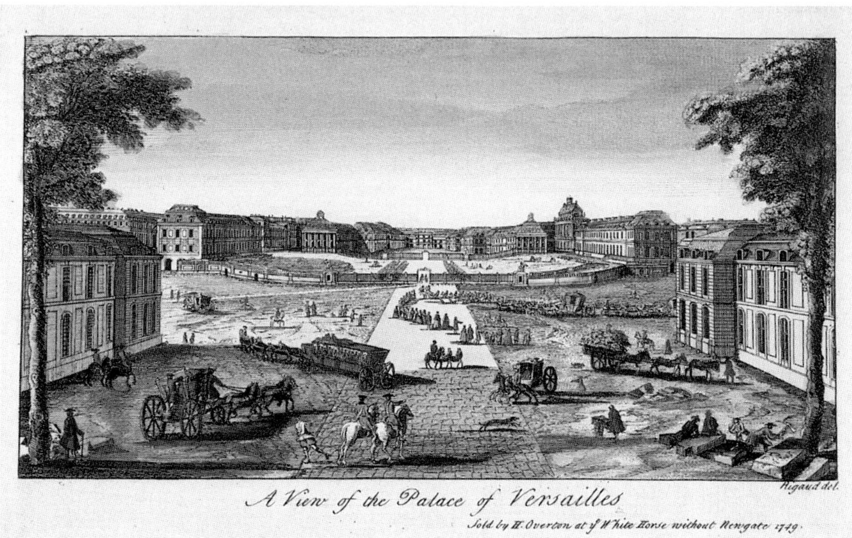


Schloss Versailles, Kupferstich, koloriert, 1749.

Ludwig XVI., Miniatur von Jean Baptiste Isabey.

Ludwig XVI., Zeichnung von Joseph Ducreux, 1793.

Marie Antoinette
im weißen Musselinkleid,
Gemälde von Elisabeth-Louise
Vigee-Lebrun, 1783.

Marie Antoinette bei einer
Porträtsitzung in ihrem
Schlafzimmer in Versailles,
Gemälde von Jean-Baptiste-
Andre Gautier-Dagoty.

Marie Antoinette, circa 1780.

Marie Antoinette mit ihren Kindern Marie-Thérèse und Ludwig im Park von Trianon, Gemälde von Adolf Ulrich Wertmüller, 1785.

Marie Antoinette mit ihren Kindern Marie-Thérèse, Ludwig und Karl-Ludwig, Gemälde von Elisabeth-Louise Vigee-Lebrun, 1785/87.

Graf Axel von Fersen

Gräfin Yolande Gabrielle Polignac

Jeanne de Luz de la Motte

König Ludwig XVI. besucht die Armen im Winter 1788, Stahlstich um 1840.

Sturm auf die Bastille, 14. Juli 1789, Radierung von Thevenin.

Ballhausschwur in Versailles am 20. Juni 1789,
Kopie nach dem Gemälde von Jacques-Louis David.

Festnahme der königlichen Familie auf der Flucht nach England am 22. Juni 1791, Radierung, koloriert, von J. B. Cheur.

Ludwig XVI. mit seiner Familie im Temple (August 1792 bis zu seiner Hinrichtung am 21. Januar 1793), Holzstich um 1880.

Hinrichtung Ludwig XVI., am 21. Januar 1793. Seine letzten Worte: »Volk, ich sterbe unschuldig!« Kupferstich koloriert, 1793.

Hinrichtung Ludwig XVI. auf dem Place de la Revolution, Paris.

Marie Antoinette als Witwe Capet vor dem Revolutionstribunal, 1793.
Zeitgenössische Radierung, koloriert.

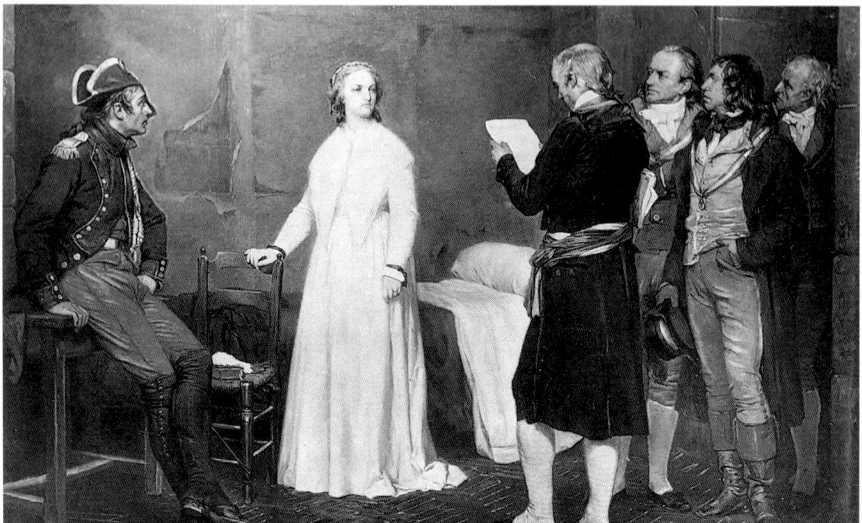

»Der letzte Morgen der Marie Antoinette«.
Am 16. Oktober 1793 wird in der Conciergerie das Todesurteil verlesen.
Gemälde von Elisabeth-Louise Vigee-Lebrun.

Hinrichtung Marie Antoinettes auf dem Place de la Revolution,
zeitgenössischer Kupferstich.

Hinrichtung Marie Antoinettes, 16. Oktober 1793,
zeitgenössische Zeichnung.

Marie Antoinette auf dem Weg zum Schaffott,
zeitgenössische Federzeichnung von Jacques-Louis David.

dann überall zu verbreiten. Ludwigs Bruder Provence genoss den Aufruhr und hoffte, dass seine Talente und Fähigkeiten endlich bemerkt werden würden. Ohne dazu aufgefordert worden zu sein, bereiste er das Land und präsentierte sich den Untertanen seines Bruders wie ein König. Während der Reise beklagte er sich, die Königin habe ihn davon abgehalten, in den Kronrat seines Bruders einzutreten. Wenn Antoinette nicht gewesen wäre, so schien er sagen zu wollen, könnte er längst alle seine Gaben zum Nutzen seines Landes einsetzen. Während Provence in der Öffentlichkeit in aller Pracht herumstolzierte, schrieb er heimlich Pamphlete, Verse und niederträchtige Geschichten über Antoinette und ihren einstigen Freundeskreis, die alle dazu bestimmt waren, Unzufriedenheit zu verbreiten und an Macht zu gewinnen.

Gefangen in diesem Mahlstrom, versuchte Antoinette, im Auge des Sturmes Ruhe zu finden. Sie beschäftigte sich mit ihren Kindern und wachte über ihren Erstgeborenen, den sie zu beschützen versuchte. Sie ritt mit Fersen aus, so oft sie die Gelegenheit hatte, und nahm Englischunterricht bei Madame Campan. Für einige kurze Wochen erlernte sie sogar Deutsch, die Sprache ihrer Mutter, um es dann aber doch wieder aufzugeben, denn sie »traf auf all die Schwierigkeiten, denen eine Französin, die zu spät mit dem Studium begonnen hatte, begegnen würde«.[6]

Antoinette war zu sehr Französin geworden – ihren eigenen Worten nach »bis in die Fingerspitzen«.[7] Ein Reisender, der aus dem Senegal zurückkehrte, brachte ein schwarzes Kind als Geschenk für die Königin mit. Anstatt den Jungen zum Pagen zu machen, wie es der Konvention entsprochen hätte, nahm sie ihn in ihren Haushalt auf und wies die Diener an, sich um ihn zu kümmern. Er wurde auf den Namen Jean Amilcar getauft, und sie unterstützte ihn wie ihre anderen Adoptivkinder aus ihrem Budget.

Antoinette stand jetzt ein viel kleineres Budget als früher zur Verfügung. Zweihundert Diener waren entlassen worden. Zwei Schlösser, Choisy und La Muette, waren verkauft worden. Bei Hofe gab es keine Bälle und Glücksspiele mehr. Antoinette halbierte die Aufträge für Rose Bertin. Diese symbolischen Gesten waren angesichts des immensen Defizits kaum der Mühe wert. Trotzdem wirkten sie förderlich auf den alltäglichen Betrieb bei Hofe, wo ein solch verzweifelter Mangel an Geld herrschte, dass, wie Mercy schrieb, »sie nicht wissen, wie sie die geringsten Ausgaben begleichen sollen«.

Inzwischen zeigte sich die politische Lage immer unbeständiger und unruhiger. Nach Auflösung der Notabelnversammlung und mit der Weigerung des Pariser *parlements* konfrontiert, die Reformerlasse zu registrieren, wurde die Lage immer aussichtsloser. Anzeichen der allgemeinen Unzufriedenheit fanden sich überall, sei es in den Versammlungen der neu gegründeten politischen Klubs und Diskussionsgesellschaften in Paris, auf den an die Wände geklebten wütenden Flugblättern oder bei den Massenversammlungen, die in vielen Teilen des Landes abgehalten wurden.

Nach Loménie von Briennes Ernennung hatten zwei andere Minister aus Protest ihre Ämter niedergelegt, was noch mehr Unheil im Zentrum der Macht anrichtete. Selbstverständlich waren die existierenden Regierungsmechanismen der Situation nicht angemessen. Ein vollkommen neuer Ansatz musste gefunden werden, ein neues Forum, in dem die Krise diskutiert und, wenn möglich, unter Kontrolle gebracht werden konnte. Da sich die Franzosen ohnehin für alles Englische begeisterten, hegten sie auch Sympathien für das Englische Parlament --und erkannten, dass Frankreich einst ebenfalls eine solche Körperschaft besessen hatte, die Versammlung der Generalstände, die seit nahezu hundertfünfundsiebzig Jahren nicht mehr einberufen worden war. Warum sollte man sie nicht wieder aufleben lassen?

Die kritischen Forderungen erreichten im August 1787 ihren Höhepunkt, und der verärgerte König verbannte das Pariser *parlement* nach Troyes, da er hoffte, der Umzug würde die Delegierten zur Nachgiebigkeit zwingen. Die politischen Klubs ereilte ein ähnliches Schicksal – was neue Proteste zur Folge hatte. Die Unruhe formierte sich um das Pariser *parlement* und seinen Trotz. Statt nur weiterhin eines unter dreizehn zu sein, wurde es zum Sinnbild allen Widerstandes gegen die Regierung. Die Rufe der Pariser Bürger – die Loménie von Brienne hassten – wurden immer ausufernder. Und der reiche Lebemann und Vetter des Königs, Philippe, Herzog von Orléans, der bei den Parisern immer sehr beliebt gewesen war, schien jetzt zum geeigneten Sprecher der Opposition heranzureifen.

Orléans hatte mit der ihm zugeteilten Rolle schon immer gehadert.

Zwar besaß er Fähigkeiten, aber als Mitglied des jüngeren Zweigs der Bourbonen war es ihm nie gestattet worden, diese ins rechte Licht zu setzen. Er hatte sich Hoffnungen auf die Position eines Großadmirals der königlichen Flotte gemacht, aber seine einzige Gelegenheit, während der Schlacht von Ushant Ruhm auf See zu erringen, endete mit einer unverschuldeten Blamage. Anschließend erhielt er ein unbedeutenderes militärisches Kommando, aber es gelang ihm nicht, sich dort auszuzeichnen. So wurde er zum natürlichen Mittelpunkt der Opposition gegen die Monarchie, und als die Regierung in Schwierigkeiten geriet, entwickelte er sich mehr und mehr zum Hoffnungsträger des Volkes, das eine tatkräftige Regierung und die Linderung des bestehenden Chaos verlangte.

In den Augen seiner Feinde galt Orléans als eitler und selbstsüchtiger Wüstling, den nichts außer seinen abartigen Ausschweifungen interessierte. »Er verdarb alles, was in seine Reichweite gelangte«, schrieb Madame La Tour du Pin, die ihn verachtete. Antoinette machte sich über ihn lustig und verachtete ihn ebenso. Aber seine Freunde und die Gefährten seiner Ausschweifungen stilisierten den Lebemann zum Volkshelden.

Lord Herbert war 1780 unter Orléans' Gästen und hinterließ einen Bericht über die Beschäftigungen, denen der Gastgeber und seine Freunde während einiger unbeschwerter Tage nachgingen. Zunächst ritt man auf die Eberjagd, anschließend besuchte man Orléans' Besitz in Mousseaux. Dort »bewirteten wir eine recht zahlreiche, laute Gesellschaft, und es waren auch ein paar Frauen dabei. Nach dem Essen amüsierten wir uns damit, einander ins Wasser zu werfen und uns anschließend nackt auszuziehen und Hasen durch den Wald zu jagen, und so fort.«[8] Der Herzog war kein Intellektueller, besaß wenig Charaktertiefe und keine Selbstdisziplin. Aber in den Wirren der späten 80er Jahre erkannte er seine Chance, Macht zu gewinnen, und er war entschlossen, sich ein großes Stück vom Kuchen der Macht abzuschneiden.

In Paris herrschte Chaos. Wütende Menschenmengen schlossen sich zusammen und suchten nach einem Ventil für ihren Verdruss. Kutschen wurden angehalten und deren adlige Insassen beschimpft. Man sang Spottlieder über »Ludwig den Verrückten«. »Madame Defizit« wurde wieder in den Dreck gezogen. Unter frenetischen Beifallsrufen verbrannte man Strohpuppen von Brienne, Calonne und Yolande von Polignac. Als die Menge sich anschickte, auch die Königin symbolisch in die Flammen zu werfen, schritt die Polizei ein. Ludwig erhielt einen Brief seines Vetters Orléans. Bis das Pariser *parlement* nicht wieder zurückgerufen würde, so teilte ihm der Herzog mit, würde Frankreich »eine Feuersbrunst« erleben, »die schwer zu löschen sein wird«.[9]

Im September konnte kein Zweifel mehr daran bestehen, dass das Parlament den Sieg davongetragen hatte. Ein stärkerer König oder ein effektiverer Minister hätten vielleicht einen Weg gefunden, die Opposition in die Schranken zu verweisen, aber weder Ludwig XVI. noch Loménie von Brienne waren dazu in der Lage. Das *parlement* wurde zurückgerufen, und die Pariser würdigten den Triumph mit Jubelfeiern. Auf den Straßen nahe den Gerichtsgebäuden versammelten sich die Menschen, um ihre Helden zu begrüßen. Sie entzündeten Freudenfeuer und schossen Raketen ab, und bei Fackelschein versammelten sie sich und zogen durch die Straßen. Nacht für Nacht illuminierten die Feiernden Paris, und ihre Gesänge hallten in den engen Straßen wider. Der König und sein Hofstaat mieden die Hauptstadt. Sie fürchteten den Volkszorn, in dessen Mittelpunkt Ludwig und Marie Antoinette standen.

Im Oktober 1787 nahm ein kultivierter englischer Besucher, Arthur Young, an einem festlichen Essen teil, wobei der ungeklärte Zustand des Reiches das Hauptgesprächsthema bildete. »Eine Meinung beherrschte die ganze Gesellschaft«, vermerkte er anschließend, »dass sie sich nämlich am Vorabend eines großen Umsturzes innerhalb der Regierung befänden und alles genau darauf hindeute.« Die »Konfusion der Finanzen«, das enorme Defizit, die dringend notwendige Einberufung der Generalstände (»noch gibt es keine Vorstellungen darüber, wie die Konsequenzen einer solchen Maßnahme aussehen würden«), der Mangel an talentierten Ministern, die mehr als Beschönigungen anbieten müssten, der gutwillige, aber mit zu wenig »geistigen Ressourcen« für eine entschiedene Herrschaft ausgestattete König, ein Hof, »begraben in Vergnügungen und Ausschweifungen« – all dies wies auf eine bedeutsame Veränderung hin.

Zwei weitere Gründe wurden während des Essens angeführt. Zum einen quelle »ein kräftiger Sauerteig der Freiheit, der seit der amerikanischen Revolution mit jeder Stunde anwächst«, zum anderen »gärte es gewaltig unter Männern aller Ränge, die sich nach einem Wandel sehnten, ohne genau zu wissen, nach was sie Ausschau halten oder worauf sie hoffen sollten«. Diese Gärung, getrieben von der Freiheitsidee, würde nicht zu unterdrücken sein, ganz gleich, welches Ende die gegenwärtige Krise nehmen würde. Und in der Zwischenzeit, so notierte Young, stellte sich die dringende Frage, ob und wann die Regierung den Bankrott erklären und was dann geschehen würde. »Würde ein Staatsbankrott zum Bürgerkrieg führen«, fragte sich der Engländer, »und zu einem totalen Sturz der Regierung?«[10]

Einen Monat nach der von Young niedergeschriebenen Unterhaltung bestellte Ludwig XVI. die Mitglieder des Pariser *parlements* zu einer feierlichen Sondersitzung mit dem König nach Versailles. Der Zweck dieses besonderen Treffens bestand darin, die Parlamentarier dazu zu bringen, ihre Zustimmung (»Registrierung«) zu einem Dekret zu geben, das es der Regierung gestattete, eine Anleihe über vierhundertvierzig Millionen Livres zu zeichnen, damit sie weiter funktionsfähig blieb. Im großen Staatszimmer, in dem der König in aller Majestät residierte, angetan mit purpurroten Gewändern, Hermelinmantel, goldenen Spitzen und schweren Goldketten, herrschte eine angespannte Atmosphäre. Ihnen allen ins Gesicht zu sehen, muss ihm schwer gefallen sein, ganz zu schweigen davon, sie anzusprechen. Er kannte ihre Vorbehalte, und nach den Ereignissen des vorangegangenen Sommers war ihm nur zu klar, wie sehr die Abgeordneten sich ihrer Macht bewusst waren.

Unter den Parlamentariern befanden sich Magistraten, Edelleute und viele Advokaten – und der lästige Orléans. Der Ablauf einer königlichen Sitzung sah vor, dass der König um die Zustimmung zu einem oder auch mehreren Edikten ersuchte und dann eine Debatte über die vorgeschlagenen Gesetze zuließ. Unter den gegebenen Umständen durfte man mit einiger Diskussion rechnen, aber die giftigen Streitereien, die dann tatsächlich ausbrachen, müssen den König überrascht haben.[11] Die Parlamentarier standen nicht einstimmig in Opposition zum König oder seinen Vorschlägen; der Streit darüber, ob man seinen Forderungen nachgeben sollte, was einer taktischen Unterstützung der Monarchie gleichgekommen wäre, oder nicht, wodurch sie ihre eigene Unabhängigkeit unterstrichen hätten, wogte hin und her.

Sieben Stunden lang ereiferten sich die Abgeordneten, während der König schwieg. Antoinette war nicht in der Nähe, um ihn zu unterstützen, Loménie von Brienne fühlte sich an diesem Tag unpässlich, und es gab niemanden, der ihm in dieser nicht vorherzusehenden Situation Ratschläge hätte geben können. Schließlich musste er einsehen, dass das *parlement* zu keiner Einigung gelangen würde, und beschloss, ein Machtwort zu sprechen. Ludwig befahl dem Großsiegelbewahrer, die Edikte zu registrieren, obwohl das *parlement* nicht zugestimmt hatte.

Inmitten der Menge der streitenden Delegierten ergriff Orléans nun das Wort und erklärte seinem Vetter, dass das, was er eben getan hätte, ungesetzlich sei.

Ludwig erhob sich zu seiner vollen Größe. »Das kümmert mich nicht«, rief er. »Das bleibt euch überlassen, es ist gesetzlich, weil ich es sage!«

Bebend vor Zorn und gleichzeitig in größter Verlegenheit, stolperte der König aus dem Saal, wobei ihm die wütenden Rufe der Parlamentarier in den Ohren klangen. Später bewirkte er die Verbannung Orléans' auf eines seiner Güter.

# 18

Gegen Ende des Jahres 1787 begann der ältliche leitende Minister Loménie von Brienne Blut zu husten. Den Sechzigjährigen hatten die Kämpfe mit der Notabelnversammlung und dem Pariser *parlement* seiner Kräfte beraubt. Zu Antoinette hatte er ein sehr gutes Verhältnis, aber der immer wankelmütige, gelegentlich starrköpfige König, der sich abwechselnd furchtsam oder widerspenstig verhielt, machte es ihm nicht leicht.

Brienne war ein aufgeklärter Mann mit einem ausgezeichneten Verstand, der zudem eine außergewöhnliche verwalterische Begabung besaß, aber es mangelte ihm an Kraft und Entschlossenheit. Wie seinem königlichen Herrn fehlte ihm die Gabe, Befehle erteilen zu können. Außerdem stand ihm die im Volk weit verbreitete Auffassung im Wege, dass der König nicht länger ohne die Kooperation des Pariser *parlement* regieren konnte.[1] Man traute Loménie von Brienne nicht, sondern hasste und verunglimpfte ihn. Tatsächlich aber hatte er eine klare Vorstellung vom Wesen der komplexen Krise, in der Frankreich sich befand, und er bot durchaus intelligente Reformvorschläge an. Aber als das Jahr sich seinem Ende zuneigte, beugte er sich zunehmend dem Druck seines Amtes, und seine Gesundheit ließ ihn allmählich im Stich.

Eine der Bürden, die schwer auf den Schultern des Ministers lastete, war Frankreichs militärische Ohnmacht. Mitte September hatten die

Preußen die niederländische Grenze überquert und in den folgenden Wochen systematisch alle Provinzen des Landes unter ihre Kontrolle gebracht. Da die Mittel fehlten, die Soldaten zu bezahlen, konnte Frankreich keine Armee zur Verteidigung der Niederlande entsenden. Schon bezweifelte manch einer, dass das Land überhaupt in der Lage sei, sich zu verteidigen. Früher hatte Frankreich als eine der stärksten Kriegsmächte Europas gegolten, und heute zeigte sich das Land vollkommen hilflos.[2]

Graf Alvensleben, ein Gesandter des neuen preußischen Königs Friedrich Wilhelm II. (Friedrich II. war im vergangenen Jahr gestorben), kam kurz nach der Niederlage der Niederlande nach Versailles und fühlte sich von der Situation, die er dort vorfand, zutiefst abgestoßen. Die glitzernde Fassade des Palastes und die seichte Selbstverliebtheit seiner Bewohner widerten ihn an. »Alles hier ist Zeremonie, förmliche Kleidung, Tünche, Phrasen, nationale Aufschneiderei, Flitter, Intrige«, bemerkte er in seinem Bericht an den preußischen König. »Der Inhalt ist immer weniger wichtig als die Form. Fünfundzwanzig Millionen vereinigte Egoisten, die sich etwas auf ihre Union einbilden und alle anderen Nationen verachten … und jedermann ist in heller Aufregung, wenn man den Versuch unternimmt, die Übel zu kurieren und die Missstände zu beheben.«[3]

Da er vom eher nüchternen preußischen Hof kam, konnte der Graf nicht anders, als über Versailles' prunkvolle Oberfläche bestürzt zu sein. In seinen Berichten hob er jedoch eher die gegenwärtige Einstellung der Franzosen als ihren Materialismus hervor. »Frankreich ist wie ein junger Mann, den man nicht von seinen Schulden befreien kann, denn je mehr Geld man ihm gibt, umso mehr Kredit wird ihm gewährt, und je mehr er sich leiht, desto mehr verschleudert er.« Reformen seien so lange undenkbar, wie die Besessenheit auf alle möglichen Extravaganzen nicht überprüft wurde. »Für Frankreich ist es genauso unmöglich, Ordnung in seine Angelegenheiten und Konsequenz in seine Pläne zu bringen, wie Wasser nicht gegen die Strömung fließen kann«, schrieb der Graf. »Würden Kredite gewährt, würden die Verschwendung, die Unordnung, die Großartigkeit der Kleider, der Missbrauch und die Arroganz des Dünkels hoch erhobenen Hauptes weitergehen, und das Volk würde schlimmer in den Boden getreten als je zuvor.«[4]

Die Regierung brauchte nicht nur Reformen, die ganze Nation hätte der Regeneration bedurft, vorzugsweise durch einen König mit dem Willen, der Kraft und der Ausdauer, die alten Missstände hinwegzufegen und moralische Führerschaft zu zeigen. Aber Ludwig war kein solcher König. Er verbrachte so viel Zeit wie möglich fern vom Palast auf der Jagd, und wenn er anwesend war, verhielt er sich in der Regel »launisch, aufbrausend und sauertöpfisch«, schrieb Alvensleben, oder aber er benahm sich infantil und närrisch. Neben dem Grafen fiel auch anderen Besuchern von Versailles auf, wie kindisch sich der König während der Messe in der Palastkapelle aufführte. Für gewöhnlich saß er neben seinem Bruder Artois, und die meiste Zeit über sprachen und lachten die beiden laut, als seien sie halbwüchsige Kinder.

Das Jahr 1788 begann mit neuen Schwierigkeiten. Die Delegierten des Pariser *parlement* protestierten gegen den ungesetzlichen Akt des Königs vom vergangenen November, die Registrierung der Edikte ohne ihre Zustimmung anzuordnen. Sie beschwerten sich auch über das Recht des Königs, jeden seiner Untertanen ohne Gerichtsverhandlung festnehmen und einsperren zu lassen, was die Delegierten für illegal hielten.[5]

In einer energischen Erklärung über die »fundamentalen Gesetze« Frankreichs bekräftigten die Parlamentarier erneut ihren Standpunkt. Nur die Parlamente, so proklamierten sie am 3. Mai, hätten das Recht, Gesetze zu registrieren, und neue Steuern könnten nicht ohne die Zustimmung der Generalstände erhoben werden.

Bis zu diesem Tage hatte kein Mitglied des *parlement* jemals so kühn gesprochen, und Ludwig handelte nach Monaten der Untätigkeit, indem er das Pariser *parlement* suspendierte und zwei seiner radikalsten Mitglieder festnehmen ließ. Auf der Stelle brach ein Proteststurm los. Die zwölf Provinzparlamente erhoben lautstark Einspruch, und in vielen Städten Frankreichs entstanden Tumulte. In Toulouse, Rennes und Dijon schlossen die Aufrührer die städtischen Behörden; in Grenoble griffen die Stadtbewohner königliche Truppen an, und auf einer Massenversammlung verlangten die Menschen anschließend die Einberufung der Generalstände. Dann geschah zu allem Überfluss auch noch etwas weitaus Bedrohlicheres und vergrößerte die allgemeine Unruhe. Als das Getreide auf den Feldern eben gereift war und bald eingebracht werden sollte, knickte ein für die Jahreszeit ungewöhnlicher Hagelsturm die Halme um und zerstörte so die halbe Getreideernte des Königreichs. Zusätzlich zu all dem Aufruhr würde man nun über kurz oder lang auch noch mit einer Hungersnot fertig werden müssen.

Alles in allem, schrieb Antoinette in einem Brief an ihren Bruder, den Kaiser Joseph, sei es bis jetzt »ein sehr ärgerliches Jahr« gewesen. »Gebe Gott«, fügte sie hinzu, »dass das nächste besser sein wird.«

Vieles hatte die Königin geärgert: ihre »Ängste und Aufregungen« über die Regierung; ihre Furcht, dass Ludwig keine andere Wahl hätte, als die Generalversammlung verfrüht einzuberufen, »bevor die Beschaulichkeit wieder vollkommen hergestellt ist«; die anhaltenden Versuche, ihre Ausgaben zu beschneiden; ihre nie nachlassenden Sorgen um ihre Kinder.[6]

Thérèse litt unter einem schweren Fieber, und Antoinette wachte zwei Nächte lang an ihrem Bett – für eine Nacht gesellte sich Ludwig zu ihr –, wo sie betete und auf Anzeichen der Besserung hoffte. (»Das arme kleine Ding sagte uns solch zärtliche Sachen«, vertraute sie Joseph an, »dass sie uns zum Weinen brachte.«) Thérèse zählte inzwischen neun Jahre, und ihre Mutter teilte einem anderen Briefpartner mit, dass »sie sich anschickt, zu einer Person zu werden«. Sie stand im Begriff, die Kindheit hinter sich zu lassen, und war in der Lage, eine angenehme Begleiterin abzugeben.

Die schwache Konstitution des Dauphins bildete einen ständigen Quell der Sorge. Bettlägerig und fast ein Krüppel, fieberte er häufig und war zu dünn. Antoinette versuchte vergeblich, Rechtfertigungen für seinen zunehmend schlechter werdenden Zustand zu finden. Seine bleibenden Zähne brächen durch, schrieb sie Kaiser Joseph; das Zahnen könne die Ursache seiner Fieberanfälle sein. Sie fügte hinzu, man solle berücksichtigen, dass der König als Kind schwach und kümmerlich gewesen sei und sich zu einem der stärksten Männer des Königreichs entwickelt habe. Der Dauphin sei erst sechs Jahre alt und könne aus allem herauswachsen, was ihn jetzt kränkeln ließe. In der Hoffnung, ein Luftwechsel würde ihm gut tun, schickte Antoinette ihren Sohn für einen Monat nach Meudon, und als er nach Versailles zurückkehrte, schien es ihm ein wenig besser zu gehen. Aber er litt nach wie vor unter Wechselfieber, sein Rückgrat war immer noch verkrümmt, und er blieb kümmerlich und schwach wie zuvor. Obwohl er auch ab und zu gute Tage hatte, überwogen doch die schlechten. Wenn Antoinette ihn sich so ansah, wusste sie in ihrem Herzen, dass es wenig Anlass zur Hoffnung gab.[7]

Der Sommer brach an, und das Leben auf den Pariser Straßen verlief so angenehm wie eh und je. An den warmen Abenden fanden sich Vergnügungssuchende ein und schlenderten die breiten Wege unter den großen Bäumen entlang. Kutschen rollten durch die Straßen, und die Tische vor den Cafés und in den Gärten waren dicht besetzt. Musikanten spielten auf, und die Menschen hielten inne, um sich auszuruhen und Erfrischungen zu sich zu nehmen. Ein englischer Besucher bewunderte die »Heiterkeit und die skurrile Vielfalt des Spektakels, die Mischung von Reich und Arm, Hotels und Absteigen, reiner Luft und Gestank, Menschen aller Art und jeden Zustandes, vom Prinzen von Geblüt bis hin zum Pförtner«.

Gewöhnliche Pariser legten ihre besten Kniehosen aus Seide und rüschenbesetzte Hemden an, um in Grüppchen herumzuschlendern oder Essen zu gehen, Dandys paradierten auf dem Rücken ihrer Pferde, und modisch gekleidete Frauen hatten sich inmitten ihrer Bewunderer an den kleinen Tischen niedergelassen. Lakaien, die ihren freien Abend genossen, saßen dort und tranken Bier, alte Soldaten erzählten bei einer Pfeife Tabaks von längst vergangenen Feldzügen, Ladenfräulein in Chintzkleidern schäkerten mit Frisörgehilfen, die ihnen, den Hut in der Hand, den Hof machten.

»Die Gebäude sind in gutem Zustand«, fuhr der englische Reisende fort, »die Spazierwege entzückend, und die meisten Vergnügungsstätten befinden sich in der Nähe.« Vergnügungen gab es im Überfluss, von Theaterstücken und Akrobaten bis zu Zwergen und Riesen, Zauberern und Seiltänzern. Ein Wachsfigurenmuseum zog viele Besucher an, und für zwei Sous konnte man sich »den König, die Königin und den Dauphin an einem Tisch sitzend und drei Figuren, die Voltaire, Rousseau und Franklin darstellen«, anschauen. Der verstorbene Friedrich II. von Preußen war ebenfalls zu besichtigen, »ein sehr gut ausgeführtes Werk, von dem sie sagen, dass es von dem Original abgenommen wurde«. Es gab Marionettentheater und Konzerte, man konnte Feuerschlucker und tanzende Hunde bewundern. Die verschiedensten Waren wurden angeboten, Kuchen und Früchte und

Blumen, Drucke und Fächer und Schoßhündchen. Hausierer eilten die Straßen entlang, sie ignorierten die billigen überfüllten Pferdekutschen, aber sprangen auf die Tritte der fein bemalten Gefährte, um den eleganten Damen und Herren, die darin saßen, ihre Waren anzubieten.«[8]

Man hörte viele politische Gespräche, und die Straßenredner hielten öffentliche Ansprachen über die Übel der Steuerlast. »Republikanische« Kleidung war auffallend oft vertreten, ebenso gepudertes Haar und Stahlknöpfe, aber im Allgemeinen scherte man sich wenig um die Mode. Die Menschen beschwerten sich jedoch über das, was geringschätzig als die »Mauer der Gefangenschaft« bezeichnet wurde – womit die Mauer gemeint war, die man vier Jahre zuvor um Paris gebaut hatte, um das Kassieren von Zöllen für in die Stadt gelieferte Güter durch die Steuereintreiber zu erleichtern. Die Mauer blockierte den freien Blick auf die Landschaft vor Paris und »erhöht die Fäulnis der Luft, indem sie jede Brise vom Land her verhindert, und den Tod Tausender schwacher und asthmatischer Personen begünstigt«. Die Steuereintreiber waren verhasst, diente das von ihnen eingetriebene Geld doch nur dazu, den Luxus der Königin zu finanzieren und den Staatssäckel zu füllen. Und wenn der Abend nahte, wurden die Menschen freimütiger, und sie sprachen, wie sie es nun immer und an allen Orten von Paris taten, über das Finanzdefizit und die Generalstände.

Am 8. August ließ der König verkünden, die Generalstände würden sich am 4. Mai 1789, also im folgenden Jahr, versammeln. Die Bekanntmachung sollte den ins Wanken geratenen Ruf der Regierung wiederherstellen. Die Staatskasse war leer, und die Finanziers, die kein Vertrauen in Loménie von Brienne hatten, würden keine Gelder mehr bereitstellen. Eine Woche nach der ersten Ankündigung folgte eine zweite: der Fiskus würde seine Schulden nicht länger mit Barzahlungen begleichen, sondern statt dessen Schuldscheine mit fünfprozentiger Verzinsung ausstellen.

Die Schuldscheine aus einer leeren Staatskasse waren praktisch wertlos, und ihre bloße Erwähnung kam einer Bankrotterklärung gleich. Die Pariser gerieten in Panik.

»Angst und Furcht zeigten sich auf jedem Gesicht«, berichtete ein Zeitgenosse. Kleine und große Kreditgeber wollten ihre Schuldscheine einlösen und versuchten, so viel Bargeld wie möglich anzusammeln, bevor das gesamte Wirtschaftssystem zusammenbrach. Die Befürchtung, dass nun eine Katastrophe massiven Ausmaßes bevorstand, trieb die Menschen wieder auf die Straße. Wütend protestierten sie gegen die »Zwangsanleihe« der wertlosen Schuldscheine und verlangten die Entlassung Loménie von Briennes. Der Minister, nun hoffnungslos in Misskredit geraten, war nicht mehr Herr der Situation.

Ludwig erging sich wieder in Teilnahmslosigkeit, und die in höchstem Maße verärgerte Antoinette schickte nach dem einzigen Mann, dem sie zutraute, ihr solide Ratschläge erteilen zu können: dem Grafen von Mercy.

Mercy hatte zu dieser Zeit nahezu zwanzig Jahre in Frankreich verbracht und war inzwischen fast sechzig. Er kannte die Funktionsweise der französischen Regierung so gut wie nur irgendwer und hatte sich höchstpersönlich aus nächster Nähe und mit Hilfe seiner zahlreichen Spione ein Bild machen können. Der scharfsinnige, zynische und realistische Mann war bereit, der Königin zu jenem Zeitpunkt seine Dienste zur Verfügung zu stellen.

Antoinette und Mercy wussten, dass nur ein einziger Mann Loménie von Brienne ersetzen konnte, und das französische Volk war ebenfalls dieser Meinung. Nur einem Mann trauten die Finanziers, und nur ihm würde es deshalb gelingen, die so dringend benötigte Erweiterung des Kreditrahmens zu erreichen. Jacques Necker, der schon seit sieben Jahren nicht mehr der Regierung angehörte, musste zurückgeholt werden. Antoinette hatte Brienne bereits davon überzeugt, dass er die Verantwortung für die Staatsfinanzen Necker übertragen solle. Sie war jedoch, so vertraute sie Mercy an, alles andere als sicher, dass Necker das Amt des Generalkontrolleurs der Finanzen akzeptieren würde, solange der erfolglose Loménie von Brienne an der Spitze des königlichen Rates stand. Antoinette benötigte Mercys Rat und seine Fähigkeiten als Diplomat.

»Wir brauchen einen solchen Mann«, schrieb sie Mercy am 19. August, »besonders mit Monsieur Necker, denn man muss ihm Einhalt gebieten. Die Person über mir (also König Ludwig) ist dazu nicht in der Lage, und ich stehe, ganz gleich, was geschieht und was man darüber sagen mag, nur an zweiter Stelle, und obwohl ich das Vertrauen desjenigen genieße, der an erster Stelle steht, lässt er es mich doch oft spüren.«

Mercy tat sein Möglichstes, aber Necker weigerte sich, der Regierung unter der nominellen Leitung Loménie von Briennes beizutreten. Man verhandelte beinahe eine Woche lang. Während dieser Zeit hielten die Unruhen in Paris an, und die schlimmen Auswirkungen des Zusammenbruchs der Staatsfinanzen weiteten sich aus. Schließlich gelang es Mercy, Brienne zum Rücktritt zu bewegen. Einen neuen leitenden Minister sollte es nicht mehr geben, Necker würde alleine herrschen. Niemand würde ihm »Einhalt gebieten«, obwohl sich bald herausstellte, dass Necker nicht daran dachte, Reformen durchzuführen. Die Generalstände sollten sich in acht Monaten versammeln, und er würde die Beratungsergebnisse dieses Gremiums abwarten. In der Zwischenzeit sah er sich nach Kreditgebern um, die er auch fand. Über Nacht gelangte das Schatzamt an das nötige Kleingeld.

Zum ersten Mal hatte Antoinette bei einem entscheidenden Ministerwechsel die Hauptrolle gespielt, aber sie verspürte keinerlei Stolz auf ihre Tüchtigkeit, sondern wurde nur von Furcht geschüttelt. »Ich zittere, vergeben Sie mir diese Schwäche, bei dem Gedanken, dass ich es bin die ihn (Necker) zurückruft«, schrieb sie Mercy. »Mein Schicksal ist es, Unglück zu bringen; und wenn ihn teuflische Machenschaften noch einmal scheitern lassen oder das Ansehen des Königs durch ihn Schaden erleidet, dann wird man mich noch mehr hassen.«[9]

Auch wenn Necker sich in seinem Amt hielt und ihm keine Irrtümer und Fehlkalkulationen unterliefen, so fürchtete sie doch, dass ihn die enorme Anspannung, unter der er arbeiten musste, umbringen könnte. Die Königin selbst hatte zweifellos gelitten und tat es noch, gefangen zwischen ihrem untauglichen, aber stolzen Ehemann, der »ihr oft bewusst machte«, dass sie seine Untergebene war, und den allgegenwärtigen Kritikern, die sie geißelten, ganz gleich, was sie auch tun mochte. Sogar Adelaide, Ludwigs Tante mit dem starken Willen, hatte sie gepeinigt. Adelaide hatte Antoinette in den letzten Tagen von Loménie von Briennes Amtszeit aufgesucht und ihr, Augenzeugen zufolge, so sehr zugesetzt, dass die Königin in Tränen ausbrach. Nach dem Gespräch wurde Antoinette »mit roten Augen gesehen, als ob sie geweint hätte«.[10]

Neckers Rückkehr zeitigte umgehende und überraschende Auswirkungen. Die Kurse der Staatspapiere stiegen, die Menschen feierten in der Öffentlichkeit, und die unbeständige Dankbarkeit gegenüber dem König und der Königin lebte wieder auf. Allem Anschein nach hatte Ludwig sich endlich aufgerafft und einen notwendigen Schritt unternommen – was seinen Untertanen als ein gutes Omen für die Zukunft erschien. Die Feierlichkeiten während der letzten Augusttage, mit denen Neckers Rückkehr begrüßt wurde, hatten jedoch auch eine hässliche Seite. Augenzeugen berichteten, dass der Jubel in Tumult umschlug und der Aufruhr beängstigende Ausmaße annahm.

»Ich ging des Abends aus«, notierte John Villiers, der spätere Earl of Clarendon, »und sah den ganzen Place Dauphin in einem Feuerschein, der von der Verbrennung einer Puppe des Erzbischofs herrührte. Die Flammen beleuchteten ringsum alle Fenster. Ein riesiges Meer Köpfe bedeckte den ganzen Platz, Tausende und Abertausende waren von Konfusion, Lärm und Gewalt ergriffen.« Gardisten marschierten in Zehnerreihen durch die Straßen, manche beritten, manche zu Fuß, und lieferten sich Kämpfe mit den Bürgern, »die ihre gezückten Schwerter mit Keulen und einem Hagel von Steinen abwehrten«.[11]

Villiers gewann wie andere Beobachter auch den Eindruck, dass die Pariser den Respekt vor der Staatsautorität verloren hatten und dass sie das Militär verachteten (»dem sie einst mit Ehrfurcht begegneten und das sie zittern machte.«) Auch schienen die Bürger zu glauben, selbst im Besitz einer Macht zu sein, die viel furchterregender und gewaltiger sei als jede, die eine Regierung aufbieten könne. Und die Pariser Polizei war nur etwa fünfzehnhundert Mann stark, die meisten davon zu schlecht ausgebildet, um unter den sechshunderttausend Bürgern die Ordnung aufrechterhalten zu können.

Während der folgenden Monate warf die wagemutige, nicht zu bändigende Menge Steine auf die Kutschen der Adligen, beleidigte die vornehmen Damen und griff die Diener der Reichen an. Ihr Hass auf alle Privilegien, ihre Vorbehalte gegen die Adligen im Allgemeinen und die Höflinge im besonderen, die ein glanzvolles, luxuriöses Leben auf Kosten des Volkes führten, trieb sie zu immer neuem Aufruhr an. Und als die Monate vergingen und das Wetter so kalt wurde, dass die Seine zufror und die Häuserdächer unter heftigen Schneefällen begraben wurden, wuchsen Hass und Missgunst.

Der Winter 1788–89 war einer der kältesten seit Menschengedenken. Woche für Woche blieben die Temperaturen unter dem Gefrierpunkt, der Fluss fror zu einem soliden Block aus Eis, und an der Statue Heinrichs IV. hatten sich lange Eiszapfen gebildet. Hausierer stapften ihres Weges, und ihr Singsang »Frischer Lachs!«, »Alte Stiefel!«, »Pilze!« mischte sich mit Hunderten anderer Rufe, während sie mit den Armen um sich schlugen, um sich warm zu halten. Aber es gab nur wenige Kunden. Schnee und Kälte fesselten die Menschen an ihre Häuser. Der Schmutz, der durch die Rinnsteine floss, gefror zu Eis, und der Schnee türmte sich zu hoch auf, als dass die Fuhrleute, die den Abfall sonst einsammelten, ihn hätten abfahren können. Der Müll häufte sich und stank entsetzlich.

In der Salpêtrière, einem riesigen Arbeitshaus, in dem siebentausend arme Frauen und Mädchen, Findelkinder und Kranke untergebracht waren, hockten die Insassen an ihren Arbeitstischen und nähten mit steif gefrorenen Fingern. Eine Abteilung des ältesten Hospizes der Stadt, des Hôtel-Dieu, hatte man für die vor Kälte zitternden Armen freigemacht, die vorgaben, krank zu sein, um aufgenommen zu werden. Diese Abteilung bot jedoch nur vierhundert Menschen Platz, und viele Tausend brauchten Nahrung und Schutz vor der bitteren Kälte.[12]

In dem Findlingshospiz der Töchter der Nächstenliebe wimmerten die Kinder in ihren Wiegen. In dieser eisigen Jahreszeit fanden die Nonnen Nacht für Nacht dreißig bis vierzig Neugeborene auf ihrer Türschwelle, und viele der Kinder erlebten den Morgen nicht. Trotz des grausamen Wetters ließen es sich hartgesottene Pariser nicht nehmen, den sonntäglich unter freiem Himmel dargebotenen Tierkämpfen in der Rue de Sèvre zuzuschauen, die zu jeder Jahreszeit stattfanden. Aber die betäubende Kälte vertrieb sie schnell wieder aus der Kampfarena.

Jeden Winter zog es die Ärmsten unter der Landbevölkerung, Tagelöhner und obdachlose Bauern, nach Paris. Sie hofften, eine Arbeit zu finden, die sie bis zum Frühjahr ernähren würde. Sie bevölkerten die billigen Herbergen, schliefen zu zweit oder zu dritt in einem Bett und verschafften sich auf jede nur erdenkliche Weise etwas zu essen.

Wenn sie ihre Kinder nicht länger ernähren konnten, brachten sie sie zu dem Findlingshospiz. Und sie bettelten, wenn ihnen kein anderer Ausweg mehr blieb. Paris zog viele Blinde mit ihren kupfernen Almosenschalen an, die sich in Zweier- oder Dreiergruppen mittels ihrer Stöcke tapfer über die Pflastersteine der Straßen tasteten. In diesem Winter jedoch schien es viel mehr Blinde zu geben, die um Hilfe baten, viel mehr Krüppel, die auf den Treppen der Kirchen saßen oder sich in Hauseingänge gekauert hatten und die Hand flehentlich ausstreckten. Und als der bitterkalte Winter anhielt, wurde ihr Zustand immer erbärmlicher.

Axel von Fersen, der sich in diesem Winter in Frankreich aufhielt, schrieb seine Eindrücke nieder. »Wir haben einen sehr strengen Winter, und seit drei Wochen friert es; die Temperatur fiel auf 13 Grad unter null, und Mittags waren es zwei, drei oder vier Grad minus. In der letzten Woche fielen in den Straßen von Paris zehn Zentimeter Schnee, und die Dächer der Häuser sind davon bedeckt. Der Fluss ist gefroren, was der Versorgung von Paris hinderlich ist, so dass sie eine Hungersnot befürchten. Auch in den Provinzen fürchtet man sich davor. Es gibt nur sehr wenig Weizen, und das, was vorhanden ist, können sie wegen des Wassermangels nicht mahlen, denn seit August hat es keinen Regen mehr gegeben.«[13]

Die Stadt war von der Außenwelt abgeschnitten. Keine mit Holz beladenen Barken kamen den Fluss herauf, so dass es an Brennstoff mangelte, um die Häuser zu beheizen. Keine Boote mit Korn legten am Louvre-Kai an, und die Getreidezufuhr sank drastisch. Ohne Korn konnten die Bäcker kein Brot backen, und Brot stellte das Grundnahrungsmittel für die Armen dar. Die Märkte erhielten oft genug keinen Nachschub, und von Woche zu Woche boten die Stände ein trostloseres Bild. Was übrig blieb, wurde zu hohen Preisen verkauft. »Es herrscht großes Elend, ungeachtet der zahlreichen klug angeordneten Maßnahmen, die von öffentlicher und privater Wohlfahrt zur Linderung ergriffen werden«, berichtete der spanische Botschafter. »Es steht zu befürchten, dass es schlimmer werden wird und dass das kommende Jahr ein katastrophales sein wird.«[14]

Das Gespenst des Hungers flößte den Menschen Angst und Schrecken ein. Jedermann wusste, dass der Hagelsturm im letzten Sommer die Getreidevorräte verknappt hatte, und nun verschlimmerte die Kälte die Situation. Wann immer Mangel herrschte, tauchten Spekulanten auf, die sich auf Grund der hohen Nachfrage Vorteile verschafften, was die Preise noch höher steigen ließ. Der immer mitfühlende König besuchte die Armen in den Dörfern nahe Versailles und gab ihnen ein wenig von dem geliehenen Geld aus der Schatzkammer, um ihre Not etwas zu lindern. Er und Necker kauften Weizenvorräte im Ausland und ließen sie unter enormen Kosten nach Paris schaffen. In der Hauptstadt wurden Handmühlen eingerichtet, damit Mehl gemahlen werden konnte. (Solange die Temperatur unter dem Gefrierpunkt blieb, konnten die Wassermühlen nicht betrieben werden.) Aber welche Maßnahmen die Regierung auch ergriff, sie reichten doch niemals aus. Die Lotterie von zwölf Millionen Francs, die der König selbst zu Gunsten der nach dem Hagelsturm ruinierten Bauern ins Leben gerufen hatte, war vergessen; statt dessen wiederholten die Pariser immer und immer wieder, dass Orléans einige seiner wertvollsten Gemälde verkauft und den Erlös von acht Millionen Francs den Hungrigen gespendet hatte.[15] Marie Antoinettes mildtätige Bemühungen nahm man kaum zur Kenntnis.

Je länger die Kälte anhielt, desto mehr Menschen verloren ihre Arbeitsstelle. Jeglicher Verkehr war zum Erliegen gekommen, man konnte weder etwas kaufen noch verkaufen. Da der Getreidemarkt wie ausgestorben war, mussten alle kleinen Geschäfte in der Nachbarschaft – Garküchen, Tavernen, Gasthäuser, Bordelle – geschlossen werden. Die Wäschereiboote konnten die Seine nicht mehr befahren. Werkstätten und Fabriken in den Vororten Saint-Antoine und Saint-Marcel wurden geschlossen, und viel Männern verloren ihre Arbeit. Die Menschen, die auf der Suche nach Arbeit in die Hauptstadt gekommen waren, fanden sich ohne Perspektiven wieder. Und zur gleichen Zeit stiegen die Brotpreise. Hatte man im November zwölf Sous für einen Laib zahlen müssen, so waren es im Dezember schon 14, und die Preise stiegen noch weiter, als das neue Jahr begann. In den besten Zeiten gab der durchschnittliche Pariser Bürger die Hälfte seines Einkommens für Brot aus. Eine Hungersnot drohte.

Wölfe heulten in den dunklen Wäldern rund um die im Eis eingeschlossene Stadt, und die Pariser versammelten sich voller Furcht um ihre erloschenen Kamine. Sie sprachen ihre Gebete und warteten auf den Frühling.

# 19

Seit Wochen strömten die zwölfhundert Ständevertreter der Generalversammlung nach Versailles. Sie mieteten jeden verfügbaren Raum in der Stadt und schwärmten über das Gelände des Palastes, eifrig darauf bedacht, einen Blick auf Necker oder ein Mitglied der königlichen Familie zu erhaschen. Die Delegierten trafen sich in kleinen Grüppchen, redeten und spekulierten über die bevorstehende Sitzung, auf die manch einer mit sorgenvoll gerunzelter Stirn wartete. Hunderte Deputierte verlangten, das Petit Trianon sehen zu können, das Lustschlösschen der Königin, über das sie so viel gehört und gelesen hatten. Sie trampelten über den kleinen Bauernhof, spähten in die Miniaturmeierei, erschreckten die Kühe und scheuchten die Hühner auseinander. Die im Trianon Wache haltenden Soldaten wurden einem regelrechten Verhör unterzogen: Wo befanden sich die Gemächer der Königin? Vor allem jene, die mit Diamanten, Saphiren und Rubinen geschmückt waren?[1]

Des Abends versammelten sich die Delegierten in Weinschenken und Kaffeehäusern, um zu diskutieren, zu schwatzen oder das neueste populäre Lied zu singen:

Einst des Sullys größte Tat
Das Reich er gerettet hat.
Heut' der Necker tut's ihm gleich
Und rettet unser Frankreich
Halleluja!

Ein Hauptgesprächsthema beherrschte alle Runden: Die Einberufung der Generalstände. Monatelang hatte der politisch bewusste Teil der Öffentlichkeit über kaum etwas anderes nachgedacht, gelesen und gesprochen – abgesehen höchstens vom Wetter und der Nahrungsmittelknappheit. Aber inzwischen war Mai, den trostlosen Winter hatten warme Frühlingsregen und milde Tage vertrieben, und der Gärungsprozess in den Köpfen der Menschen war vorangeschritten.

»Hier befindet sich jedermann in großer Aufregung«, schrieb Fersen. »Es ist von nichts anderem die Rede als von einer Konstitution … Jedermann ist plötzlich zu einem Administrator geworden und spricht von nichts anderem als von ›Fortschritt‹. In den Vorzimmern schlagen die Diener ihre Zeit damit tot, die zehn oder zwölf Flugschriften zu lesen, die täglich erscheinen. Es überrascht einen, dass es genug Druckerpressen gibt, sie alle zu produzieren.«[2]

Viele der Pamphlete beschäftigten sich mit Amerika, der neuen Nation jenseits des Ozeans, wo einem weit verbreiteten Glauben zufolge eine Gruppe entschlossener fortschrittlicher Denker ein ideales Gemeindewesen erschaffen hatte, frei von all der Verschwendung und Korruption, die Frankreich so sehr belasteten. Amerika zeigte den richtigen Weg. Auf Grund ihrer eigenen Souveränität hatten die amerikanischen Kolonisten auf einen Streich eine neue Gesellschaft etabliert. Sie hatten sich vom englischen König befreit, der sie einschränken wollte, und ebenso von den Privilegien und Titeln, die sie voneinander getrennt hatten. Freiheit und Gleichheit waren die einzigen Prinzipien, die sie anerkannten, repräsentative Herrschaft die alleinige, die sie akzeptierten. Die Deputierten bewunderten die Amerikaner und ihre Regierungsform, nicht wenige der jungen Adligen unter ihnen, die *»les Américains«* genannt wurden, hatten auf der Seite der Kolonisten gegen die Engländer gekämpft. Sie hofften, dass das bevorstehende Treffen die Wandlung Frankreichs in einen Staat einleiten würde, der den Vereinigten Staaten nicht unähnlich war – wenn auch mit einem Monarchen, dessen Befugnisse allerdings ohne Zweifel stark eingeschränkt sein würden.

Eine idealistische Vision, die wohl kaum den harten Realitäten des Eigennutzes standhalten würde. Denn obwohl jeder, wie einer der Deputierten, ein Advokat, schrieb, »Neuerungen bevorzugt, die in Richtung einer freien Regierung tendieren«, so verstand doch jeder das Prinzip einer »freien Regierung« auf unterschiedliche Weise. Die Provinzadligen wollten nicht länger dem Hochadel untergeordnet sein, der niedere Klerus verlangte, am Reichtum der Bischöfe und Erzbischöfe teilzuhaben, und der Hochadel erklärte, der König solle ruhig über jeden herrschen, sie selbst seien als seine natürlichen Verbündeten und Gefährten davon selbstverständlich ausgenommen. Was das übrige Frankreich wünschte, konnte man nur vermuten, obwohl ohne Zweifel feststand, dass die Menschen Necker wollten, damit er die Finanzen neu ordnete. Und ganz sicher wünschten sie, dass sich weder die Königin noch irgendeiner ihrer gierigen Freunde in Regierungsangelegenheiten einmischten. Einige hofften, dass der König sich zurückziehen und seinen Platz für den Herzog von Orléans freimachen würde.

Traditionell wurde die Generalversammlung aus den drei großen sozialen Gruppen gebildet: dem Ersten Stand oder dem Klerus, dem Zweiten Stand, nämlich dem Adel, und schließlich dem Dritten Stand, den Abgesandten des Volkes. Die genaue Anzahl der Deputierten, die für jede der drei Gruppen ernannt wurden, war nicht ausdrücklich festgelegt. Anlässlich eines wichtigen Treffens des königlichen Rates im Dezember 1788 hatte Necker argumentiert, der Erste und der Zweite Stand würden am ehesten gegen Reformen votieren und in Opposition zur Monarchie treten – so wie es die Mitglieder des Pariser *parlement* und der Notabelnversammlung getan hatten. Der König sollte so klug sein, die Deputierten des Dritten Standes zu umwerben und dafür sorgen, dass ihre Zahl möglichst groß ausfalle. Dann könne er sich darauf verlassen, dass sie den Adel und den Klerus in allen wichtigen Punkten überstimmten. Antoinette wohnte dieser Ratssitzung bei, und auch sie sprach sich für die Vergrößerung der Deputiertenzahl des Dritten Standes aus.

Als dann im Januar die Bestimmungen bekannt gegeben wurden, nach denen die Repräsentanten ausgewählt werden sollten, hatte der

König angeordnet, nahezu doppelt so viele Deputierte des Dritten Standes auszuwählen (insgesamt 610) wie für den Ersten und den Zweiten Stand, die jeweils 305 Deputierte stellten. Außerdem empfahl er den Abgeordneten, spezielle Beschwerdelisten zusammenzustellen, die der ganzen Versammlung vorgelegt werden sollten – ein Verfahren, wie es in der Vergangenheit üblich gewesen war.

Diese Beschwerdehefte enthielten eine Vielzahl von Klagen. »Wir ersuchen Eure Majestät darum, Mitleid mit unserem Ackerland walten zu lassen, denn wir hatten einen schlimmen Hagel«, stand in dem Brief aus Ménouville zu lesen, einem Dorf im Pariser Becken. »Wir erklären, dass Salz für die armen Leute viel zu teuer ist.« Die Bauern aus Mènouville bemängelten, dass Steine die Hauptstraße blockierten und Reisende gezwungenermaßen durch ihre Kornfelder trampelten und »viel Schaden anrichten«. Ludwig solle einsehen, dass das Getreide ihre Lebensgrundlage darstelle, da sie kein Futterheu erzeugen und demzufolge kein Vieh halten könnten. Aber unter die drückenden lokalen Sorgen mischten sich auch weit reichendere Anliegen. »Wir stellen fest, dass es keine Steuereintreiber geben sollte«, lautete der Beschluss der Dorfbewohner, und es »sollte keine Militärpflicht geben, weil diese viele Familien ruiniert«. »Wir teilen Eurer Majestät mit, dass unsere Erzeugnisse zu schwer mit Steuern belastet sind.« Der Beschwerdebrief endete mit folgenden Worten: »Festgesetzt und verfügt am heutigen 25. Februar in der Gegenwart von uns, den unterzeichnenden Einwohnern dieser Gemeinde.«[3]

Die Einwohner von Gisors, einer Stadt in der Normandie, begrüßten zunächst den »besten aller Könige« und entboten ihm »Dankbarkeit, Respekt, Liebe und Gehorsam«, um dann ihre Meinung kundzutun, der König habe nicht die Macht, Steuern zu verhängen, »es sei denn mit der allgemeinen Zustimmung der versammelten Nation«.

Die Adligen aus Roussillon im Süden Frankreichs wiederholten diese Meinung in ihren Briefen und stellten fest, »dass der Nation, dem Gesetz entsprechend zusammengetreten in der Generalversammlung, das ausschließliche Recht zusteht, Subventionen zu gewähren, den Gebrauch, der von ihnen gemacht wird, zu regulieren, jedem Departement die genehmigten notwendigen Fonds zukommen zu lassen und eine Quittung dafür zu verlangen«. Zwar priesen sie »die Freiheit des Bürgers« als »das wertvollste unter allen Gütern, das heiligste unter allen Rechten«, bestanden aber darauf, dass die Privilegien des Adels erhalten bleiben sollten, da sie »von der Essenz der monarchistischen Regierung« seien.[4]

Jeder der drei Stände reichte viele hundert Beschwerden ein, verfasst von Adligen und Stadtbewohnern, Dörflern und Kirchenleuten. Die Beschwerdebriefe des Klerus verlangten nach Reformen der Kirche und des Staates gleichermaßen, um den Gemeindepriestern eine gewichtigere Rolle in der Verwaltung kirchlicher Angelegenheiten zu geben. Buchstäblich alle Briefe zeigten sich zutiefst und aufrichtig monarchistisch. Ihre Verfasser konnten sich einen Staat ohne einen König nicht vorstellen, und schon gar nicht ohne eine herrschende Dynastie. Dass die Macht des Königs eingeschränkt und die Befugnisse der drei Stände seiner Untertanen erweitert werden sollten, erschien ihnen nur recht und billig zu sein. Aber nicht ein Brief enthielt auch nur die leiseste Andeutung, dass der König seinen Platz räumen (obwohl einige von Orléans' leidenschaftlichsten Anhängern mit Sicherheit darauf hofften) oder dass die Monarchie zu einer Republik werden sollte.

Am 4. Mai, einen Tag, bevor die Generalstände zur ersten Sitzung zusammentraten, trafen sich die Deputierten, um in einer Prozession von der Kirche Notre-Dame zu der Kathedrale Saint-Louis zu ziehen. Geführt von Herolden auf weißen Pferden marschierten die Abgeordneten des Dritten Standes in zwei langen Reihen an jubelnden Menschenmengen vorbei. Sie trugen Anzüge aus einfachem schwarzen Tuch, passende kurze Seidenumhänge und schwarze Dreispitze. Die Kleiderordnung war in allen Einzelheiten festgelegt; die Deputierten des Dritten Standes durften keinerlei auffälligen Putz tragen, nicht einmal Federn an den Hüten.

Ihnen folgten die Repräsentanten des Zweiten Standes, die meisten von ihnen Adlige, die alle schwarze Seidenmäntel mit Goldstickerei, goldverzierte Umhänge, golddurchwirkte Westen und schwarze Kniehosen trugen. Seidenstrümpfe und Spitzenkrawatten vervollständigten ihre Ausstattung, und ihre Hüte schmückten weiße Federn. Die Gemeindepriester, die den überwiegenden Teil der Vertreter des Ersten Standes stellten, trugen ebenfalls nüchternes Schwarz, während die Bischöfe in scharlachrote, die Erzbischöfe in violette Roben gehüllt waren. Der höhere Klerus bildete die Eskorte für das heilige Sakrament, das der Erzbischof von Paris unter einem Baldachin durch die Straßen trug.

Direkt hinter den Deputierten zeigte sich der König, eine glitzernde Figur in goldenen Gewändern, und seinen Hut schmückte ein riesiger Diamant. Er zeigte nicht den gewohnten wohlwollenden Gesichtsausdruck, wie ein Beobachter bemerkte – möglicherweise weil der laute »Vive le Roi!«-Jubel von Rufen wie »Vive le Roi d'Orléans!« übertönt wurde.

Ludwig erholte sich noch immer von einem Schock. Nur Tage zuvor hatte er einige Reparaturen beaufsichtigt, die im Palast vorgenommen wurden. Er war auf ein Baugerüst zu den Arbeitern hochgeklettert, zwölf Meter über dem marmornen Schlosshof. Er machte einen ungeschickten Schritt – und wäre in den Tod gestürzt, hätte ihn nicht einer der Arbeiter an den Kleidern gepackt und gerettet. Mit seiner typischen Großzügigkeit hatte der König seinen Retter mit einer Pension von zwölfhundert Livres belohnt, die unter der Bedingung ausgezahlt werden sollte, dass der Mann seinen Beruf nicht wechselte. Der Vorfall schien ihm ein schlechtes Omen zu sein, genauso wie das langsame Dahinsiechen des Dauphins; dass beides gerade in einer Zeit geschah, als das Land sich auf große Veränderungen vorbereitete, deutete so mancher als verhängnisvolles Vorzeichen.

In den Augen konservativer Höflinge, zu denen auch Artois und die älteren Prinzen von Geblüt, Condé und Conti, gehörten, bedeutete schon das Treffen der Generalstände als solches Unheil. Einige Monate zuvor hatten die drei Herzöge dem König eine Petition mit der Forderung überreicht, Necker zu entlassen und die republikanischen Denker und Flugblattschreiber zum Schweigen zu bringen, da sie das Land in die Demokratie trieben. Volksherrschaft, in welcher Form auch immer, sei gefährlich und würde zu nichts als Chaos und Gewalt führen. Auch Antoinette machte sich tiefe Sorgen, welches Ergebnis die bevorstehende Versammlung der Stände zeitigen würde. Mercy zufolge »versuchte sie, ihrem Gemahl gut zuzureden, ein wenig entschlossener zu sein«, aber der König blieb untätig und überliess es Necker, die Kräfte des Wechsels zu lenken und Gestalt annehmen zu lassen. Ludwig vertraute auf die Liebe und den Gehorsam seiner Untertanen.

In Wirklichkeit war der König isoliert, und diese Isolation schwächte ihn politisch. »Zu diesem Zeitpunkt ist es unmöglich zu beurteilen, wie weit der Wahnsinn gehen wird«, schrieb Mercy den in Versailles versammelten Deputierten, »aber der Art der Einsamkeit nach zu urteilen, in der sich der König befindet, nach der Schwäche und Furcht seiner Minister, nach der Dreistigkeit, mit der sogar die Prinzen von Geblüt in Opposition zum Monarchen stehen, muss man die gesamte Zerstörung der Monarchie für gänzlich möglich halten.«[5]

Zur Linken des Königs, hinter den Prinzen und königlichen Herzögen, ging Antoinette. Sie war gealtert, ihr aschblondes Haar sichtbar dünner und hier und da mit weißen Fäden durchsetzt. Immer noch eine »feine, stattlich aussehende Frau«, wie ein Besucher im vergangenen August geschrieben hatte, offenbarte ihr Gesicht einen traurigen, von Sorgen gezeichneten Ausdruck.

Während der vergangenen Jahre hatte sie einen großen Teil der Last auf sich genommen, die eigentlich ihr Gemahl hätte tragen sollen. Mercy merkte an, dass sie »vollkommen mit den Arrangements beschäftigt (sei), welche die Innenpolitik, die Ökonomie, die Reformen, die parlamentarischen Diskussionen« betrafen. Sie nahm diese Angelegenheiten in Angriff, sobald sie anstanden, handhabte Krisen, traf sich mit den Ministern, las Akten und arbeitete auch sonst mit aller Kraft daran, die Probleme zu lösen, mit denen sie dank Ludwigs Unfähigkeit konfrontiert wurde. Die Königin widmete sich diesen Dingen allerdings, »ohne irgendeine Methode oder einen im Vorfeld festgelegten Plan«, stellte Mercy fest. Vom König hatte sie keine Hilfe zu erwarten.[6]

Mit lediglich bruchstückhaftem Wissen und angeleitet von, wie Madame Campan glaubte, »Personen, die ehrgeiziger als befähigt sind«, mussten Antoinettes staatsmännische Versuche zwangsläufig scheitern. »Eines Tages«, so erinnerte sich Madame Campan, »während ich ihr beim Zuschnüren einiger Memoranden und Berichte zur Hand ging, die ihr einige der Minister übergeben hatten, damit sie sie dem König aushändigte, seufzte (sie) … ›Eine Frau, die sich in Dinge mengt, von denen sie nichts versteht und in denen sie keine Erfahrung hat, ist nichts mehr als eine Intrigantin. Die Königinnen von Frankreich sind nur so lange glücklich, wie sie sich in gar nichts einmischen und lediglich genügend Einfluss behalten, um ihre Freunde glücklich zu sehen und ihre treuesten Diener zu versorgen.‹«[7]

Die Anstrengung, die es sie kostete, sich den nicht enden wollenden Regierungsaufgaben, der Exzentrik des Königs und dem sich verschlechterndem Zustand ihres todkranken Sohnes zu widmen, lag ihr schwer auf der Seele und verschlimmerte ihren ohnehin nervösen Zustand. Sie war »so sehr bekümmert, dass ihr Temperament stark in Mitleidenschaft gezogen wurde«, stellte Mercy fest. Und nun stand die Generalversammlung unmittelbar bevor, und niemand vermochte zu sagen, was sich daraus entwickeln würde.

Antoinette hatte viel Zeit und Mühe darauf verwendet, die Rede zu schreiben, die der König am folgenden Tag anlässlich der offiziellen Eröffnung des Treffens halten sollte. Der Entwurf, den sie vorlegte, zeigte deutlich, wes Geistes Kind die Königin war: Wie stets beurteilte sie die Situation nach schlichten Maßstäben. Die Untertanen des Königs befanden sich in einer rebellischen Stimmung und mussten daher daran erinnert werden, dass sie dem König Gehorsam schuldeten. »Zu der Last der Steuern und der Staatsschulden ist ein Geist der Unruhe und Neuerung gekommen, der das größte Unheil hervorbringen wird, wenn man ihn nicht unverzüglich kontrolliert«, stand in ihrem Entwurf zu lesen. »Ich hoffe, dass die Versammlung den Gehorsam zeigen wird, der für das Glück der Menschen ebenso notwendig ist wie für den Erhalt der Monarchie.«[8]

Eine Rede, wie sie nur von einer wahren Tochter Maria Theresias stammen konnte. Tatsächlich glich Antoinettes Leben während der letzten Monate sehr dem ihrer unermüdlichen Mutter. Wie die Kaiserin verbrachte Antoinette Stunden damit, über Briefen, Berichten und Memoranden zu brüten. Anders als ihre Mutter war Antoinette jedoch untalentiert. Wo Weisheit und wirkungsvolle politische Führerschaft gefordert waren, reagierte sie mit Ängstlichkeit und Fleiß. Antoinette kannte ihre Grenzen, und das muss sie traurig gestimmt haben.

Während sie nun mit stolz erhobenem Kopf durch die Straßen von Paris fuhr, erhob sich nicht der geringste Beifall. (Mehrere Beobachter vermerkten, dass der König »wiederholt gegrüßt (wurde), als er vorbeifuhr«, die Königin jedoch mit einer »tiefen und umfassenden Stille« empfangen wurde.) Antoinettes Bemühungen, ihren Gemahl davon zu überzeugen, das Treffen der Generalversammlung nicht in Paris, sondern besser dreißig Kilometer von der Stadt entfernt abzuhalten, hatten keine Früchte getragen. Sie hatte gehofft, so die Pariser Menge und deren rebellischen Geist von den Deputierten fern halten zu können. Aber Ludwig beschloss, das Treffen in Versailles im Schatten des Palastes stattfinden zu lassen, nur ein paar Stunden Fußmarsch von der Hauptstadt entfernt. Die Folgen ließen sich jetzt überall erkennen. Madame La Tour du Pin meinte, die Königin sähe »traurig und zornig« aus, sei wütend wegen all der Einschränkungen und Begrenzungen, denen sie überall um sich herum begegnete, und gräme sich über die Haltung ihrer Untertanen.

In ihrer eleganten Karosse fuhr die in ein Gewand aus silberdurchwirktem Gewebe gehüllte Königin, deren Haar mit Blumen und Perlen geschmückt war, an einer Gruppe Marktweiber vorbei. Plötzlich ertönte der laute Ruf »Lang lebe der Herzog von Orléans«.

Der raue Schrei durchbrach die Stille. Antoinette schnappte erschrocken nach Luft und fiel beinahe in Ohnmacht. »Sie musste Unterstützung in Anspruch nehmen«, schrieb Madame Campan, »und die, die sie umgaben, fürchteten, dass es notwendig sein würde, die Prozession anzuhalten.« Aber der Moment der Schwäche ging vorüber. Die Königin erholte sich wieder »und bedauerte sehr, nicht in der Lage gewesen zu sein, mehr Geistesgegenwart zu beweisen«.[9]

Der Zug bewegte sich weiter, als wäre nichts geschehen. Die Trommler gaben weiter das Tempo vor, und die Militärkapellen spielten. Den meisten Zuschauern war der kleine Zwischenfall in der Karosse der Königin entgangen, da ihre Aufmerksamkeit anderweitig gefesselt wurde. Als die Prozession endlich die Kathedrale erreicht hatte, nahm die gelassen und würdevoll wirkende Antoinette, gemeinsam mit den anderen Mitgliedern der königlichen Familie unter dem purpurvioletten Baldachin Platz. Ein Beobachter glaubte jedoch im Verlauf der langen Messe »um den Mund der Königin einen Ausdruck des Ärgers« feststellen zu können, trotz ihrer Haltung und »unerschrockenen Selbstsicherheit«. Der König, der in keiner Weise erkannte, was seine Frau durchmachte, saß auf seinem samtenen Sessel und döste vor sich hin.[10]

Am Morgen des folgenden Tages versammelten sich die Deputierten im *salle de menus plaisirs.* Der weitläufige Raum verfügte über eine gewölbte Decke, kunstvolle Stuckaturen und riesige dorische Säulen, die einen weiten Mittelgang säumten. Zu beiden Seiten erstreckten sich hoch oben abgestufte Balkone über die ganze Länge des Raumes. An einem Ende befand sich eine erhöhte Bühne, auf der man unter einem hohen purpurnen und golddurchwirkten Baldachin einen Thron für den König aufgestellt hatte.

Die Deputierten reihten sich ihrem Rang entsprechend auf, der Klerus zur Rechten des Thrones, die Adligen zur Linken, die Repräsentanten des Dritten Standes am hinteren Ende des Saales, das Gesicht dem Thron zugewandt. Die Balkone füllten sich rasch mit Zuschauern, die gespannt auf das Spektakel warteten und begierig waren, die Begrüßungsrede des Königs an die Deputierten und Necker zu hören. Die gewaltige Aufgabe, die französische Regierung neu zu gestalten, stand kurz vor ihrem Beginn.

Aber zunächst wurde eine Anwesenheitsliste erstellt. Es dauerte etliche Stunden, bis die Namen aller zwölfhundert Deputierter verlesen und vermerkt waren, aber schließlich hatte man diese Aufgabe erledigt. Um die Mittagszeit hielt der Herrscher Einzug in den Saal, gefolgt von den übrigen Mitgliedern der königlichen Familie. Die reich bestickten und üppig mit Diamanten besetzten Gewänder des Ordens des Heiligen Geistes umhüllten Ludwigs rundlichen Körper. Antoinette machte in ihrer silberdurchwirkten Robe, einem violetten Umhang und einem diamantenen Reifen im Haar eine glänzende Figur. Sobald die königliche Familie den Saal betrat, erhoben sich die Delegierten, schrieen »Vive le Roi!«, und hörten aufmerksam der Rede des Königs zu.

Er hatte die Vorgabe seiner Frau verworfen und sprach laut, wenn auch schroff von seinen tiefsten Gefühlen. »Der Tag, auf den mein Herz gewartet hat, ist endlich gekommen«, sagte er, »und ich befinde mich in der Mitte der Repräsentanten der Nation, die ich mit Stolz regiere.« Die Deputierten hätten sich versammelt, um sich mit den finanziellen Zuständen des Königreichs zu befassen und die Ordnung wieder herzustellen. Seine eigene Macht sei groß, aber die seiner Untertanen gleichermaßen. »Alles, was Ihr von der liebevollsten Teilnahme an dem Glück der Öffentlichkeit erwarten mögt, alles, was von einem Herrscher gefordert werden kann, der auch der beste Freund seines Volkes ist, das könnt, das müsst Ihr von meinen Gefühlen erwarten.« Er habe die besten Absichten, und seine Liebe für sein Volk kenne keine Grenzen. Ludwigs Stimme, so stellte der Deputierte Adrien Duquesnoy fest, klang »spröde und brüsk«, aber seine Gefühle kämen von Herzen und seien nobel. Mehrfach unterbrach Applaus seine kurze Rede. (»Ich versuchte herauszufinden, warum«, schrieb Duquesnoy, »denn mit Sicherheit gab es keine Grundlagen dafür.«)[11]

Der König setzte sich, und Necker begann zu sprechen. Die Deputierten beugten sich vor, um seinen Worten zu lauschen – und stellten bald fest, dass ihnen eine Enttäuschung bevorstand. Der Finanzzauberer, der viel gepriesene Retter des Staates hatte nichts über eine Reform oder über eine Verfassung zu sagen, sondern äußerte nur Plattitüden, voll des Lobes für den König und seine freundliche Erlaubnis, das Treffen der Generalversammlung zu gestatten. Necker versagte mitten im Vortrag die Stimme, und einer seiner Assistenten verlas den Rest der endlosen Rede. Diese schien vielen der Zuschauer zwei oder drei Stunden zu dauern und hauptsächlich aus buchhalterischen Details zu bestehen. Necker hatte nicht mit den komplexen Problemen der Finanzen gerungen, noch konnte er gezielte politische Schritte vorschlagen. Und wenn er das doch vermocht hätte, musste der König ihm deren Präsentation untersagt haben.

Antoinette saß unterhalb des Königs, ihr Gesicht eine Maske der Ernsthaftigkeit und, wie manche meinten, des Hochmutes. Sie hatte ein ungutes Gefühl. »Die große Würde der Königin wurde viel kommentiert«, schrieb Madame La Tour du Pin, die der Eröffnungssitzung beiwohnte, »aber aus der fast krampfhaften Weise, in der sie ihren Fächer benutzte, wurde ihre Erregung klar ersichtlich. Die Königin blickte häufig in den Teil des Saals, wo der Dritte Stand saß, und schien ein Gesicht in den Reihen dieser Masse von Männern ausmachen zu wollen, unter denen sie bereits so viele Feinde hatte.«[12]

Nach wessen Gesicht die Königin Ausschau hielt, ist nicht bekannt. Vielleicht hat sie nach niemand Bestimmtem gesucht, sondern sich nur von der Langeweile der endlosen Rede Neckers ablenken wollen. Sie mag, was wahrscheinlicher ist, über ihren Sohn nachgedacht haben und darüber, wie sie sich sofort nach dem Ende der Sitzung ihres Putzes entledigen und nach Meudon eilen könnte, um ihm nahe zu sein.

# 20

Der Dauphin lag im Sterben. Seine Augen blickten stumpf aus dem ausgezehrten Gesicht, und seine Beine waren so schwach, dass er nicht laufen konnte, ohne von beiden Seiten gestützt zu werden. Der Knabe befand sich in der Obhut seiner Gouvernanten und Kammerdiener, die ihn in Meudon von der Außenwelt abgekapselt hatten und hofften, dass ihm die frische Landluft gut tun würde. Seine zunehmende Schwäche und Hilflosigkeit hatten einen Wandel in seinem Verhalten seiner Mutter gegenüber bewirkt. Er wandte sich von ihr ab und weigerte sich, mit ihr zu sprechen, wenn sie sich im gleichen Zimmer aufhielt. Der Königin wurde nicht gestattet, sich für längere Zeit in der Nähe ihres Sohnes aufzuhalten. Antoinette litt unsagbar unter diesen Vorkehrungen.

Bösartige Diener und Höflinge flüsterten, sie bevorzuge ihren jüngeren Sohn, den vollblütigen, rotwangigen Herzog der Normandie, was Antoinette tief verletzte. »Sie ist sehr verändert«, bemerkte ein englischer Reisender, der ihr Mitte Mai 1789 begegnete, »und hat all die Brillanz ihres Aussehens verloren.« Er hatte sie vor weniger als einem Jahr schon einmal gesehen, und die Veränderung erschien ihm beachtlich. »Hoheitsvoller denn je zuvor«, befand er, »aber der ganze Inhalt ihrer Konversation bestand aus Melancholie.« Sie erzählte dem Engländer, dass sie »viel auf ihrem Herzen habe«, und er verstand.[1]

Beide Eltern suchten Meudon häufig auf, und der König unterbrach sogar seine Jagden, um nach dem Sohn zu sehen. Das Treffen der Generalversammlung begann schwierig. Anstatt sich mit den ernsthaften Problemen der Finanzen und Verwaltung zu beschäftigen, erregten sich die Abgeordneten über Verfahrensfragen. Aber der ernste Zustand des Thronerben hatte Vorrang vor allem anderen. Als der Junge schwächer wurde und seine deformierten Rippen ihm die Lungen und andere lebenswichtige Organe eindrückten, so dass ihm buchstäblich das Leben aus dem Leib gepresst wurde, widmeten ihm Ludwig und Antoinette all ihre Aufmerksamkeit.

Das Ende zog sich hin. Tag für Tag besuchten die verzweifelten Eltern ihren Sohn, konferierten mit den Ärzten – die wenig tun konnten, außer die Schmerzen ihres königlichen Patienten mit Schlafmitteln zu betäuben –, saßen eine Weile am Bett des Jungen und kehrten dann nach Versailles zurück. Am 2. Juni rang der Dauphin offensichtlich mit dem Tode, und in allen Kirchen wurde für das Kind gebetet. Am folgenden Tag verbrachte der König sechs Stunden am Bett seines Sohnes, und als er ihn um zehn Uhr in der Nacht verließ, blieb Antoinette bei dem Kind. Der Todeskampf endete in der ersten Morgenstunde des nächsten Tages. Der Prinz war tot – und sofort wurde die Königin aus dem Schlafzimmer geschickt, damit die Chirurgen eine Autopsie des deformierten Körpers vornehmen konnten.

Die Etikette schrieb vor, was nun zu geschehen hatte. Der König und die Königin wurden von dem Leichnam fern gehalten; der Körper wurde, sobald er geöffnet war, in einem mit Samt ausgeschlagenen, mit silberdurchwirkten Tüchern drapierten Sarg ausgestellt; der Sohn des Herzogs von Orléans brachte das Herz des Dauphins nach Val-de-Grâce, wo es gesondert aufbewahrt werden sollte; der Junge, der einst dazu bestimmt gewesen war, als Ludwig XVII. den Thron zu besteigen, wurde nach Saint-Denis überführt, um dort bestattet zu werden. Zunächst bahrte man ihn jedoch für etliche Tage auf, umgeben von Reihen von Wachskerzen, und Mönche sprachen Tag und Nacht Gebete. Am 13. Juni fand das Begräbnis statt, dem jeweils ein Dutzend Prälaten und Edelleute des Hofes beiwohnten, außerdem achtundzwanzig Deputierte der Generalversammlung, allesamt Mitglieder des Dritten Standes.

Die dringenden Aufgaben der Generalversammlung ließen der königlichen Familie wenig Zeit zu trauern. Am Todestag des Dauphins kam der gewählte Sprecher des Dritten Standes, ein Pariser Deputierter namens Sylvain Bailly, nach Versailles, um dem König eine Botschaft auszuhändigen. Er überbrachte die Anteilnahme der Abgeordneten am Tode des Dauphins. Aber, so fügte er hinzu, man müsse ihm und den anderen so bald wie möglich eine Audienz beim König gewähren. Über seine Diener erteilte Ludwig seine Zustimmung. In zwei Tagen würde er zu den Deputierten sprechen. Als Bailly und weitere Abgeordnete am 6. Juni zur Audienz nach Versailles zurückkehrten, fanden sie den König in niedergedrückter Stimmung vor, und er trug Trauerkleidung. »Sind denn unter diesen Herren keine Väter?«, fragte er traurig.

Die Stände, so erklärte Bailly, seien am Ende ihrer Weisheit angelangt und könnten bei der ersten Aufgabe, mit der sie sich konfrontiert sahen, keinen Konsens erreichen. Necker hatte angeordnet, dass jeder der drei Stände untereinander zusammenkommen sollte, um die Beglaubigungen der eigenen Mitglieder durchzuführen. Der Adel hatte zugestimmt, aber der Klerus verlangte ausführlichere Debatten, bevor er die Bedingungen akzeptierte. Der Dritte Stand schließlich weigerte sich prinzipiell, sich als separate Körperschaft zu versammeln; wenn sie das täten, so glaubten sie, würde ein unerwünschter Präzedenzfall für zukünftige Abstimmungen geschaffen. Da der Bürgerstand befürchtete, bei einer Blockabstimmung aller drei Stände im Verhältnis zwei zu eins überstimmt zu werden, beharrte er auf einer »Kopfwahl« – mit anderen Worten, jeder Abgeordnete erhielt eine Stimme und alle zwölfhundert Deputierten, also die drei Stände, stimmten gemeinsam ab. Die Beglaubigung sollte außerdem von der gesamten Körperschaft der Stände durchgeführt werden.

Seit dem 28. Mai fanden in Anwesenheit der königlichen Minister die Diskussionen zwischen den drei Ständen statt. Nach einer Woche hatte man noch keine Fortschritte erzielt, und Bailly und die anderen wandten sich an den König, damit er die Leitung übernähme. Necker, krank und untauglich, verlor allmählich das Vertrauen der Deputierten, obwohl ihn die Pariser auch weiterhin feierten. Der Dritte Stand – der sich in Anlehnung an das englische *House of Commons* inzwischen als die Gemeinen bezeichnete – wurde zunehmend unruhiger und besorgter. Manche seiner Mitglieder befürchteten, dass den Adligen nicht an einer ehrlichen Lösungsfindung gelegen sei und sie statt dessen planten, die Generalversammlung zu unterwandern und ihre Privilegien noch fester zu verankern.

Inzwischen brachen unter den hungernden Parisern Tumulte aus, der Brotpreis stieg, und eine Hungersnot drohte. Überall, wo Bailly und seine Kollegen hinsahen, war das Land außer Kontrolle geraten, während der König in seiner zögerlichen, gütigen Teilnahmslosigkeit verharrte. Sobald das Begräbnis seines Sohnes vorüber war, zogen er und Antoinette sich zur Erholung für eine Woche nach Marly zurück.

Während die Generalversammlung mit ihren internen Problemen kämpfte, schwand die Geduld der Pariser mit den Abgeordneten allmählich, und ihre Verurteilung der privilegierten Klassen fiel immer schärfer aus. Im Palais Royal, wo stündlich neue politische Pamphlete auftauchten – so hatte es jedenfalls den Anschein – predigten Redner Gewalt gegen die Regierung und ernteten dafür tosenden Applaus.

»Nieder mit den Reichen!« »Freiheit!« »Demokratie!« Die Rufe klangen triumphierend und dringlich zugleich. Obwohl sich der König entschiedener Reaktionen enthielt, zögerte Necker nicht, sondern taktierte klug. Er wusste, dass, von der unkoordinierten Gruppe einmal abgesehen, aus der sich die Pariser Polizei zusammensetzte, die Soldaten als Einzige die Ordnung aufrechterhalten konnten. Allerdings fürchtete er deren Verbrüderung mit den Aufständischen.

Die Anforderungen an die französischen Soldaten in dieser Zeit des Aufruhrs waren groß. Sie begleiteten Getreidetransporte, standen an Markttagen Wache und unterdrückten Störungen. Allmählich erschöpft und mutlos, empfanden sie wie ihre zivilen Brüder Ungeduld und Zorn über die Führungsschwäche des Königs und seiner Minister. Viele blieben loyal, aber noch mehr wurden wankelmütig, da sie auf Grund ihrer einzigartigen Position spürten, dass der Kollaps der Regierung unmittelbar bevorstand.[2] Das in Paris stationierte Regiment der Französischen Garden, etwa dreitausendsechshundert Mann stark, wäre unter anderen Umständen vielleicht in der Lage gewesen, mit Hilfe der Polizei und zusätzlicher Regimenter aus nahe gelegenen Städten die Ordnung aufrechtzuerhalten. Aber wie es schien, ließen sich viele Gardisten schnell vom republikanischen Fieber anstecken. Mit jedem Tag bröckelte ihr Gehorsam mehr, und ihre Offiziere warnten den leitenden Minister davor, dass man im Notfall nicht auf sie zählen könne.

Und der Notfall sei bereits da, so entschieden jedenfalls die Deputierten. Am 10. Juni drängte der Dritte Stand den Adel und den Klerus dazu, ihre Eigenständigkeit aufzugeben und sich der Mehrheit anzuschließen. Damit sollte der Gefahr entgegengetreten werden, die von einer aufständischen Bürgerschaft und einer Regierung ausging, die nicht reagierte. Fünf Tage darauf hatten sich die meisten der klerikalen Deputierten den Gemeinen angeschlossen. Zwei Tage später ernannte sich der angewachsene Dritte Stand zur Nationalversammlung. Am Beginn seines Anspruches auf die Oberherrschaft stand die Erklärung, alle bestehenden Steuern seien illegal.

Im Zentrum der Macht war schon seit einiger Zeit ein Vakuum entstanden. Die kühneren unter den Deputierten beabsichtigten, dieses auszufüllen. Aber der König, den zumindest Antoinette, Artois und andere (Mercy hielt es für das Beste, Ludwig solle die Generalversammlung umgehend auflösen, und gab den Ratschlag, »dass Gewalt der einzig mögliche Weg sein dürfte, die Monarchie zu retten.«) dazu aufgestachelt hatten, seine Passivität abzulegen, beschloss endlich, sich durchzusetzen.

Am 18. Juni entschied er, in fünf Tagen, also am 23., vor die Generalversammlung zu treten und dort ein Reformprogramm zu verkünden. Da in der Versammlungshalle besondere Vorbereitungen für die Anwesenheit des Königs getroffen werden mussten, konnten sich die Deputierten dort nicht versammeln. Am Morgen des 20. Juni teilte man ihnen mit, dass das vorgesehene Treffen mit dem König nicht stattfinden könne. Truppen bewachten die Türen des Gebäudes.

Die Deputierten zogen in ein nahe gelegenes Gebäude, das Ballhaus um. Hier schworen sie, erst dann wieder auseinander zu gehen, wenn sie mit oder ohne Zustimmung des Königs eine Konstitution auf soliden Fundamenten geschaffen hätten. Dieses Ereignis ist als der »Ballhausschwur« in die Geschichte eingegangen.

Diesem monumentalen Schritt folgten rasch neuerliche Aufregung, denn nach der königlichen Ratssitzung vom 23. Juni trat Necker zurück. Es kam zu lautstarken Demonstrationen, weitere abtrünnige Deputierte des Ersten und Zweiten Standes traten der Nationalversammlung bei und ganze Kompanien der Französischen Garde meuterten. Ludwig zog immer mehr Truppen um die Hauptstadt zusammen, darunter vor allem ausländische Regimenter in französischen Diensten. Von denen erhoffte er sich nämlich größere Loyalität.

Versailles füllte sich mit singenden und schreienden Menschenmengen, die Necker bejubelten (der sich, nachdem Ludwig und Antoinette ihn gemeinsam darum gebeten hatten, bereit erklärte, in sein Amt zurückzukehren). Die Demonstranten beschimpften und bedrohten diejenigen Deputierten, die sich der Nationalversammlung nicht angeschlossen hatten. Der betagte Erzbischof von Paris wurde beinahe gesteinigt, als er erklärte, gegen die Gemeinen zu sein, und mehrere seiner Diener trugen Verletzungen davon.

»Drei oder vier Verrückte führten die ganze Sache an«, schrieb Fersen abschätzig, aber in Wahrheit hatten sich riesige Menschenmengen hier versammelt, die über keine Führer verfügten. Sie versammelten sich, verbündeten sich, sangen vor Symbolen wie einer Statue Neckers Parolen und gewannen noch an Zulauf, wenn sie durch die Straßen marschierten.

Am 27. Juni ließ Ludwig die bereits um die Hauptstadt zusammengezogenen Truppen verstärken und zusätzliche Kräfte zum Schutz von Versailles abstellen. Ihre Stärke nahm durch die ständigen Meutereien ab, und die Regimenter stellten im besten Falle ein mangelhaftes Bollwerk zwischen dem Hof und der aufgeputschten Menge dar. Die neu konstituierte Nationalversammlung hatte zumindest eine Chance, die Kontrolle über die Situation zu gewinnen. Dem König blieb nur übrig, die privilegierten Stände zur Vereinigung mit dem Dritten Stand aufzufordern.

Ganz Paris freute sich darüber, es gab Feuerwerke, und die Menschen illuminierten ihre Häuser, um zu feiern. Aber im Palast machten sich Antoinette, Artois und Dutzende anderer aus dem unmittelbaren Gefolge des Königs ernsthafte Sorgen. Die Vernunft schien außer Kraft gesetzt, und Hysterie hatte die Herrschaft angetreten. Antoinette schwankte zwischen Tränenausbrüchen und Beschimpfungen Ludwigs hin und her. Wusste er denn nicht, dass Orléans die hungrigen Arbeiter in den Pariser Vororten bestach, damit sie rebellierten und die Regierung stürzten? Erkannte er nicht, dass Necker ihn absetzen und sich selbst zum Diktator aufschwingen wollte? Wo war sein Stolz geblieben, seine Loyalität seiner Familie gegenüber, jener Dynastie, die Frankreich über so viele Jahrhunderte regiert hatte? Warum befahl er den Soldaten nicht, unter den Aufständischen ein Blutbad anzurichten, die Nationalversammlung auseinander zu jagen, die Deputierten ins Gefängnis zu werfen und notfalls die Vororte niederzubrennen? Wenn er sich nicht in der Lage sähe, all diese Dinge zu tun, so schluchzte Antoinette, dann sollten sie besser Versailles, vielleicht sogar Frankreich überhaupt verlassen, wozu Artois sich gerade anschickte.

Sie weinte, flehte, befahl und bettelte sogar. Antoinette setzte jede emotionale Strategie ein, die ihr zur Verfügung stand. Aber Ludwig blieb unbeweglich und ordnete lediglich an, dass zwölftausend zusätzliche Soldaten nach Paris marschieren sollten. Jedermann in der Umgebung des Königs sah oder spürte, dass man auf eine Katastrophe zusteuerte, aber Ludwig beharrte energisch und stur auf der Annahme, dass es nicht zum Schlimmsten kommen werde. Durch die geheiligte Verbindung des Volkes mit seinem Herrscher würde die Ruhe irgendwie schon wieder hergestellt werden, und dann könne man das Reformwerk fortsetzen. Er glaubte fest daran, auch wenn ihm seine Intuition sagte, dass er und seine Familie sich in Gefahr befanden. Aber Ludwig leugnete seine Vorahnungen und beharrte darauf, Tag für Tag.

Inzwischen hatte sich die Getreideknappheit in Paris so sehr verschärft, dass Tausende hungriger Menschen den ganzen Tag über vor den Bäckereien anstanden und auf Brot warteten, nur um dann zu hören, dass es kein Brot gab. Manchmal wurde ihnen eine verdorbene Kruste verkauft. Jeden Morgen konnte man neue Gerüchte hören, alles Brot sei ausgegangen oder würde es jedenfalls bald sein. Und was an Brot verkauft wurde, war schwärzlich und grob und fast ungenießbar. »Wenn man es schluckte, riss es einem die Kehle auf«, erinnerte sich Bailly später, »und wenn man es verdaute, bekam man Magenschmerzen.« Das auf den Märkten noch erhältliche Mehl war von minderwertigster Qualität, gelb und übel riechend, und das daraus gebackene Brot konnte man kaum als genießbar bezeichnen. Die »steinharten Klumpen« konnte man nur mit einer Axt zerkleinern. Aber trotzdem kämpften die Menschen wie Wölfe mit gefletschten Zähnen um die erbärmlichen Reste. »Regelmäßig kam es zu Blutvergießen«, berichtete Bailly. »Essen wurde einem aus der Hand gerissen, wenn die Leute handgreiflich wurden. Werkstätten wurden verwüstet, Arbeiter und Handwerker verschwendeten ihre Zeit mit Streitereien, wenn sie versuchten, wenigstens eine kleine Menge Essen zu ergattern.«[3] Hunger und Furcht trieben so manchen an den Rand des Wahnsinns, und man dürstete nach Rache an jenen, die für diese Not verantwortlich waren.

Als sich dann am 12. Juli vom Palais Royal ausgehend die Nachricht verbreitete, der König habe Necker entlassen, brachen alle aufgestauten Hass- und Rachegefühle los. Den ganzen Morgen über bis zum frühen Nachmittag strömten die Menschen auf die Straßen, außer sich vor Zorn, weil ihr Held weggeschickt worden war; wütend wegen eines Gerüchtes, der König habe Minen in der Versammlungshalle der Nationalversammlung legen lassen, um sie in die Luft zu jagen; provoziert durch die Dragoner und Husaren, die auf den Place Louis XV sprengten, und von den Schweizer Garden, die hinter ihren Geschützen auf den Champs-Élysées bereitstanden.

Im Palais Royal hielt der junge Anwalt Camille Desmoulins eine flammende Rede, bezichtigte die Pariser der Feigheit und forderte sie auf, der Tyrannei zu widerstehen. Er und andere riefen: »Zu den Waffen! Zu den Waffen!« Ohne Furcht vor den Soldaten marschierte die aufgebrachte Menge durch die Gärten der Tuilerien, und der Lärm, den sie veranstalteten, war ungeheuer und furchterregend.

Plötzlich trat ihnen ein Regiment deutscher Soldaten entgegen, die *Royal Allemands*, an ihrer Spitze der Prinz von Lambesc, ein ausgezeichneter Reiter und entfernter Vetter der Königin. Er zog seinen Säbel, zwang sein Pferd nach vorn und bahnte sich einen Weg durch die Mauer von Leibern, wobei er Frauen und Kinder niederstieß und einen unbewaffneten Gardisten erschlug, der sich dem Protestzug der Bürger angeschlossen hatte. Die wilde Attacke provozierte Wutgeschrei, und immer mehr Rufe »Zu den Waffen! Zu den Waffen!« wurden laut. Der Abend stand bevor, und nach einem kurzen Handgemenge wurde das Regiment der *Royal Allemands*, das Verstärkung gebraucht hätte, um den Aufständischen standzuhalten, zurückgezogen.

Geschichten über den wilden Lambesc machten in der Nachbarschaft der Tuilerien die Runde, und sie verbreiteten sich in den Weinläden des Palais Royal und in den Vororten, wo die verhungernden Arbeiter sich in entschlossenen Gruppen versammelten und die

Regierung verfluchten. Alle Truppen waren aus der Hauptstadt abgezogen worden, aber sie umringten noch immer zu Zehntausenden die Vororte. Die Regimenter standen bereit, sofort dort einzumarschieren und die Bürger niederzumetzeln, die sich vor Hunger nicht mehr wehren konnten. Zu einem solchen Massaker durfte es nicht kommen. Die Menschen mussten bewaffnet werden, um sich verteidigen zu können.

Die Aufständischen brannten die verhassten Zollschranken nieder und brachen in die Geschäfte von Büchsenmachern ein, um an Waffen zu gelangen. Immer mehr Soldaten der Französischen Garden schlossen sich den bewaffneten Zivilisten an. Paris entglitt immer schneller der königlichen Kontrolle.

In Versailles überbrachten Informanten Berichte über die allerjüngsten Ereignisse in der Hauptstadt. Artois suchte seinen Bruder auf und versuchte ihn davon zu überzeugen, dass seine Politik der Toleranz und Mäßigung der Rebellion Tür und Tor öffnete.

»Ich habe darüber nachgedacht«, verkündete Ludwig. »In diesem Augenblick Widerstand zu leisten, würde die Monarchie Gefahren aussetzen; wir würden alles verlieren. Ich habe meine Befehle zurückgezogen; unsere Truppen werden Paris verlassen. Ich werde behutsamere Mittel anwenden. Sprecht mir nicht von einem *coup d'autorité,* einem mächtigen Akt der Stärke. Ich glaube, es wäre klüger, sich in Geduld zu fassen und sich dem Sturm zu beugen, und ich will die rechte Zeit abwarten bis zum Erwachen der Menschen, die guten Willens sind, und der Liebe der Franzosen für ihren König.«[4]

Die Empfindungen des Königs waren nobel, seine Politik erwies sich jedoch als fatal. Ermutigt durch die Tatsache, dass keine Truppen in die Stadt geschickt wurden, aber immer noch voller Furcht, dass dies jeden Moment geschehen könne, legten immer mehr Pariser ihre alltäglichen Beschäftigungen nieder und nahmen die Aufgabe in Angriff, sich zur Verteidigung bereitzumachen und Nahrung zu beschaffen. Die Getreidespeicher wurden sorgfältig und systematisch geplündert, während man gleichzeitig weiter nach Waffen suchte.

Am nächsten Tag, dem 14. Juli, erfüllten neue Gerüchte die Stadt. Die Soldaten stünden kurz davor, mit voller Stärke anzugreifen. Die Pariser errichteten Barrikaden, um die Angreifer aufzuhalten. Alle Waffenlosen versammelten sich am Hôtel des Invalides und forderten, dass der diensthabende Gouverneur ihnen an Waffen aushändigen solle, was ihm zur Verfügung stünde. Als er sich weigerte, drängte sich die Menge gewaltsam durch die Tore (die zur Verteidigung abgestellten Wachen schossen nicht) und plünderte die Keller, wo sie etwa achtundzwanzigtausend Musketen und zehn Kanonen fanden. Nun besaßen sie Waffen, aber keine Patronen, jedenfalls nur sehr wenige, und lediglich einen kleinen Vorrat an Pulver. Was sie brauchten, befand sich, wie man allgemein annahm, in der Bastille.

Die quadratische mittelalterliche Burg aus gelbem Stein, deren dicke runde Wachtürme fünfundzwanzig Meter hoch aufragten, war im vierzehnten Jahrhundert errichtet worden. Sowohl als Bauwerk als auch in ihrer Funktion stellte die Bastille einen Anachronismus dar, »ein großes, schweres und klobiges« Gebilde, wie ein englischer Reisender urteilte, das schon lange nicht mehr von Nutzen sei. Ein anderer Betrachter fand, es sei »schrecklich, darauf zu blicken«. Das Gebäude wurde als Magazin für Militärausrüstung benutzt, außerdem diente es als Gefängnis für eine kleine Zahl von ausgewählten Gefangenen – Aristokraten, die sich sexueller Übergriffe schuldig gemacht hatten, Journalisten, die kein Blatt vor den Mund nahmen (Voltaire hatte zweimal in der Bastille gesessen, Diderot und der Marquis de Sade jeweils einmal), und Herausgeber gefährlicher Bücher und Pamphlete. Die geräumige Festung bot nach den Maßstäben der meisten Gefängnisse des achtzehnten Jahrhunderts durchaus einen gewissen Komfort, aber sie genoss einen finsteren Ruf.

Hinter den alten Türmen, so wurde behauptet, befänden sich Folterkammern, in denen die Feinde des Königs endlos schmachteten. Bürger, denen das Unglück widerfuhr, in der Bastille eingekerkert zu werden, kamen dem populären Glauben zufolge niemals wieder heraus (obwohl Kardinal Rohan nach der Halsband-Affäre dort nur für kurze Zeit eingesessen hatte). Besucher, denen die äußeren Schlosshöfe gezeigt wurden, reagierten mit einem entsetzten Schaudern und äußerten ihren Abscheu über das »fluchwürdige Gebäude«, dessen finstere Mauern die bedrohlichsten Seiten des Absolutismus verkörperten.

Seit Jahren praktisch leer stehend, galt die Bastille dennoch als mächtiges Symbol. Die Menschen, die sich der Festung am Morgen des 14. Juli näherten, ahnten nicht, dass ihr Abbruch ohnehin vorgesehen war.[5] Sie wussten nur, dass sie Munition brauchten, und als Mitglieder der neu gegründeten Bürgermiliz stellten sie die einzige Verteidigung dar, welche der Stadt zur Verfügung stand.

Massen entlassener Arbeiter aus der Umgebung der Bastille eilten herbei, um sich der Menge anzuschließen. Eine Anzahl meuternder Berufssoldaten der Französischen Garden war zu der Menge gestoßen. Von den Verteidigern der Festung, einer schwachen Garnison von zweiundachtzig alten Soldaten und einem Kontingent von zweiunddreißig Schweizern, wusste man, dass es ihnen widerstrebte, auf die Demonstranten zu feuern, obwohl Geschütze auf den Wällen aufgefahren worden waren, die mitten ins Herz der Menge zielten.

Unter Jubelgeschrei rannten die Belagerer in den Festungshof und rissen den Verteidigern die Waffen aus den Händen. Viele der Soldaten hatten versucht, ihre Sympathie mit den Bürgern zu bekunden, indem sie ihre Musketen umdrehten und weiße Taschentücher schwenkten. Die Sieger zerstörten Urkunden und Papiere, stürmten in die höhlenartigen alten Kammern der Festung und suchten nach Gefangenen. Lediglich sieben wurden gefunden, was die Angreifer überrascht haben muss. Vier von ihnen waren wegen Fälscherei verurteilte Kriminelle, die man aus überfüllten Quartieren in die Bastille überführt hatte, und dann gab es noch den Grafen von Solages, der auf Betreiben seiner Familie wegen Inzest inhaftiert worden war. Ein weiterer, aus Irland stammender Gefangener hatte den Verstand verloren (wahrscheinlich auf Grund seiner Inhaftierung), und der letzte, der sich Major White nannte, war ebenfalls wahnsinnig. Er gab an, seit fast dreißig Jahren in der Bastille zu sitzen.

Der altersschwache Major White mit seinem stumpfen Blick, dem weißen, fast neunzig Zentimeter langen Bart und dem verfilzten Haar, das in langen Zöpfen herabhing, repräsentierte die Art von Gefangenen, die die Eroberer zu Hunderten zu finden erwartet hatten. Er konnte kaum sprechen, und als er nach draußen in den Sonnenschein geführt wurde, lief er hilflos herum, so als sei er blind, und hielt sein »Gesicht zur Sonne gerichtet«. Der Anblick muss viele derer, die den alten Mann gesehen haben, zu Tränen gerührt haben.[6]

Die Festung wurde ihrer Kanonen, Patronen und Schießpulvervorräte beraubt. Und dann begann das Werk der Rache.

Die festgenommenen Soldaten wurden zum Hôtel de Ville verschleppt und zu einem Spießrutenlauf aus Schlägen, Drohungen und Beleidigungen gezwungen. Mehrere der Männer wurden angegriffen und ermordet, und alle rannten um ihr Leben, wobei sie Steinwürfen und Messerstichen ausweichen mussten. Vor allem die Schweizer hatten unter Schikanen und Drohungen zu leiden. Der Marquis Launay, dem man die Schuld am Tod von fast hundert Männern während des Angriffs zuschrieb, wurde eingekreist und niedergemacht. Wiederholte Messerstiche und Schüsse trafen seinen geschundenen Körper, und ein Mann schnitt ihm den Zopf als Erinnerungsstück ab. »Seinen Kopf! Schneidet ihm den Kopf ab!« Ein Schwert genügte nicht, um den Kopf ganz abzutrennen, also erledigte man den Rest mit einem Messer. Die grausige Trophäe wurde auf die Spitze einer Lanze gespießt, um damit vor den jubelnden Zuschauern einherparadieren zu können.

Die Nachricht verbreitete sich schnell. Die alte, uneinnehmbare Festung im Vorort Saint-Antoine war von den mutigen Pariser Bürgern eingenommen worden, den Verteidigern der Freiheit gegen die Tyrannei des Königs. Dutzende, nein Hunderte von Gefangenen seien befreit worden, die Verliese der Bastille seien voll von ihnen gewesen, voll von bedauernswerten Opfern der Ungerechtigkeit, die in der stinkenden Finsternis auf den Tod warteten. Und die tapferen Eroberer des Gefängnisses hätten sie alle befreit. Auf dem Place de Morgue lagen die Leichen derer, die bei dem Angriff abgeschlachtet worden waren, und wurden von ihren trauernden Verwandten beweint. Sie waren Helden, ein jeder von ihnen, die Lebenden wie die Toten.

Später würde man sie die Eroberer der Bastille nennen, dieses beherzte Korps aus Schuhmachern und Möbelschreinern, Kaufleuten und Soldaten, Maurern und Schneidern, die es gewagt hatten, das grimmigste Monument von Paris einzunehmen. Sie leiteten, wie der britische Botschafter nach London meldete, »die größte Revolution (ein), von der wir je gehört haben«. Die Geschichte sollte ihm Recht geben.

# 21

Am Tag nach dem Sturm auf die Bastille befahl Artois seinen Dienern, alles für die Abreise aus Frankreich vorzubereiten. Er beabsichtigte, das Land noch in dieser Nacht gemeinsam mit seinen Kindern und seiner Ehefrau verlassen. Außer den wertvollsten Besitztümern, die sich transportieren ließen, wollte er alles zurücklassen. Artois dachte nicht daran, darauf zu warten, dass es in Paris zu noch mehr Gewaltausbrüchen kam. Außerdem rechnete er nicht damit, dass sein törichter Bruder, der König, schließlich zur Vernunft kommen und der Armee den Befehl erteilen würde, auf die Rebellen zu schießen. Die Emigration schien die einzige Hoffnung für ihn zu sein – vielleicht der einzige Garant für die Zukunft der bourbonischen Linie. Er sagte allen Lebewohl und verließ dann Versailles.

Andere folgten Artois' Beispiel, darunter der Prinz von Condé, der Herzog und die Herzogin von Polignac und ihre Kinder, oder der Abbé Vermond. Sie und viele andere, unter ihnen viele, die Antoinette zu ihren engsten Verbündeten und Freunden zählte, brachen eilig und in aller Hast auf, um sich in weniger gefährdeten Landstrichen in Sicherheit zu bringen. Diejenigen, die noch blieben, bereiteten sich dennoch ebenfalls auf den Aufbruch vor. Schrecken erregende Berichte aus Paris erreichten den Hof, in denen von fünfzigtausend Aufständischen die Rede war, bereit, mit Musketen und Kanonen bewaffnet nach Versailles zu marschieren. In den Höfen des Palastes drängten sich die

Menschen, kritisierten laut schreiend die Königin, drohten damit, den Thron umzustürzen und verlangten, dass sich die königlichen Hoheiten gemeinsam mit ihren Kindern auf dem Balkon zeigten.

Madame Campan mischte sich unter die Menge. »Ich hörte unzählige Stimmen«, schrieb sie später. »Eine Frau, deren Gesicht von einem schwarzen Spitzenschleier bedeckt war, packte mich mit ziemlicher Heftigkeit am Arm und sagte, wobei sie mich bei meinem Namen nannte: ›Ich kenne Sie sehr gut. Sagen Sie Ihrer Königin, sie soll sich nicht länger in die Regierung einmischen. Sie soll dies lieber ihrem Manne und unseren Ständen überlassen, das Glück des Volkes zu gründen.‹«

Ein weiterer Demonstrant ergriff den anderen Arm der Kammerfrau und meinte: »Ja, ja, wiederholen Sie es ihr nur recht oft, dass es mit diesen Ständen nicht gehen wird, wie mit den vorigen, die für das Volk nicht Gutes ausgerichtet haben, dass die Nation im Jahre 1789 schon zu aufgeklärt ist … und dass es heutzutage keinen Deputierten des Bürgerstandes mehr gibt, der seine Rede halb knieend vortragen würde. Sagen Sie ihr das nur, verstehen Sie mich!«

Als Antoinette der Forderung der Menge nachkam und auf den Balkon trat, fürchtete Madame Campan sehr für sie. Die Stimmen wurden schriller und bedrohlicher. Wo war die berüchtigte Herzogin von Polignac, verlangten die Leute zu erfahren. Sie müsse irgendwo in der Nähe der Königin sein, »wie ein Maulwurf unter der Erde wühlend«. Aber, so fügten sie hinzu, »wir werden sie auszugraben wissen«![1]

Sowohl der Tonfall als auch die Bedeutung dieser Rufe alarmierten die Vertrauten der Königin. Die Drohungen verhießen nichts Gutes, und die Kritik hatte einen rachedurstigen Unterton. Obwohl sich der König früher am Tag zu dem Tagungssaal der Nationalversammlung begeben und bekannt gegeben hatte, dass er alles, was die Aufständischen von Paris möglicherweise provozieren könnte, widerrufen und die in der Nähe der Stadt wartenden Truppen zurück befohlen habe, erntete er alles andere als Zustimmung. Der Rückzug der Soldaten könne nur ein Anfang sein, hielt man ihm entgegen. Alle Reformarbeit müsse noch erledigt werden, und inzwischen erreiche der Brotpreis neue Höhen. Was die Deputierten der Nationalversammlung anbetraf, so fürchteten viele unter ihnen die wachsende Unabhängigkeit der Pariser, obschon sie den Motiven des Königs nicht trauten und glaubten, dass er geheime Manöver plane. Er schien gutwillig zu sein, aber diejenigen, von denen man wusste, dass sie ihn beherrschten – in der Hauptsache die Königin –, waren es nicht. Und wenn die gefürchtete Armee der Aufständischen wegen nach Versailles ziehen würde, wer stünde dann bereit, sie aufzuhalten?

In Paris wählte der regierende Ausschuss Bailly zum Bürgermeister der Stadt, und zum Kommandanten der Bürgergarde (die kurz darauf in Nationalgarde umbenannt wurde) ernannte man einen Veteranen des amerikanischen Krieges, den Marquis von Lafayette. Würden seine Männer die Monarchie, die Angehörigen und den Besitz der Deputierten beschützen können, wenn noch mehr Gewalt ausbrach? Niemand konnte das mit Sicherheit sagen.

Am 16. Juli versammelten sich der König, die Königin und die Minister in Ludwigs Gemächern, um eine grundlegende Entscheidung zu treffen. Sollte der Rest der königlichen Familie Artois ins Exil folgen oder in Versailles bleiben, trotz all der Risiken, die dies mit sich bringen würde? Während der vergangenen Tage waren immer wieder Abordnungen aus Paris eingetroffen, um beim König vorzusprechen und ihn darum zu bitten, in die Stadt zu kommen. Er sollte die Menschen beruhigen und alles in seiner Macht Stehende tun, um die Ruhe wieder herzustellen. Wenn er sich zum Bleiben entschied, würde er den sprunghaften Parisern entgegentreten müssen und dabei sein Leben riskieren. Wenn er aber die Flucht wähle, würde das den Anschein von Schwäche und Feigheit erwecken, und er würde vielleicht niemals zurückkehren können.

Man argumentierte hin und her und debattierte über die verschiedenen Möglichkeiten. Wenn sich der König zur Flucht entschied, konnte er in Metz Zuflucht suchen, der ehrwürdigen Festungsstadt etwa zweihundert Meilen östlich von Paris. Aber der Weg dorthin war nicht ungefährlich, denn viele Provinzstädte hatten sich, dem Pariser Beispiel folgend, dem Aufstand angeschlossen, und auch auf dem Land brach Gewalt aus.

Und wenn die königliche Familie Metz erreichte, was würde dann geschehen? Ludwig besaß weder Geld noch Vorräte, sondern verfügte nur über die Wertsachen, die er mitnehmen konnte. Antoinette sprach sich entschieden für die Flucht nach Metz aus. Sie vertrat den Standpunkt, dass Ludwig seine schwindende Macht durch den Einsatz der Armee rasch wieder herstellen und das Königreich für sich zurückerobern könne. Allerdings wusste sie, wie passiv er sein konnte und dass er nicht der Mann war, eine Armee zu führen oder eine Konterrevolution in Gang zu bringen.[2]

»Nun denn, meine Herren«, erklärte der König seinen Ratgebern in aller Ausführlichkeit, »müssen wir uns entscheiden: Soll ich gehen oder bleiben? Zu beidem bin ich bereit.« Die Minister sprachen sich wegen der Risiken gegen eine Flucht aus, Provence und der Kriegsminister, Marschall von Broglie, drängten Ludwig zum Bleiben. Er beugte sich der Empfehlung der Mehrheit.[3]

Antoinette zeigte sich alles andere als erfreut. Ihrer Ansicht nach konnte kein Zweifel daran bestehen, dass ihr Gemahl die falsche Entscheidung getroffen hatte. All die vernünftigeren Mitglieder der Familie und die weitsichtigen unter den Hofleuten machten sich doch schon zum Aufbruch bereit. Der Pariser Pöbel konnte jeden Moment über Versailles hereinbrechen, den Palast verwüsten und sie, Ludwig und ihre Kinder umbringen. Zu bleiben und all dies geschehen zu lassen, wäre Wahnsinn gewesen. Sie bereitete sich auf die Emigration vor, indem sie ihre Juwelen in eine Schatulle packte, die sie leicht transportieren konnte. Und sie verbrannte viele ihrer offiziellen Papiere, damit sie nicht in die falschen Hände fielen.

Die Königin betrauerte immer noch den Tod ihres Sohnes, und nun hatte sie auch noch den Verlust ihrer Freunde und Vertrauten zu verkraften. Voller Sorge beobachtete sie deren Abreise. Antoinette vermisste Yolande von Polignac schmerzlich, die aus Versailles entkommen war. Sie hatte sich als Kammerzofe verkleidet und war, wie es Dienern geziemte, auf der Außenseite ihrer Kutsche mitgefahren. Yolande war früher einmal Antoinettes beste Freundin gewesen, und obwohl sich in den letzten Jahren eine Kluft zwischen den Frauen aufgetan hatte, empfand die Königin Yolandes Abreise als Verlust. Die kleinlichen Intrigen, die sie entzweit hatten, erschienen jetzt unwichtig angesichts der bedeutsamen Ereignisse der vergangenen Wochen und der unmittelbaren Gefahr, die nahezu jeder im Palast nahen fühlte.

Die Gefahr war akut. Am gleichen Tag, an dem in den Gemächern des Königs die Frage einer Flucht diskutiert worden war, empfing Antoinette heimlich einen Kurier, einen alten, über siebzigjährigen

Mann. Der reiche, in Brüssel lebende Franzose war in größter Eile zu Antoinette geschickt worden, um ihr einen Brief ihrer Schwester Christine zu überbringen. Christine hatte vier Blätter beschrieben, aber der betagte Kurier war gewarnt worden, dass er im Falle einer Entdeckung sein Leben riskierte. Also hatte er das gesamte Schreiben auswendig gelernt und den Brief eigenhändig verbrannt, bevor er nach Frankreich reiste. Nach seiner sicheren Ankunft in Paris schrieb er den Brief aus dem Gedächtnis nieder, brachte der Königin das Schreiben höchstpersönlich nach Versailles und »erzählte ihr, dass ihm die Gefühle eines alten und getreuen Untertanen Mut gegeben hatten, einen solchen Entschluss zu fassen und durchzuführen«.[4]

Nachdem ihre alten Freunde gegangen waren, hatte Antoinette nur mehr wenige Vertraute. Adelaide erwies sich als giftige Kritikerin, und Victoria, einst derb und heiter, hatte sich weitgehend in ihre Gemächer zurückgezogen, wo sie hinter einer leinenen Blende abgeschirmt vor neugierigen Blicken an ihren Nähereien arbeitete. Alles in allem bot die königliche Familie wenig Gesellschaft und kaum Frieden, vor allem deshalb, weil sich um die Brüder des Königs politische Parteien bildeten, was zu Streitereien und erhöhter Spannung führte.

Die Abreise Yolande von Polignacs bedeutete, dass der Prinz und die Prinzessin eine neue Gouvernante brauchten, um die Dienerschaft ihrer Haushalte und ihren Unterricht zu überwachen. Madame von Tourzel wurde ausgewählt, eine vierzigjährige, der Monarchie treu ergebene Witwe. Antoinette schrieb der neuen Gouvernante einen langen Merkzettel, auf dem jeder der Unterdiener der königlichen Kinder im Detail beschrieben wurde.

Der Thronerbe, inzwischen viereinhalb, hatte in seinem Haushalt drei Untergouvernanten, von denen eine, Madame von Soucy, »ein wenig streng mit dem Kind« sei, »aber sehr treu ergeben«, und eine andere, Madame von Villefort, »verwöhnte ihn«. Die acht Dienerinnen bezichtigte Antoinette, »schlechte Reden im Schlafzimmer« zu führen; Abbé von Avaux, der Geistliche, der dem Jungen das Alphabet beibringen sollte, leiste »nicht alles, was man von ihm erwarten darf«. Bis vor kurzem war er der Hauslehrer beider Kinder gewesen, aber Antoinette sah sich gezwungen, einen Ersatzlehrer für ihre Tochter zu finden. Der Arzt des Prinzen, Monsieur Brunier, sei »spassig und vertraut«, stünde aber im Ruf eines Lästermauls.

Was den Haushalt der Madame Royale anging, so gab es dort zwei »erste Frauen« und sieben Dienerinnen, offensichtlich diskreter in ihrer Konversation als die Dienerinnen des Dauphins. Außerdem Madame Brunier, die sich seit deren Geburt um die Prinzessin kümmerte. Madame Brunier war treu ergeben und pflichtbewusst, eine fröhliche Frau, wenn auch gierig und ein wenig rau. Ihre Tochter, Madame Fréminville, galt als »eine Person mit wahren Verdiensten«, reif und verantwortungsbewusst. Sie hatte selbst zwei Kinder, widmete sich aber in hohem Maße Thérèse, die sehr an ihr hing. Sie war diejenige, die die Erziehung Thérèses von dem enttäuschenden Abbé von Avaux übernahm. Was den Rest der Dienerschaft anging, so gab es, wie Antoinette schrieb, nur einige niedere »vollkommen unbedeutende Wesen«, die es ihr nicht wert schienen, namentlich erwähnt zu werden.[5]

All die Diener im Palast reagierten mit Furcht, als sie am Morgen des 17. Juli erfuhren, dass sich der König nach Paris begeben wollte. Antoinette rechnete damit, dass man ihn schon beim Betreten der Stadt verhaften würde. Also richtete sie ihre eigenen Pläne danach aus, befahl, ihre Reisekutschen bereitzustellen und schrieb eine Rede, die sie der Nationalversammlung für den Fall übergeben wollte, dass sie sich allein gelassen fand. »Meine Herren«, so wollte sie erklären, »ich komme, um die Frau und die Kinder eures Herrschers in eure Hände zu übergeben. Duldet nicht, dass jene, die im Himmel vereint wurden, auf der Erde entzweit werden.«

Sie probte die Rede wieder und wieder, erinnerte sich Madame Campan, wobei »ihre Stimme oft von ihren Tränen und der besorgten Erklärung unterbrochen wurde, ›Ich weiß, er kommt nicht zurück!‹«[6]

Ludwig blieb erstaunlich ruhig, während sich alle anderen aufregten. Er wusste, dass er seine Sicherheit aufs Spiel setzte, wenn er sich auf die Zuneigung seiner Untertanen verließ, aber wie immer vertraute er auf deren Sympathie und glaubte fest, dass er Recht behalten würde. Er hatte jenen Befehl aufgehoben, mit dem all der Tumult und der Aufruhr in der Hauptstadt begonnen hatten, und Necker zurückgerufen. Indem er in Versailles blieb, anstatt wie so viele zu fliehen, bewies er sein Vertrauen in seine Untertanen und seinen guten Willen. Sicherlich würden sie sich die Situation nicht zu Nutze machen oder ihn gar verletzen. Für alle Fälle machte er jedoch sein Testament und ernannte Provence zum Generalstatthalter des Königreichs mit der Vollmacht, ihn während seiner Abwesenheit zu vertreten.

Um zehn Uhr morgens machte sich Ludwig auf den Weg in die Hauptstadt, begleitet von zwölf Leibwachen, dreißig Deputierten der Nationalversammlung und einer Eskorte der Versailler Stadtwache. Vor Paris erwartete ihn Lafayettes Nationalgarde, um ihn zum Hôtel de Ville zu geleiten. Die Massen der Menschen, die die Straßen säumten, blickten starr und feindselig drein. Der britische Botschafter, Lord Dorset, berichtete nach London: »Seine Majestät wurde mehr wie ein Gefangener denn wie ein König behandelt, und man führte ihn umher wie einen zahmen Bären. Die Menge blieb friedlich, aber es muss Ludwig alarmiert haben, dass jede einzelne Person, Mann oder Frau, Laie oder Kleriker, eine Waffe in den Händen hielt. Manche hatten Musketen, andere Schwerter, und wieder andere führten eine Reihe improvisierter Waffen mit sich – Sensen, Sicheln, Zimmermannsmeißel, eiserne Spitzen, die an langen Stöcken befestigt waren, Vorschlaghämmer, alles, was mit tödlicher Wirkung eingesetzt werden konnte. Als der König vor der Stadthalle aus seiner Kutsche stieg, »musste er eine Gasse von Männern durchschreiten«, schrieb der Amerikaner Tom Paine, der sich zu dieser Zeit in Paris aufhielt, »die ihre Waffen über seinem Kopf kreuzten, so dass er darunter hindurch musste, vielleicht beeindruckt von der Befürchtung, dass eine von ihnen auf seinen Kopf fallen würde.«

Im Inneren des Hôtel de Ville lauschte Ludwig den Ansprachen und hielt selbst eine Rede. Der Bürgermeister, Sylvain Bailly, überreichte ihm eine Kokarde in den revolutionären Farben Rot, Weiß und Blau, die er an seinem Hut tragen musste (Rot und Blau waren die Farben der Stadt Paris, Weiß die Farbe der Bourbonen), und gehorsam steckte Ludwig sie sich an. Er zeigte sich noch einmal der Menge, dieses Mal mit dem Emblem ihrer Sache, und sie riefen ihm ihre Zustimmung entgegen. Bald darauf befand er sich auf dem Rückweg nach Versailles.

Den ganzen Tag über hatte Antoinette, die sich mit ihren Kindern in ihren privaten Gemächern eingeschlossen hatte, auf Neuigkeiten von ihrem Gemahl gewartet. Draußen auf den langen Korridoren und in den großen Sälen herrschte Stille; »eine tödliche Stille, die den ganzen Palast beherrschte«, wie Madame Campan schrieb. »Die Furcht hatte ihren Höhepunkt erreicht. Man erwartete kaum, dass der König zurückkehren würde.« Als er schließlich eintraf, umarmte er seine Frau und seine Kinder mit der Heftigkeit eines Mannes, der lange Zeit weg gewesen war. »Glücklicherweise ist kein Blut vergossen worden«, berichtete er ihnen, »und ich schwöre, dass niemals ein Tropfen französischen Blutes auf meinen Befehl hin vergossen werden soll.«

Aber Blut wurde vergossen, überall in Frankreich. Der Anschlag auf die Bastille wurde in vielen Städten zum Vorbild, sich ebenfalls zu erheben. Menschenmengen stürmten Festungen, städtische Beamte wurden vertrieben und neue kommunale Regierungen nach dem Pariser Vorbild eingesetzt. Man gründete Ausschüsse, welche die Getreideknappheit lindern und Bürgermilizen aufstellen sollten. In einigen Städten ging der Wandel friedlich vonstatten, aber oft war dies nicht der Fall. In Rennes, Rouen und Straßburg brachen gewalttätige Unruhen aus. In Saint-Germain, nur wenige Meilen von Versailles entfernt, hängten hungrige Dorfbewohner alle Müller auf. Und auf dem Land, wo der Brotpreis um die Hälfte höher war als in der Hauptstadt und wilde Gerüchte kursierten (die Regierung habe ein Komplott geschmiedet, um eine Hungersnot hervorzurufen, außerdem seien »Marodeure« ausgeschickt worden, um die Dorfbewohner auszuplündern und Verwüstungen anzurichten), führte die allgemeine Hysterie zur Anarchie.

Später sollten diese Ereignisse als die »Große Furcht« in die Geschichte eingehen. Terror verbreitete sich zusammen mit den Gerüchten; angeblich kamen die Marodeure, um die Ernte zu vernichten, die Scheunen zu plündern und die Frauen zu vergewaltigen. Tatsächlich steckten Banden Dörfer in Brand, schlachteten das Vieh und schikanierten die Bauern. Mancherorts behauptete man, die Marodeure seien Österreicher, anderswo wurde behauptet, sie kämen aus Spanien oder Sardinien. In der Vorstellung der Menschen war ganz Frankreich ausländischen Angriffen ausgesetzt. Bald glaubten die Menschen tatsächlich, das zu sehen, was nur in ihrer Vorstellung existierte – Horden bewaffneter Männer, die am Horizont auftauchten und darauf aus waren, Unruhe zu stiften. Frankreich war ein Land ohne Führung und versank im Chaos.

Madame La Tour du Pin hielt sich während der letzten Julitage gemeinsam mit ihrem Gemahl in dem Städtchen Forges-les-Eaux in der

Normandie auf. Von ihrer Unterkunft aus konnte sie die Überlandstraße von Neufchatel nach Dieppe überblicken. Eines frühen Morgens hörte sie, dass eine Menschenmenge auf den Platz unter ihrem Balkon eilte, und »jeder unter ihnen zeigte alle Anzeichen verzweifelter Angst. Frauen weinten und klagten, Männer rasten, fluchten und stießen Drohungen aus, und manche reckten die Hände zum Himmel und weinten: ›Wir sind verloren!‹«

Mitten in der aufgeschreckten Menge befand sich ein Mann zu Pferde in einem zerrissenen grünen Mantel, der schrie, dass »sie in vier Stunden hier sein werden; in Gaillefontaine (einer acht Kilometer entfernten Stadt) plündern sie alles; sie legen Feuer an die Scheunen.«

Die Adlige begab sich auf die Straße, schloss sich der Menge an und versuchte die Menschen davon zu überzeugen, dass die Gerüchte falsch sein mussten. Aber der Geistliche des Ortes, ebenso verängstigt wie seine Schäfchen, läutete die Alarmglocken, wodurch er die Menschen noch mehr beunruhigte. Schließlich boten Madame und ihr Gemahl an, freiwillig nach Gaillefontaine zu reiten, um zu beweisen, dass dort keine Marodeure wüteten. Nach einem einstündigen Ritt erreichten sie die Ortschaft, wo ein mit einer rostigen Pistole bewaffneter Mann die beiden anrief und fragte, ob die Plünderer Forges-les-Eaux schon erreicht hätten oder nicht. Als sie dies verneinten, führte er sie zum Marktplatz und rief allen dort versammelten Leuten zu »Es ist nicht wahr! Es ist nicht wahr!« Für einen Moment ließ die große Furcht nach.[7]

Auf dem Land mehrten sich die gewalttätigen Übergriffe. Die Menschen bewaffneten sich, nahmen Rache und warteten auf die Ankunft der gefürchteten Marodeure. Als diese nicht erschienen, machten sich die Bewohner der Dörfer daran, sie zu suchen, und wurden dabei selbst zu Plünderern. Sie brannten die Schlösser und Villen der Landbesitzer nieder und zerstörten Papiere und Dokumente als Symbole der verhassten Steuern, die sie ihren Grundherren zahlen mussten. In einigen Fällen plünderten und mordeten sie auch. Sie brachen in Steuerämter ein, öffneten Gefängnisse und ließen die Insassen frei. Da ihre Autorität von dem Chaos in Paris untergraben war, die Nationalversammlung so untätig blieb wie der König nachgiebig, konnten die örtlichen Beamten wenig tun, um die Ordnung wieder herzustellen. Und da es keine wirksame Kraft gab, die dem Chaos entgegentrat, breitete es sich immer weiter aus. Neue Gerüchte über Gegenangriffe der Rebellen gingen um, die angeblich Kornlieferungen horteten, so dass die Dorfbewohner hungern mussten, und dass die Brunnen, aus denen die Menschen tranken, vergiftet seien.

Auch Versailles steckte voller Gerüchte und wilder Geschichten, die von Verbrechen auf dem Land und zunehmender Gewalt gegen die Adligen in Paris berichteten. »Im Augenblick sind alle Bande zerrissen«, schrieb Fersen. »In allen Städten des Königreichs kommt es zu Revolten, doch sie scheinen nur die Vorfälle aus Paris zu parodieren ... Niemand durfte aus Paris hinaus, überall herrschte Verwirrung, Unordnung, Bestürzung ... Viele Menschen sind unter falschem Namen ins Ausland gefahren.«[8]

Die Emigration entwickelte sich für viele zum letzten Ausweg, für viele Offiziere des Militärs sogar zu einer Frage der Ehre, nun, da die Nationalgarde die Kontrolle übernahm. Soldaten, die bei ihren Regimentern in Frankreich blieben, erhielten strenge Briefe emigrierter Offiziere, in denen sie der Feigheit und des Verrats an der Monarchie bezichtigt wurden.

Antoinette, ängstlich und voller Sorge, geriet durch die Berichte über Chaos und Anarchie immer mehr in Panik. Die Autorität des Königs war so gut wie dahin, Gesetze wurden missachtet, und die Disziplin brach zusammen. Es gab keine Regierung mehr, lediglich Ausschüsse, die beschränkte Macht im Rahmen eingeschränkter Zuständigkeiten ausübten. »Die Stadt von Paris ist nun wirklich der König«, schrieb Mercy – aber wenn Paris der König war, was war dann Versailles? Und was würde aus der königlichen Familie werden?

»Wir sind von nichts anderem als Schwierigkeiten, Missgeschicken und unglücklichen Menschen umgeben«, schrieb Antoinette am 12. August an Yolande von Polignac. »Jedermann flieht.« »Meine Gesundheit ist leidlich gut«, fügte sie hinzu, »allerdings unvermeidlich ein wenig geschwächt durch all die Schrecken, denen ich ausgesetzt war.« Sie erzählte ihrer Freundin, dass sie die Tage in ihren Gemächern zubringe, eingeschlossen mit ihren Dienern und Kindern, und niemanden empfange außer den Boten, die ihr ununterbrochen schlechte Nachrichten überbrächten.

Jeden Tag war von neuen Unruhe die Rede, von Gräueltaten und von radikalen, politischen Schritten der Nationalversammlung, die mit zunehmender Geschwindigkeit die wahre Oberherrschaft übernahm. In der Nacht des 4. August unternahm die Versammlung den bemerkenswerten Schritt, viele der feudalen Rechte abzuschaffen – und so binnen weniger Stunden das Feudalsystem zu zerstören. Viele Adlige traten vor, um ihre Privilegien aufzugeben, beflügelt von der Leidenschaft des Augenblicks und verängstigt durch die Unruhen auf dem Land. Die Ständegesellschaft, die Ludwig so zäh verteidigt hatte, war Vergangenheit.

Am 26. August verabschiedete die Nationalversammlung die Erklärung der Menschenrechte aller Bürger, welche die königliche Macht weiter untergrub, indem sie die unveräußerlichen Rechte des Einzelnen feststellte und politische Gleichheit und Freiheit für Frankreich proklamierte: Dass die Regierung zum Wohl des Volkes existierte und nicht zum Nutzen derjenigen, die regierten, dass die Natur alle Menschen gleich und frei geschaffen habe, dass Widerstand gegen alle Unterdrückung das Recht eines jeden freien Bürgers sei. Ob Antoinette diese kühnen Formulierungen nun gelesen hat oder nicht, oder ob man ihr zumindest davon berichtet hat, so erkannte sie doch mit Sicherheit ihre Bedeutung.

Alles, was der Königin zu Ohren kam, ließ sie um ihre eigene Sicherheit und die ihrer Familie fürchten. Am 30. August wurde in Paris ein Mann festgenommen und des Komplotts angeklagt, den Palast mit einer Bande von mehreren hundert Aufrührern angreifen zu wollen. Tag für Tag bevölkerten Demonstranten die Höfe des Palastes, stießen laute Drohungen aus, verspotteten die Monarchie und verlangten die Abschaffung des Adels. Das Innere des Palastes bot keinen Schutz, zumal man von vielen Dienern wusste, dass sie bezahlte Spione der Politiker der Nationalversammlung oder der Pariser Agitatoren waren. »Die Mehrheit der Domestiken der königlichen Familie ist von den händelsüchtigen Geistern gewonnen worden«, notierte Madame von Tourzel, deren Memoiren eine Chronik des Privatlebens des Königs und der Königin und ihrer Kinder nach dem August 1789 darstellen. »Sie sind ihre Spione geworden und lieferten eine ganz genaue Darstellung von allem, was hier geschieht, ebenso von den Personen, die im königlichen Zirkel zugelassen sind.«[9]

Jegliche Form von Privatleben gehörte der Vergangenheit an – sogar

Briefe wurden geöffnet und gelesen. (»Beantwortet dies nicht«, warnte Antoinette in einem ihrer Schreiben Yolande von Polignac. »Schreibt nur, was gelesen werden darf, da alles durchwühlt wird und nichts sicher ist.«) Die Königin konnte immer noch durch ihr Fantasiedorf wandeln und ihren Miniaturbauernhof und die Meierei besuchen. Ein Besucher bei Hofe sah sie dort in der Mitte des Sommers. Sie war alleine und trug ein einfaches Leinenkleid und eine Spitzenhaube. Antoinette glaubte sich unbeobachtet, doch auch ohne Zuschauer, so schrieb der Reisende, hielt sie den Kopf stolz erhoben und schritt wie eine Königin einher. Ihre nach außen gezeigte Selbstsicherheit war jedoch trügerisch, denn in Briefen bekannte sie, »traurig und in Bedrängnis« zu sein. Sie vermisste die Zuneigung, die ihr nur ihre abwesenden Freunde hätten geben können. Trotzdem verlor sie nicht den Mut. »Glaubt immer daran«, so ließ sie Yolande wissen, »dass Unglück meine Stärke und meinen Mut nicht gemindert haben.« »Wir müssen darauf hoffen, dass eines Tages wieder Ruhe sein wird.«[10]

Am 30. August, dem Feiertag des heiligen Ludwigs, kam eine große Abordnung aus Paris, um dem König und der Königin ihren Respekt zu erweisen, wie es an jenem Tag Sitte war. Aber in diesem Jahr sah das Ritual anders aus. Sylvain Bailly marschierte an der Spitze der Delegation, gefolgt von Lafayette und seinem gesamten Stab. Eine Gruppe Marktweiber überreichte dem König einen Blumenstrauß.

»Die Königin empfing sie alle mit großem Staat im grünen Salon direkt neben ihrem Schlafgemach«, schrieb Madame La Tour du Pin, die aus der Normandie nach Versailles zurückgekehrt war.[11] Anders als Ludwig, der sich bereit erklärt hatte, die dreifarbige Kokarde zu tragen, machte Antoinette keinerlei Konzessionen an die sich verändernden Zeiten. Sie trug ihre Diamanten, ihre Rubine und Smaragde, ihr Geschmeide glitzerte, als sie trotzig abwartete, dass die Pariser den Raum betraten. Auf ihrem Gesicht lag keine Spur ihrer gewohnten Würde: tatsächlich war sie empört, und sie zeigte ihren Ärger deutlich, was Madame La Tour du Pin insgeheim für einen gravierenden Fehler hielt. (»Sie war unfähig, die Bedeutung einer Situation zu ermessen, sie erlaubte sich, ihre Gefühle zu zeigen, ohne darüber nachzudenken, welche Folgen das haben mochte.«)

Der Türhüter verkündete: Die Stadt Paris! Die Königin hatte erwartet, dass der Bürgermeister mit einem Knie den Boden berühren würde, wie er es in den vorhergegangenen Jahren getan hatte. Jedoch Herr Bailly machte beim Betreten des Zimmers nur eine sehr tiefe Verbeugung, welche die Königin mit einem etwas zu kühlen Zeichen des Kopfes erwiderte. Er hielt eine kurze, sehr gut verfasste Rede und sprach von Ergebenheit, Zuneigung und auch ein wenig von den Ängsten des Volkes angesichts des Mangels, welchem es jeden Tag ausgesetzt sei.

Antoinette lauschte ihm ungeduldig, ohne ihren Unmut zu verbergen. Sie wusste, was die Leute in der Hauptstadt über sie sagten: Dass einige sie anklagten, den Mangel an Brot und den Mehlpreis herbeigeführt zu haben. In der Stadt erzählte man sich auch die Geschichte, Antoinette solle, als sie erfahren habe, dass die Menschen kein Brot hätten, geantwortet haben: »Dann sollen sie doch Kuchen essen!« Dabei handelte es sich um eine alte Geschichte am bourbonischen Hof, die zuerst über die Frau Ludwigs XIV., später über Sophie, die Tante des regierenden Königs, erzählt worden war. Sie entsprach nicht der Wahrheit. Aber je öfter sie wiederholt wurde, desto glaubwürdiger klang sie, glaubte das Volk doch längst, Antoinette sei ein Ungeheuer.[12]

Lafayette trat vor, um der Königin die Stabsoffiziere der Nationalgarde vorzustellen. In diesem Moment loderte Antoinettes Zorn für alle sichtbar auf. Ihre Wangen röteten sich, und jedermann konnte erkennen, so die Herzogin, »dass sie sehr starken Gefühlen ausgesetzt war«. Es gelang ihr, den Männern mit einigen gestammelten Worten und »mit zitternder Stimme« zu antworten, dann bewegte sie den Kopf, um anzudeuten, dass die gesamte Delegation entlassen war. Die Pariser fühlten sich brüskiert. Sie zogen sich zurück, Madame La Tour du Pin zufolge in ausgesprochen schlechter Stimmung. Man war verärgert über das Verhalten der Königin. Die Offiziere der Nationalgarde zogen sich verärgert zurück und »verbreiteten ihre Unzufriedenheit in Paris, was den Groll, den man gegen die Königin hegte, weiter nährte«.

# 22

Jedermann wusste, welche Gefahren Paris barg. Wenn der König schon nicht auswandern wollte, sollte man doch zumindest den Hof und die Nationalversammlung aus der turbulenten Hauptstadt verlegen. Compiègne oder Soissons boten sich als geeignete Orte an. Eigentlich jede Stadt, die nicht binnen weniger Stunden von einer wütenden Menge erreicht werden konnte, welche ein Zeitungsbericht, ein Volksredner, ein Verschwörer oder schlicht ein Gerücht aufgestachelt hatte.

Im September, als Versailles von einer Verbrechenswelle heimgesucht wurde, dachte Ludwig ernsthaft daran, von dort zu verschwinden. Antoinette hatte sich schon seit Monaten auf einen Wegzug vorbereitet. Schon erklärte man der Kindergouvernante, Madame von Tourzel, sich für eine Abreise fertig zu machen, und zwar »ohne große Vorbereitung, wenn die Umstände dies erfordern«.[1] Doch noch hatte man sich für keine neue Heimstätte entschieden. In zu vielen Provinzstädten herrschte Aufruhr, und die ländlichen Gebiete wurden von Gewaltwellen erschüttert. Überall desertierten Soldaten und viele setzten sich ins Ausland ab. Wenn der König auch wieder einmal unschlüssig wirkte, so muss man ihm doch zugute halten, dass zu jener Zeit kaum ein sicherer Ort in Frankreich zu finden war.

Schließlich erklärte Ludwig, sein »heimatverbundenes Herz« verbiete ihm, die widerspenstigen Untertanen zu verlassen. »Alle Franzosen sind meine Kinder«, hatte er Artois gesagt, kurz bevor der sich auf den Weg zur Grenze machte, »und ich bin der Vater einer großen Familie, welche sich ganz darauf verlässt, dass ich für sie sorge. Undank und Hass rüsten gegen mich, aber die Augen der Menschen sind nur ein wenig vernebelt, ihr Geist fehlgeleitet und ihre Gedanken in Sorge über die Unruhen, welche die Revolution bewirkt hat.«[2] Sobald der Nebel sich gelichtet und der Verstand zu seiner alten Klarheit zurückgefunden hätte, würde wieder alles so werden wie früher. Der König müsse eben nur wie ein geduldiger Vater warten, dann werde schon alles gut.

Von der Regierung war keine Hilfe oder Besserung zu erwarten. Necker steckte noch immer in seinen Planungen fest, Staatsanleihen zu verkaufen, um die leere Kasse mit Geld zu füllen. Bei der allgemeinen Unordnung im Land wurden keine Steuern mehr eingetrieben. Und die Nationalversammlung arbeitete noch an der Ausarbeitung einer Verfassung. Die Rolle des Königs blieb unklar, obwohl seine Autorität de facto deutlich gelitten hatte. Paris, wie immer die Speerspitze der Revolution, nahm am 18. September die Sache selbst in die Hand und schuf sich eine (hauptstädtische) Zentralgewalt, die *commune* – wobei den sechzig Wahlbezirken der Stadt einige Autonomie zugestanden wurde. Jeder Bezirk erhielt fortan seine eigene Verwaltung und seine eigenen Ausschüsse zum Einsatz der Polizei, der Gerichte, des Militärs und der Nahrungsversorgung. Somit bildete Paris ein Miniaturreich, in dem das Volk der Souverän war. Allerdings besaßen nicht alle das Wahlrecht – Frauen, Arbeiter, Diener und Soldaten blieben davon ausgeschlossen, konnten aber an Beratungen teilnehmen und dort auch reden.

Die Untertanen hatten damit zwar ihre Souveränität gewonnen, litten aber weiterhin Hunger. Die kürzlich eingebrachte Getreideernte war reichlich ausgefallen, hatte aber noch nicht die Hauptstadt erreicht. In dieser Situation unternahm der König einige Schritte, die ihm leicht als Drohung ausgelegt werden konnten. So beorderte er das Flandrische Regiment nach Paris, verstärkte die Leibwache und verhielt sich gegenüber der Nationalversammlung nicht ausgesprochen kooperativ. Als die ihm ihre Dekrete und Gesetze vorlegte, wollte er nicht unterschreiben. Die Pariser hatten nicht nur Hunger, ihnen passte auch das zu langsame Vorankommen der Revolution außerhalb der Hauptstadt nicht – und das machte sie misstrauisch. Warum massierte Ludwig in Versailles Truppen? Das konnte doch nur bedeuten, dass er einen Angriff auf Paris plante. Warum gab es kein Getreide? Da steckte doch bestimmt die Königin dahinter, die das Volk hasste und Hungers sterben lassen wollte. Und warum hatte der Bruder Antoinettes, Kaiser Joseph, mit dem Osmanischen Reich Frieden geschlossen, wenn nicht, um an seiner Südgrenze Ruhe zu haben und die so freigewordenen Truppen gegen die Pariser und alle anderen Freunde der Freiheit in Frankreich marschieren zu lassen?

»Die Revolution braucht einen neuen Anschub«, rief eine der hauptstädtischen Zeitungen das Volk auf. »Wir müssen den König und seinen Hof nach Paris zurückholen«, verlangte eine andere. Ludwig werde von seinem verdorbenen Weib beherrscht, und von den Aristokraten, die danach strebten, dem Prozess der Freiheit ein Ende zu setzen. Solange der König nicht unter seinen Parisern weilte, könnten die Adligen ihn heimlich fortführen und dann ohne ihn eine Regierung bilden. Und deren erster Schritt würde darin bestehen, die Revolution in der Hauptstadt zu zerschlagen.

Angst erfüllte die Menschen wie ein Fieber, und dieses wurde zusätzlich von den Volksrednern, die sich in den Kaffeehäusern des Palais Royal tummelten, und den Agenten des Herzogs von Orleans angeheizt, der den Platz seines Vetters einnehmen und König werden wollte. Am Morgen des 5. Oktober fanden sich einige Hundert Marktweiber (und Männer, die sich als Frauen verkleidet hatten) am Hôtel de Ville zusammen und machten sich auf den Marsch nach Versailles. Hunderte schlossen sich dem Zug der Marktweiber an. Man verlangte Brot und die Rückkehr des Königs in seine Hauptstadt.

Die Frauen hatten sich mit Küchenmessern, Bratspießen und Besen bewaffnet, und ihr Geschrei übertönte alles.

Sie drohten: »Marie Antoinettes hübschen Hals aufzuschlitzen, ihre Leber zu braten und aus ihren Eingeweiden Schnürbänder zu machen«.

Viele der Weiber hielten die Schürze hoch, bemerkte ein Anwalt, der den Marsch vorbeiziehen sah, »so als hätten sie die Stücke der Königin bereits unter sich aufgeteilt und trügen ihre Beute nun tanzend nach Hause«.

Der Regen fiel immer heftiger, je weiter sie vorankamen. Aber die matschige Straße, auf der sie sich entlang bewegten, die dreckverklumpten Schuhe und die durchnässte Kleidung dämpften ihre Stimmung nicht im mindesten. Sie sangen und schrieen, schwangen ihre »Küchenwaffen« und Besen und machten sich gegenseitig Mut, nur ja nicht im gemeinsamen Bemühen nachzulassen, die Königin aufzuknüpfen und aus ihren Innereien Kokarden anzufertigen. Mit jedem Kilometer fielen ihre Drohungen grausiger und ihre Beschimpfungen vulgärer aus.

Ein Diener überbrachte Antoinette im Trianon die Nachricht von der anrückenden Horde. Sie schickte rasch nach ihrem Gemahl, der sich gerade in Meudon auf der Jagd befand, und kehrte dann eilig in den Palast zurück. Dort »hatten sich allgemeine Unruhe und Betroffenheit ausgebreitet«, erinnerte sich der Page Hézècques später. Der König würde erst in einigen Stunden eintreffen, die Höflinge liefen wie aufgescheuchte Hühner herum, und wie üblich wollte niemand die Initiative ergreifen.

Am späten Nachmittag erreichte der Zug Versailles. Nur ein paar Hundert Soldaten hatten gerade Dienst, um die Menge zurückzuschlagen, die jetzt vor den Palasttoren auf den Place d'Armes strömte. Einige Demonstranten, die Frauen voran, liefen in die Tagungshalle der Nationalversammlung. Sie ließen sich auf den Bänken nieder, fuchtelten mit »ihren Messern, manche halb so lang wie ein Säbel« herum, riefen nach Brot, verhöhnten die Deputierten, buhten sie aus und riefen dem Präsidenten schamlose anzügliche Bemerkungen zu. Eine unbeschreibliche Szene spielte sich ab. Auf der einen Seite die schlammbespritzten und -verklebten Weiber, die sangen, miteinander schwatzten oder ihre Forderungen hinauskreischten, und auf der anderen die Deputierten, die vergeblich versuchten, mit ihrer Sitzung fortzufahren. Und währenddessen wurden draußen vor dem Gebäude Gewehre abgefeuert, gelärmt und geschrieen.

Irgendwann kehrte der König dann müde und erledigt zurück, erklärte sich aber bereit, eine Delegation der Pariser zu empfangen. Die Besprechung verlief dann in deutlich ruhigerer Atmosphäre. Ludwig machte die Nationalversammlung (die ihm »die Hände binde«) für die Lebensmittelknappheit in Paris verantwortlich und versprach, alles in seiner Macht Stehende zu unternehmen, diesen Zustand schon morgen zu beheben. Doch irgendwann während der Verhandlungen irritierten ihn die Beschimpfungen, die vom Hof unten zu hören waren, und die wachsende Panik unter den Dienern und Höflingen. Madame de Tourzel glaubte, er hege immer noch die Hoffnung, »durch Freundlichkeit die auseinanderdriftenden Geister wieder zusammenzuführen«. Dennoch besaß er genug Verstand, die Schließung der äußeren Eisentore zu befehlen. (Der Vorgang nahm Stunden in Anspruch, denn die Tore standen seit über hundert Jahren offen und waren mittlerweile in dieser Stellung festgerostet.)

Minister, Ratgeber und Offiziere bestürmten Ludwig, das flandrische Regiment herbeizurufen oder zumindest einige Geschütze auffahren zu lassen, um damit die Demonstranten zur Raison zu bringen. Aber der König weigerte sich, und das vermutlich aus gutem Grund. Die Soldaten hätten sich wahrscheinlich in ihrer Mehrheit geweigert, auf die Bürger zu schießen. Lafayette und seine Nationalgarde bewegten sich am hinteren Ende des Zugs und waren noch nicht vor dem Palast eingetroffen. Die Versailler Soldaten hatten sich mit den Marktweibern verbrüdert.

Den wenigen Hundertschaften königlicher Leibwache konnte aber kaum zugemutet werden, die mehrere tausend Köpfe zählende Menge aufzuhalten. Bis weit nach Mitternacht strömten die Menschen vor den Palast und ließen in ihrem Geschrei nicht nach. In seiner Not befahl Ludwig schließlich, sechs leichte Kutschen bereitzustellen, welche ihn, seine Familie und die Leibdiener in Sicherheit schaffen sollten. Aber die Kutschen kamen niemals bei ihm an – die Demonstranten stoppten sie auf dem Weg zum Palast.

Endlich, die Uhr zeigte kurz vor Mitternacht an, traf die Nationalgarde ein. Lafayettes Auftauchen sorgte für Ruhe. Er entschuldigte sich bei dem König für sein spätes Erscheinen und versprach, die Sicherheit der königlichen Familie zu gewährleisten.

Mit den Nationalgardisten und einigen hundert Leibwachen an seiner Seite atmete Ludwig beruhigt auf; auch wenn es zu einigem schweren Gerangel gekommen war und man Männer der Leibwache getötet hatte.

Vermutlich hätten der König und die Königin mit ihren Kindern, verkleidet und im Schutz der Nacht aus dem Palast entkommen können. Lafayette hätte ihre Flucht vermutlich gedeckt. Aber nichts dergleichen geschah. Statt dessen verbrachten sie eine unruhige Nacht.

Ständig sorgten Gerüchte für neue Schrecken: Die Pariser Nationalgarde sei vom langen Marsch erschöpft und nur bedingt einsatzbereit. Auch sonst könne man sich nur wenig auf sie verlassen. Um zwei Uhr morgens begab sich Antoinette zu Bett. Ihre Leibwache zog vor ihren Gemächern auf, und vier ihrer Hofdamen setzten sich im Schlafzimmer gegen die Tür, darunter auch die Schwester von Madame Campan. Diese weilte an jenem Tag außerhalb Versailles', erfuhr aber später von ihrer Schwester, was sich in der Nacht zugetragen hatte.

Gegen vier Uhr dreißig seien die vier Damen »von furchtbaren Schreien und Schüssen« hochgeschreckt. Die Leibwache hatte in die Menge geschossen und zwei von ihnen getötet. Die wütenden Demonstranten stürmten daraufhin den Palast. Eine der Hofdamen ging die Königin wecken, während Madame Campans Schwester vorsichtig die Tür öffnete. Sie erblickte einen Leibgardisten, der »mit seiner Muskete die Menge abzuwehren versuchte, welche auf ihn einschlug. Sein Gesicht war rot von Blut. Er drehte sich zu mir um und rief: ›Rettet die Königin, Madame, man will sie ermorden!‹«[3]

Rasch schloss die Schwester die Tür wieder, verriegelte sie und rannte zu Antoinette.

»Hoch mit Euch, Madame!«, schrie sie. »Haltet Euch nicht mit dem Ankleiden auf. Flieht in die Gemächer des Königs!«

Die Königin verließ ihr Bett, zog sich einen Unterrock über das Nachthemd und lief zu der Tür, welche zum *œil-de-bœuf* führte. Die war aber verschlossen, und Antoinette hämmerte so lange dagegen, bis ein Diener öffnen kam. Ludwig befände sich nicht in seinen Gemächern, sondern habe sich auf die Suche nach seiner Gemahlin begeben. Nach einer Weile kehrte der König aber zurück, und Madame de Tourzel brachte die Kinder. Alle Anwesenden, darunter vermutlich auch Fersen, der später schrieb, er sei »Zeuge von allem« gewesen, standen im *œil-de-bœuf* beieinander und lauschten voller Angst dem Wüten der Pariser im Palast. Einiges Gedränge musste in dem nicht eben großen Raum geherrscht haben, denn außerdem waren dort: Ludwigs Schwester Elisabeth, Provence mit seiner Gemahlin, Adelaide und Victoria, die Minister, etliche Diener und einige Beamte. Die Dämmerung zeigte sich noch nicht, Nebel lag in der Luft, Schmerzens-, Wut- und Jubelschreie ertönten, Musketen wurden abgefeuert, und Säbel klirrten.

Die Leibwache verteidigte die königliche Familie mit ihrem Leben, aber die Nationalgarde legte dabei keinen übertriebenen Ehrgeiz an den Tag und wich immer weiter vor der vom Regen durchnässten, aufgebrachten Menge zurück, die noch immer von draußen in den Palast drängte.

Irgendwann erschien Lafayette (er hatte die Nacht in einem benachbarten Gutshaus verbracht) und führte ein Grenadier-Bataillon aus Paris heran. Den Elitesoldaten gelang es, sich zwischen das *œil-de-bœuf* und die Pariser zu drängen und so die bibbernden Eingeschlossenen zu retten. Damit durften die königliche Familie und ihr Gefolge fürs erste aufatmen, aber nicht länger. Man konnte die Pariser zwar aus dem Palast drängen, aber draußen versammelten sie sich wieder. Im ersten fahlen Morgenlicht sah man eine »riesige Menge von fast nackten Frauen«, notierte ein Augenzeuge, »und Männern, welche sich mit Spießen bewaffnet hatten. Alle erhoben ein solches Geschrei, als wollten sie die Fenster zerbersten lassen.« Ein solcher Anblick konnte auch dem hartgesottensten Soldaten das Blut in den Adern gefrieren lassen. Man hatte zweien der getöteten Leibwächter die Köpfe abgeschnitten und diese auf Spieße gesteckt, um sie jetzt den Palastbewohnern entgegenzuhalten. Nicht wenige Demonstranten hatten Blut an den Kleidern, den Händen und im Gesicht. Und jetzt schien es sie nach mehr Blut zu dürsten – nach dem der Königin.

Ludwig nahm all seinen Mut zusammen und trat hinaus auf den Balkon, um sich an die Menge zu wenden. Doch seine Worte gingen im Geschrei unter.

»La Reine! Die Königin!«, verlangten die Demonstranten.

Jemand hatte Antoinette inzwischen einen gelbweiß gestreiften Morgenmantel gebracht, den sie sich jetzt über das Nachthemd zog. Dann begab sie sich auf den Balkon und stellte sich neben ihren Mann. In königlicher Haltung stand sie da, wenn auch die Frisur noch nicht gemacht und das Gesicht sehr bleich war.

»Keinen König! Keine Kinder!« Ludwig kehrte mit den Kleinen in das *œil-de-bœuf* zurück, und Antoinette stand allein dem geballten Unmut der Pariser gegenüber.

»Da ist sie ja, die verdammte Hure!«

»Wir wollen deinen Kopf, der Leib ist uns egal!«

»Lang lebe der Herzog von Orléans!«

Antoinettes Würde und Haltung wankten nicht, als sie der Menge einen Hofknicks darbot und auch sonst ruhig blieb. Überraschenderweise wurde weder auf sie geschossen noch ein Stein oder Dachziegel nach ihr geworfen. Die Menge stand für einen Moment wie gebannt da. Einen Moment später gesellte sich Lafayette zu ihr und küsste ihre Hand.

»Vive la Reine – es lebe die Königin!«, riefen einige Stimmen, und auch: »Vive Lafayette!«

Hin und her gerissen zwischen Ehrfurcht und Mordlust ließen die Demonstranten zu, dass die Königin wieder ins Innere gebracht wurde. Bald sangen und riefen die Menschen wieder, doch jetzt forderten sie:

»Nach Paris! Nach Paris!«

Der König kehrte auf den Balkon zurück und erklärte sich einverstanden.

»Meine Kinder, wenn ihr wünscht, dass ich euch nach Paris folge, so will ich gehorchen. Doch nur unter der Bedingung, dass ich keinen Moment von meiner Frau und meinen Kindern getrennt werde.« Er kehrte in den Palast zurück, um die nötigen Vorbereitungen zu treffen.

Die lange und schwerfällige Prozession brauchte über sieben Stunden, bis sie in Paris eintraf. An der Spitze marschierten die Nationalgardisten, von denen jeder einen Laib Brot auf sein Bajonett gespießt hatte. Ihnen folgten fünfzig Wagen beladen mit Korn, das man aus den Vorratslagern des Palastes beschafft hatte. Danach die Herrscherkutschen, deren Insassen die ganze Zeit über von ihrer zusammengewürfelten Eskorte bestehend aus Marktweibern, Prostituierten und sonstigem Gesindel aus den Straßen von Paris belästigt wurde. Alle sangen und tanzten, trunken vom Sieg und vom Wein aus den geplünderten königlichen Weinkellern.

»Etliche saßen rittlings auf Kanonenrohren und rühmten sich in entsetzlichen Liedern all der Verbrechen, welche sie jemals begangen hatten oder deren Zeuge sie geworden waren«, schrieb der Marquis von Moleville, der mit dem Massenumzug am 6. Oktober von Versailles nach Paris marschierte. »Diejenigen, welche sich dem Königspaar am nächsten befanden, sangen Balladen, deren ordinäre Anspielungen, wie an den begleitenden Gesten zu erkennen war, sich eindeutig gegen die Königin richteten.«[4]

Die Menschen befanden sich in einer Art ausgelassenem Delirium, das nach fast zwei Tagen ohne Schlaf, mangelhafter Ernährung und unter dem Stress ständiger Erregung eigentlich ganz natürlich war. Die Marktweiber schrieen ihren Triumph hinaus.

»Freut euch mit uns, Freunde!«, riefen sie den Bewohnern der Dörfer zu, durch welche die Prozession zog. »Wir werden nie mehr an Hunger leiden. Denn seht nur, wir haben den Bäcker, seine Frau und den kleinen Bäckerjungen mitgebracht.«

Als sie an einer Perückenmacherei vorbeikamen, verfielen sie auf einen makabren Scherz und zwangen den Geschäftsinhaber, die abgetrennten, blutigen Köpfe der beiden Leibwächter zu pudern und herzurichten. Danach wurden die beiden Häupter an Stangen über dem Zug gehalten, umringt von Pappelästen, die Demonstranten von den Bäumen gerissen hatten. »Aus einiger Entfernung hätte man glauben mögen«, schrieb von Moleville, »ein Wald bewege sich auf einen zu, aus dessen Mitte zwei Köpfe und einige Gewehrmündungen ragten.«

Hinter den Demonstranten trotteten die entmutigten Truppen des Königs dahin, die Leibwächter und die Flandrischen, von denen einige verwundet waren. Diesen folgten die Wagen mit einigen hundert Deputierten aus der Nationalversammlung, und den Abschluss bildeten gut hundert weitere Kutschen voller Höflinge, die ängstlich ihre Reichtümer an sich pressten und sich vor dem fürchteten, was ihnen widerfahren würde, sobald sie die Hauptstadt erst einmal erreicht hatten.

Auch am Nachmittag war diese »groteske Saturnalie«, wie eine Zeitung die Prozession in Anspielung auf die antiken Freudenumzüge zu Ehren des Gottes Saturn bezeichnete, immer noch unterwegs. Man überquerte die Seine bei Sèvres und zog bei Einbruch der Dämmerung durch die Ortschaften am Stadtrand. Die Insassen der königlichen Kutsche dürften nach all den Beleidigungen und Bedrohungen der Mitmarschierer, dem ständigen übermütigen Gewehrfeuer und Hunger und Durst leidend (worüber sich vor allem der kleine Dauphin beklagte) bei ihrer Ankunft in Paris mit den Nerven völlig am Ende gewesen sein.

Madame Campan schrieb, dass die königliche Familie während der Fahrt »unablässig dem Geknatter von dreißigtausend Musketen ausgesetzt« gewesen sei, die man wieder und wieder mit Kugeln lud und abfeuerte, um der Freude über die Heimführung des Königs Ausdruck zu verleihen.

»Schießt in die Luft!«, riefen die Menschen den Soldaten zu, doch oft genug fuhren die Kugeln in den Zierrat an der Königskutsche und verfehlten einige Male die Familie nur knapp. Pulverdampf legte sich erstickend über alles, »und der Druck der Riesenmenge war so gewaltig, dass die Kutsche unter dem Gedränge und Geschiebe wie ein Boot hin und her schaukelte«.[5]

Antoinette sagte während der Fahrt nur wenig, dafür sprach ihr Gesicht »mit seinen Zügen wütenden Bedauerns« Bände. Sie saß neben ihrem Gemahl, hielt ihre Schmuckschatulle in Griffnähe und versuchte zweifellos, ihre Kinder zu beruhigen. Lafayette ritt neben der Kutsche her und gewährte ihnen so wenigstens etwas Schutz, doch die Königin empfand ihm gegenüber weniger Dankbarkeit als vielmehr Zorn. Vermutlich ärgerte sie sich auch über Ludwig und dessen sture Ablehnung zu emigrieren; und ebenso darüber, dass er vorgestern ihre Bitten abgelehnt hatte, sich an einen anderen Ort zu begeben; und sicher über seine Dummheit, diesen »guten Menschen« zu vertrauen, die sie beinahe erschlagen hätten.

Nun sahen sie sich gezwungen, ihren Palast, ihre Heimat, zu verlassen und sich der Gnade lärmenden Gesindels zu ergeben, dem es eine Freude war, anderer Leute Blut zu vergießen. Ludwig und sie waren nicht länger König und Königin von Frankreich, sondern lediglich der Bäcker und seine Frau – Flüchtlinge, die man aus ihrer Sicherheit gerissen hatte und in eine gefährliche Stadt brachte, wo erbarmungslose Menschen das Sagen hatten.

# 23

Noch bevor die königliche Familie Versailles verlassen hatte, wurde ein Kurier nach Paris geschickt, um den Gouverneur der Tuilerien von der Ankunft der königlichen Familie in Kenntnis zu setzen. Der Bote traf atemlos dort ein, und überbrachte seine Botschaft, doch der Gouverneur konnte nicht viel tun. Der weitläufige alte Palast bot ein Bild des Jammers, und seine verschmutzten Gänge und rauchgeschwärzten Räume ließen sich kaum in den wenigen Stunden wieder herrichten, die bis zur Ankunft des Herrscherpaares vergehen würden. Seit nahezu siebzig Jahren hatte kein König mehr die Tuilerien bewohnt. Allerdings hatte Antoinette dort eine Zweitwohnung unterhalten, in der sie nach einem Theaterbesuch die Nacht verbringen konnte.

Gegenwärtig hielten sich in dem Palast nur betagte Höflinge, pensionierte Beamte und Künstler auf, die früher einmal für den Hof gearbeitet hatten. Die Bewohner mussten das Gebäude eilig verlassen. Dann trafen die ersten Kutschen aus Versailles ein. Mit ihnen etwa sechshundert Menschen, der königliche Hofstaat.

Sechs Jahre zuvor hatte man eine Inspektion der Tuilerien vorgenommen und den Bericht dem König geschickt. Eine niederschmetternde Lektüre. Der Palast sei in einzelne Abteilungen zerfallen, in denen es »wie in Hütten« aussehe. Die königlichen Gemächer könnten nicht mehr als solche angesehen werden, da man sie in mehrere kleinere Räume unterteilt habe, die von den jetzigen Bewohnern stark vernachlässigt würden. »Wenn nicht bald etwas unternommen wird«, schloss der Bericht, »kann man Ihren Majestäten nicht für einen Moment hier Unterkunft anbieten.« Wie nicht anders zu erwarten, war daraufhin nichts unternommen worden. Und nun musste diese Ansammlung von Hüttenräumen von einem Moment auf den anderen in eine hochherrschaftliche Wohnstatt verwandelt und daneben mit Nahrungsmitteln, Brennstoffen, Mobiliar und sonstigen Einrichtungsgegenständen bestückt und für einen neuen Hof hergerichtet werden.

In den ersten Tagen herrschte dort ein unbeschreibliches Chaos. Nirgendwo Betten, an den Wänden keine Teppiche, es fehlte an Kerzen, und nur in wenigen Kaminen brannte ein Feuer. Die Tuilerien enthielten nur einen Spiegel, einen kleinen, dessen Nutzung dem König vorbehalten blieb. Die Höflinge schliefen, wo sie einen Platz fanden, auf zugedeckten Billardtischen, auf Bänken, auf Kleiderhaufen oder einfach auf dem Boden. Tagsüber liefen sie zitternd durch die seit Jahrzehnten nicht mehr beheizten Räume und über halbdunkle Korridore. Wenn möglich versuchte man, sich dort, wo der Wind durch die zerbrochenen Fenster pfiff, keinen Zug zu holen. Man aß, was man, wann auch immer, gerade bekam, und wartete darauf, dass bald so etwas wie eine Ordnung einkehren würde.

Alle hätten sich in einer Art Betäubungszustand befunden, schrieb der Page Hézècques in seinen Lebenserinnerungen. Wie Schiffbrüchige hätten sie sich in diesem Palast gefühlt – umgeben von lauter Unannehmlichkeiten und in ständiger Furcht vor den johlenden Menschenmassen, die sich in den Höfen und Palastgärten einfanden und ungeniert verlangten, dass der König und die Königin sich ihnen zeigten.[1]

Ein Engländer, der die Tuilerien am 8. Oktober besuchte, verfolgte, wie Ludwig und Antoinette sich beim Empfang der Außenminister um den Anschein von königlicher Würde bemühten. »Der ganze Palast befand sich in der allergrößten Unordnung«, schrieb der Besucher später, »und wurde von Menschen bevölkert, die anscheinend ziellos umherirrten … Den König machte das niedergeschlagen, und er sprach kaum. Seiner Gemahlin versagte mehrmals die Stimme, und oft genug brach sie mitten im Sprechen in Tränen aus. Auf allen Höflingen schien tiefste Melancholie und Sorge zu lasten.« Unter den außergewöhnlichen Umständen war es schwer, zu dem gewohnten Alltag zurückzukehren.

Der Engländer beobachtete, dass alle Bewohner des Palastes in ständiger Todesangst lebten und befürchteten, die Pariser würden wieder eindringen und sie bedrohen, wenn nicht sogar umbringen, so wie sie es schon mit den Leibwächtern in Versailles getan hatten. Alle Tore und Türen wurden von Lafayettes Nationalgarde bewacht, und an einigen Stellen hatte man sogar Geschütze aufgestellt, dennoch fühlte sich niemand sicher. Die Tuilerien seien »ein Gefängnis, das man als Palast getarnt hat«, notierte Hézècques, und die Pariser seine Wärter. »Der blinde und ungestüme Volkswille bestimmt hier alles.«[2]

Tag um Tag trafen mehr Karren und Wagen aus Versailles ein, und brachten Möbel, Bettzeug, Porzellan und Kerzenhalter. Schließlich begannen Handwerker mit den Instandsetzungsarbeiten, besserten die Mauern aus und kratzten die alte Farbe ab. Überall stank es nach Vergoldungsarbeiten, aufgrund der verwendeten Chemikalien ein unangenehmer Geruch, der sich überall festsetzte. Die Höflinge stolperten ständig über Leitern und Eimer. Doch Ende des Monats stellte sich wieder so etwas wie Ordnung ein. Wunderbare Gemälde hingen in den Repräsentationsräumen an den Wänden, golddurchwirkte Gardinen bedeckten die Fenstervertiefungen, und Kristalllüster beleuchteten auch die finsteren Ecken, in denen alte Wandteppiche ihrer Reinigung harrten. Stück für Stück wurde auch die Schlosserwerkstatt des Königs ins neue Schloss geschafft und dort aufgebaut. Mochte auch sein Schlafgemach in den Tuilerien bei weitem nicht an die Pracht in Versailles heranreichen – vor allem fehlten die Wandteppiche aus Purpur- und Goldbrokat und die kostbaren Porzellan-Kandelaber –, aber wenigstens standen ihm jetzt wieder sein Amboss und seine geliebten Schlösser zur Verfügung.

Antoinettes Räumlichkeiten sahen zunächst aus wie eine Ruine, entwickelten sich dann aber zu den prächtigsten im Schloss. Fersen zeigte sich zutiefst überrascht, als er die Räume zum ersten Mal zu Gesicht bekam. Angesichts der überall sonst noch vorherrschenden Verdreckung und Unordnung wirkten die Gemächer verschwenderisch luxuriös. Der Graf zog nahe dem Palast in ein Hotel, um sofort zur Verfügung zu stehen, wenn Ludwig oder Antoinette ihn brauchten. Auch gab er seine Ämter auf, um dem Herrscherpaar ganz und gar zur Verfügung stehen zu können. Ob die Königin und Fersen unter diesen Bedingungen ihre Liebschaft aufrechterhalten konnten, weiß niemand, die Zeitgenossen gingen aber davon aus.[3] Antoinette hatte sich noch immer nicht über den Umzug beruhigt, und der Graf war, wie aus seinen Briefen hervorgeht, viel zu sehr mit anderen Dingen beschäftigt, vor allem mit der unruhigen Bevölkerung und ihrer wachsenden Gewaltbereitschaft. Er sah für die Monarchie eine Katastrophe voraus und konnte nicht erkennen, wie der falsch beratene König und die übel beleumdete Königin dem wachsenden Volkszorn schadlos entgehen könnten.

Ein jeder, der sich im Oktober 1789 in Paris aufhielt, musste um sein Leben fürchten. Niemand konnte ermessen, was die aufgebrachte Menge als Nächstes anstellen würde. Jeder Tag brachte neue Unruhe. Nachrichten von verhafteten Verschwörern, Aufruhr und Plünderungen in verschiedenen Stadtbezirken oder dem Eintreffen weiterer Gardisten zum Schutz des Palastes lösten einander ab.

»Wir leben hier im Zentrum ständiger Angst«, schrieb ein deutscher Diplomat. »Das Volk ist noch nicht zufriedengestellt.« Ständig kam es zu Racheakten. Am 21. Oktober versammelte sich vor einer Bäckerei eine Menschenmenge und beschuldigte den Bäcker, für den Brotmangel verantwortlich zu sein; dabei hatte der Mann die ganze Nacht hindurch so viele Brote gebacken, wie ihm nur möglich gewesen war. Aber die Bürger ließen sich nicht überzeugen, ergriffen den Bäcker und verschleppten ihn zur Place de Grève, wo man ihn erst aufhängte und dann enthauptete. Den Kopf steckten sie auf einen Spieß und zogen mit dieser Trophäe durch die Straßen – ein Ritual, das man in Paris immer häufiger zu sehen bekam.

Alle Hauptstädter schienen sich bewaffnet zu haben. Dagegen kamen Polizei und Nationalgarde kaum noch an, aber sie stellten dennoch die Verfolgung von Aufwieglern und gewöhnlichen Gesetzesbrechern nicht ein. Am Tag nach der Hinrichtung des Bäckers wurden zwei seiner Mörder gehängt, und tags darauf konnte man zwei weitere Beteiligte der Gerechtigkeit zuführen. Antoinette empfand tiefes Mitgefühl mit der Bäckersfrau. Als Nachforschungen ergaben, dass die Witwe entgegen anders lautenden Gerüchten nicht vor Schreck tot umgefallen sei, als man ihr den abgeschlagenen Kopf ihres Mannes zeigte, schickte die Königin ihr als Trostpflaster sechstausend Francs.

»Äußerlich geht es mir gut, da merkt man mir nichts an«, erklärte Antoinette kurz nach dem Einzug in die Tuilerien einem Freund, »aber mein Herz ist verwundet wie nie zuvor.«[4]

Tatsächlich schwebte sie in ständiger Angst, sorgte sich um ihren Mann und ihre Kinder, misstraute der Nationalversammlung zutiefst und wollte schier verzweifeln, wenn sie an die Zukunft dachte. Natürlich bemühte sich die Königin, Mut und Entschlossenheit zu zeigen – und trug dabei gelegentlich den Kopf etwas zu hoch –, aber wenn die Furcht sie übermannte, versagte ihr die Stimme. Dann konnten sie schon kleinste Störungen zum Weinen bringen. »Wir sind verloren«, hatte die Königin Madame Campan unmittelbar vor der Abreise aus Versailles anvertraut. »... und werden vielleicht zum Tode geführt; gefangene Könige sind wenigstens nahe daran.«[5]

Antoinette war Gefangene in einem goldenen Käfig. Die Schatulle mit den kostbaren Diamanten befand sich immer noch in ihrem Besitz, und auch all ihre edlen Kleider hatte man wohlbehalten in die neue Residenz geschafft. Die Königin begriff durchaus die Gründe für ihre Gefangenschaft. Die Nationalversammlung, Lafayette und die Pariser rechneten damit, dass die königliche Familie versuchen würde, das Land zu verlassen; und das wollte man natürlich verhindern. Viele Adlige glaubten, dass der König über kurz oder lang fliehen würde, und wenn er erst einmal fort wäre, erklärte eine adlige Dame dem amerikanischen Gouverneur Morris, »geht Paris in Flammen auf«.[6]

Antoinette wollte unbedingt ins Ausland. Wenn sich nur eine Möglichkeit finden ließe, der Aufmerksamkeit ihrer Wärter zu entkommen. Einige Freunde und Verbündete rieten dazu, die Königin und den Dauphin in Verkleidung aus dem Palast zu schmuggeln, damit sich wenigstens diese beiden in Sicherheit bringen könnten. Aber die Königin zögerte, Ludwig allein zu lassen. Davon abgesehen redete man heimlich überall davon, dass die Konterrevolution kurz vor ihrem Ausbruch stünde. Truppen würden bereits zusammengezogen, um die Nationalversammlung und die neue Stadtverwaltung von Paris zu stürzen.

Ludwig stand in geheimer Verbindung mit anderen europäischen Herrschern. Er versicherte ihnen, dass er trotz seines in der Öffentlichkeit zur Schau getragenen Kooperationswillens mit der Nationalversammlung nicht im Traum daran dächte, den Deputierten auch nur etwas von seiner Macht abzugeben. Ludwig bat seinen Vetter, König Karl IV. von Spanien, um Geld und wandte sich in der gleichen Absicht auch an Antoinettes Bruder Kaiser Joseph. Mit deren Unterstützung könne die Ordnung und die Autorität der Monarchie wieder hergestellt werden. Wenn es tatsächlich dazu kommen sollte, erklärten viele Freunde, empfehle es sich, im Lande zu bleiben – auch wenn das Leben des Königs und der Königin während der ersten Tage des Gegenschlags sicher in Gefahr geriete.

Auf jeden Fall erschien es im Augenblick ratsam, so zu tun, als stünde alles in bester Ordnung. Das Hofritual musste unter allen Umständen aufrechterhalten bleiben, auch trotz der Aufmärsche und Unruhe vor den Palastfenstern. Also führte man des Königs *lever* und *coucher* weiter wie gehabt durch, und die Königin führte wieder den Vorsitz über die abendlichen Kartenspiele und lud Gäste in ihre kleinen, aber verschwenderisch ausgestatteten Gemächer ein. Das Herrscherpaar speiste, wie schon in Versailles, vor aller Augen und ließ sich von Dienern in prächtiger Livree aufwarten. Ludwig aß wieder mehr, als er eigentlich durfte, während die Königin nur wenig zu sich nahm und nervös an ihrem Wasserglas nippte.

Die Tuilerien entwickelten sich zum gesellschaftlichen Zentrum von Paris. Nicht nur Aristokraten erschienen zu den abendlichen Kartenvergnügungen, sondern auch Kommandanten der Nationalgarde, Deputierte aus der Nationalversammlung, prominente Bürger und einige Offiziere (von denen niemand so genau wusste, was sie eigentlich taten). Für jeden Gast hatte Antoinette ein »verbindliches Wort« übrig, und ihre vornehme Herzlichkeit goss im übertragenen Sinne Öl ins aufgewühlte Wasser. Auf ihre Weise schuf die Königin eine Oase der Harmonie inmitten allgemeiner Unruhe.

Doch die Tuilerien waren bald auch die Bühne für alle, die an den alten politischen Zuständen hingen. Sämtliche Adlige, die es nicht in die Emigration getrieben hatte, tauchten hier auf, um der Monarchie ihre Loyalität und der Nationalversammlung ihre Verachtung zu erweisen. Mit übertriebenen Gesten machten sie König und Königin ihre Aufwartung und provozierten die Republikaner, indem sie sich statt blau-weiß-roter Kokarden weiße ansteckten. Die Damen trugen ganze Lilien-Bouquets im Haar oder flochten sich weiße Bänder in die

Locken. Wer sich in Paris im Weiß der Bourbonen zeigte, lief Gefahr, sich eine Tracht Prügel einzuhandeln oder zu einem Duell gefordert zu werden. Auf den Straßen aber hielten Patrouillen jeden an, der nicht die drei Farben der Trikolore trug. Und wenn jemand mit einer weißen Kokarde erwischt wurde, konnte er von Glück sagen, mit einem scharfen Verweis davonzukommen.

Die einfachen Pariser drängten heran, um einen Blick auf die Königsfamilie zu erhaschen. Die Tuilerien standen, wie Versailles, am Nachmittag jedem offen, der sich eine Eintrittskarte leisten konnte. Sonntags war der Eintritt frei, und dann schoben sich solche Massen durch den Palast, dass die Diener kaum einen Raum betreten oder wieder verlassen konnten. Selbst das Treppensteigen wurde ihnen schwer gemacht.[7]

Hézècques erinnerte sich, dass man dem König anfangs noch mit einem Mindestmaß an Respekt begegnete und ihn nicht bedrängte. Aber im Lauf der Monate schmolz alle Achtung dahin. »Kein Mitglied der Königsfamilie konnte sich an einem Fenster zeigen, ohne nicht gleich wüst beschimpft zu werden«, notierte der Page. Wenn der Hofstaat sich auf den Weg machte, die Messe zu besuchen und dabei die Terrasse überquerte, wo die im Garten wartende Menge sie sehen konnte, klatschten einige Beifall, während die meisten buhten oder sich heiser schrieen. Die meisten Rufe waren höhnischen, wütenden oder vulgären Inhalts. Aber zwischen den Menschen schienen sich auch Anhänger der Monarchie aufzuhalten, die »Vive le Roi!« riefen, und einmal auch: »Vive la Reine!«[8]

Madame Campan beschrieb, wie sich eine Horde Weiber unter Antoinettes Fenster aufbaute und lautstark verlangte, dass sie herauskommen solle und sich ihnen zeigen. Mit ihrem angeborenen Mut erfüllte die Königin diesen Wunsch und »verwickelte die Frauen in ein Gespräch«. Eine versuchte, sie auf Deutsch anzusprechen. Als Antoinette entgegnete, sie verstehe nicht, klatschten alle Beifall und riefen »Bravo!«

Danach verloren die Weiber jegliche Zurückhaltung und fragten nach den Bändern und Blumen, die Antoinette am Hut trug. Sie nahm den Zierrat schließlich ab und verteilte ihn unter den Frauen. Diese rissen sich die Stücke gegenseitig aus den Händen und stimmten ein neues Lied an.

»Lang lebe Marie Antoinette! Unsere gute Königin soll ewig leben!«

Das sangen sie über eine halbe Stunde; auch dann noch, als Antoinette längst ins Innere des Palasts zurückgekehrt war.[9]

Dabei zeigten diese Frauen sich weniger dankbar über die Großzügigkeit der Königin. Vielmehr staunten sie über ihre Freundlichkeit; denn seit Jahren hatten sie nur gehört oder gelesen, wie moralisch verworfen und grausam Antoinette sei. Die Königin wurde schon lange in Flugschriften und Gerüchten verunglimpft, aber im Sommer und Herbst des Jahres 1789 trieben ihre Feinde es auf die Spitze. Auslöser für diese Entwicklung bildete ein Gesetz der Nationalversammlung vom August, das völlige Pressefreiheit garantierte. Karikaturisten stellten Antoinette als Harpyie, einem Ungeheuer aus der griechischen Sagenwelt, mit gegabelter Schwanzspitze und scharfen, gebogenen Krallen dar – und natürlich trug sie diamantene Ohrringe. Redner brandmarkten sie als Feindin des französischen Volkes, die ihren Bruder aufgefordert habe, seine Armeen gegen Frankreich in Marsch zu setzen. Außerdem habe sie geschworen, Paris bis auf die Grundmauern niederzubrennen.

Überall in der Hauptstadt stieß man auf verzerrende Abbildungen Antoinettes, die sie mit zu langer Nase, buschigen schwarzen Augenbrauen, deutlichem Doppelkinn und Pausbacken zeigte. Jede Schlechtigkeit wurde ihr zugetraut und in Flugblättern beschrieben; wie sie ihren Gemahl betrüge, ihre Diener grausam behandele, von unstillbarer Lust erfüllt sei und nur die Gier kenne. Ein anonymes Pamphlet bezeichnete sie als »Judas Ischariot von Frankreich«. Im weiteren stellte der unbekannte Autor sie in Anlehnung an die altgriechische Herrin der Unterwelt hin: »Diese Persephone trägt den verabscheuungswürdigen Kopfputz des vierzehnten Apostels und besitzt den gleichen Charakter wie Judas. Gleich ihm steckte sie ihre Krallen in alles, um den Reichtum Frankreichs zu verschleudern. Ihre verräterischen und harten Augen blitzen und nähren sich von Feuer und Blutbad … Ihre Nase und ihre Wangen sind von Pickeln übersät und gerötet vom falschen Blut, das zwischen ihrem Fleisch und ihrer bleiernen Haut abgeladen wird. Und ihr stinkender und krankheitsverseuchter Mund beherbergt eine grausame Zunge.«[10]

Die Nationalversammlung folgte der königlichen Familie im Oktober nach Paris, tagte vorübergehend im Palast des Erzbischofs und ließ sich nach einigen Wochen dauerhaft in der Reitschule in den Tuilerien-Gärten nieder. Einige Deputierte kehrten lieber in ihre Provinzen zurück, aber die Mehrheit blieb, um sich weiterhin der entnervenden und erschöpfenden Arbeit zu widmen, eine neue Regierung zu bilden. Sie traten dreimal in der Woche nachmittags zu lautstarken Debatten zusammen, in denen man sich gegenseitig anschrie und wo oft genug keinerlei Ordnung herrschte. Deputierte polierten ihre Reden in den Salons und bei den Abendgesellschaften vornehmer Gönnerinnen auf, bevor sie diese auf den Versammlungen hielten. Doch in der Regel ging ihr Feinsinn im »Gezeter und Geschrei« der Gegenpartei unter. Meistens setzten sich die Redner durch, die über das stärkste Stimmorgan verfügten, und das waren in der Regel nicht die scharfsinnigsten unter den Abgeordneten. »Manchmal erhebt sich ein Deputierter mitten im Vortrag eines anderen«, bemerkte ein Beobachter, »gibt seinen Beitrag zum Besten, schließt ihn mit einer mehr oder minder klugen Lösung und erhält dafür den Beifall seiner Parteifreunde.«[11]

Die Monarchisten und auch einige Republikaner kritisierten die Unfähigkeit der Deputierten. Man sorgte sich, dass die Revolution in Anarchie untergehen könne. Doch gerechterweise muss man hinzufügen, dass die Abgeordneten sich schier unlösbaren Problemen gegenübersahen. Die Regierung musste einen Weg finden, die wetterwendischen und aufrührerischen Pariser zu bändigen, und dafür sorgen, dass die Hauptstadt ausreichend mit Nahrungsmitteln und Brennstoffen für den anstehenden Winter versorgt wurde. Darüber hinaus stand sie vor der Aufgabe in einigen Regionen, wie der Bretagne, wo man die Revolution nicht schätzte und die Nationalversammlung ablehnte, ihre Autorität herzustellen. Nicht zuletzt galt es eine bürgerliche Verfassung zu schaffen. Und als wäre das alles noch nicht genug: Die Regierung musste die Finanzkrise überwinden.

Ein Mitglied des Finanzausschusses schätzte die Staatsschulden in den letzten Monaten des Jahres 1789 auf über fünf Milliarden Francs. Finanzminister Necker stand unter erheblichem Druck, um wenigstens die laufenden Kosten decken zu können. Die Nationalversammlung kürzte die königlichen Pensionen und sparte so einige Millionen ein; doch konnte dies nur als mäßiger Beitrag zur Kostensenkung angesehen werden.

Necker verhandelte auf der einen Seite mit Amerika und den englischen Provinzen in Kanada, um von dort Getreide zu beziehen, und versuchte auf der anderen Seite holländische Finanziers, die schon in der Vergangenheit Frankreich ausgeholfen hatten, zu neuen Riesenkrediten zu bewegen. Als Sicherheit bot er ihnen die Schulden an, die Amerika bei Frankreich hatte. Eine grandiose Strategie, und vielleicht doch zu gewagt. Necker strampelte sich ab, bewegte sich auf schwankendem Boden, und schon meinten seine Kritiker, hinter seinem strahlenden Ruf, ein Finanzzauberer zu sein, verberge sich in Wahrheit die Inkompetenz, wie man sie von den Deputierten der Nationalversammlung kenne.[12]

Necker, der sich ebensoviel auf seine Fachkompetenz wie auf seinen Leibesumfang einbildete, und dem der soziale Aufstieg seiner Gattin und seiner begabten, aber hässlichen Tochter Madame de Staël schmeichelte (beide gehörten zu den gefragtesten Gesellschafterinnen von Paris), verlor schließlich die Geduld mit dem unbeständigen Frankreich. Während einer heftigen politischen Diskussion auf einer Abendgesellschaft, konnte man ihn murmeln hören, die Franzosen seien »eine lächerliche Nation«. Für einen Moment schien er wohl vergessen zu haben, dass die Diener alles mitbekamen.[13]

Während die Deputierten sich mehr oder minder redlich mit ihren Aufgaben abmühten, kam es zu immer neuen Verschwörungen und Gegenverschwörungen, die ihnen die Arbeit zusätzlich erschwerten und sogar ihre Existenz in Gefahr brachten. Gerüchte wollten wissen, dass ungenannte Personen ein Massaker an der Königsfamilie und all den Adligen planten, die im Land geblieben waren. Unruhen in den Provinzen lösten bei vielen Beobachtern die Befürchtung aus, das Königreich könne zerfallen, und am Ende stünde ein Bürgerkrieg. Monarchisten und solche Personen (wie Provence), die ihre Stunde für gekommen hielten, schmiedeten Pläne, den König abzusetzen und dann mit königstreuen oder ausländischen Truppen gegen Paris zu marschieren. Andere wollten den unfähigen Ludwig zwingen, zu Gunsten von Orléans abzudanken. Man hatte Orléans nach England geschickt, um zu verhindern, dass er seine Popularität dazu ausnutze, Unruhe zu stiften. Doch der Mann stellte auch aus der Ferne noch eine erhebliche Bedrohung dar. Weithin glaubte man, dass Orléans hinter den »Oktobertagen« gesteckt habe, als man den König und die Königin gezwungen hatte, Versailles zu verlassen und in die Tuilerien umzuziehen. Antoinettes Bruder in Wien zeigte sich ebenfalls davon überzeugt, der Herzog selbst sei »der Urheber dieser Unruhen in Frankreich«. Und überhaupt stand längst nicht mehr fest, wie viele Deputierte lange Zeit geglaubt hatten, dass die Revolution politisch in eine konstitutionelle Monarchie münden würde. Frankreich schien am Rand des Abgrunds zu stehen, und gut informierte Pariser diskutierten stundenlang darüber, »ob der Missbrauch früherer Zeiten so viel schlimmer gewesen ist als die Exzesse, die wir jetzt zu erwarten haben?«.[14]

Im Zentrum aller Turbulenzen stand der begnadetste Redner der Nationalversammlung, Graf von Mirabeau. Er vermochte mit seinem dunklen Charisma, selbst die stürmischsten Debatten zu dominieren und setzte seine enormen Energien gegen die Auswüchse der Monarchie ein: ihre Extravaganzen, ihre Verschwendungssucht, ihre Erhaltung der parasitären Höflinge, ihre politische Ungeschicktheit und ihre offensichtliche Verachtung für die Lebensbedingungen des Volkes.

»Ich bin ein tollwütiger Hund, an dessen Bissen der Despotismus und die Privilegien zugrunde gehen werden«, stellte Mirabeau sich einmal stolz vor, und wie ein tollwütiger Hund schien er seine ganze Umgebung einzuschüchtern. Der Graf war so hässlich wie faszinierend. Der riesige Kopf, die pockennarbige Haut und der deformierte Körper stellten ihn im Verein mit seiner düsteren, geradezu dämonischen Ausstrahlung jenseits aller menschlichen Norm; und dem entsprachen auch seine sexuelle Unersättlichkeit und grenzenlose Gier. »Auf allen Gesellschaften spricht man voller Furcht und Abscheu von ihm«, schrieb ein Engländer, der Mirabeau gut kannte, und fügte boshaft hinzu, dass sein Freund »sich jeder Abendgesellschaft verkauft, die ihn zu erstehen, wert genug erachtet«.

Der Graf war sicher käuflich, dazu pflegte er eine Gossensprache und liebte es, jegliche soziale Konvention zu brechen. Doch darüber hinaus kannte man ihn als überaus gebildeten Menschen, der viel schrieb und klassische Texte übersetzte. Seine Leidenschaft für Bücher konnte sich mit seiner sexuellen Gier durchaus messen. So blieb es Mirabeaus Festigkeit, Standhaftigkeit und Willensstärke zu verdanken, dass die Nationalversammlung nicht zusammenbrach oder zerfiel; und die Revolution unnachgiebig auf den demokratischen Weg geführt wurde.[15]

Der Graf führte die Mehrheitspartei in der Nationalversammlung an. Diese war fest entschlossen, die alte Ordnung niederzureißen und Frankreich neu zu gestalten. Allerdings schwebte auch ihnen eine konstitutionelle Monarchie vor, nur sollte das Parlament über dem König stehen. (»Sie heben alles aus den Angeln«, schrieb Gouverneur Morris über diese Partei, deren Mitglieder er ansonsten nur als »Verrückte« titulierte.) Des weiteren fanden sich in der Nationalversammlung die Schwarzen, eine Gruppierung von Konterrevolutionären, welche die alte Ordnung in ihrer Gesamtheit wiederherstellen wollte, und die Monarchisten, denen eine Machtteilung zwischen dem König und einem oder mehreren vom Volk gewählten Organen vorschwebte. Gouverneur Morris neigte letzterer Partei zu, die jedoch rasch an Mitgliedern und Einfluss verlor. Er sah ihre Schwäche darin, dass die Deputierten all ihr politisches Wissen aus Büchern gewonnen hatten und keinerlei Erfahrung besaßen und deswegen stümperhaft und naiv ihre politischen Ziele angingen.[16]

Mirabeau gehörte zwar einer Partei an, hatte aber in vielen Fragen eine eigene Meinung. Zwar hasste er die Verschwendungssucht und die anderen Exzesse der Monarchie, den König an sich aber liebte er. Der Graf war davon überzeugt, die beste Regierung Frankreichs bestünde aus einer Allianz zwischen dem König und dem Volk – mit seiner Person als Führer der Bürger. Die Nationalversammlung, von der er als »wildem Esel« sprach, konnte seiner Meinung nach niemals von sich aus die Geschicke des Landes lenken. Sie musste geführt, notfalls gedrängt und zur Tat getrieben werden – am ehesten von einer dominierenden Persönlichkeit. Daher blieb der König eine Notwendigkeit, allerdings nur, nachdem man ihm seine absolute Macht genommen und ihn in das Korsett einer Verfassung gezwängt hatte.

Mirabeau erzählte seinem Freund, dem Grafen von La Marck, einem früheren Botschafter Maria Theresias und Vertrauten des Königspaares, er möge die Herrscher davon in Kenntnis setzen, dass er »weniger gegen sie, als vielmehr für sie sei«. Außerdem müsse er sie warnen, dass sie sich in großer Gefahr befänden. »Überzeugt den König davon«, drängte er, »er und Frankreich sind verloren, wenn er nicht mit seiner Familie Paris verlässt.« Er entwarf sogar eine Fluchtroute und sah die Normandie als möglichen Zufluchtsort für die Monarchie an.

Antoinette aber wollte mit diesem abnormen und amoralischen Mann nichts zu tun haben; mit diesem Menschen, der zwar aus vornehmem Hause stammte, seine Herkunft aber gänzlich vergessen zu haben und das Benehmen und die politische Haltung des gewöhnlichen Volkes angenommen zu haben schien. Trotz La Marcks Versicherung traute sie dem Parteiführer nicht über den Weg und glaubte, Mirabeau schere sich um niemand anders als sich selbst. Davon abgesehen erreichten zahllose solche Warnungen wie die Mirabeaus die Königin. Außerdem lag ihr ein Brief von Katharina der Großen, Kaiserin von Russland, vor, in der diese Antoinette drängte, die Ereignisse in Paris und die Nationalversammlung komplett zu ignorieren und in königlicher Isolation zu verbleiben.

»Die Könige müssen ihren Weg verfolgen, ohne sich um das Geschrei der Völker zu kümmern, so wie der Mond seinen Lauf verfolgt, ohne sich durch das Bellen der Hunde anfechten zu lassen«, schrieb die Kaiserin aller Russen.[17]

Sie erhielt viele Briefe, darunter geheime Botschaften, Sympathiebekundungen und Warnungen, die schreckliche Dinge ausmalten. Madame Campan war auf Drängen der Königin in die Tuilerien gezogen, und eine ihrer Aufgaben war, ihr die Korrespondenz vorzulesen. In Antoinettes Umgebung fanden sich noch weitere Damen wie Madame Thibaut, ihre oberste Kammerfrau – »Eine Frau von großen Verdiensten«, so Madame de Tourzel, »die sich der Königin über alles Maß verpflichtet fühlt.« – und Madame de Tourzel selbst, die Gouvernante ihrer Kinder. Diese Frauen und noch viele weitere gaben der Königin immer wieder in Gesten und anderem Unterstützung und Ermutigung.

Ihr Sekretär Augeard drängte Antoinette, sofort aus Paris zu verschwinden, und bot ihr an, sie an einem Abend in einem einfachen Postwagen hinauszuschaffen, wobei er selbst auf dem Kutschbock sitzen wollte. Augeard riet ihr, sich als Gouvernante und den Dauphin als Mädchen zu verkleiden. Die erste Station würden sie auf St. Thierry einlegen, dem Landsitz des Bischofs von Reims, und am nächsten Tag bis nach Buzancy kommen, wo der Sekretär ein Haus besaß. Von dort sei es dann nicht mehr weit bis zur Grenze. Anfangs zeigte sich die Königin sehr versucht, diesem Vorschlag zu folgen, aber dann überlegte sie sich die ganze Sache noch einmal. Ihr Sekretär wurde verraten, abgeurteilt und ins Gefängnis geworfen.

Außerdem waren da ja noch ihre Kinder, um die sie sich kümmern musste, und ihr »schlimmes Bein«, das ihr Schmerzen und Last bereitete. Über Weihnachten verstauchte sie sich, nicht zum ersten Mal, den Fuß und musste zwei Wochen in ihrem Zimmer bleiben, weil sie sich kaum fortbewegen konnte.[18]

Ihr Sohn besuchte sie, und das lenkte sie von all ihren Nöten ab. »Der kleine *chou d'amour* bezaubert mich immer wieder«, schrieb sie der Herzogin von Polignac , »und ich liebe ihn abgöttisch. Er liebt mich ebenso, auf seine Weise jedenfalls, und wenn ihm danach ist. Ich nenne ihn Kleiner Liebling, um ihn an Euch und die Euren zu erinnern. Manchmal frage ich ihn, ob er sich an Euch erinnert und ob er Euch liebt. Dann sagt er ›Ja‹, und ich umarme und herze ihn noch mehr. Es geht ihm gut, er wächst stattlich heran und hat auch keine Wutanfälle mehr. Jeden Tag spaziert er, und das tut ihm sehr gut.«[19]

Antoinettes Kinderschar, die sich neben ihren eigenen auch aus Pflegekindern zusammensetzte, verkleinerte sich zeitweise, als der kleine Senegalese Jean Amilcar in ein Kinderheim nach Saint Cloud geschickt wurde. Aber Thérèses beste Freundin Ernestine gehörte immer noch zur Familie und verbrachte jede freie Stunde mit der Prinzessin. Die beiden Mädchen wurden auf die Erstkommunion vorbereitet, die im nächsten Jahr stattfinden sollte. Thérèse und Ernestine standen sich so nahe, dass Antoinette schon überlegte, für den Dauphin einen ähnlich guten Freund zu finden.

Die Wintermonate zogen sich dahin, und nichts änderte sich an der Gefangenschaft der königlichen Familie. Jeden Nachmittag begaben sich der König und die Königin in die Tuilerien-Gärten – man hatte Ludwig die Jagd untersagt. Der König wurde von sechs Grenadieren der Nationalgarde, einigen Beamten des Haushalts und einem Pagen begleitet. Die Königin sah sich in der Gesellschaft einer ihrer Damen und einiger Soldaten, die so dicht neben ihr herschritten, dass sie jedes Wort verstehen konnten. Nicht weit von ihnen lag der eingezäunte Garten ihres Sohns, in dem der Dauphin gern mit Hacke und Rechen spielte, natürlich unter Beobachtung durch einige Nationalgardisten.

Arthur Young sah sie dort an einem warmen, regnerischen Januarnachmittag und entdeckte entsetzt, wie krank die Königin wirkte. »Um die Gesundheit Ihrer Majestät scheint es nicht zum Besten zu stehen«, teilte er später mit. »Vieles muss ihr sehr nahe gehen, und das sieht man ihren Zügen an.« Eine größere Gruppe von Bürgern, folgte ihr, schwatzte ungeniert, beäugte sie von allen Seiten und ließ ihr kaum Platz zum Atmen. Allerdings fiel Young auf, dass einige den Hut vor ihr zogen.[20]

Die Gefangenschaft lastete sehr auf ihr. »Meine Seele befindet sich in größerem Aufruhr und in mehr Sorge als je zuvor«, gestand sie Mercy. Die Königin überlegte in dieser Zeit, ihre Memoiren zu schreiben, wusste sie doch, dass sie in bedeutsamen Zeiten lebte. Bald war sie entschlossen, ihre Sicht der Ereignisse zu Papier zu bringen. Antoinette sammelte alle Briefe und fing an, »kurze Berichte über ihre Empfindungen und gerade statt gefundene Ereignisse zu verfassen«, wie Madame Campan in ihren Lebenserinnerungen festhielt.[21]

Die Königin war gewillt, diese Zeit der Prüfungen bestmöglich zu überstehen und nicht nur gestärkt daraus hervorzugehen, sondern auch noch über ihre Feinde zu triumphieren. Ihr Mut konnte es mit jeder Herausforderung aufnehmen, und auch ihr Charakter wies die dazu nötige Festigkeit auf. Nur mit ihren Geistesgaben stand es nicht zum Besten.

»Die Königin besitzt sicher einige Intelligenz«, schrieb La Marck, »und genug Tatkraft. Indes muss ich gestehen, dass sie in politischen und Staatsfragen wie auch in der normalen Konversation nicht mit dem Grad an Aufmerksamkeit oder logischem Folgevermögen dienen kann, die nun einmal notwendig sind, um Irrtümer zu vermeiden und einen Erfolg an Verständnis erringen zu können.«[22]

Antoinette gab ihr Bestes, aber das reichte nicht immer aus. Sie war oft erschöpft. »Es wird ihnen nicht gelingen, meinen Mut zu zerstören«, schrieb sie in einem Brief, »aber ich leide sehr.«

# 24

Im Frühjahr 1790 brodelte es in Paris immer noch. Überall in der Stadt wurden Trommeln geschlagen, bei Tag und bei Nacht, und jeden Morgen begrüßten die Kapellen der Nationalgarde den neuen Tag mit einem schrillen Flötentusch. Niemand fand mehr seine Ruhe, weil ständig irgendwo Soldaten marschierten oder exerzierten. Ihre regelmäßigen Abendparaden und »ihr prahlerisches Herumstolzieren« in den Straßen brachte auch die ruhigsten und bravsten Bürger auf. Das Leben im revolutionären Paris »gleicht dem Dasein in einer belagerten Stadt«, schrieb ein Besucher. Der Lärm, die martialische Atmosphäre, die Menge, das Geschrei und die Schüsse von den Duellen – die nach allgemeiner Ansicht deutlich zugenommen hatten – heizten die Spannungen zusätzlich auf. Der Duft der Fliederbüsche in den Tuilerien-Gärten lag normalerweise zu dieser Jahreszeit über der Stadt, wurde jetzt aber vom Pulvergeruch überlagert. Pulverqualm versperrte die Sicht auf die blühenden Kastanienbäume, und Warn- und Entsetzensschreie zerrissen die Frühlingsluft.

Die Modejournale schrieben für die modebewusste Frau »Verfassungskostüme« vor, genauer gesagt Gewänder »gestreift in den Nationalfarben«. Patriotismus galt als chic. Von einer patriotischen Frau wurde erwartet, dass sie Blau trug, dazu einen Hut aus schwarzem Samt, ein Hutband und eine Kokarde in den Farben der Trikolore. Gemäßigte und Aristokraten zeigten ihre politische Gesinnung, indem sie die Kokarde bewusst wegließen. Man betrachtete sie zunehmend mit Argwohn, und das erst recht nach dem Prozess gegen den Marquis von Favras und dessen Hinrichtung.

Favras gehörte Provences Schweizer Garde an, und man beschuldigte ihn, als Provences Agent an einer konterrevolutionären Verschwörung teilgenommen zu haben. Diese plante, eine Armee von dreißigtausend Mann aufzustellen, die königliche Familie zu entführen und Lafayette und Bailly, den Bürgermeister von Paris, zu ermorden. Als der misstrauisch gewordene Lafayette den Marquis verhaften ließ, wurden bei ihm Briefe von Provence gefunden. Obwohl Favras seine Unschuld beteuerte, zweifelte kaum jemand an den ihm zur Last gelegten Verbrechen. Sein langer Prozess war im Winter das Gesprächsthema Nummer eins. Täglich versammelten sich große Menschenmengen vor dem Gerichtsgebäude und forderten das Todesurteil. »A la lanterne!«, riefen sie – »An die Laterne mit ihm«, was besagte, man sollte ihn an einer solchen aufhängen. Im Hof des Gerichts hatte man Soldaten und Geschütze postiert, aber im Verlauf des Verfahrens kam es zu keinen Ausschreitungen. Am Ende verurteilten die Richter den Marquis zum Tod durch den Strang. Eine schändliche Strafe für einen Adligen, die doch das Privileg genossen, geköpft zu werden. Aber die Pariser waren zufrieden und wohnten in großer Zahl seiner Hinrichtung auf der Place de Grève bei.

Dennoch trat damit noch längst keine Ruhe ein. Misstrauen lag in der Luft, und überall wurden Wachen aufgestellt. Die Schnüffelei, auch früher schon sehr verbreitet, gedieh noch ärger und erzeugte eine erstickende Atmosphäre. Die ständigen Unruhen auf den Straßen förderten das Agentenwesen, weil die verschiedenen Gruppen und Gruppierungen sich auf dem Laufenden halten wollten, was der Gegner gerade plante.

»Die Post ist im Augenblick wenig sicher«, schrieb Fersen, der kurz zuvor nach Paris zurückgekehrt war, in sein Tagebuch. »Es gibt hier eine so große Bespitzelung, so viele Untersuchungskomitees und Konspirationen, dass man weder zu reden noch zu schreiben wagt.«[1] Doch trotz all dieser Gefahren kam die königliche Korrespondenz nicht zum Erliegen. Fersen fungierte als Bote, Verbindungsmann, Verschlüsseler und Sekretär. Briefe in seiner Handschrift sind erhalten geblieben, auf denen man Bemerkungen und Ergänzungen von Antoinette findet. Daraus lässt sich schließen, dass er ihr beim Verfassen der Briefe an die europäischen Herrscher, in denen sie dringend um Geld und militärischen Beistand ersuchte, behilflich gewesen ist.

Zündstoff für die aufgeladene Pariser Atmosphäre boten die politischen Clubs, die meist einer der Parteien nahe standen. Hier wurden Ideen geboren, politische Programme ausgefeilt und Kandidaten für bestimmte Ämter ausgekungelt. Die meisten Clubs waren Debattierrunden, aber auch Nachrichtenbörsen oder einfach Zusammenkünfte von Menschenfreunden. Ihren Namen erhielten sie in der Regel von den Klöstern oder Kirchen, in denen sie zusammenkamen. Sie erhoben Mitgliedsbeiträge und zogen Deputierte aus der Nationalversammlung und gebildete Bürger aus der Mittelschicht an. Der Jakobiner-Club, so benannt nach seinem Treffpunkt, dem Dominikaner-Kloster St. Jakob, hatte sich selbst den Namen »Freunde der Verfassung« gegeben, und seine Anhängerschaft setzte sich aus Deputierten, liberalen Adligen und gemäßigten Pariser Bürgern zusammen. Die Jakobiner beobachteten die Arbeit der örtlichen Behörden und zeigten jeden an, der es mit den von der Nationalversammlung verabschiedeten Gesetze nicht so genau nahm. Außerdem verbreiteten sie hartnäckig überall, der König treffe Vorbereitungen für eine Flucht außer Landes.

Trotz Verfassung herrschte weiterhin das Chaos. Die Autorität des Königs geriet ins Wanken, und darunter zerbröckelte die der Gesetze und der Moral. Zu den Ausschreitungen und dem Aufruhr der Bürger gesellten sich zunehmend Meutereien in der Armee. Man grüßte die Offiziere nicht mehr, ignorierte und missachtete Befehle oder erschoss Vorgesetzte vor den Augen der Kameraden. Auch die Kriminalität wuchs stark an. Einbrüche waren an der Tagesordnung. Taschendiebe hatten ein leichtes Spiel. Schließlich rief die Nationalversammlung das Kriegsrecht aus, doch blieben auch danach die meisten Gesetzesbrecher unbestraft. Dem Staat mangelte es einfach an genügend Polizisten und Nationalgardisten, um der allgemeinen Anarchie Herr werden oder Übeltäter ermitteln zu können.

Besucher der Hauptstadt schockierte in jenen Tagen aber neben der weit verbreiteten Kriminalität auch die vorherrschende Unmoral. »Paris ist sicher der verdorbenste Ort auf der Erde«, schrieb der amerikanische Gesandte, Gouverneur Morris. »Inzucht, Mord, bestialische

Gewalt, Betrug, Raub, Plünderung, Bedrohung, Niedertracht und Grausamkeit, wohin man sieht. Und dennoch ist dies die Stadt, welche in der heiligen Sache der Freiheit einen solchen Riesenschritt vorwärts getan hat.« Nach der Ursache für diesen Widerspruch musste nicht lange gesucht werden. »Nachdem der Druck des alles erstickenden Despotismus entfernt ist«, schrieb Morris, »hält kein Damm mehr die Energien sämtlicher schlechter Eigenschaften zurück.«[2]

Morris hätte sich an die eigene Nase packen müssen, hielt er sich doch in Frankreich etliche Mätressen und war auch auf anderen Gebieten kein unbeschriebenes Blatt. Doch selbst einen abgebrühten Mann wie ihn entsetzen Väter, die mit ihren eigenen Töchtern Verkehr hatten. Die bildeten bei weitem keine Ausnahme, denn die Inzucht war allgemein weit verbreitet. Mirabeau hatte in jungen Jahren mit seiner Schwester geschlafen und stand zumindest in dieser Hinsicht nicht als Sonderling da. Die Revolution schien die Lockerung der Moral, deren Grundfesten vorher schon aufgeweicht worden waren, nur noch zu beschleunigen.[3]

Doch viel schlimmer als die losen Sitten der neuen Zeit empfanden die Menschen den allmählichen Zusammenbruch der Volkswirtschaft, »Das Chaos wächst von Tag zu Tag«, schrieb Fersen in sein Tagebuch. »Die Kaufleute verkaufen nichts mehr, die Fabriken verfallen, die Lebensmittel werden teurer, die Zahl der Armen nimmt erschreckend zu.«[4] Hartgeld verschwand so gut wie völlig aus dem täglichen Leben. Wer Gold-, Silber- oder sonstige Münzen besaß, hortete die lieber bei sich zu Hause.

Das königliche Schatzamt gab daher Papiergeld aus, dessen Deckung nicht mehr gewährleistet war. Vielmehr handelte es sich bei diesen Scheinen um Staatsanleihen, die vom Verkauf des im November verstaatlichten Kirchenbesitzes gestützt wurden. So bezahlte man fortan mit diesen Assignaten genannten Noten. Doch niemand setzte viel Vertrauen in die neue Währung, und Kredite wurden nicht mehr gewährt. Überhaupt zeitigte der Großangriff auf das alte Regierungs- und Gesellschaftssystem Folgen, die niemand hatte vorhersehen können. Viele Aristokraten waren ins Ausland geflüchtet und ließen Tausende Diener, Kunsthandwerker und Kaufleute zurück, die von den vornehmen Häusern gelebt hatten und nun vor dem Nichts standen. Auch der Umzug der königlichen Familien vollzog sich nicht ohne Nebenwirkungen. Da der König in Paris nicht mehr auf die Jagd gehen konnte, mussten sechshundert Menschen aus dem Palastdienst entlassen werden.

So sehr die Pariser auch Gleichheit und Freiheit verlangten und verteidigten, so sehr litten sie auch Mangel. Die Mehrheit gab der Nationalversammlung die Schuld an der schweren ökonomischen Krise. Eine Gruppe von achtzig Anstreichern, Schneidern, Zimmerleuten, Schustern und anderen Handwerkern überreichte dem König eine Petition, in der sie sich bitterlich über den Verlust ihrer Arbeitsplätze, die gestiegenen Nahrungsmittelpreise und die allgemeine Not beklagten, welche ihnen die politischen Reformen eingebrockt hätten: »Sire, bei der Freiheit und der Gleichheit handelt es sich lediglich um Chimären, welche die sozialen Bindungen zerrissen, alle Autorität untergraben und der Anarchie Tür und Tor geöffnet haben ...« Sie beschworen Ludwig, gegen alle Verstöße vorzugehen und vor allem »jene aufrührerischen Personen zu bestrafen, die sich als Freunde der Verfassung ausgeben, doch in Wahrheit deren grausamste Feinde sind«.[5]

Der König erhielt im Frühjahr 1790 zahlreiche solcher Petitionen, und deren Bitten und Forderungen klangen immer ernster und drängender. Tatsächlich gab es in Paris eine ganze Reihe von Personen, die sich an der Revolution bereicherten. Wie zum Beispiel den Bauunternehmer Palloy, der von der Stadtverwaltung den Auftrag erhalten hatte, die Trümmer der zerstörten Bastille fortzuschaffen. Der Mann machte ein Vermögen damit, die zerbrochenen Steine als Souvenirs zu verkaufen. Aber Palloy und seinesgleichen bildeten die Ausnahme. Die verzweifelten Handwerker und Geschäftsleute, die sich in Bittschriften an den König wandten, sprachen für die überwiegende Mehrheit.

Obwohl einschneidende Maßnahmen dringend geboten schienen, wollte Ludwig nichts unternehmen. Er saß untätig in seinen Gemächern, arbeitete höchstens einmal in seiner Schlosserwerkstatt, döste vor sich hin oder las stundenlang in seinem Arbeitszimmer Zeitungen und Zeitschriften. Als man ihm mitteilte, dass die Nationalversammlung die alte Provinzgliederung Frankreichs abgeschafft und das Land in dreiundachtzig Verwaltungsbezirke, die Départements, aufgeteilt habe, setzte er sich an seinen Schreibtisch und zeichnete eine Karte von Frankreich. Diese teilte er in die alten Provinzen und in die neuen Départements auf und hob die Unterschiede hervor. Darüber hinaus spielte der König Billard, unterhielt sich mit seiner Tochter, die er abgöttisch liebte, und verbrachte Zeit mit seinem Sohn. Oft spielte er stundenlang mit Provence Whist, obwohl der ihm mit seinen politischen Rat- und Vorschlägen regelmäßig auf die Nerven ging. Er stopfte wie ein Vielfrass immer mehr in sich hinein und schlief gern und lange; wusste er doch, dass er im Schlummer den zahlreichen Misslichkeiten des Alltags entfliehen konnte.

Insgeheim hoffte der König immer noch auf die Hilfe Spaniens, der Habsburger und de schweizerischen Bankiers, während er in der Öffentlichkeit verbreitete, er sehe sich keineswegs als Gefangenen der neuen Regierung. Ludwig kündigte an, sobald das Wetter besser geworden sei, eine Rundreise durch die neuen Départements unternehmen zu wollen. Auch freute er sich sehr über die Medaille, welche ihm die Stadtverwaltung von Paris überreichte und auf der geschrieben stand: »Dem Besten aller Könige« und »Dem Bewahrer der Französischen Freiheit und wahren Freund des Volkes.« Ebenso hörte er gern, dass zu seinen Ehren neue Monumente in Lyon und Marseille errichtet werden sollten. Die wollte Ludwig unbedingt besuchen und sich dort vom Volk feiern lassen. Die Revolution habe manche Veränderung bewirkt, pflegte er zu sagen, aber Frankreich sei eine Monarchie geblieben, und er immer noch der König. Auf Drängen seiner Minister trat Ludwig vor der Nationalversammlung auf und hielt eine politisch bedeutende (rhetorisch hingegen weniger gelungene) Rede, in der er sich selbst zum Führer der Revolution ausrief.

Dieser Schachzug rührte von Ludwigs verdrehter, aber gleichwohl kühl durchdachten Einschätzung seiner Lage her. So, wie sich ihm die Entwicklung darstellte, befand er sich in einer ähnlichen Lage wie anderthalb Jahrhunderte zuvor König Karl I. von England. Karl hatte sich gegen das Parlament gewandt, und dieser Konflikt hatte in einen Bürgerkrieg gemündet. Den hatten die Königstreuen ebenso verloren wie Karl daraufhin seinen Kopf.

»Mir droht das gleiche Schicksal«, pflegte Ludwig zu sagen. »Der einzige Ausweg, der sich mir bietet, besteht darin, das Gegenteil von all dem zu unternehmen, was der unglückselige Karl getan hat.« In dieser Zeit las er wieder das mehrbändige Werk des Earl of Clarendon über die Geschichte der Rebellionen und Bürgerkriege in England, und an seiner Wand hing ein Porträt von Karl I. Seine Ratgeber bestärkten ihn wissentlich und unwissentlich darin, Parallelen zwischen seinem Schicksal und dem des englischen Königs zu ziehen. Schon zu Anfang seiner Zeit als König hatte er von Karl I. zu hören bekommen, als Turgot ihn nämlich warnte, er könne das Los des Engländers teilen. »Vergesst niemals, Sire, dass Schwäche Karl I. dazu zwang, den Kopf auf den Richtblock zu legen … Euch sieht man auch als schwach an, Euer Majestät.« Provence, Antoinette und der Minister Montmorin schienen ins gleiche Horn zu stoßen. Deshalb war Ludwig auf die Idee verfallen, sich als Freund des Volkes und nicht als Feind der Revolution darzustellen. Nur auf diese Weise, so glaubte er, könne er verhindern, als Märtyrer zu enden. Und irgendwann würde sein Volk schon wieder zur Besinnung kommen.

Doch bis es so weit sein würde, betrübten ihn erst einmal die Unruhen in seinem Reich, die Ausschreitungen und Meutereien im Heer und die Verschwörungen zur Ermordung des Königs und seiner Familie. Seine treuen Diener waren sein einziger Trost. »Ich muss immer wieder einen Blick auf die werfen, welche noch in Treue fest zu mir stehen«, teilte er Madame de Tourzel mit, »denn nur so verschaffe ich meinem bekümmerten Herzen Linderung.«[6]

Und noch konnte der König sich auf eine Schar loyaler Höflinge verlassen – auf seine beiden obersten Kammerherren, Thierry und Chamilli, auf die vielen Edlen seines Schlafzimmers, auf den Marquis von Brézé, seinen Obersten Zeremonienmeister, auf den Marquis von Suze, seinen Obersten Quartiermeister der Kavallerie, und auf seinen ersten Schlafgemach-Herren, den Herzog von Villequier. Leider hatte man ihm aber die Soldaten der Leibwache abgezogen und sie durch Nationalgardisten ersetzt. Die kannten sich bei Hof nicht aus und fühlten sich hier unwohl. Bestenfalls verhielten sie sich unbeholfen, schlimmstenfalls streitsüchtig und verdrossen.

Diese Nationalgardisten empörten sich im April des Jahres ebenso wie Millionen Bürger, als die Nationalversammlung die Kosten des Königshauses bekannt gab. Zwischen 1774 und 1789 hatten der Herrscher und sein Hof die unvorstellbare Summe von 227 983 716 Livres für Bauwerke, Gärten, Schmuck und andere Luxuswaren, Pensionen für ihre Favoriten und gesellschaftliche Anlässe ausgegeben. Fast dreißig Millionen waren Provence und Artois für ihre aufwendige Unterbringung zur Verfügung gestellt worden. Weitere sechs Millionen hatten die Polignacs und andere Aristokraten erhalten. Dagegen nahmen sich 250 000 Livres für wohltätige Zwecke und die Armen geradezu lumpig aus. Gerechterweise muss hinzugefügt werden, dass die Hälfte dieser Unsumme für den Krieg an der Seite der Vereinigten Staaten gegen England und für Heer und Marine angefallen war. Doch stachen die zwölf Millionen für persönliche Belange ins Auge – vornehmlich für Antoinettes Diamanten, wie man allgemein annahm. Schon ein Bruchteil dieser Summe hätte ausgereicht, den Mangel in der Hauptstadt zu lindern und die Menschen mit Brot zu versorgen.

Die Reaktionen auf diese Aufstellung fielen naturgemäß hart aus. Die Menge vor den Tuilerien stimmte das Revolutionslied »Ça ira« an und fügte neue, drohende Verse hinzu:

»Ja, es wird geschehen, es wird geschehen
Das sagen die Menschen sich allüberall
Ja, es wird geschehen, es wird geschehen
Trotz allen Widerstands wird alles gut!

Ja, es wird geschehen, es wird geschehen
Hängt die Edlen an den Laternen auf!
Ja, es wird geschehen, es wird geschehen
Wir knüpfen alle Aristokraten auf!«

Der Fantasie schienen keine Grenzen gesetzt zu sein: »Der Despotismus wird sterben, die Freiheit triumphieren«, oder »Wir brauchen keine Edlen noch Priester, nur Freiheit für alle« und selbstredend wurde auch die »infernalische Clique« der Österreicher in die Hölle geschickt.[7]

Auch den Privilegien und der Ungleichheit galt der Volkszorn. Am 23. Juni schaffte die Nationalversammlung alle Adelstitel ab. »Nie mehr Euer Hoheit, Exzellenz oder Eminenz!«, rief ein erregter Deputierter. Von dort war es nur noch ein kleiner Schritt bis zur Forderung: »Nie mehr König!«

Niemand sah das deutlicher voraus als Mirabeau, der schon seit Monaten dem Herrscherpaar seine Hilfe andiente. Schließlich war

Ludwig einverstanden, sich heimlich mit ihm zu treffen. Dort schlossen die beiden einen Handel ab. Der Graf würde seine Schulden beglichen bekommen und eine Monatspension von 6000 Livres (dazu im Falle der endgültigen Auflösung der Nationalversammlung eine Abfindung von einer Million) erhalten. Im Gegenzug versprach Mirabeau, seinen ganzen, nicht unbeträchtlichen Einfluss in der Nationalversammlung zum Wohle Ludwigs in die Waagschale zu werfen und sich mit ganzer Kraft für die Schaffung einer konstitutionellen Monarchie einzusetzen.

Mit diesem Mann hatte der König einen mächtigen Verbündeten gewonnen, aber selbst dem idealistischen Ludwig dürfte klar geworden sein, dass Mirabeau mehr wollte: Reichtum und in einer neuen Regierung das Amt eines Premierministers. Selbstredend schmeichelte es Mirabeau, den König zu treffen, und noch mehr gefiel es ihm, als er im Juli endlich Gelegenheit erhielt, auch mit der Königin zusammenzukommen. Doch ganz so einfach verhielt es sich mit diesem Mann nicht, war er doch innerlich zerrissen. Sein Freund La Marck bemerkte, Mirabeau schwanke »zwischen dienen und bedient werden«. Sicher wollte ein Teil von ihm die Monarchie bewahren, aber seine andere Hälfte wäre gern selbst König geworden.

Mirabeau traf Antoinette zum ersten Mal in Saint Cloud. Die Nationalversammlung hatte zugestimmt, dass die Königsfamilie den Sommer dort verbringen dürfe; allerdings nur unter der Auflage, sonntags und zu wichtigen Anlässen in die Tuilerien zurückzukehren. Mirabeau fuhr mit seinem Neffen Victor nach Saint Cloud und befahl dem Jüngling, am Palasttor auf ihn zu warten. Der Graf hielt Vorsicht für geboten, musste er doch damit rechnen, in eine konterrevolutionäre Verschwörung verwickelt zu werden. Aber als er einige Zeit später zu der Kutsche zurückkehrte, befand er sich im Zustand der Verzückung. Die Königin hatte ihn verzaubert und ganz aus dem Gleichgewicht gebracht.

»Sie ist eine außerordentlich großartige, außerordentlich vornehme und außerordentlich unglückliche Dame«, erklärte er Victor mit bebender Stimme, »und ich werde sie retten.« Mirabeau sah in Antoinette die wahre Tochter der großen Maria Theresia, denn sie hatte den Mantel der Würde ihrer Mutter angelegt. Sie, und nicht ihr nutzloser Gemahl, hatte das Sagen; und schließlich war sie es gewesen, die ihn zu diesem Treffen bestellt hatte. »Der König hat nur einen Mann, auf den er sich stützen kann«, fuhr der Graf fort, »und das ist seine Frau.« Antoinette hatte ihn restlos von ihren Fähigkeiten überzeugt, aber gleichzeitig wusste er, dass sie das Land bald würde verlassen müssen. »Dieser Moment wird kommen, in gar nicht langer Zeit, und dann wird sich zeigen, ob sie mit einem Kind auf einem Pferderücken zurechtkommt.«

Der erste Jahrestag der Bastille-Erstürmung stand bevor, und die Nationalgarde beschloss, zu diesem Ereignis alle ihre Mitglieder, auch Föderaten genannt, zu einer großen Feier nach Paris einzuladen. Die Nationalversammlung stimmte dem großen Föderationsfest zu. Zehntausende Nationalgardisten aus den einzelnen Départements sollten sich auf dem Marsfeld zwischen der Militärakademie und dem Fluss versammeln und den Treueid auf die Nation leisten – gleichsam als Verherrlichung der Freiheit. Gleichzeitig sollte diese Massenveranstaltung aber auch Verbundenheit mit der Kirche und der Monarchie demonstrieren; denn die Nationalgardisten sollten unter freiem Himmel eine Messe feiern, die Talleyrand, der Bischof von Autun, lesen würde, und die königliche Familie sollte bei dem Spektakel ebenfalls anwesend sein.

Man verwandelte das Marsfeld in ein weites Amphitheater mit dreißig Reihen übereinander angeordneter Bänke für die Zuschauer. Im Zentrum errichtete man den Altar des Landes, reich verziert mit Ornamenten und Inschriften. Hinter ihm würde Talleyrand die Messe zelebrieren. Die Militärakademie verschönerte man mit Wimpeln und Fahnen, man errichtete einen gewaltigen Triumphbogen nach antikem Vorbild, und seine Inschriften verherrlichten die konstitutionelle Monarchie.

All dies schuf man binnen Wochen und voller Eifer, für den nicht nur der rasch näher rückende Jahrestag, sondern auch ehrliche patriotische Gesinnung verantwortlich zeichneten. Der katastrophalen Wirtschaftslage, Lebensmittelknappheit, der allgemeinen Gesetzlosigkeit und der Bespitzelung zum Trotz ergriff die Pariser der heiße Wunsch, all das zu feiern, was sie in nur einem Jahr bewirkt und geschaffen hatten. Die Arbeiten auf dem Marsfeld entwickelten sich – ähnlich der Trikolore – zu einem Symbol für die revolutionäre Gesinnung und überhaupt aller Zukunftshoffnungen. Spontan schlossen sich Menschen aus allen Schichten den dreitausend Arbeitern an, die das Feld umgraben, die künstlichen Hügel aufschichten und den Altar und den Triumphbogen errichten sollten.

Der Jahrestag begann grau und wolkenverhangen. Wenig später regnete es in Strömen. Die dreihunderttausend Zuschauer, welche einen Sitzplatz erworben oder zumindest einen Stehplatz ergattert hatten, wurden binnen kurzem bis auf die Haut durchnässt. Dennoch warteten sie geduldig auf den Beginn des Spektakels. Tausende Regenschirme bildeten ein vielfarbiges Dach über der Menge und raubten so manchem die Sicht. Aber als dann die Nationalgardisten einmarschierten, jedes Département unter seiner eigenen Fahne, gefolgt von den Regimentern des Heeres, deren Offiziere den Säbel gezogen hatten, dann den Matrosen und schließlich der Kavallerie, waren aller Regen und Unbill vergessen. Marschieren und Paradieren nahmen Stunden in Anspruch; aus jeder Straße strömte ein Umzug heran, und alle kamen auf dem Marsfeld zusammen, das sich in einen gigantischen, wimmelnden Platz verwandelte. Das Blau und Weiß der Nationalgarde wob sich zwischen die Farbenvielfalt der Kavallerie mit ihren Jägern, Dragonern und Husaren. Tropfnasse Fahnen wurden geschwungen, während der Himmel sich schwarz färbte und ein Wolkenbruch niederging, der das Marsfeld in eine Schlammlandschaft verwandelte.

Doch auch das trübte nicht die Freude der Patrioten. Die Männer warfen ihre Hüte in die Luft, und einige hielten aufgeweichte Brotlaibe an Säbeln und Bajonetten hoch. Einigen hundert Menschen war es gelungen, den Triumphbogen zu erklimmen, wo sie ihre Begeisterung herausschrieen und die Trikolore schwangen. Am Altar des Landes standen dreihundert Priester in weißen Gewändern und mit Schals in den Farben der Trikolore bekleidet und warteten auf die Ankunft des Bischofs.

Nun erschien ein Orchester und spielte auf. In all dem Rufen, Schreien und Singen, dem Donnern und Schrillen der Kapellen und der Musik des Orchesters (die beide nur selten dasselbe spielten) ging die allgemeine Ordnung gelegentlich unter. Soldaten verließen ihre Ränge, um vor Freude zu tanzen oder sich am Schinken, am Obst und an den Würsten zu stärken, welche die Menschen ihnen unterwegs zugeworfen hatten. Eine fröhliche, heitere Anarchie breitete sich aus.

Die Ankunft der Deputierten und des Königs richtete die allgemeine Aufmerksamkeit auf die Militärakademie und beendete das ausgelassene Treiben.

Kanonen schossen Salut für die Nationalversammlung, deren Deputierte zwischen zwei Fahnenreihen einmarschierten. Danach zeigte sich Ludwig in prächtiger Aufmachung und begleitet von seinem farbenfrohen Gefolge. Neben dem Thron stand ein Sessel für den Parlamentspräsidenten und dahinter fand sich ausreichend Platz für Antoinette und die anderen Mitglieder der Königsfamilie. Als sie ihre Plätze einnahmen, wurden sie von lautem Jubel begrüßt.

Der Bischof feierte nun die Messe, segnete die Fahnen der Nationalgardeeinheiten und stimmte das Te Deum an. Anschließend erfolgte die Eidesablegung. Einer nach dem anderen traten Lafayette, die Offiziere der Pariser Nationalgarde, Armeeoffiziere und die Gardisten aus den Départements vor den Bischof und schworen, der Nation, dem Gesetz und dem König die Treue zu halten. »Als jeder Säbel gezogen und jeder Kopf erhoben war«, stand Ludwig auf und sprach seinerseits den feierlichen Eid:

»Ich, König von Frankreich, schwöre, die mir zugewiesene Macht für den Erhalt der Verfassung einzusetzen, wie sie von der Nationalversammlung beschlossen und von mir anerkannt wurde.« Ludwig erinnerte die Versammelten daran, dass er ihr »Vater, Bruder und Freund« sei. Er könne nur glücklich sein, wenn seine Untertanen glücklich seien. Seine Stärke erwachse aus ihrer Freiheit und seine Wohlfahrt von ihrem Wohlergehen. »Wiederholt meine Worte und auch die Regungen meines Herzens in den Hütten der Armen!«, rief der König im weiterhin strömenden Regen. »Sagt ihnen, auch wenn ich nicht in der Lage bin, mit euch in ihre Hütten zu gehen, so bin ich doch mit meiner Liebe und den Gesetzen, die zu ihrem Schutz gemacht sind, stets bei ihnen – um über sie zu wachen, um für sie zu leben und um notfalls für sie zu sterben.«[8]

Tränen liefen den Menschen über die Wangen, man verlangte, die Regenschirme zu senken, und alle riefen: »Es lebe der König! Es lebe die Königin! Es lebe der Dauphin!« Antoinette, die rote, weiße und blaue Bänder im Haar trug, hob ihren Sohn, auf dass die Menge ihn sehen könne, und von neuem erhob sich aus vielen tausend Kehlen Jubelgeschrei.

Schließlich legten alle Anwesenden einstimmig den Eid ab und schworen, der Nation, dem Gesetz und dem König treu zu sein. Fanfaren schmetterten, alle klatschten Beifall, und schon verwandelte sich alles in ein riesiges Volksfest. Die Soldaten führten wieder ihre Rundtänze auf und mischten sich unter die Menge. Lafayette wurde so bedrängt, dass er sich kaum noch regen konnte, und Schreie und Jubelrufe begleiteten Ludwig auf seinem Rückweg in die Tuilerien.

»Für ein paar Stunden wurde Ludwig wieder zum Idol seiner Untertanen, zum Herrn seines Reichs«, schrieb Hézècques in Erinnerung an das Fest. Wieder richteten die Menschen ihre Hoffnungen auf ihn, galt er ihnen als aufgeklärter Herrscher und Volksfreund. In den folgenden Tagen, während aller Bankette, Bälle und Spiele entlang des Seineufers und auf den Volksfesten und Tänzen in den Straßen sprach man Ludwigs Namen mit Ehrerbietung und Liebe aus. Paris war die Stadt der Freiheit, und der freiheitsliebende König wohnte im Schatten seiner Hauptstadt, als zufriedener Gefangener seiner treuen Franzosen.

# 25

Allerorten plante man die Ermordung der Königin. Einen Attentäter namens Rotondo entdeckte man in den Gärten der Tuilerien, wo er sich mit einer Waffe in der Hand auf Antoinette stürzen wollte, sobald sie während ihres Nachmittagsspazierganges hier vorbeikäme. Niemand wusste, wie es dem Mann gelungen war, durch den Wächterring zu gelangen, der den ganzen Palast umgab. Hätte es an diesem Tag nicht geregnet und man daraufhin die königliche Promenade nicht verschoben, wäre Rotondo höchstwahrscheinlich Erfolg beschieden gewesen.

Den Agenten des Königs gelang es, eine Verschwörung aufzudecken. Man hatte geplant Antoinette zu vergiften. Ludwig ermahnte sie, äußerst vorsichtig bei allem zu sein, was sie zu sich nähme. Laut Madame Campan nahm Antoinette die Warnung äußerlich gelassen auf – vermutlich steckte ihr aber noch der Schreck vom letzten Attentatsversuch in den Gliedern. Immerhin begab sie sich zu ihrem Arzt, um sich mit ihm über Gegengifte zu beraten.

Der Medikus riet ihr, ständig eine Flasche mit Mandelöl in Griffweite zu haben. Das solle sie dann im Ernstfall mit Milch mischen und zu sich nehmen (dabei handelte es sich um ein äußerst wirksames Brechmittel). Außerdem empfehle es sich, den Inhalt häufig zu erneuern. Immerhin könne nicht ausgeschlossen werden, dass auch der Versuch unternommen werden würde, ihr Mandelöl zu vergiften.

Madame Campan sorgte sich um den Zuckervorrat, den Antoinette in ihrem Schlafzimmer hielt, um ihr Trinkwasser zu süßen. Der Rotondo-Vorfall bewies, dass sich buchstäblich jeder Zutritt zum Palast verschaffen konnte. Hatte er womöglich die Wachen bestochen? Viele Bedienstete wurden verdächtigt, auf Seiten der Revolutionäre zu stehen oder von ihnen Geld zu erhalten. Einem solchen Diener dürfte es kaum schwer fallen, ein Gift unter den Zucker der Königin zu mischen. Deswegen unternahm es Campan, den Vorrat drei- bis viermal täglich auszuwechseln.[1]

Antoinette erklärte bissig, dass ihre Feinde sie wohl eher durch ständige Verleumdungen als durch Gift vernichteten. Doch die ständigen Verschwörungen und noch mehr Gerüchte darüber mussten sie erschüttert und ihr klargemacht haben, in welch prekärer Situation sich ihre gesamte Familie befand.

Einige Personen, die von sich behaupteten, religiöse Visionen zu haben, kamen nach Saint Cloud und begehrten, zum König vorgelassen zu werden. Ein jeder von ihnen wurde fortgeschickt, doch sie kehrten beharrlich immer wieder zurück, bis man sie schließlich einsperrte. Zwei von ihnen erweckten den Eindruck, dem Wahnsinn anheim gefallen zu sein, aber wie sich dann herausstellte, handelte es sich bei diesen Männern um harmlose Spinner. Sie wollten nicht mehr, als Ludwig dazu zu drängen, »sein ganzes Vertrauen in Gott und die Jungfrau Maria zu setzen um seine Autorität wiederherzustellen.«

Die meisten Menschen, die erschienen, um den König zu sehen oder einen Blick auf die Königin zu werfen, erwiesen sich als ungefährlich – und ebenso harmlos wie der schweigende und brütende Chevalier Castelnaux, der immer noch als Antoinettes Schatten auftrat. Dennoch durfte man niemandem von ihnen trauen. Nicht, solange in Paris öffentlich zum Königsmord aufgerufen wurde. Mord, Plünderung und Brandstiftung gehörten zu den bevorzugten Vokabeln der Schreiber, die ihre Schriften in der ganzen Stadt und sogar vor der Tür der Nationalversammlung verkauften, die sich nur wenige Gehminuten vom Palast entfernt befand.

Am wildesten gebärdete sich der Journalist Marat. Der ehemalige Arzt hatte seinen Beruf an den Nagel gehängt und sich der Politik verschrieben. Seine Schriften trieften vor Hass auf den herrschenden

Adel. Im Sommer 1790 brachte er ein Pamphlet in Umlauf, in dem er die Pariser dazu aufstachelte, Ludwig und den Dauphin zu ergreifen, Antoinette und Provence ins Gefängnis zu werfen und sechshundert Amtsträgern die Hälse abzuschneiden. Und mehr noch verlangte er, dass alle Steuern abgeschafft gehörten. Nur und erst dann könnten die Franzosen wirklich zufrieden sein – und sich vor den Feinden der Revolution sicher fühlen, die sich bereits wieder in geheimen Zirkeln träfen, um sie umzustürzen.

Marats Aufruf zu Gewalt und Zerstörung galt vielen besitzenden Bürgern in Paris als Vorgeschmack dessen, was kommen würde. Angesichts des Chaos, des wirtschaftlichen Zusammenbruchs (der Wert der sogenannten Assignaten fiel ins Bodenlose) und der Scharen von Vagabunden und Deserteuren, die aus den Provinzen in die Hauptstadt strömten, verließ so mancher Paris.

Der Rat versuchte, diesen Exodus aufzuhalten, aber vergeblich. Weiterhin flohen viele aus der Hauptstadt und hofften, woanders mehr Sicherheit zu finden. Doch auch in vielen Provinzstädten brach die Revolution aus und kam es zu gewalttätigen Ausschreitungen. In Toulon tauchte unter den Dockarbeitern das Gerücht auf, sie sollten keinen Lohn erhalten. Daraufhin ergriffen sie den Marinekommandanten des Ortes und hätten ihn wohl aufgehängt, wenn nicht ein Trupp Grenadiere vorbeigekommen wäre und den Mann gerettet hätte. In Nancy meuterten drei Regimenter. Im anschließenden Chaos plünderten die Bürger das Arsenal, bewaffneten sich und marschierten gegen die Stadtverwaltung.

Die Zivilverfassung des französischen Klerus, die am 27. Juli vom Rat beschlossen und von Ludwig nicht unterzeichnet worden war, galt als die radikalste Gesetzesvorlage, die bislang von den Deputierten eingebracht worden war. Danach wurden die Bischofssitze aufgelöst und das Einkommen der Bischöfe – das in der Tat oft ungeheuer gewesen war – auf bescheidene zwölftausend Livres im Jahr beschränkt. Fortan galt rechtlich jedes der vierundachtzig Départements als eigene Diözese, und der örtliche Bischof wurde vom Départementrat gewählt. Gleichfalls sollten Priester von ihren jeweiligen Distriktsverwaltungen gewählt werden und vom Staat ein schmales Salär erhalten. Auf einen Nenner gebracht unternahm die Zivilverfassung den ernsthaften Versuch, jeglichem Missbrauch von Kirchenämtern einen Riegel vorzuschieben. Auf diese Weise sollten die Vorherrschaft der großen Familien in der Kirche beendet, der unerhörte Reichtum und die Extravaganzen vieler hoher Kirchenmänner und die Ignoranz, die Unmoral und die Käuflichkeit vieler unwürdiger Priester beendet werden. Die Deputierten erklärten, die Kirche habe sich weit davon entfernt, ein Hort der Geistlichkeit zu sein und sich statt dessen in eine weltliche Macht verwandelt, deren Reichtum, der ohnehin von den Gemeindemitgliedern gestohlen sei, besser für die Entwicklung der Nation genutzt werden sollte.

Doch viele Franzosen empfanden die neuen Gesetze als Angriff auf die Religion selbst. Neunzig Prozent der Bevölkerung bekannten sich zum katholischen Glauben, und die meisten waren fromme Kirchgänger. Der Antiklerikalismus und Skeptizismus der Aufklärung waren nie bis zu ihnen vorgedrungen. Die meisten Franzosen besuchten sonntags die Messe, sprachen ihre Gebete, brachten ihre Opfer und verehrte die Heiligen, ohne sich dabei von den politischen Wechseln im fernen Paris stören zu lassen. Als die Deputierten sich nun anschickten, fundamentale Veränderungen an ihrem Religionsleben vorzunehmen, gerieten diese Katholiken außer sich. Wer Priester in Staatsdiener verwandeln wollte, konnte nichts mit Frömmigkeit und Gewissensreinheit im Sinn haben und verstand nichts von den heiligen Dingen. Außerdem verletzte diese Regierung mit diesem Gesetz die Oberhoheit des Papstes, des geistigen Oberhaupts der gesamten Christenheit – und damit auch der Franzosen.

Die Zivilverfassung stieß daher so manchen ab, der vorher noch entschieden für die Prinzipien der Revolution eingetreten war – und sie gab der Konterrevolution eine mächtige ideologische Waffe in die Hand. Von nun an konnte die Gegenseite sich nicht nur als Verteidiger der Monarchie, sondern auch der Kirche hinstellen, als Streiter für Gott und den Glauben gegen die gottlosen Revolutionäre.

Als unermüdlichster Kämpfer für die Alte Ordnung erwies sich Artois. Er lebte mittlerweile in Turin im Exil und scharte eine wachsende Anzahl von Exilanten um sich, die sich alle der gemeinsamen Sache verschworen hatten, die Revolution zu stürzen. Artois war wild entschlossen loszuschlagen, sobald er erst einmal die Mitarbeit und Unterstützung der anderen europäischen Herrscher gewonnen hatte. Ein niedergeschlagener Aufstand von Revolutionsfeinden in Languedoc im Mai und Juni enttäuschte ihn nicht, er ermutigte ihn geradezu; denn er sah in diesem Vorfall keinen Schicksalsschlag, sondern ein günstiges Omen für die Zukunft.

Überhaupt ließ Artois sich nur von wenig beirren. Selbst Ludwigs Weigerung, mit ihm zusammenzuarbeiten, verdross ihn nicht. So reiste er lieber quer durch Europa von Hof zu Hof, traf sich dort mit Exilanten und Gleichgesinnten und verschickte verschlüsselte Nachrichten. Doch die verfasste er oft so vertrackt (manche meinten auch, schlampig), dass man sie nur unter größten Mühen verstehen konnte. »Ich habe endlich Euren letzten Brief entschlüsseln können, teurer Bruder«, antwortete Antoinette ihm nach Erhalt einer solchen Nachricht, »und das gelang mir erst nach nicht geringer Mühe. Eure Botschaft steckte voller Fehler.«

In seinem ganzen Leben hatte der Mann sich nie so wichtig fühlen dürfen, und seine selbstgewählte Aufgabe erfüllte ihn, als stünde er unter einer heiligen Mission. »(Artois) ist sehr leichtsinnig und voreilig«, notierte Fersen. Mit im Bunde stand sein Stellvertreter Calonne, der ehemalige Generalkontrolleur der Finanzen und Feind der Königin. Während die Monate ins Land gingen, scharten sich immer mehr um den Prinzen, und er träumte schon davon, aus diesen Exilanten die schlagkräftige Streitmacht der Gegenrevolution formen zu können.

Allerdings boten Artois und seine Spießgesellen Antoinette wenig Anlass zum Trost. Sie hielt nicht viel von ihrem Schwager und seinen Fähigkeiten und befürchtete, er werde in dieser prekären Situation alles nur noch schlimmer machen. Madame Campan glaubte, dass die Königin den Mann sogar fürchtete. Außerdem zweifelte sie sehr am Ausgang einer Konterrevolution, die im Ausland begonnen wurde. »Wenn den Emigranten Erfolg beschieden sein sollte«, vertraute Antoinette der Campan an, »werden sie hier für lange Zeit das Sagen haben. Dann dürfen wir ihnen nichts abschlagen. Wenn wir den Erhalt der Krone allein ihnen zu danken hätten, würden wir damit eine schwere Verpflichtung eingehen.«[2] Allerdings wagte die Königin nicht, sich offen und deutlich gegen Artois und seine Anstrengungen zu stellen. Vielleicht würde dessen Bewegung sich ja irgendwann doch noch als nützlich erweisen – und außerdem besaß er inmitten der königlichen Familie eine verlässliche Spionin: Prinzessin Elisabeth.

Die jüngere Schwester des Königs entwickelte sich zunehmend zur Ursache von Querelen und Spannungen. Die junge Frau mit dem starken Willen war sehr von sich eingenommen und besaß leider die nötige Intelligenz, um andere nieder zu reden – und steckte Antoinette bald wie ein Stachel im Fleisch. Die Prinzessin hatte keine eigene Familie gründen können, denn Ludwig hatte es versäumt, sich um ihre Zukunft zu kümmern und sie zu verheiraten. Elisabeth war immer schon ein schwieriges Kind gewesen – »ein rechter Wildfang«, wie Antoinette bemerkte. Das patzige, freche und vorlaute Kind hatte sich zu einer mäßig schönen jungen Frau mit Haaren auf den Zähnen entwickelt. »Man entdeckt an ihr nichts Anziehendes, aber auch nichts Abstoßendes«, beschrieb Antoinettes Bruder Joseph sie einmal.

Dabei waren Antoinette und Elisabeth immer gute Freundinnen gewesen, doch nun stritten sie oft über politische Fragen. Die Jüngere wollte ihren zögerlichen, untätigen Bruder Ludwig aufrütteln und ihn dazu bringen, gegen die Nationalversammlung vorzugehen und die aufrührerischen Pariser zur Raison zu bringen. Der König aber wollte vor allem in Ruhe gelassen werden. Da Antoinette als die Entscheidungsfreudigere galt, versuchte Elisabeth daraufhin, sie in ihrem Sinne zu beeinflussen. Sie beschwor die Königin, unbedingt mit Artois zusammenzuarbeiten, ihre Position nicht weiter zu schwächen, indem sie sich mit Lafayette und Mirabeau abgab, damit aufzuhören, auf einen günstigeren Zeitpunkt zu warten und sich endlich als Heldin zu erweisen und an die Spitze der Bewegung zu stellen. Eigentlich mochten die beiden Frauen sich auch weiterhin, aber das ständige Gezänk irritierte Antoinette, die sich bereits dem Druck von mehreren Seiten ausgesetzt sah, nur noch.

Sie teilte dem österreichischen Botschafter mit, woran es ihr wirklich mangele, nämlich weniger an guten Ratschlägen als vielmehr an Geld. Die Deputiertenversammlung hatte dem König und der Königin knapp dreißig Millionen Livres zur Finanzierung ihres Haushalts bewilligt. (Das Geld stammte aus der Quelle, aus der die neue Regierung alle Verpflichtungen befriedigte – dem Verkauf von Kirchenbesitz.) Aber diese Summe reichte nicht aus. Vor allem deswegen nicht, weil Antoinette selbst jetzt nicht darauf verzichten wollte, sich in verschwenderischer Weise mit neuen Kleidern einzudecken und teuerste Möbelstücke für die Tuilerien zu erwerben. So sah sie sich gezwungen, auf geheime Fonds im Ausland zurückzugreifen. Diese Gelder waren eigentlich dafür vorgesehen, die Flucht der königlichen Familie zu finanzieren; was sie aber nicht daran hinderte, sich für andere Zwecke von diesen Mitteln zu bedienen.

»Wir müssen fliehen«, hatte sie Madame Campan noch vor einigen Monaten gestanden. »Wer weiß, wie weit die Parteien (in der Nationalversammlung) noch gehen werden? Die Gefahr wächst von Tag zu Tag!«[3] Mirabeau hatte nicht viel zur Rettung der Monarchie zu leisten vermocht. Sein jüngster Vorschlag lautete, Ludwig solle die radikalen Revolutionäre mit ihren eigenen Waffen schlagen, eine Partei gründen und zum Politiker werden. Sobald er genügend politische Freunde um sich geschart habe, könne er Paris verlassen und von einer anderen, weniger unruhigen Stadt aus aktiv werden. Natürlich könnte dies zu einem Bürgerkrieg führen, musste Mirabeau einräumen, und spätestens da zuckte der König zurück. Dieser Rat erzürnte Antoinette. Sein Ratschlag sei, wie sie Mercy erklärte, »von Anfang bis Ende hirnrissig«. Und in einem anderen Brief an den österreichischen Diplomaten bemerkte sie: »Die Monarchie ist am Ende.« Wenig später schrieb Antoinette: »Ich fürchte, ich habe mich geirrt und nicht die Route eingeschlagen, der wir hätten folgen sollen.«[4]

Nein, die Königin hegte keinen Zweifel mehr: Nur noch eine Emigration kam in Frage – selbst wenn sie sich dafür mit Artois und seinen Rebellen gemein machen musste. Antoinette berichtete Madame Campan von dem Plan, von Saint Cloud zu entfliehen, denn hier stünden weniger Soldaten und man überwache sie auch nicht so streng. Ludwig würde den Palast allein in der Begleitung eines Adjutanten von Lafayette verlassen – nebst seinen Stallmeistern und Pagen. Antoinette und ihr Sohn würden es ihm gleichtun und sich ebenfalls nur von zwei Offizieren Lafayettes und Madame de Tourzel eskortieren lassen. Elisabeth müsste ganz allein aufbrechen. Um sechzehn Uhr solle es losgehen. Dann würden sie, wie so oft, zu einem Spaziergang aufbrechen. Erst bei Einbruch der Dunkelheit würde man sie vermissen. Inzwischen würden einige »absolut verlässliche Personen« sieben Kilometer von Saint Cloud entfernt in einem Wald warten, und zwar mit einer großen Reisekutsche und einer kleineren für die Bediensteten. Dort würde man Lafayettes Offiziere bestechen oder auf andere Weise dazu bringen, den Mund zu halten. Schon könnte die königliche Familie einsteigen und abreisen.

Erst Stunden später würde man im Palast Alarm schlagen und alle Zimmer nach den Vermissten durchsuchen. Im Gemach des Königs würde dann ein Brief liegen – ein Schreiben an die Nationalversammlung, in welchem er seine Abreise und die Gründe dafür erklärte. Dann würde noch eine Stunde vergehen, bis man den Brief nach Paris geschickt habe. Damit dürften den Kutschen sechs oder sieben Stunden Vorsprung vor allen Verfolgern zur Verfügung stehen.[5]

Dieser Plan stammte nicht von Antoinette, aber sie hieß ihn gut und drängte gewiss Ludwig dazu, es genauso zu machen. Aber damit kam sie nicht durch. Der König weigerte sich schlichtweg und blieb hart. Wenn trotzdem jemand nachhakte, fuhr er ihn grob und auch mit Obszönitäten an. »Kümmert Euch um Euren eigenen Scheißdreck!«, belehrte er Lafayette, als der die Angelegenheit noch einmal zur Sprache bringen wollte, und schlug ihm die Tür vor der Nase zu. »Der erste Hundsfott, der mir gegenüber noch einmal das Thema Flucht oder Emigration anschneidet, den werde ich …« Der Rest ging in unverständlichen vulgären Beschimpfungen unter.

Ludwig fühlte sich unglücklich: Die Revolutionäre hatten ihn in den Tuilerien festgesetzt; seine eigene Trägheit und seine geradezu krankhafte Angst vor einem Blutvergießen zwangen ihn zur Untätigkeit; sein Frau nörgelte in einem fort, seine Ratgeber und sonstige Wohlmeinende redeten auf ihn ein, und seine Geschwister bedrängten ihn. Dabei war ihm wohlbekannt, wie er Madame de Tourzel anvertraute, dass draußen im Lande »französische Herzen schlagen, die über tausendmal ihr Leben für die Erhaltung ihres Souveräns riskiert haben«. Doch wenn diese Tapferen dann zu ihm kamen und ihn bestürmten, endlich zur Tat zu schreiten oder gar mit der Waffe in der Hand seine Rechte durchzusetzen, verweigerte er sich ihnen. Der König konnte einfach kein Blutvergießen mit seinem Gewissen vereinbaren. Nichts und niemand vermochte etwas an dieser Einstellung zu ändern. Oder, wie Antoinette traurig in einem Schreiben an Artois erklärte: »Seine Majestät sieht die Dinge nun einmal anders, als sie sich tatsächlich verhalten.«[6]

Ende des Jahres 1790 stand die Emigration trotz Ludwigs Weigerung fest. Antoinette hatte entsprechende Pläne geschmiedet und mit den Vorbereitungen für den Ernstfall begonnen. Dabei kümmerte sie sich allerdings nur darum, die Reise so bequem wie möglich zu gestalten und dafür zu sorgen, dass es ihnen an nichts fehlte. Die Gefahren und Schwierigkeiten einer Flucht ins Ausland spielten für sie nur eine untergeordnete Rolle. Vor über einem Jahr hatte die Königin ein riesiges *nécessaire* erstanden – einen wuchtigen Reisekoffer, um alles »für einen überstürzten Aufbruch« bereithalten zu können. In dieses Ungetüm von einem Koffer wurde nun all das gepackt, was ihr für die Erfordernisse eines gepflegten Lebens unverzichtbar erschien: Toiletteartikel, Tassen, Schüsseln, Geschirr, Besteck, Spiegel, Stiefelkratzer, Zahnstocher, Billardstöcke und die vergoldeten Kammertöpfe.

Sobald der Termin nahe gerückt war, sollte das *nécessaire* vorausgeschickt werden und am festgelegten Bestimmungsort auf die Familie warten. Auch Kleidung sollte am Ziel bereitstehen, und zum Anlass der Emigration wünschte Antoinette für sich und ihre Kinder mehrere komplette neue Ausstattungen. Doch hier tat sich ein Problem auf: Eine ihrer Gewandfrauen, Mademoiselle Rocherette, war eine glühende Anhängerin der Revolution. Wenn sie den Auftrag erhielte, soviel Kleidung zu besorgen, würde das bestimmt ihren Argwohn erregen. Darüber hinaus durfte die Königin all die Spitzel im Palast nicht vergessen, die für die Nationalversammlung oder Lafayette spionierten. Außerdem stand der Hof unter strenger Bewachung der Regierung. Deshalb beauftragte sie Madame Campan damit, so diskret wie möglich die neue Garderobe zu beschaffen.

Zwischen Januar und Februar 1791 verließ die Kammerfrau heimlich und allein den Palast – nach ihren Worten »fast in Verkleidung« – und suchte diverse Schneider und Näherinnen auf. Bei jedem gab sie gerade so viel in Auftrag, dass niemand misstrauisch werden konnte, und verschwieg auch, für wen die Sachen bestimmt seien. Auf diese Weise besorgte sie eine umfangreiche Ausstattung an Kleidern und Leibwäsche.

Antoinette hatte einiges Gewicht verloren, so viel, dass sie mit kleineren Größen auskam. Die Gewänder, die Anfang 1791 in Auftrag gegeben wurden, hätten der Königin noch vor einem Jahr oder gar vor zweien nicht gepasst, als sie eher einer Matrone geähnelt hatte. Auch die Kinder waren gewachsen: Thérèse zählte bereits zwölf Jahre und war eine richtige kleine Dame geworden. Und der Dauphin hatte sich zu einem kerngesunden Fünfjährigen entwickelt. Madame Campan ließ die Kinderkleider von einer ihrer Schwestern anfertigen und erklärte ihr, sie seien für ihre Verwandten bestimmt. Den Kleiderkoffer schickte sie dann zu einer Tante nach Arras und trug ihr auf, sich mit diesem nach Brüssel zu begeben und dort auf weitere Instruktionen zu warten.[7]

Neben dem *nécessaire* und neuer Garderobe brauchte die königliche Familie natürlich auch ein Reisegefährt. Und spätestens hier sollte es sich rächen, dass Antoinette einer bequemen Ausstattung den Vorzug vor einer praktischen gab. Sie entschied sich nicht für die schnellste Kutsche, sondern für die geräumigste: für eine Berline ähnlich der, in welcher sie als junge Braut von Wien nach Paris gereist war. Nach ihren Anweisungen wurde ein Gefährt gebaut, das nach den Worten eines Zeitgenossen mehr »einem Haus auf Rädern« glich. Die Kutsche wurde ausgestattet mit einer Vorratskammer, mit einem Herd, um darauf Fleischgerichte oder Suppen zu erwärmen, und einem Speisetisch, welcher sich aus dem Boden ausfahren ließ. Die Sitzbänke ließen sich entfernen, und darunter fand sich weiterer Stauraum. Kurzum, es fehlte an nichts, abgesehen vielleicht von Betten. Beladen mit der königlichen Familie, ihren Dienern und den Leibwächtern, die draußen auf dem Fond standen, dazu das ganze Gepäck, die Nahrungsvorräte und all das, was man sonst noch so zum Leben benötigte, erwartete die sechs Zugpferde der Kutsche eine gewaltige Last. Bei einer solchen Beförderung mussten die Rösser alle fünfundzwanzig Kilometer ausgewechselt werden. Ein ziemliches Problem, denn Pferde waren überall in Frankreich knapp geworden. Doch daran hatte bei den Fluchtvorbereitungen offensichtlich niemand gedacht, oder die Sache als minder wichtig abgetan.[8]

Die Königin kümmerte sich nur um die Kutsche und ihre Ausstattung. Alle anderen Fragen der Reise überließ sie Fersen. Der fand heraus, dass kürzlich eine russische Adlige, die Gräfin von Korff, unbehelligt von Paris zur Grenze gereist sei, und das in Begleitung ihrer Kinder, ihrer Schwester und etlicher Diener. Eine Seltenheit in diesen Zeiten der großen Adelsflucht, in welchen sich überall revolutionäre »Such-Ausschüsse« herumtrieben. In jedem Dorf musste man seinen Pass und diverse andere Dokumente vorlegen, die vom Vorsteher peinlich genau überprüft wurden.

Fersen kam zu dem Schluss, dass die königliche Familie die Papiere der Gräfin oder zumindest ähnliche benutzen, und sich als Mitglieder der Reisegesellschaft von Gräfin von Korff ausgeben solle. Madame de Tourzel könne die Rolle der Gräfin übernehmen, Ludwig als ihr oberster Hofbeamter fungieren und Antoinette als Gouvernante der Kinder auftreten. Wenn man den Dauphin in Mädchenkleider stecke, ließen sich die beiden Kinder als Töchter der Gräfin ausgeben, und Elisabeth als Schwester derselben. Der russische Botschafter Simolin bot Fersen seine Hilfe bei diesem Täuschungsmanöver an und besorgte tatsächlich die erforderlichen Dokumente vom französischen Außenminister Montmorin.

Sobald die königliche Familie sich der Grenze näherte, musste sie sich auf die Armee verlassen. Das könnte sich bei all den Meutereien als problematisch erweisen. Ludwig und Antoinette glaubten, sich zu diesem Zweck unter den Schutz des Marquis von Bouillé stellen zu dürfen, einem monarchistischen General, der bereits die Rebellion in Nancy niedergeschlagen hatte. Die Königin drängte Bouillé in einem Schreiben, seine Grenzverbände in Bereitschaft zu halten. Aber der General entgegnete ihr vertraulich, er könne sich der Loyalität seiner Soldaten nicht sicher sein. Sie alle seien »von der Seuche der Revolution befallen«, schrieb er, und man werde sich kaum auf sie verlassen dürfen, wenn sie den Befehl erhielten, den fliehenden König zu schützen.

Dennoch blieb Ludwig und seiner Frau kaum etwas anderes übrig, als sich Bouillé anzuvertrauen, verschlimmerte sich ihre Lage doch von Tag zu Tag. Antoinette teilte dem spanischen Botschafter mit, dass ihrem Gemahl keine Verbündeten geblieben seien. Die europäischen Herrscher sorgten sich zwar um die wachsende politische Macht der Republikaner in der Nationalversammlung, sähen ansonsten aber die Schwächung der Macht Frankreichs nicht ungern und zögerten daher, irgendwelche Maßnahmen zur Stärkung des bourbonischen Throns zu unternehmen.

Mercy war nach Brüssel abberufen worden. Necker hatte seinen Abschied aus dem aktiven Dienst genommen und war in die Schweiz zurückgekehrt. Und Antoinette konnte noch nicht einmal von ihren österreichischen Verwandten Hilfe erwarten. Der mächtigste unter ihnen, ihr Bruder Leopold, der ehemalige Großherzog der Toskana, war nach dem Tod von Joseph II. der neue Kaiser geworden. Anders als Joseph, der trotz aller Eigenheiten seine Schwester stets geliebt hatte, verhielt sich Leopold ihr gegenüber distanziert und kühl.[9]

»Vor mir stand eine Frau«, bemerkte der spanische Botschafter in einer Depesche, »die am Ende ihrer Kräfte war und nur noch verzweifelt auf die herrschende Situation reagieren konnte.« Andere Zeitgenossen kamen zu dem Schluss, die Königin sehe »sehr krank« aus. Viele schockierte der Anblick ihres weißen Haars und ihrer verhärmten Züge. Sie zeigte sich nur noch mit ihrem Sohn und zeigte ihn überall vor, so als sehe sie in ihm eine Art Talisman. »Man erzählt sich hier, der Dauphin sei ihr Schild«, schrieb Lord Mornington, ein Engländer, der zu jener Zeit die Tuilerien besuchte. »Sie begibt sich niemals ohne seine Begleitung irgendwo hin.«[10]

Die Flucht wurde auf den März 1791 festgelegt, doch im Februar des Jahres ereigneten sich einige unschöne Vorfälle, die eine Verschiebung des Termins erzwangen. Zunächst emigrierten Adelaide und Victoria. Sie verließen ihr Haus in Bellevue nur Stunden, bevor sich dort eine größere Menge zusammenrottete, um sie an der Abreise zu hindern. Die beiden Frauen führten Pässe mit, die vom Außenminister und dem König unterzeichnet waren. Dennoch verfolgte die Nationalgarde sie und nahm sie im Burgund gefangen. Adelaide und Victoria wurden dort elf Tage lang festgehalten, ehe die Nationalversammlung, vor allem auf Druck von Mirabeau hin, die sichere Ausreise der beiden aus Frankreich verfügte.

Gerüchte sorgten für einen Menschenauflauf im Vorort Saint Antoine. Es hieß, der König wolle seinen Tanten ins Exil folgen und der Dauphin solle bald außer Landes geschmuggelt werden. Die Menschen griffen schließlich die nahe gelegene Burg Vincennes in dem irrigen Glauben an, Ludwig wolle durch einen unterirdischen Gang entfliehen, der von den Tuilerien bis zur Burg gegraben worden sei – immerhin eine Entfernung von knapp drei Kilometern. Vincennes wurde gerade restauriert, weil die Nationalversammlung beschlossen hatte, die Burg als Gefängnis zu nutzen. Die wütenden Bürger hingegen, zumeist Arbeiter aus den Vorstädten, glaubten, in Vincennes eine zweite Bastille vor sich zu haben. Sie überfielen die Burg und nahmen sie Stein für Stein auseinander. Lafayette rief die Nationalgarde zu Hilfe, was ihn erheblich an Popularität kosten sollte, und eroberte die Burg zurück.

Unter den konterrevolutionären Dunkelmännerorganisationen, die in den vergangenen Monaten überall entstanden waren, befand sich auch eine Gruppe von Höflingen, die sich Ritter des Dolches nannten. Sie hatten sich geschworen, den König zu schützen und, wenn möglich, aus Paris herauszuschaffen.

Als nun die Unruhen in Saint Antoine ausbrachen, hielten die »Ritter« ihrer Stunde für gekommen. Sie gürteten sich mit ihren Degen und marschierten, vierhundert Mann stark, zu den Tuilerien, um den König und seine Familie zu befreien. Dort trafen sie allerdings auf Widerstand. Kühn drangen sie mit Waffengewalt dagegen an und riefen die allergrößte Verwirrung und Unruhe hervor. Lafayette traf am Schauplatz ein und versuchte Ludwig dazu zu bringen, seine übereifrigen Höflinge zur Raison zu rufen. Der König hatte allerdings keinerlei Ahnung davon, dass die »Ritter des Dolches« ihn offenbar befreien wollten. Schließlich griff die Garde ein, und die Höflinge ließen sich entwaffnen und verhaften.

Ständig traten neue Unruhen auf und machten die abenteuerlichsten Gerüchte die Runde, die bei der aufgebrachten und angesichts der Kriegsgefahr verängstigten Menge auf fruchtbaren Boden fielen. Kaiser Leopold, so hieß es, zöge in Belgien eine riesige Armee zusammen; Antoinette solle listig eine Affäre mit Lafayette begonnen haben, um ihn der Revolution abspenstig und ihren eigenen schändlichen Zielen zu Willen zu machen; die verhassten Emigranten sollten überall Waffen kaufen, eigene Armeen aufstellen und Agenten nach Frankreich schicken, um die Revolution zu sabotieren.

Die Nationalversammlung nannte Ludwig fortan nicht mehr König, sondern »Oberster öffentlicher Diener«. Der Dauphin wurde »Erster Stellvertreter«, und Antoinette erhielt den Titel »Mutter des Ersten Stellvertreters«.[11]

Und immer öfter hörte man jetzt eine wütende Stimme, die den Despotismus des Obersten öffentlichen Dieners brandmarkte. Sie gehörte einem schmucken Anwalt aus Arras, Maximilien Robespierre, dem Präsidenten des Jakobiner-Clubs.

Gleichzeitig nahmen die Angriffe auf die Kirche zu. Priester, die sich weigerten, den Eid auf die neue Verfassung abzulegen – manche sprachen von über zwanzigtausend solcher Gottesmänner –, wurden verfolgt. Listen mit den Namen der Verweigerer wurden auf den Straßen verteilt, und wenn einer von ihnen die Messe lesen wollte, wurde er von der aufgebrachten Menge niedergeschrieen. Einige dieser Priester wurden verprügelt, andere mit vorgehaltener Waffe bedroht und manche gar aus ihrer Kirche verjagt. Die Ausschreitungen gegen die Kirchenmänner nahmen an Gewalt zu, als Papst Pius VI. im März 1791 die Zivilverfassung des Klerus für null und nichtig erklärte und alle Priester aus dem Dienst entließ, die den Eid auf die Verfassung abgelegt hatten.

Ostern stand bevor, und die königliche Familie wollte die heilige Woche in Saint Cloud verbringen, fort von dem unruhigen Paris. Man schickte die Dienerschaft voraus, um den Palast für die Herrschaften herzurichten. Koffer und Kisten wurden gepackt.

Am Tag vor der Abreise suchte Ludwig die Kapelle in den Tuilerien auf, um bei einem nicht vereidigten Priester die Kommunion zu nehmen. Spitzel informierten sofort die Nationalversammlung von diesem Wortbruch, und die Nachricht erreichte rasch alle politischen Clubs und drang weiter vor bis zu den Arbeiterbezirken. Sofort gingen die Menschen erregt auf die Straße. Am folgenden Morgen, dem Palmsonntag, tauchten Plakate auf, auf denen der Oberste öffentliche Diener des Gesetzesbruches beschuldigt wurde. Eine bewaffnete Menge versammelte sich gegenüber dem Palast auf dem Karussellplatz. Ludwig, Antoinette und ihre Kinder ignorierten aber die aufgebrachten Pariser und bestiegen ihre Kutsche. Lafayette war mit einem Trupp Kavallerie erschienen, um sie nach St. Cloud zu eskortieren.

Die Reiter nahmen die Kutsche in ihre Mitte, und im nächsten Moment erhoben die Bürger ein gewaltiges Geschrei und verhöhnten die königliche Familie mit Spottnamen. Sie schwangen ihre Waffen und näherten sich bedrohlich dem Zug. Ludwig, der zuvor eine Woche lang mit Fieber das Bett gehütet hatte und sich noch schwach fühlte, erbleichte.

Auch das Volk schimpfte »Großes Schwein! Dummer Aristokrat! Lumpenhund von einem Aristokraten! Du taugst nicht zum König! Wir wollen Orléans!«

Die Reihen der Kavalleristen lösten sich auf, und die Soldaten steckten ihre Köpfe in die Kutsche und schrieen Ludwig an, er sei nichts weiter als ein öffentlicher Funktionär und ein verdammt überbezahlter dazu. Ihm blieb nichts anderes übrig, als in seinem Wagen sitzen zu bleiben. Wenn er ausgestiegen wäre, hätten die Männer ihn höchstwahrscheinlich erschossen. Einige zogen ihre Säbel und griffen die Postillione an der Kutsche an. Andere stürzten sich auf die Palastbediensteten, die neugierig herausgelaufen kamen, packten sie und beschimpften sie.

Ludwig bemühte sich, seine Würde zu bewahren und verlangte von den Gardisten, dass sie die Tore des inneren Hofes öffneten und die Kutsche weiterfahren ließen. Aber die Soldaten lachten ihn nur aus und lachten noch mehr, als Lafayette sie erst anbrüllte und dann anflehte, bis er vor Anstrengung rot angelaufen war. Schließlich drohte er damit, von seinem Posten zurückzutreten. Diese Ankündigung bedachten die Gardisten mit Beifall, um danach wieder den König mit Beleidigungen zu überziehen.

Die Menge draußen vor dem Tor genoss das Schauspiel, feuerte die Gardisten an, rüttelte an den Gittern und sang: »Lang lebe die Nationalversammlung!«

Ein Soldat galoppierte mit gezücktem Schwert direkt auf Ludwig zu. »Du Gesetzesbrecher!«, schrie er. »Du versteckst Priester, die den Eid nicht abgelegt haben!«

»Elender Schurke!«, gab der König kalt zurück. »Wer bist du, dass du dich zum Richter über mein Gewissen aufschwingst?«

Sowohl ihm als auch Antoinette gelang es, in dieser alptraumhaften Situation äußerlich Fassung zu bewahren. Fersen, den man allerdings kaum als unparteiischen Beobachter bezeichnen kann, schrieb einem schwedischen Freund: »Sie bewahrten beide vollkommen Haltung und traten sehr fest, sehr kaltblütig auf.« Doch weder ihnen noch Lafayette, noch einem der königstreuen Gardeoffiziere gelang es, die meuternden Soldaten unter Kontrolle zu bringen. Die Soldaten hielten, angetrieben von den Parisern und berauscht von ihrer eigenen Macht den König und die Königin über zwei Stunden in ihrer Kutsche als Geiseln fest.

Allerdings beließen sie es bei verbalen Attacken und griffen die Insassen nicht körperlich an. Am schlimmsten waren für Ludwig und Antoinette die bedrohliche Atmosphäre und die Gefahr, die in der Luft lag. Jeden Moment könnte die Situation umschlagen, und die Soldaten würden die Tore öffnen und die Königsfamilie der Wut der aufgebrachten Bürger ausliefern.

Weitere Soldaten trafen ein, und schlossen sich gleich den Meuterern an. Sie brüllten die Kutschinsassen an und beschimpften sie auf das Übelste. Sie verspotteten und schmähten den König auf jede erdenkliche Weise. Einige Gardisten aber standen dabei, wie Fersen auffiel, und weinten.

»Sire, das Volk liebt Sie, es betet Sie an, aber fahren Sie nicht«, sagten sie. »Ihr Leben wäre in Gefahr, man berät Sie schlecht, man täuscht Sie. Die Leute wollen, dass Sie die Priester entfernen, sie fürchten, Sie zu verlieren.«

Aber der König ließ sich von diesen Treuebeweisen nicht bewegen und reagierte empört. Die Bürger seien es, die falsch beraten und schlecht geführt würden, entgegnete er. Wie könne jemand auch nur den geringsten Zweifel an der Lauterkeit seiner Absichten und seiner großen Liebe für sein Volk hegen?[12]

Schließlich sah Ludwig ein, dass er sich geschlagen geben musste. Weder die Stadtverwaltung noch die Nationalversammlung, noch irgendwelche loyalen Soldaten würden etwas zu seiner Rettung unternehmen. So gab er den Befehl, die Kutsche zu wenden. Als sie wieder vor dem Palast standen, stiegen er, Antoinette und die Kinder aus, um gleich von den Gardisten bedrängt zu werden. Einige Soldaten versicherten ihm aber: »Wir werden Euch verteidigen.« Diese folgten ihnen durch den Palast und die Treppe hinauf bis zu den Türen ihrer Gemächer.

»Man kann einfach nicht mit Worten wiedergeben, was wir in der Osterwoche zu erdulden hatten«, schrieb Madame de Tourzel später in ihren Memoiren. Sie waren voneben den Soldaten bedroht worden, die sie beschützen sollten und auf die sie sich immer verlassen hatten. Schlagartig waren sie sich ihrer gefährdeten Lage in den Tuilerien und Lafayettes schwindendem Einfluss bewusst geworden. So sah die königliche Familie sich gezwungen, die Ostersonntagsmesse in der Gemeindekirche der Tuilerien zu feiern – abgehalten von Priestern, die den Eid auf die neue Verfassung geleistet hatten.

Ludwig und Antoinette befanden sich in größter Sorge. Sie mussten von hier fort und den Gefahren entfliehen, die sich wie ein Ring immer fester um sie schlossen. Die königliche Familie hatte sich in Sicherheit zu bringen, ehe die Pariser die Tuilerien stürmten wie zuvor schon Versailles und ihren Rachedurst an königlichem Blut stillten.

# 26

Die Nacht war hereingebrochen, und der Palast begab sich zur Ruhe. Die Wächter an den Toren, Türen und Fenstern standen schweigend da und versuchten sich wach zu halten; denn Lafayette pflegte nachts in den Tuilerien Kontrollgänge durchzuführen und durfte sie nicht beim Dösen oder gar Schlafen erwischen. Auf der langen Terrasse vor den Gärten, die man mit Fackeln beleuchtet hatte, liefen Soldaten auf und ab und achteten auf verdächtige Geräusche und ungewöhnliche Bewegungen.

Jedermann wusste, dass der König Fluchtpläne schmiedete. Antoinettes Kammerfrau, die mit den Revolutionären sympathisierte, war ins Hôtel de Ville, gelaufen und hatte bei den Behörden den riesigen Koffer angezeigt, den Madame Campan unter durchsichtigen Begründungen nach Arras geschickt habe. Die Wächter hatten den strengen Befehl erhalten, noch aufmerksamer zu sein. Aber seitdem war ein Monat vergangen, und bislang hatte die Königsfamilie noch keine Anstalten getroffen, bei Nacht und Nebel zu verschwinden.

Im Palast lagen die langen Flure still im Halbdunkel. Nur die Wachsoldaten hielten sich hier auf, allesamt in Uniform und mit geladenen Gewehren.

Diese Nacht des zwanzigsten auf den einundzwanzigsten Juni schien sich nicht von den vorherigen zu unterscheiden. Und so maß auch keiner der Wächter dem Umstand besondere Bedeutung bei, dass Graf Fersen am Nachmittag erschienen und erst um achtzehn Uhr wieder gegangen war; oder dass die Königin nach seinem Abschied mit den Kindern im Garten spaziert war. Sie hatte ausgesehen, als habe sie reichlich Tränen vergossen. Nichts Ungewöhnliches, denn Antoinette weinte häufiger, und Fersen besuchte den Palast oft. Erst gestern war er gekommen und bis Mitternacht geblieben. Und am Tag davor hatte der Graf sich ebenfalls gezeigt.

Deswegen dachte sich auch keiner der Wächter etwas dabei, als kurz nach dreiundzwanzig Uhr eine Frau mit zwei Mädchen an der Hand, das eine vielleicht zwölf, das andere fünf oder sechs, aus der unbewachten Tür der Gemächer des Herzogs von Villequier trat und sich hinunter auf den Hof begab. Der Herzog war emigriert, und seine Räumlichkeiten standen leer. Niemand erkannte in der Frau Madame de Tourzel, die Gouvernante des Dauphins und seiner Schwester. Und deswegen kam auch kein Soldat auf die Idee, es könnte sich bei dem kleineren Mädchen um den Thronerben von Frankreich handeln.

Die drei schritten unbehelligt auf eine Reihe von wartenden Mietdroschken zu, näherten sich wie zufällig einem der Fahrer – einem großen und gut aussehenden Mann, der sich freundlich mit einem Kollegen unterhielt und müßig mit seiner Gerte spielte – und bestiegen dessen in die Jahre gekommene Kutsche. Der Kutscher, bei dem es sich in Wahrheit um Fersen handelte, schwang sich auf den Kutschbock und setzte sein Gefährt in Bewegung. Die Droschke rollte in Richtung Fluss, passierte in weitem Bogen die Kais und hielt nach einer halben Stunde unweit des Palastes in der Rue Saint Honoré, um dort weitere Passagiere aufzunehmen.

Eine Viertelstunde vor Mitternacht schlich eine weitere Frau aus dem Palast. Sie trug einen unauffälligen Umhang und die weiße Haube einer Magd und machte sich gleich auf den Weg zu der Kutsche. Wenn jemand sie überhaupt bemerkte, dann verschwendete er keinen zweiten Blick auf die Dienerin. Niemand ahnte auch nur, dass sich unter dieser Verkleidung die Schwester des Königs verbarg.

Während der letzten Wochen hatten sich die Soldaten an den Anblick des schweren und rundlichen Herzogs von Coigny, einem der Höflinge des Königs gewöhnt, der oft genug erst nach Mitternacht seine täglichen Dienste erledigt hatte und den Palast verließ. Deswegen warfen sie dem schwerfälligen Mann auch jetzt nur einen flüchtigen Blick zu, dessen Leibesfülle und Perücke ihn als von Coigny verrieten. Der Höfling hielt sogar auf dem Weg nach draußen an und bückte sich, um seine Schuhschnalle zu schließen, ehe er auf die Straße gelangte und in eine wartende Kutsche stieg. Doch der Mann, der diesen dunklen Umhang, den runden Hut und auch sonst die Kleidung eines Dieners trug, war in Wirklichkeit Ludwig.

Die Ankunft des fünften Passagiers löste bei allen in und auf der Droschke größte Erleichterung aus; bedeutete sein Erscheinen doch, dass es ihm gelungen war, bei Lafayette und Bailly kein Misstrauen zu erregen und sie in dem Glauben zu belassen, alles sei in bester Ordnung. (Tatsächlich waren diese beiden Männer vor kurzem an der wartenden Kutsche in der Rue Saint Honoré vorbeigekommen. Die Insassen hatten sich zitternd in die Schatten gedrückt.)

Eine Weile verging, ehe der letzte Fahrgast zustieg. Die Frau hatte sich ein einfaches braunes Kleid, einen kurzen schwarzen Mantel und einen dunklen Gouvernantenhut angezogen und ihre markanten Züge unter dem Schatten der breiten Krempe verborgen, bevor sie durch die Gemächer des Herzogs von Villequier nach draußen gelangte. Nachdem sie an den Wachen vorbei war, hatte sie sich jedoch verlaufen und war wertvolle Minuten lang herumgeirrt, ehe sie auf die Kutsche stieß.

Das Königspaar umarmte sich erleichtert. Die beiden tauschten Küsse aus und hielten sich fest, ehe der Kutscher den Pferden die Peitsche gab und sein Wagen sich wieder in Bewegung setzte.

Mitternacht war längst vergangen, und abgesehen von den Soldaten und Wachmännern hielten sich nur wenige Menschen auf den dunklen Straßen auf. Dennoch mied Fersen lieber die großen Hauptstraßen. Das bedeutete zwar einen Zeitverlust, war aber sicherer.

Als die Kutsche die Zollgrenze erreichte, kam es zu einem unerwarteten Vorfall. Eine Hochzeitsgesellschaft feierte hier noch, und ringsherum brannten Fackeln. Einige der angeheiterten Gäste wurden neugierig. Aber Fersen wehrte sie freundlich ab, und Ludwig und Antoinette zogen sich die Hüte noch tiefer ins Gesicht. Schließlich kehrten die Menschen zu ihrem Fest zurück, und der Wagen konnte weiterfahren.

Gegen zwei Uhr erreichten sie Bondy. Dort wartete die schwere Kutsche auf sie, beladen mit Vorräten, Gepäck und Unmengen Kleidung. Man hatte frische Pferde eingespannt, und außerdem standen hier drei ihrer Leibwächter bereit. Sie trugen gelbe Livreen, die Fersen von einem Emigranten besorgt hatte. Ebenso waren zwei Zofen der Kinder anwesend, die Damen Brunier und Neuville, welche die Reise in einem eigenen Gefährt, einem Einspänner zurücklegen sollten.[1]

Die königliche Familie bestieg die Berline, und die Leibwächter bauten sich auf dem Fond auf. Hier verabschiedete sich Fersen von seinen Herrschaften. Er sollte kurz nach Paris zurückkehren und dann nach Belgien ins Exil gehen.

Schon brachen die beiden Wagen auf. Ihre Route führte sie über Meaux, Chaintry und Châlons bis nach Pont-Somme-Vesle, wo eine Abteilung von Bouillés Husaren unter dem Kommando des jungen Herzogs von Choiseul auf sie wartete. Die Reiter sollten sie dann durch Orbeval, Sainte-Ménehould, Clermont, Varennes, Verdun, Mouzay, Stenay bis nach Montmédy, ihrem Ziel, eskortieren. In jeder dieser Städte würden sich weitere Kavalleristen anschließen, bis eine ansehnliche berittene Streitmacht zusammengekommen war, die den König ausreichend schützen könnte. Jeder Widerstand, auf den sie hinter Pont-Somme-Vesle stoßen sollten, würde sich beim Anblick der Husaren rasch in Luft auflösen. Wohl und Wehe der Unternehmung hing also davon ab, dass man diese wichtige Etappe unbeschadet erreichte.

Nach dem Zeitplan, den Fersen vorab aufgestellt hatte, sollte die Berline Pont-Somme-Vesle gegen vierzehn Uhr dreißig erreichen, knapp fünfzehn Stunden nach der Flucht aus Paris. Der Graf hatte Reisewege und -zeiten der Gräfin von Korff studiert und sich von General Bouillés Soldaten mit Informationen über den Straßenzustand und die Verfügbarkeit von Ersatzpferden versorgen lassen und diese in seine Berechnungen einbezogen. Der Husarenoffzier sollte die königliche Familie also am frühen Nachmittag in dem Dorf erwarten. Wenn sie nicht dort eintrafen, musste er davon ausgehen, dass etwas dazwischengekommen sei und man zu einem anderen Termin die Gelegenheit zur Flucht ergreifen wolle.

Meaux war noch lange nicht erreicht, als der Morgen graute, die Dorfhähne krähten und man Felder und Bäume auseinander halten konnte. Die Reisenden waren frohen Mutes. Châlons und Pont-Somme-Vesle – und damit die Sicherheit – lagen nur noch einige

Stunden entfernt. Bislang verfolgte man sie noch nicht, und vermutlich hatte noch niemand ihr Verschwinden bemerkt.

»Wenn wir Châlons hinter uns haben, brauchen wir nichts mehr zu befürchten«, sagte der König. Er freute sich schon darauf, Montmédy zu erreichen, wo er sich an die Spitze einer Gegenregierung setzen wollte. »Ich werde ein anderer Mensche sein, sobald ich erst wieder im Sattel sitze.«[2]

Der Zug kam so gut voran, dass die Reisenden schon aufzuatmen wagten. Aber noch war Vorsicht geboten. Sie mussten ihre Rollen weiterspielen und Gräfin, Töchter derselben, Kindermädchen, Kammerherr und Gouvernante bleiben; so lange, bis auch das letzte Risiko hinter ihnen lag.

Die Berline rumpelte über die staubigen Straßen und fuhr oft hinter dem leichteren Einspänner her. Die Insassen wurden bei jedem Stein und bei jeder Rille durchgerüttelt, und oft genug sank eines der Räder in ein Schlagloch ein. Vor jedem Anstieg mussten die Passagiere aussteigen und zu Fuß weiterlaufen, und sie waren dankbar dafür, konnten sie sich doch auf diese Weise ein wenig die Beine vertreten; denn eine Rast einzulegen, wagten sie nicht. Die Kutschen hielten nur an, wenn die Pferde gewechselt werden mussten.

Man versorgte sich mit Delikatessen aus der Vorratskammer, schloss bei jeder sich bietenden Gelegenheit die Augen zu einem Nickerchen oder unterhielt sich frohgemut über das Haus, welches sie in Montmédy beziehen würden. Diebisch freute sich die Gesellschaft über das Gesicht, das Lafayette machen würde, wenn er entdeckte, dass seine Vögelchen ausgeflogen waren. Und sie sprachen über Provence, der in der Nacht zuvor mit seiner Frau Paris verlassen hatte und auf einer anderen Route Montmédy erreichen wollte.

So redeten sie noch angeregt miteinander, als die Berline, die gerade über eine schmale Brücke fuhr, plötzlich einen gewaltigen Stoß erhielt und die Pferde aufgeregt wieherten. Die Kutsche war gegen die Seitenwand geraten und zurückgeprallt. Dieser Stoß hatte das Geschirr zerrissen, und einige Pferde waren gestürzt. Eine Stunde nahm die Reparatur in Anspruch, und dieser Zeitraum muss den Insassen gehörig an den Nerven gezerrt haben, durften sie doch keine Aufmerksamkeit erregen.

Als die Kutsche wieder fuhr, war es bereits Nachmittag geworden.

Sie würden mit einiger Verspätung zum Treffen mit den Husaren in Pont-Somme-Vesle erscheinen.

Hier stand der Herzog von Choiseul vor einer schwierigen Entscheidung. Er war mit seinen Husaren pünktlich in dem Ort eingetroffen und wartete auf das Eintreffen der königlichen Kutsche. Aber die Berline wollte einfach nicht kommen. Der Offizier beschloss, noch etwas zu warten, obwohl seine Reiter von der Dorfbevölkerung bedrängt wurden. Die Bauern glaubten nämlich, die Soldaten seien gekommen, um den überfälligen Pachtzins für ihren Herrn einzutreiben. Sie hatten sich zu diesem Zweck bewaffnet und wirkten sehr erregt.

Schließlich wuchs Choiseuls Ungeduld ebenso sehr an wie die Spannungen zwischen seinen Männern und den Dörflern. Wie lange sollte er noch auf den König warten. Seine Instruktionen hatten sich in diesem Punkt sehr vage ausgedrückt. Irgendwann reichte es dem Offizier, und er sagte sich, dass Ludwig seine Pläne geändert haben musste. Der Herzog rief seine Männer zusammen, brach mit ihnen auf und schickte Kuriere zu den Abteilungen in Orbeval, Sainte-Ménehould und Clermont, um ihnen mitzuteilen, dass Seine Majestät heute nicht komme und sie nicht länger zu warten brauchten.

Gegen siebzehn Uhr rollte die Berline in Châlons ein, wo neue Pferde eingespannt wurden. Der örtliche Postmeister fragte sich neugierig, was das wohl für Personen waren, die in einer so teuren Kutsche reisten, und warf einen Blick hinein. Der dicke Mann kam ihm bekannt vor, und er sah ihn sich noch einmal an. Ja, den kannte er, das war König Ludwig, der sich als gewöhnlicher Diener verkleidet hatte. Vermutlich dachte der Mann sich: Dann soll er doch seiner Wege ziehen, ich werde ihn nicht verraten.[3]

Um achtzehn Uhr dreißig erreichte man Pont-Somme-Vesle, und die Insassen sahen aus den Fenstern und hielten Ausschau nach den Husaren. Aber nicht ein Soldat wartete hier auf sie. Nur die Dörfler standen bewaffnet in Gruppen herum und warfen misstrauische Blicke auf die beiden Kutschen. Was war denn heute nur in ihrem Dorf los? Was wollten all diese Menschen hier?

Ludwig und Antoinette vermuteten gleich, etwas stimmte nicht. Wo steckte Choiseul mit seinen Reitern? War die Straße unpassierbar?

War eine Brücke eingestürzt? Oder war Verrat im Spiel? Sollten sie noch eine Weile auf den Herzog warten? Sie wagten es nicht, die Bauern zu befragen. Der Diener und die Gouvernante berieten sich und beschlossen, die Reise nach dem Pferdewechsel unverzüglich fortzusetzen. Schließlich sollten an den anderen Stationen der Reise ebenfalls Soldaten bereitstehen. Dann würden sie eben im nächsten Ort ihre Eskorte erhalten.

Doch als der Zug eine Stunde später in Orbeval eintraf, machten sie hier ebenfalls keine Husaren aus; nur Steinhäuser, bellende Hunde und neugierige Einwohner. Die Kutschen rollten gleich weiter, und die Insassen befanden sich nun »in einem Zustand höchster Erregung«, wie Madame de Tourzel später in ihrem Reisebericht notierte. Die Stadt Montmédy und Bouillés Verbände befanden sich nur noch gut fünfzig Meilen entfernt, aber bis sie dort eintrafen, wäre es längst Nacht geworden, und auf den Landstraßen kam man nur schlecht voran. Wenn die Kutschen unterwegs zu Schaden kommen sollten, vor allem auf der Hügelstraße zwischen Sainte-Ménehould und Clermont, könnten Stunden vergehen, ehe jemand zu ihrer Rettung erschiene. Gar nicht erst zu reden von der großen Gefahr, erkannt zu werden. Man hatte dem Königspaar eine Begleitung versprochen, die sich in dieser Gegend auskannte und sie unter allen Umständen mit ihrem Leben schützen würde. Wenn schon in Orbeval keine Soldaten bereitstanden, dann doch wohl sicher in Sainte-Ménehould.

Von nun an verlief nichts mehr so wie geplant. Antoinette, die sich schon unter harmloseren Umständen leicht aufregte, muss eine Todesangst ausgestanden haben. Im nächsten Ort hielten sich zwar Soldaten auf, aber die hatten schon seit Stunden dienstfrei, betranken sich und verbrüderten sich mit der Stadtbevölkerung. Ihre Rösser hatten sie bereits in den Stall gebracht und ihnen die Sättel abgenommen. Nur ihr Hauptmann, ein gewisser Daudouins, schien beim Anblick der Berline zu ahnen, was die Stunde geschlagen hatte. Wie zufällig ritt er zu der Kutsche hin und murmelte hinein: »Die Vorbereitungen sind schlecht getroffen worden. Ich verlasse Euch jetzt, um keinen Verdacht zu erregen.«

Anscheinend gelang es ihm, ein paar seiner Männer für eine kleine Eskorte zusammenzutrommeln. Als die Berline und der Einspänner die Pferdestation erreichten, bildeten sofort mehrere Reiter einen Kordon um die Gefährte. Der Postmeister, Jean-Baptiste Drouet, glaubte, einen Geldtransport vor sich zu haben, der »auf jeden Fall etwas Wertvolles« beförderte; denn warum sonst wurde er derart unter Bewachung gestellt. Drouet trat näher und warf einen Blick auf die Insassen.

»In der einen Frau glaubte ich, die Königin wieder zu erkennen«, gab der Postmeister später an. »Und der Mann, der ganz hinten saß, wies eine unglaubliche Ähnlichkeit mit dem Bild des Mannes auf dem 50-Livres-Schein auf.«[4] Drouet, der früher bei der Kavallerie Dienst getan hatte, wusste, was zu tun war. Er ließ sich nichts anmerken, zog sich zurück, bestieg sein Pferd und ritt sofort los, um die Nationalgarde zu alarmieren.

Die Reisenden waren immer noch beunruhigt und wohl auch darüber enttäuscht, dass nichts so recht klappen wollte. Sie freuten sich aber darüber, jetzt wenigstens unter militärischem Schutz zu stehen. Die nächste Etappe, die bis nach Varennes führen sollte, bereitete ihnen dennoch große Sorge. Dieses Gebiet gehörte zu den monarchiefeindlichsten des Landes. »Alle Städte dieser Region standen auf Seiten der Revolution«, schrieb Madame de Tourzel. Hier befand man sich in Grenznähe. Jenseits der Grenze waren österreichische Truppen aufmarschiert, und diesseits standen schon seit einiger Zeit (und von der Bevölkerung gefürchtet) Bouillés deutsche und schweizerische Regimenter. Den Bauern schwante nichts Gutes und sie waren auf der Hut. Nach den Bewegungen mehrerer Husarenabteilungen ahnten sie, »dass sich etwas tut«. Der kürzeste und schnellste Weg von Sainte-Ménehould nach Montmédy hätte über Verdun geführt; aber diese Stadt war für die Fliehenden nicht sicher genug. Deswegen entschloss man sich zu einem Umweg.

Zehn Meilen hinter Sainte-Ménehould ritt ein Mann in vollem Galopp an den beiden Kutschen vorbei und schrie ihnen etwas zu, ohne jedoch anzuhalten. Den Reiter konnte niemand verstehen. Doch die Dringlichkeit, mit der er seine Worte ausgestoßen hatte, ließ nichts Gutes ahnen. Die Passagiere sahen sich besorgt an.

Kurz nach dreiundzwanzig Uhr rollte der Einspänner gefolgt von der Berline in der Oberstadt von Varennes ein. Drouet war längst in der Stadt eingetroffen, denn mit einem Pferd kam man wesentlich schneller voran, als mit einer schwerfälligen und mit allem Möglichen beladenen Kutsche. Der Postmeister hatte die Brücke über den Fluss Aire verbarrikadieren lassen, um den Weg des Königs zu versperren. Danach hatte er sich auf den Weg zum Bürgermeister und zum Kommandanten der Nationalgarde des Ortes gemacht, um sie vom Eintreffen des Königs in Kenntnis zu setzen.

Als die Berline heranrollte, lag Varennes im Dunkel da. Die Bürger der Nationalgarde fingen bereits an sich zu bewaffnen, und der Lärm, den die Kutschen auf den Straßen veranstalteten, weckte die Menschen, und in den Häusern gingen Lichter an. Drouet alarmierte die Dorfbewohner und rief auch die Menschen in den Nachbarorten zusammen. Wenig später strömten Hunderte bewaffneter Bauern nach Varennes.

Den Rössern troff der Schaum, und sie waren am Ende ihrer Kräfte. Sie mussten dringend ausgewechselt werden, aber nirgends ließen sich Ersatzpferde auftreiben. Ludwig spürte instinktiv die Gefahr, in welcher sie sich befanden, und rief dem Kutscher zu, die Fahrt unbedingt fortzusetzen. Der Mann widersprach, die Husaren mischten sich ein, und schon brach ein lauter Streit aus.

Mittlerweile hatte Drouet den Bürgermeister von Varennes, Jean-Baptiste Sauce, wecken können, der in der Unterstadt einen Krämerladen besaß. Der Mann übernahm sofort das Kommando und befahl den Nationalgardisten, sich an der Hauptstraße aufzubauen und auf das Eintreffen der Berline aus der Oberstadt zu warten. Als die Kutsche sich dann zeigte, traten die Soldaten vor und richteten ihre Gewehre auf das Gefährt.

Sauce und der Offizier der Nationalgarde näherten sich der Kutsche und befragten die Insassen.

Ob sie sich ausweisen könnten und wohin sie unterwegs waren, verlangten die beiden zu erfahren.

Die Gräfin von Korff mit ihren Töchtern Amélie und Aglae, deren Gouvernante Madame Rochet, ihrem Kindermädchen Rosalie und Monsieur Durand, dem Kammerdiener der Gräfin, erhielten sie zur Antwort.

»Und wir haben es eilig«, fügte die Gouvernante hinzu.

Sauce wollte den Pass der Gräfin sehen. Sie reichte ihnen die Papiere, und die beiden Männer zogen sich ins nächste Gasthaus zurück, um sie zu studieren. Voller Furcht, angespannt und gleichzeitig bemüht, sich nicht durch ihre Nervosität zu verraten, warteten die fünf in der Kutsche auf die Rückkehr der Offiziellen. Nun fingen auch noch die Kirchenglocken an zu läuten, und eine stetig wachsende Menschenmenge umringte die beiden Kutschen.

Die Husaren befanden sich gegenüber den Nationalgardisten deutlich in der Minderzahl und wurden immer unruhiger. Sie erhielten einige Verstärkung, und einer ihrer Offiziere trat an die Kutsche. Er kenne eine Furt über den Fluss und würde sich geehrt fühlen, den König hinüberführen zu dürfen. Aber laut Madame de Tourzel weigerte sich Ludwig. »Er sah, wie sich immer mehr Bürger der großen Schar anschlossen, die sich um die Kutschen gebildet hatte, und auch, dass diese Menschen in höchstem Maße erregt waren. Er befürchtete, die Streitmacht der Husaren sei nicht stark genug, um mit ihnen allen fertig zu werden, und mehr noch, ein Blutvergießen sei dann die unvermeidliche Folge. Deswegen hat er davor zurückgeschreckt, den Befehl zu geben.«

Außerdem sagte sich der König, es bestehe kein Anlass für drastische Maßnahmen. Bouillé hielt sich nach allem, was bekannt war, in Stenay auf, und der Ort lag nur acht Meilen weiter auf der Straße nach Montmédy. Man musste dem General nur die Nachricht zukommen lassen, die gewisse Berline sei in Varennes eingetroffen. Der Mann könnte dann binnen Stunden mit seinen Reiterregimentern eintreffen, und gegen die vermochte die hiesige Nationalgarde nichts mehr auszurichten. So dankte Ludwig dem Offizier und befahl ihm, »General von Bouillé zu bedrängen, alles ihm Mögliche zu unternehmen, um ihn aus dieser prekären Lage zu befreien«.[5]

Nun kehrte auch Sauce aus dem Gasthaus zurück und hatte eine ernste Miene aufgesetzt. Der Pass der Gräfin war zwar in Ordnung, aber ihm und dem Offizier war es ratsam erschienen, sie und ihre Begleiter für einen Tag hier fest zu halten. Drouet hatte ihm sehr glaubhaft versichert, dass sich der König und die Königin unter den Insassen befänden, da konnte er nicht das Risiko auf sich nehmen, die Kutsche unbehelligt weiterziehen zu lassen.

Der Bürgermeister teilte der Gräfin mit, dass sie und ihre Mitreisenden für vierundzwanzig Stunden in Varennes bleiben müssten, sie es sich aber gern in seinem Krämerladen bequem machen dürften. Den

Reisenden blieb keine andere Wahl, als dieses Angebot anzunehmen. Und so folgten sie ihm in seine kleine dunkle Krämerei und die Treppe hinauf in sein Schlafzimmer. Die beiden Kinder ließen sich sofort aufs Bett fallen, während der Diener (Ludwig gab auf direktes Befragen durch Sauce nicht zu, der König zu sein) unruhig in der Kammer auf und ab lief.

Der Bürgermeister schickte nun nach einem Richter, der einige Zeit in Versailles gelebt hatte und in der Lage sein musste, Drouets Verdacht zu bestätigen. Nach einer Weile erschien der Richter, brauchte nur einen Blick auf den beleibten Mann zu werfen und beugte schon ehrerbietig ein Knie vor ihm.

»Oh, Sire«, sagte er nur, aber mehr brauchte er auch nicht von sich zu geben. Die Tarnung war aufgeflogen, und jedes weitere Leugnen sinnlos.

»Ja«, gestand Ludwig erschöpft, »ich bin in der Tat Euer König. Und dies sind meine Gemahlin und meine Kinder. Wir bitten euch, uns mit dem Respekt zu behandeln, den die Franzosen immer schon ihren gekrönten Häuptern entgegengebracht haben.«

Die Neuigkeit verbreitete sich wie ein Lauffeuer. Der Bürgermeister wusste nicht so recht, was er nun unternehmen sollte, und tat deswegen erst einmal gar nichts. Der Dauphin und seine Schwester waren bereits eingeschlafen, wie auch der Rest der Reisegesellschaft den Eindruck erweckte, dringend der Ruhe zu bedürfen. Sauce ließ sie allein in der Kammer, bis zwischen drei und vier Uhr morgens zwei Kuriere aus Paris eintrafen.

In der Hauptstadt hatte man erst in den frühen Morgenstunden des Vortags die Flucht der königlichen Familie bemerkt. Wenig später war die Nationalversammlung zusammengetreten und hatte die Verhaftung Ludwigs verfügt. Man verschloss die Tuilerien und nahm etliche der Diener fest – obwohl die meisten von ihnen nichts von den Fluchtplänen gewusst hatten. Lafayette verdoppelte die Wachen, schloss die Börse und befahl, weil er Ausschreitungen befürchtete, dass kein Geschäft öffnen dürfe.

Die Pariser strömten wutentbrannt zusammen, brachen die Palasttore auf und randalierten in den königlichen Gemächern. Niemand in der Hauptstadt wusste, was nun folgen würde. Kehrte Ludwig an der Spitze eines ausländischen Heeres nach Frankreich zurück? Oder sollte man sein Verschwinden als förmliche Abdankung werten, wie es die Jakobiner taten? »Die Bürger zerstörten alles, was den Namen Ludwigs oder sein Porträt trug«, schrieb Hézècques. »Und die allgemeine Bestürzung war vollkommen.«[6]

Sobald die Nationalversammlung ihre Beschlüsse verabschiedet hatte, schickte Lafayette Kuriere los, die auf allen Hauptstraßen nach der Königsfamilie Ausschau halten sollten. Die Route der Berline konnte relativ leicht ermittelt werden. Romeuf, Lafayettes Adjutant, und der Bataillonskommandant Baillon kamen ihr schnell auf die Spur.

Nun betraten sie den Krämerladen mit einem Haftbefehl für den König. Einer von ihnen begann, den Staatsbefehl vorzulesen, aber Antoinette ärgerte sich sehr darüber, dass diese beiden Soldaten, die doch eigentlich »den Schutz der königlichen Familie als ihr höchstes Gut anzusehen hätten«, sich auf so schamlose Weise illoyal verhielten. Sie entwendete dem Mann das Papier und fing an, es zu zerreißen. Aber Ludwig hielt sie auf, und da warf sie es wütend auf den Boden.

Nun hatte Sauce keine Zweifel mehr, wie er weiter vorzugehen hatte. Die Gefangenen (denn er hatte sie nie wirklich als seine Gäste angesehen) waren den beiden Gardeoffizieren zu überstellen, damit diese sie nach Paris zurückführen könnten.

Vor dem Krämerladen drängte sich die Menge dicht an dicht und schrie, der König solle herauskommen. Die Husaren hielten auf der Straße Wache, aber Ludwig hatte ihnen strengstens verboten, irgendetwas zu unternehmen, bei dem Bürger zu Schaden kommen könnten. So standen die Soldaten nur hilflos da und mussten Hohn, Spott und Gelärme über sich ergehen lassen.

Inzwischen traf auch der Herzog von Choiseul in Varennes ein. Es gelang ihm, sich Zutritt zum König zu verschaffen, und er beschwor ihn, zusammen mit seinem Sohn ein Pferd zu besteigen und, so rasch er könne, zu Bouillé zu reiten. Die Husaren würden ihn begleiten und mit ihrem Leben schützen. Gewiss werde die Nationalgarde – von der sich bereits mehrere Tausend in der Stadt aufhielten – das Feuer auf die Kavalleristen eröffnen. Aber bei der Riesenmenge, die die Straßen verstopfe, würde es zu einiger Verwirrung kommen. Die gelte es auszunutzen. Dann bestünden gute Chancen, dass der König und sein Thronfolger in Sicherheit gelangten. Antoinette und die anderen könnten sich ihm sogar anschließen, man habe genügend Pferde dabei.

Aber wie nicht anders zu erwarten, lehnte Ludwig ab. Bouillé stünde doch nur wenige Meilen von hier und sei sicher schon unterwegs ihn zu retten. Er würde nach Ausflüchten suchen, um länger in Varennes bleiben zu können. Dann brauche er nur abzuwarten, bis der General mit seinen Regimentern hier einträfe.

Der König wünschte von Sauce eine Mahlzeit, und als diese serviert und verspeist war, bat er darum, die Kinder noch ein wenig länger schlafen zu lassen. Antoinette versuchte derweil, die Frau des Bürgermeisters auf ihre Seite zu ziehen. Sie setzte sich zu ihr und verwickelte sie in ein Gespräch von Frau zu Frau. Wenn der König seine Reise fortsetzen könne, statt ihn Romeuf und Baillon auszuhändigen, würde Madame Sauce damit »einen wertvollen Beitrag leisten, Ruhe und Frieden in Frankreich wieder herzustellen«. Ob sie denn nicht auf ihren Mann einwirken könne, die königliche Familie ziehen zu lassen?

Madame Sauce sei »sichtlich bewegt« gewesen, teilte Antoinette später Madame Campan mit. »Sie konnte es nicht ohne Tränen in den Augen ertragen, die Königin so vor ihr flehen zu sehen.« Aber dann entgegnete die Frau: »Bei allem, was recht ist, Madame, aber das wäre der Untergang meines Mannes. Ich liebe den König, aber bei der Jungfrau Maria, ich liebe auch meinen Mann. Versteht bitte, dass er dann die ganze Verantwortung auf sich nehmen müsste.«[7]

Mittlerweile war es heller Tag geworden. Viertausend Nationalgardisten und mindestens ebenso viele Bürger und Dörfler hatten sich in der Stadt versammelt, und ständig wurden es ihrer mehr.

»Nach Paris!«, rief die Menge. »Der König soll nach Paris! Schickt sie zurück! *Vive la nation!*«

Die Menschen wussten ebenso gut wie der König, dass General Bouillé nicht fern war und die Österreicher unmittelbar hinter der Grenze standen. Eine weitere Verzögerung durfte daher nicht geduldet werden. Die königliche Familie musste unverzüglich nach Paris geschickt werden, ehe in Varennes eine blutige Schlacht ausbräche.

Man wendete gegen die Familie keine Gewalt an, aber Sauce bestand darauf, dass der König sich ergebe. In ihrer Verzweiflung täuschte eine der Kammerdamen einen Anfall vor, hielt sich den Bauch, schrie, ließ sich aufs Bett fallen und erflehte unter Tränen ärztliche Hilfe. In diesem Zustand könne die königliche Familie sie doch nicht zurücklassen, rief die Frau. Aber der Bürgermeister durchschaute ihr Spiel sofort und erklärte, dass es von nun an keine Vergünstigungen mehr gebe, die einen zeitlichen Aufschub zur Folge hätten.

Wo blieb Bouillé? Mittlerweile war es sieben Uhr geworden. Hatte der Offizier ihn nicht in Stenay angetroffen? Oder war der General dem langen Arm der Nationalversammlung zum Opfer gefallen und verhaftet worden?

Ludwig erkannte allmählich, dass er sich keine Hoffnungen mehr machen durfte. Niemand würde zu ihrer Rettung heranrücken. Der Fluchtplan war gescheitert. Der König hatte seit nahezu achtundvierzig Stunden nicht mehr geschlafen und fühlte sich jetzt zu müde, um noch länger gegen das Unvermeidliche anzukämpfen. Seine Kinder bekamen kaum die Augen auf, und seine Frau schwieg vor unterdrückter Wut. Die Menge unten auf der Straße verspottete ihn, aber sie schien ihm nicht ans Leben, sondern ihn nur aus der Stadt haben zu wollen. Traurig beschloss er sich zu fügen.[8]

Um sieben Uhr dreißig rollte die Berline aus Varennes hinaus und fuhr die Straße nach Clermont und Sainte-Ménehould zurück. Ein großes Aufgebot von Nationalgardisten begleitete den Zug, und viele hundert Menschen strömten mit, schwangen ihre Waffen und riefen »*Vive la nation!*«. Den Insassen der Kutsche erlaubte man nicht, die Vorhänge vor die Fenster zu ziehen. Alles, was sie nun taten oder sagten, wurde öffentlich.

Antoinette starrte stur geradeaus, hielt sich so aufrecht wie nur möglich und hatte eine steinerne Miene aufgesetzt. Sie gab sich alle Mühe, die schmutzigen Gesichter zu ignorieren, die zum Fenster hereinschauten. Auch beachtete sie die dreckigen Finger nicht, die hereingriffen, um ihre Stoffe zu berühren; genauso wenig die Beschimpfungen, welche ihr aus den Mündern entgegen schallten.

Sie, die Tochter einer Kaiserin und Gemahlin eines Königs, wurde hier zum Gespött von dummem Bauernvolk! Einfach unmöglich, unglaublich. Schließlich schloss sie die Augen, um so die Schmach besser ertragen zu können.

Das Schicksal wollte es, dass General Bouillé und seine Truppen nur kurze Zeit nach der Abfahrt der Berline eintrafen. Von einem Hügel oberhalb der Stadt konnte der General sehen, wie der Zug die Stadt verließ. Bouillé wusste: jeder Befreiungsversuch war zwecklos. Der General war zu spät gekommen.

Er konnte hier nichts mehr ausrichten. Jetzt musste er vor allem an sich selbst denken. Ohne noch einen Moment zu zögern, ritt Bouillé an der Spitze seiner Soldaten ins Exil.

# 27

Alle Farbe war aus Antoinettes schönem Gesicht gewichen. Bleich und eingefallen zeigten sich ihre Wangen, blutleer die Lippen und von den reichlichen Tränen rot gerändert die einst strahlenden blauen Augen. Ihr Haar wirkte stumpf und weiß wie das einer Greisin, und ihr früher so gerader und runder Körper war sichtlich abgemagert; auch hielt sie sich jetzt krumm. Die Königin war um Jahre gealtert. Die Belastungen, unter denen sie seit Jahren stand, hatten sie ihrer Vitalität beraubt und ein zerbrechliches, alt gewordenes Geschöpf zurückgelassen.

Das Unglück habe eine »erstaunliche Wandlung« an ihrer Herrin vorgenommen, dachte Madame Campan, als sie die Königin zum ersten Mal nach deren Rückkehr aus Varennes sah. Antoinette litt an Schlaflosigkeit und zerrütteten Nerven. Ständig und wie unter Zwang fürchtete sie sich vor allem und jedem.

Die Rückreise nach Paris hatte sie als Fegefeuer empfunden. Schwüle Sommerhitze, der viele Staub von den Straßen, dazu die unablässigen Beleidigungen und Verhöhnungen der Menge, der Mann, der dem König unverschämter Weise direkt ins Gesicht gespuckt hatte, und obendrein die ständige Todesangst. All dies hatte sich verheerend auf Antoinettes Gesundheit ausgewirkt. Tagelang hatte sich diese Folter hingezogen, und als sie endlich die Hauptstadt erreichten und in die Tuilerien zurückkehrten, musste die Königin feststellen, dass man in ihrer Abwesenheit nicht nur ihre Dienerschaft verhaftet, sondern auch ihre Gemächer gestürmt und verwüstet hatte.

Antoinette blieb nur die allerschwächste Hoffnung, dass die Monarchie jemals wieder ihren früheren Status zurückgewinnen könne. Der loyale Mirabeau war einige Monate vor ihrem unglückseligen Fluchtversuch gestorben. Die Jakobiner gewannen immer mehr Macht und Anhänger. Natürlich gab es in der Nationalversammlung noch etliche Gemäßigte, aber die kamen kaum gegen die extremistischen Deputierten an. Und noch weniger vermochten sie sich gegen die rebellischen Pariser durchzusetzen, deren Republikanismus jeden Tag stärker wurde. Die Bürger der Hauptstadt hassten Antoinette aus tiefstem Herzen und forderten immer lautstärker die Absetzung des Königs.

Voller Wut über Ludwigs Fluchtversuch, verärgert über die Nahrungsmittelknappheit und die Arbeitslosigkeit und voller Sorge über den rasanten Verfall des Assignatengeldes marschierten am 17. Juli mehrere Tausend Pariser zum Marsfeld, um hier die endgültige Abschaffung der Monarchie zu fordern. Dabei kam es zu schweren Übergriffen, als man in zwei Männern Spitzel der Regierung zu erkennen glaubte. Die Bürger machten kurzen Prozess mit ihnen und hängten sie auf. Lafayette und Bailly ließen sofort die Nationalgarde aufmarschieren, und die eröffnete das Feuer auf die Menge.

Das Massaker auf dem Marsfeld bedeutete den Wendepunkt in Lafayettes Karriere. Zusätzlich vergrößerte sich die Kluft zwischen den besitzenden Schichten, die den Ausbruch der Anarchie befürchteten, und den Armen und Arbeitern, deren Lage immer bedrückender wurde und die nur noch ihrer Wut Luft machen wollten. Unzufrieden mit der Regierung und aufgestachelt von der radikalen Presse, sahen letztere nur noch in der Abschaffung der Monarchie ihr Heil. Sie verlangten Rache für die erschossenen Männer und Frauen, die Märtyrer vom Marsfeld. Blut für Blut lautete ihre Forderung, und notfalls würden sie das selbst in die Hand nehmen.

Doch zunächst vollendete die Nationalversammlung im September des Jahres die Arbeit an der neuen Verfassung. In ihrem Bemühen, die Freiheit, welche die Franzosen sich erkämpft hatten, für alle Zeiten zu zementieren, und gleichzeitig das Fundament für ein neues Frankreich zu legen, in dem es keine Korruption und keine Privilegien mehr geben sollte, stellte die Konstitution jedoch einen politischen Kompromiss dar und vereinte in sich einige unvereinbare Widersprüche. So sollte die Monarchie erhalten bleiben, wenn auch ihrer gottgegebenen Qualität beraubt. Die Rolle des Königs sollte auf die eines »Repräsentanten des Volkes« reduziert werden, und gleichzeitig billigte man ihm ein aufschiebendes Vetorecht zu; genauer gesagt konnte er jedes von der Nationalversammlung beschlossene Gesetz für fünf Jahre aussetzen. Die Nationalversammlung, die es trotz aller Fehler und Schwächen vermocht hatte, Tausende neuer Gesetze zu erlassen und so ein neues Frankreich zu schaffen, sollte laut der neuen Verfassung aufgelöst und durch eine Gesetzgebende Versammlung mit viel größeren Vollmachten ersetzt werden. Um einen vollständigen Neuanfang zu garantieren, durften Mitglieder der Nationalversammlung sich nicht in das neue Parlament wählen lassen. Mit anderen Worten, die neue gesetzgebende Körperschaft würde sich aus politisch unerfahrenen Abgeordneten zusammensetzen.

Antoinette verachtete die »monströse Verfassung« ebenso wie die »Ansammlung von Schurken, Toren und Dummköpfen«, welche die neue Regierung stellen sollten. Doch Ludwig, der unter enormem Druck stand, schwor den Treueid auf die Verfassung, brach danach aber unter Tränen zusammen.

Nachdem er in einer Zeremonie den Eid abgelegt hatte, kehrte der König in die Tuilerien zurück und begab sich in Antoinettes Gemächer. »Ludwig war leichenblass«, erinnerte sich Madame Campan später, »und wirkte äußerst mitgenommen. Die Königin stieß bei seinem Anblick gleich einen Entsetzensschrei aus.« Die Hofdame vermutete, er könne ernstlich erkrankt sein.

»Alles ist verloren!«, rief der König. »und Sie mussten Zeuge dieser Erniedrigung sein. Ihr seid nach Frankreich gekommen, um das zu erleben.«

Der König sprach gepresst, so als drohe er an den Worten zu ersticken, und dabei schüttelte sich sein ganzer Körper. Ludwig ließ sich schwer auf einem Stuhl nieder und tupfte sich mit seinem Taschentuch die Tränen aus den Augenwinkeln. Antoinette »fiel vor ihm auf die Knie«, sah Madame Campan, »und drückte ihn an sich«. Die Hofdame stand wie erstarrt da, und weil sie nicht wusste, wie sie sich jetzt verhalten sollte, rührte sie sich nicht vom Fleck. Nach einer Weile erinnerte sich die Königin, dass sie hier nicht allein mit ihrem Mann war, und gebot Madame Campan erbost, den Raum zu verlassen.[1]

Die Königin fühlte sich von der Verfassung persönlich angegriffen und überlegte während der nächsten Stunden ernsthaft, nach Wien zu fliehen. So weit sie die Sache überblicken konnte, war die Monarchie nun abgeschafft. »Diese Leute wollen gar keinen König haben«, klagte sie. »Wir werden ihrer treuelosen, aber richtig befolgten Taktik unterliegen. Sie reißen die Monarchie Stein für Stein nieder.«[2]

Doch von der Königin einmal abgesehen wurde die neue Verfassung in ganz Paris gefeiert. Überall hielt man Spektakel und andere Vergnügungen ab. Das Marsfeld verwandelte sich wieder in einen Ort der Freude. Genau hier wurde die neue Verfassung proklamiert, und alle riefen: »*Vive la nation!*« Die Stadtverwaltung verteilte auf Straßenbanketten kostenlos Brot, Fleisch und Wein, und die Menschen vergaßen darüber rasch die Hungersnot. Zu Ehren der neuen Gesetze stiegen Ballons auf, veranstaltete man an mehreren Orten eine Kirmes und wurden überall Spiele und Aufführungen dargeboten.

Man beleuchtete die Tuilerien, die so oft das Ziel wütender Massen gewesen waren, mit Tausenden Glaslaternen und verwandelte sie in ein nächtliches Wunderland. Auch den Palast, die öffentlichen Plätze und die Champs-Élysées schmückte man auf solche Weise. Die Pariser, immer schon von überschäumendem Gemüt, tanzten durch die Straßen und vergaßen ihre Sorgen und ihren Zorn auf das Herrscherpaar.

Doch die allgemeine Euphorie verflog rasch wieder. Antoinette fühlte sich in diesen Zeiten alt, ausgelaugt und mit ihren Kräften am Ende. »Habt Erbarmen mit mir!«, schrieb sie Mercy. »Ich versichere Euch, dass es größeren Mutes bedarf, meine Lage zu ertragen, als mitten auf einem Schlachtfeld zu stehen … Gewaltige Hindernisse stehen uns im Weg und wollen überwunden werden, und große Schlachten haben wir zu schlagen.«[3]

Allem Anschein nach bequemten sich die anderen europäischen Mächte nun doch, endlich einzuschreiten. Am 27. August 1791, gerade zwei Monate nach dem Fluchtversuch, trafen Kaiser Leopold von Österreich und König Friedrich-Wilhelm II. von Preußen zusammen, um eine Erklärung abzugeben: »In der gegenwärtigen Situation«, hielten sie, »den französischen König für ein Thema von allgemeinem

Interesse für alle Souveräne Europas«. Des weiteren schworen die beiden Herrscher in dieser Pillnitzer Konvention: »alle notwendigen Maßnahmen zu ergreifen und mit sämtlichen zu Gebote stehenden Mitteln« für die Wiedereinsetzung von Ludwig XVI. in seine alten Rechte als König zu sorgen.

Die anderen Herrscher Europas hatten es allerdings nicht übermäßig eilig, sich dieser Erklärung anzuschließen. Abgesehen von Schwedens Gustav III., dem leidenschaftlichsten Vorkämpfer für Ludwigs Rechte, reagierten die königlichen Vettern des Bourbonen eher lauwarm auf die Pillnitzer Konvention. Der König von Spanien verfügte weder über die Mittel noch die notwendigen Truppen für einen Einmarsch ins Nachbarland zum Zwecke der Niederschlagung der Revolution. Der englische Premierminister, William Pitt, hielt die momentane Lage nicht für überaus bedrohlich, versprach aber, wachsam zu sein. Tatsächlich hatte keine der großen Mächte irgendeinen finanziellen Beitrag geleistet, um Ludwig die Flucht aus Paris zu ermöglichen. Die Mittel, die dem französischen Königspaar dafür zur Verfügung gestanden hatten, stammten aus dem Privatvermögen Fersens und vom politisch bedeutungslos gewordenen Malteserorden.

Dennoch schwollen die Reihen der Konterrevolutionäre immer weiter an. Nachdem Provence sich Artois in dessen Exil angeschlossen hatte, gewannen die Emigrantengruppen an Statur und Organisation. Die Kurfürsten von Trier und Koblenz boten den Brüdern des Königs Unterschlupf, überließen ihnen Schlösser und kamen für ihre Verpflegung und die Kosten ihres Haushalts auf. Sie bezahlten auch den französischen Priestern, die keinen Eid auf die Verfassung abgelegt hatten und vertrieben worden waren, eine Rente und brachten die Tausende Exilanten unter, die als Leibwache von Artois und Provence ausgegeben wurden, sich in Wahrheit aber darauf vorbereiteten, als Kerntruppe der Gegenrevolution in Frankreich einzumarschieren. Täglich stießen neue Emigranten dazu. Leopold konnte Provence und seine Exilregierung zwar nicht direkt unterstützen, ließ ihm aber über seine Gemahlin zwei Millionen Livres zukommen.[4]

Auch Ludwig schickte seinen Brüdern Geld. Artois erhielt zwischen Juli 1791 und Februar 1792 siebenhunderttausend Livres von ihm.

Antoinette hingegen waren die Bemühungen ihrer Schwäger und deren »konfuser und selbstsüchtiger« Gruppe in Trier und Koblenz nicht ganz geheuer. Nach ihren Worten hätten sie sich als Feiglinge erwiesen, die schon vor der ersten Bedrohung davonrannten. Außerdem hielt die Königin sie für Landesverräter. Provence nannte sie nur nach dem (biblischen Brudermörder) Kain; denn er plane, seinem Bruder das Geburtsrecht zu stehlen und setze Ludwig um seines eigenen Vorteils willen Gefahren aus.

Nachdem der österreichische Kaiser und der preußische König gemeinsam ihre Pillnitzer Erklärung abgegeben hatten, entwickelten sich die organisierten Emigranten tatsächlich zu einem großen Problem. Mit ihrem Säbelrasseln und ihren großen Worten gaben sie den Revolutionären genug Anlass, die königliche Familie noch mehr zu drangsalieren und unter strengere Bewachung zu stellen.

Schon kontrollierte man sie schärfer als je zuvor. »Wir kommen uns hier vor wie Verbrecher«, beschwerte sich Antoinette in einem Brief an die Herzogin von Polignac. »Solche Belastung ist in der Tat schrecklich zu ertragen.« Jede ihrer Bewegungen wurde von wachsamen Augen verfolgt, Sie hatte keine Privatsphäre mehr, und man beobachtete sie sogar im Schlaf. Dennoch kann es nicht gar so arg gewesen sein, denn Antoinette fand immer noch Gelegenheit, Fersen, Leopold und Mercy verschlüsselte Briefe zukommen zu lassen. Sie unterhielt auch mit Antoine Barnave Korrespondenz. Der Deputierte der Nationalversammlung hatte die königliche Familie auf der Rückkehr von Varennes begleitet und dabei erstaunlich viel Sympathie für die Monarchie gezeigt.

»Ich habe keinen Augenblick für mich, verbringe die Zeit mit Personen, die ich sehen muss und Schreibereien und meinen Kindern«, klagte sie bei Fersen. Oft vergingen mehrere Stunden, bis Antoinette den geheimen Brief, der gelegentlich zwanzig oder dreißig Seiten lang war, verschlüsselt hatte. Madame Campan vermerkte in ihren Memoiren, dass für diesen Vorgang »größte Geduld« vonnöten sei. Dabei mussten sich Absender und Empfänger desselben Buches bedienen – im Fall von Antoinette und Fersen *Paul et Virginie*. Seite und Zeile eines Buchstabens oder einer Silbe entsprachen einem vorher abgesprochenen Kode. Madame Campan half der Königin oft bei dieser Arbeit und schrieb das Ergebnis oft genug ab, auch wenn Antoinette sie nie in die geheime Bedeutung einweihte.[5]

War der Brief dann verfasst, stellte sich die Schwierigkeit, wie er aus den Tuilerien geschmuggelt werden konnte. Manchmal diente die Jackentasche eines Dieners diesem Zweck, andere Male versteckte man die Blätter zwischen Kleidungsstücken. Vertrauenswürdige Kuriere fanden sich nur selten, und wenn einer loyal zur Königsfamilie stand, bedeutete das noch lange nicht, dass er schlau genug war, sich nicht von der Polizei oder den Such-Komitees erwischen zu lassen.

In den meisten Schreiben verlangte Antoinette einen militärischen Einsatz. Mit jedem Monat, der verging, fielen ihre Appelle dringender aus. Dazu schrieb sie Fersen, der von einem europäischen Hof zum nächsten reiste. Um die jeweiligen Herrscher mit Antoinettes verzweifelten Forderungen zu beeindrucken, fügte sie stets noch ein paar persönliche Bemerkungen hinzu. So redete sie ihn mit »liebster und geliebtester Mensch der Welt« an, versicherte ihn ihrer Liebe und erklärte ihm, dass sie ohne die Briefe an ihn nicht mehr leben könne, möge sie das auch in größte Gefahr bringen. Auch flehte sie ihn an, nicht nach Frankreich zurückzukehren; gleich aus welchem Grund und egal, was ihr zustieße. Die Regierung wisse von seiner Komplizenschaft beim Fluchtversuch der königlichen Familie. Wenn er jemals den Fuß über die französische Grenze setze, liefere er sich damit auf Gedeih und Verderb den Revolutionären aus. Sosehr Antoinette ihn auch zu sehen gewünscht haben mochte, sie durfte nicht riskieren, sein Leben in Gefahr zu bringen.

»Die Königin schrieb fast den ganzen Tag«, notierte Madame Campan, »und in der Nacht las sie.« Abgesehen von ihrer Korrespondenz mit ihrem Bruder Leopold und ihren Agenten im Ausland musste sie auch Artois und Provence davon abhalten, vorschnell loszuschlagen. Darüber hinaus erhielt sie Berichte von diversen Geheimausschüssen, die in Paris zur Bewahrung der Monarchie operierten.

Obwohl Antoinette nicht allzu viel von diesen Geheimausschüssen hielt, setzte Ludwig immer mehr von ihnen auf seine Gehaltsliste. Er nutzte dazu die Mittel, welche die Regierung ihm zur Pflege »diplomatischer Beziehungen« zugestand. Außerdem bezahlte er mit diesem Geld die Informanten, welche Laporte, der Intendant der königlichen Leibrenten, für ihn anwarb. Wenn seine eigene Sicherheit und die seiner Familie gekauft werden konnten, sagte sich der König, wollte er keine Kosten scheuen. Im Lauf der Zeit bestach er auch die radikaleren Deputierten der neuen Gesetzgebenden Versammlung, hoffte er doch, auch so seine Situation verbessern zu können.[6]

All diese Anstrengungen erschöpften Antoinette. Fersen berichtete sie von »der zunehmenden Geistesermüdung, welche mich unaufhörlich befällt«. Sorgen verfolgten sie, und in den langen schlaflosen Nächten erlebte sie im Geiste von neuem den unglückseligen Fluchtversuch, der in Varennes sein Ende gefunden hatte. Dabei grübelte sie immer häufiger darüber nach, wem man die Schuld an dem Fehlschlag geben könne. Sie waren doch so weit gekommen, bis nahe an die Grenze. Andere waren auf derselben Route sicher über die Grenze gelangt. Ihr Leibfriseur, Léonard, war nur wenige Stunden vor der Ankunft der schwerbeladenen Berline durch Varennes geritten und hatte dabei den unbezahlbaren Schmuck der Königin mit sich geführt. Niemand hatte sich ihm in den Weg gestellt. Provence und seine Gemahlin hatten einen ähnlichen Kurs gewählt und waren erst vom letzten Posten vor der Grenze erkannt worden. Doch sie hatten Glück gehabt, einen Monarchisten vor sich zu haben. Der hatte das Geheimnis nicht nur für sich bewahrt, sondern die beiden auch noch persönlich über die Grenze gebracht, um sicherzustellen, dass sie nicht doch noch in letzter Sekunde entdeckt würden.

Wenn doch nur der Herzog von Choiseul noch etwas länger mit seinen Husaren in Pont-Somme-Vesle gewartet hätte ... wenn er doch nur nicht die Nachricht an die Kavallerieabteilungen in den anderen Städten geschickt hätte, dass der König heute nicht käme und sie abziehen könnten ... wenn doch nur einer der Husarenoffiziere in Varennes Manns genug gewesen wäre, nicht auf Ludwigs ängstliche Bedenken zu hören und mit seinen Soldaten den Weg durch die Menge freigekämpft hätte ... wenn sie doch nur, wie der Herzog von Coigny es ihnen geraten hatte, einen pensionierten Offizier mitgenommen hätten, der sich in der Gegend auskannte und sie über Schleichwege hätte führen können ...

Wieder und wieder rief sich die Königin den Moment der Reise ins Gedächtnis zurück, als kurz vor Varennes ein Reiter an ihnen vorbeigeprescht war und sie vor irgendeiner Gefahr gewarnt hatte. Damals hatten sie die Worte des Mannes nicht verstehen können. Aber danach, als es schon zu spät war, ging Ludwig und Antoinette auf, was der Reiter ihnen zugerufen hatte: »Ihr seid enttarnt! Ihr seid erkannt!«[7]

Gepeinigt von Schlaflosigkeit in der Nacht und schweren Sorgen bei Tag blieb der Königin auch eine weitere Furcht nicht erspart. Der Pastetenbäcker in den Tulierien war als »in der Wolle gefärbter Jakobiner« bekannt und man hatte gehört, wie er einmal erklärte: »Für Frankreich wäre es ein Segen, wenn der König vorzeitig von uns ginge.« Die Küchenbediensteten, die allesamt in Treue fest zu Ludwig standen, behielten ihn seitdem im Auge, aber es ließ sich nicht ausschließen, dass der Bäcker doch einen unbemerkten Moment fand, das Essen des Königs zu vergiften.

Um ganz sicherzugehen, nahmen Ludwig, Antoinette und Elisabeth, die zusammen speisten, nur gebratenes Fleisch zu sich und ließen alles andere aus der Küche unangerührt – Brot, Kuchen, Süßwerk und Pasteten. Ein vertrauenswürdiger Diener kaufte in der Stadt Brot und Wein und schmuggelte das in den Palast. Madame Campan nahm die Waren in Empfang und verschloss sie in einem Schrank in den Gemächern des Königs. Weil Ludwig aber nicht auf Backwerk verzichten wollte, musste die verlässliche Hofdame auf den Straßen Kuchen, Pasteten und Zucker erstehen. Sie ging dabei stets behutsam vor, veränderte ihr Äußeres und kaufte niemals zweimal hintereinander beim selben Bäcker.[8]

Nach drei oder vier Monaten konnten sie diese Vorsichtsmaßnahmen aussetzen. Der König und die Königin erfuhren von den Spionen Laportes, die Revolutionäre hätten ihre Taktik geändert und eine Vergiftung sei nicht weiter zu befürchten. Man wollte dem König und seiner Gemahlin nicht mehr ans Leben, wenn diese auf den Thron verzichteten und abdankten.

Der nächste Winter zog ins Land, und Paris bibberte unter strengem Frost. Unter der kalten und trockenen Luft verging der einst wunderbare Teint der Königin noch mehr. Einem freudlosen Weihnachtsfest folgte ein ebenso trübes Neujahrsfest. Auch die Nachrichten aus Wien, Brüssel und Koblenz boten keinen Anlaß zu neuer Hoffnung.

Die Gesetzgebende Versammlung beschloss harte Maßnahmen zur Bestrafung der Emigranten. Man beschlagnahmte ihren Besitz und verweigerte darüber hinaus den Eidverweigerern unter den Priestern die weitere Zahlung ihrer Bezüge. Der König war fortan nicht mehr mit »Sire« oder »Euer Majestät« anzureden, und Ehrenbezeugungen ihm gegenüber wurden verboten – wie zum Beispiel in seiner Gegenwart stehen zu bleiben oder das Haupt zu entblößen. Ludwig verfiel wieder in seine Trägheit und zog sich immer mehr in sich zurück. Er ergab sich in Selbstmitleid, las seine Bücher über Karl I., der knapp anderthalb Jahrhunderte zuvor enthauptet worden war, und murmelte ständig vor sich hin, »von allen verlassen« worden zu sein.

Am 13. Februar 1792 betrat eines Abends ein großer, dünner Mann zusammen mit einem riesigen Hund durch einen Nebeneingang den Palast. Unter der Verkleidung verbarg sich Fersen, der mit wichtigen Briefen vom schwedischen König kam. Der Vertraute hatte großes Glück gehabt und ohne Zwischenfälle die französische Grenze überschritten. Er führte gefälschte Papiere mit sich, die ihn unter den besonderen Schutz der portugiesischen Königin stellten. Das Glück blieb ihm treu, denn die Wächter erwiesen sich nicht nur als hilfsbereit, sondern behandelten ihn auch mit großer Höflichkeit. Niemand ahnte, dass es sich bei ihm in Wahrheit um den Boten einer feindlichen Macht handelte. König Gustav III. leistete überhaupt sein Möglichstes für das Königspaar. Ein paar Monate zuvor hatte er versucht, eine Invasionsarmee in der Normandie landen zu lassen. Zur Zeit bemühte er sich, der königlichen Familie die Flucht aus Paris zu ermöglichen, während er immer noch darauf hoffte, dass endlich ein Heer in der Normandie an Land gehen könnte. Fersens Mission bestand darin, Ludwig zu einer neuerlichen Flucht zu bewegen. Von Antoinette war bekannt, da sie nur zu gern mitmachen würde.

Fersen näherte sich den Gemächern der Königin auf dem Weg, den er in der Vergangenheit so oft beschritten hatte. Zwar befürchtete der Mann, von einem der Wachsoldaten erkannt zu werden, aber seine Verkleidung und der große Hund schützten ihn. Man hatte ihn vorgewarnt, Antoinette befände sich nicht in der besten Gemütsverfassung. Erst wenige Tage zuvor hatte sie sich heimlich mit Simolin, dem Gesandten der Zarin, Katharina der Großen, getroffen, und dieser berichtete Fersen, wie Antoinette über eine Flucht denke. Der König und der Dauphin müssten gerettet werden, hatte sie dem Botschafter erklärt, ihre eigene Person sei dabei nicht so wichtig. Sie befand sich in einer so niedergedrückten Stimmung, und ihre Ängste hatten sich derart gesteigert, dass sie überhaupt nicht mehr daran denken konnte, sich zu retten. Bestürzt gab Simolin Fersen gegenüber Antoinettes Worte wieder: »Ich fürchte nichts«, hatte sie ihm voller Stolz erklärt,

»und ziehe jede erdenkliche Gefahr der jetzigen Erniedrigung und Misere vor.«[9]

Fersen wusste, dass er sich auf den Mut der Königin verlassen konnte, aber als er dann ihr Gemach betrat und sie erblickte, glaubte er, seinen Augen nicht trauen zu dürfen. Eine müde, abgemagerte und verhärmte Frau erwartete ihn dort. Antoinette wirkte angespannt, hatte kaum Farbe im Gesicht und war vom vielen Kummer und der endlosen Überarbeitung sichtlich gezeichnet. Die beiden redeten mehrere Stunden miteinander. Ludwig, der ebenfalls zugegen war, unterbrach sie nicht ein Mal. Schließlich verbrachte Fersen die Nacht dort.

Am nächsten Tag teilte der König dem Grafen mit, er habe entschieden, im Palast zu bleiben. Er stand hier unter schwerer Bewachung, und ihm gefiel die Vorstellung nicht, allein zu fliehen und Antoinette und seine Kinder zurückzulassen. Davon abgesehen hatte er der Nationalversammlung sein Wort gegeben, keinen weiteren Fluchtversuch zu unternehmen. Fersen schrieb später in sein Tagebuch: »Letzten Endes hatte er Skrupel, weil er so oft versprochen hatte zu bleiben, denn er ist ein Ehrenmann«.

Der König sagte ihm aber, sobald die vereinten Armeen der europäischen Mächte in Frankreich einmarschiert seien, und damit rechne er fest, wolle er sich von einer Gruppe Schmuggler in die Wälder nördlich von Paris bringen lassen, wo eine Abteilung Soldaten auf ihn warte. So sahen Ludwigs Pläne aus, und er gab sich sogar der bestenfalls trügerischen Hoffnung hin, dass die Revolutionäre, sobald die ausländischen Armeen heranzögen, es nicht mehr wagen würden, Hand an ihn zu legen; denn dann brauchten sie ihn als Geisel, um sich selbst vor der vollkommenen Vernichtung zu bewahren.

Der König sprach all diese Dinge offen vor Fersen aus. Dem Grafen erschien er mit seiner altmodischen Perücke, dem Hofgewand und der roten Schärpe des Sankt-Ludwig-Ordens auf der Brust als traurige Gestalt.

»Wir sind unter und können ungeniert reden«, sagte Ludwig, »ich weiß, man hält mich für unentschlossen und schwach, aber kein Mensch war jemals in meiner Situation. Ich weiß, ich habe den Moment verpasst, das war der 14. Juli, da hätte ich gehen sollen, ich wollte es, aber was tun, wenn sogar Provence mich bat, nicht zu reisen, und Marschall von Broglie, der Befehlshaber der Truppen mir antwortete: ›Ja wir können nach Metz gehen, aber was tun wir, wenn wir dort sind?‹

Ludwig gestand dem Grafen, dass er den rechten Moment versäumt und danach nie wieder einen geeigneten gefunden habe. Er schilderte Fersen seine Sicht von dem katastrophalen Fluchtversuch im Vorjahr und gelangte zu dem Schluss, dass nichts unternommen werden könne, um die Monarchie zu retten oder die Revolution zu stürzen, es sei denn durch ein militärisches Eingreifen von außen. Aber so, wie die Dinge nun einmal stünden, glaube er nicht, jemals, gleich unter welchen Umständen, seine frühere Autorität wieder gewinnen zu können. Daher werde er wie bisher mit der Regierung zusammenarbeiten, wann immer es ihm notwendig erscheine von seinem Vetorecht Gebrauch machen und ansonsten darauf warten, dass seine königlichen Vettern endlich ihre Truppen in Bewegung setzten.

Antoinette, die bei dieser Besprechung zugegen war, erklärte Fersen: Alle Anstrengungen, unter den Deputierten Verbündete zu gewinnen, mit Bestechungsgeldern um sich zu werfen und eigene Intrigen zu spinnen, hätten zu nichts geführt. Den Abgeordneten sei nicht über den Weg zu trauen, und »alle Minister sind Verräter«.[10]

Nach mehreren Stunden verließ der Graf den Palast, um Vorbereitungen für seine Rückreise zu treffen. Im Dunkel der Nacht konnte er sich unentdeckt mit seinen Gefährten treffen, die ihm mitteilten, eine leichte Kutsche sei reisefertig und warte auf ihn. Daraufhin kehrte Fersen in Begleitung eines Husarenoffiziers in die Tuilerien zurück, nahm mit dem König und der Königin die Abendmahlzeit ein und verabschiedete sich danach von ihnen.

Er erkannte während des Essens, dass Ludwigs Entschluss, in Paris zu bleiben, unverrückbar feststand. Antoinette, die sich gerade über einen »abscheulichen« Brief einiger Deputierter aufregte, erschien dem Grafen nicht in der Lage, ihren Gemahl umzustimmen.

Fersen legte seine Verkleidung wieder an, pfiff seinen Hund zu sich und verließ um Mitternacht die Tuilerien durch den Haupteingang. Er machte sich sofort auf den Rückweg nach Brüssel.

# 28

Mitte März 1792 erschienen einige Mitglieder in ungewöhnlichen roten Mützen zu einem Treffen des Jakobiner-Clubs. Sie bestanden aus Wolle, wurden über die Ohren gezogen und mündeten oben in einer Spitze. Die anderen Anwesenden brachen bei diesem Anblick in Beifall aus, und bei der nächsten Zusammenkunft hatten sich der Präsident, der Sekretär, die Sprecher und über dreihundert Mitglieder eine derartige Kopfbedeckung aufgesetzt.

Am Tag darauf waren in ganz Paris rote Kappen zu sehen: In den Vororten, auf den Straßen, auf den Plätzen, den öffentlichen Gärten, am Palais Royal und im Theater. Binnen kurzem entwickelte sich die rote Mütze zu »der Kappe aller französischen Patrioten«. Sie wurde ebenso obligatorisch wie die Kokarde in den Farben der Trikolore und gewann mindestens ebenso viel Symbolkraft.

Die Jakobinermütze bildete den passenden Abschluss in der Entwicklung eines eigenen Revolutionskostüms: eine lose, lange Hose, kurze Jacke, Holzschuhe, Hosenträger, mitunter eine rote Schärpe um die Hüften und kurzes, ungepudertes Haar – dies alles in scharfem Kontrast zur Tracht der Adligen – sowie als Krönung die rote Kappe und die Kokarde. Bärte wurden scheel, Schnurrbärte hingegen hoch angesehen. Am besten lange und breite, die dem Gesicht ein wildes Aussehen verliehen. Die Soldaten hatten immer schon prächtige Oberlippenbärte getragen, und die Bürger schauten das nun von ihnen ab. Auf dem Land hingegen entwickelte sich der Ausdruck Schnurrbartmänner bald zum Synonym für die »radikalen Banditen aus Paris«.

Die roten Mützen tauchten just zu dem Zeitpunkt in Paris auf, als die Hauptstadt von einer der schlimmsten Wirtschaftskatastrophen ereilt wurde. Das Assignatengeld, hatte seit Jahresbeginn im Schnitt pro Monat zehn Prozent seines Wertes verloren und war auf einen neuen Tiefstand gefallen. Nahrungsmittel wurden so knapp, dass die alten Gerüchte wieder auflebten, der Hof wolle das Volk verhungern lassen. Hungeraufstände brachen aus und verliefen ebenso gewalttätig wie die politischen Proteste. Die Pariser hatten alle Illusionen verloren und mussten sich zähneknirschend eingestehen, dass die neue Verfassung keine Besserung, sondern im Gegenteil eine weitere Verschlechterung gebracht hatte. In ihrer Wut suchten sie nach neuen Sündenböcken. Da reichte es nicht mehr, den König und die Königin, die Privilegierten und die Ausbeuter zu hassen und zu schmähen. Der Volkszorn richtete sich bald gegen die »Feinde der Revolution«.

Die Nahrungsmittelknappheit, die Geldentwertung, die Streitigkeiten in der Nationalversammlung, der schlechte Zustand des Landes und die fortschreitende Verelendung schienen für die stimmgewaltigen und radikalen Teile des Volks nur auf eine Ursache zurückzuführen zu sein: Die Revolution wurde verraten! Beweise dafür ließen sich allerorten finden, und der Aufmarsch österreichischer Truppen direkt an der Grenze sprach Bände.

Wer waren nun diese Verräter? Natürlich die österreichische Königin, und natürlich auch der König selbst, der spätestens mit dem Fluchtversuch seinen verschlagenen Charakter bewiesen hatte. Dazu auch noch die Emigranten mit ihrem Hohn von einer Gegenregierung in Koblenz und ihren ewigen Verschwörungen. Selbstredend ebenso die Aristokraten, die Monarchisten und die gemäßigten Deputierten im Parlament. Sie alle Verräter, einer wie der andere. Selbst solche betrogen die Revolution, die nicht mit all ihrer Kraft an der Erweiterung und Festigung der Freiheit mitwirkten. Und zu deren Sicherung gab es nur einen Weg – den Krieg.

Der Krieg würde das Land reinigen und alle antirevolutionären Elemente aus Frankreich hinausfegen. Die Schlacht würde die Revolution neu beleben, sie neu schärfen und ihr frischen Ruhm eintragen! Wer wollte da schon auf die Stimmen hören, die einwandten, dass die französischen Regimenter kaum für einen Kampf gerüstet waren; dass es ihnen an Offizieren und Vorräten mangele; dass die Schweizer, die Deutschen und all die anderen ausländischen Regimenter den Kampf verweigern und sogar die Generäle ohne mehr Soldaten, ohne mehr Material und ohne mehr Geld nur zögernd in die Schlacht ziehen würden. Vielmehr galt es, die Verräter unschädlich zu machen und die österreichische Bedrohung ein für alle Mal auszuschalten.

Im Februar 1792 verbündeten sich Österreich und Preußen, und vor allem letztere wurden seit den Zeiten Friedrichs des Großen gefürchtet, galten sie doch als disziplinierteste Armee Europas. Manche hielten die Preußen gar für unbesiegbar. Am 1. März verstarb Kaiser Leopold, und ihm folgte sein kampfeslustiger Sohn Franz II. auf den Thron. Die verbündeten Heere setzten sich bald darauf in Marsch, und die regierende Partei in der Nationalversammlung, die Girondisten – so benannt, weil die meisten Mitglieder aus dem Département Gironde im Großraum Bordeaux gelegen stammten – drängten entschlossen zum Krieg. Ende März sandte Frankreich Kaiser Franz II. eine formelle Warnung: Wenn Österreich seine aggressive Haltung nicht aufgebe, erfolge die Kriegserklärung. Drei Wochen später fand Ludwig sich in der ironischen Situation wieder, ein Dekret unterschreiben zu müssen, in dem sein Land gegen die Mächte in den Krieg geschickt wurde, von denen alle seine Hoffnungen auf Rettung abhingen.

Inzwischen hatten sich die Jakobinermützen in ganz Paris verbreitet. Deren Träger schlossen sich in spontan gebildeten Gruppen, Banden oder Ausschüssen zusammen und machten Jagd auf die »Feinde der Revolution«. Priester, Edelleute und bald jeder, der nicht wie ein revolutionärer Sansculotte angezogen war (eigentlich »ohne Hose«, gemeint ist damit die Dreiviertelhose der Adligen, während die einfachen Schichten lange Hosen trugen), lief Gefahr, angehalten, verprügelt und gezwungen zu werden, sich eine rote Kappe aufzusetzen. Wenn das Opfer so dumm war, sich zu wehren oder gar auf die Mütze zu spucken, zog man es nackt aus und verpasste ihm eine Abreibung mit Weißdornruten. Die Nationalgarde war nicht mehr Herr der Lage Überall kam es zu gewalttätigen Ausschreitungen. Besonders in den

Vororten waren Mord und Raub an der Tagesordnung, und die Besitzenden wagten sich nachts nicht mehr auf die Straße. Voller Freude tanzten die Pariser auf den Straßen, als sie von Kaiser Leopolds Tod erfuhren. Und wenn jemand mit einem blutigen Menschenkopf auf einem Spieß zu ihnen stieß, brachen sie in lauten Jubel aus. Singend und tanzend strömten sie schließlich zu den Tuilerien, stimmen das Lied »Ça ira« an und schrien: »Tod dem König! Tötet die Königin! Erzittert, Tyrannen, denn wir sind die Sansculotten!«

Am 25. April versammelte sich die ganze Stadt auf dem Place de Grève, wo mittels eines neuen Geräts eine Hinrichtung stattfinden sollte – die Erfindung des Pariser Arztes und Deputierten Joseph-Ignace Guillotin. Seine Maschine bestand aus einem großen Hauklotz und einem Gerüst, von dem eine schwere und sehr scharfe Klinge herabsauste. Das Opfer musste den Kopf auf den Block legen, und das Fallbeil trennte ihm dann sauber den Kopf ab. Der Arzt hatte dieses Gerät entwickelt, um für humanere Hinrichtungen zu sorgen. Bislang hatte man die Todesstrafe unterschiedlich gehandhabt und die Kriminellen je nach ihrem sozialen Status hingerichtet: Adligen stand das Privileg zu, enthauptet zu werden – die rascheste und ehrenhafteste Methode vom Leben zum Tod befördert zu werden –, während man normale Bürger hängte oder zu Tode folterte. Oft wurden diesen Arme und Beine zerschmettert, um sie dann hilflos aufs Rad zu flechten. Doch von nun an sollten alle Verbrecher wie Edelleute sterben, indem man ihnen »den Kopf im Zeitraum eines Augenzwinkerns vom Rumpf trennt«.

Dr. Guillotins Gerät wurde von der Presse als »geniale und sanfte« Maschine gepriesen, die den Delinquenten die üblichen Schmerzen und Pein erspare und sie »prompt und gründlich« töte. »Die Großartigkeit und Eleganz dieses Schauspiels wird mehr Menschen als üblich zur Hinrichtungsstätte locken«, schrieben die Pariser Zeitungen. »Viele werden beeindruckt sein, und fortan wird man das Gesetz deutlich stärker respektieren.«[1] »Der Anblick der Klinge der Ewigkeit« werde dem Verbrecher die Gnade eines raschen Endes erweisen und ihm auch dabei helfen, seine Würde zu bewahren. Man beglückwünschte Dr. Guillotin dazu, der Menschheit eine Wohltat erwiesen zu haben, und verlieh der Maschine dankbar seinen Namen.[2]

Die erste öffentliche Hinrichtung mittels der Guillotine in jenem

April 1792 stellte ein Experiment dar, was die Spannung unter den Zuschauern noch mehr erhöhte. Bislang hatte man das Gerät lediglich an Schafen, Kälbern und Leichen aus den Armenkrankenhäusern ausprobiert. Niemand konnte daher wissen, ob die Guillotine auch bei einem lebenden Verbrecher einwandfrei funktionieren würde. Dem unglücklichen Fälscher, der am heutigen Tag als erster unter die Guillotine musste, dürfte die Frage, ob die Schneide denn auch wirklich so gut funktioniere, erhebliche Folterqualen bereitet haben. Wissenschaftler beschäftigten sich mit der Frage, ob der Kopf weiterleben könne, nachdem er so sauber mit der scharfen Klinge abgetrennt worden sei – oder das Gehirn dann weiter denke, die Augen immer noch sähen und die Zunge sich bewegen ließe.

Der Fälscher wurde rasch und effektiv enthauptet, alle waren von der Darbietung begeistert, und die Zeugen dieser Hinrichtung gingen mit dem befriedigenden Gefühl nach Hause, gerade eine ebenso neue wie gründliche und gerechte Form der Bestrafung gesehen zu haben.

Mittlerweile war der Krieg wie erwartet ausgebrochen, und die ersten Wochen verliefen für Frankreich alles andere als gut. Tag für Tag erreichten neue Nachrichten von der Grenze zu den Österreichischen Niederlanden die Hauptstadt, nach denen französische Truppen sich im Angesicht des Feindes zurückgezogen hätten, um danach die Waffen fortzuwerfen und zu desertieren. An allen Fronten häuften sich die Fälle von Befehlsverweigerung und Disziplinlosigkeit. Der Geist der Freiheit, der im revolutionären Paris so gehegt und in den letzten Jahren in ganz Frankreich so sehr gepflegt worden war, erwies sich bei der kämpfenden Truppe als zerstörerische Macht. Die Soldaten stimmten darüber ab, ob sie diesen oder jenen Befehl ihres Offiziers befolgen sollten, meuterten, wenn ihnen irgendetwas nicht passte, und schreckten auch nicht davor zurück, einen in ihren Augen »tyrannischen« Offizier zu erschießen.

Die Armee unter General Dillon marschierte gegen Tournai, nur um dort von heftigem Feuer empfangen und zurückgeschlagen zu werden. Seine Soldaten flohen in hellem Entsetzen, fühlten sich von Dillon betrogen und gaben ihm alle Schuld an der Niederlage. In ihrem Zorn fielen sie über ihn her und schlugen ihn tot. Auch die Männer des Herzogs von Biron befanden sich auf dem Rückzug. General Rochambeau reichte seinen Rücktritt ein, und General Luckner hielt sich zurück und wartete lieber ab, wie die Dinge sich entwickeln würden.

Anfang Mai war alle Hoffnung auf einen französischen Sieg zerstoben, und die Generäle drängten die Regierung zum Friedensschluss. Zwei Drittel aller Offiziere waren in die Emigration gegangen. Von den Verbliebenen verließen viele ihre Truppe. Die Soldaten meuterten oder desertierten in hellen Scharen. Das ganze Revolutionsheer befand sich in Auflösung. Gleichzeitig gingen die Österreicher in die Offensive über und würden bald auf französischem Boden stehen.

In Paris entstand Panik, und die wildesten Gerüchte machten die Runde. Die Menschen ängstigten sich gegenseitig mit Geschichten über Deserteure, die das Land unsicher machten und bald auch Paris erreichen würden, um sich hier mit Waffengewalt die letzten Lebensmittel zu verschaffen und auf jeden zu schießen, der ihnen nicht sofort gehorchte. Wieder wurden die Eidverweigerer unter den Priestern zur Zielscheibe. Man hielt sie (nicht immer zu Unrecht) für Agenten des Feindes. In dieser Situation erließ die Nationalversammlung ein Gesetz, nach dem jeder Priester, der nicht den Eid auf die Verfassung ablegen wolle, mit der Deportation nach dem südamerikanischen Guayana bestraft werden sollte.

Die Regierung zog die Leibwache des Königs aus dem Palast ab und ersetzte sie durch tausend Nationalgardisten, die aus den Provinzen in die Hauptstadt gebracht wurden. Ludwig legte gegen diesen Austausch sein Veto ein, und schon beschuldigte man ihn der Verschwörung mit dem Feind.

Menschen mit roten Jakobinerkappen marschierten in diesen Tagen durch die engen Gassen von Paris, strömten in die Innenstadt, behaupteten, die Österreicher seien im Anmarsch, und riefen alle Bürger zu den Waffen, um die Revolution zu verteidigen. Natürlich kam es zu Ausschreitungen, wie überhaupt die öffentliche Ordnung zusammenbrach. Niemand ging mehr zur Arbeit, weil ein Arbeiter sich mit seinem Lohn nichts mehr kaufen konnte. Die Preise für Brot, Wein, Gemüse und Brennholz waren in astronomische Höhen gestiegen. Nach drei Jahren der Revolution und der Unruhe sah es ganz so aus, als würde die Hauptstadt von einer ausländischen Armee besetzt, und damit wären alle erkämpften Freiheiten verloren.

Eine solche Katastrophe konnte nur das Werk einer finsteren und gigantischen Verschwörung sein, deren Quelle in den Tuilerien saß. Deswegen mussten die Bewohner des Palastes vernichtet werden, ehe sie ihrerseits Frankreich zerstören konnten.

Am 20. Juni, dem Jahrestag des Fluchtversuchs, explodierte der Volkszorn, und die Menge, welche sich wie üblich vor den Tuilerien-Gärten versammelt hatte, brach durch ein unverschlossenes Tor in den Palast ein. Die Wachsoldaten ergriffen rasch die Flucht vor den Tausenden Aufrührern, die mit den traditionellen Revolutionswaffen – Spieß, Axt, Knüppel und Messer – über die Treppen und durch die Gänge stürmte. Sie trugen Spruchbänder mit Aufschriften wie: »Erzittert, Tyrannen, die Bürger haben sich bewaffnet!«

Gleichzeitig riefen sie: »Die Österreicherin! Wo steckt die Österreicherin! Wir wollen ihren Kopf! Kopf ab mit ihr!«

Und vergaßen auch Ludwig nicht: »Wo verkriecht sich das fette Schwein!«

Türen wurden eingetreten, Schlösser aufgebrochen und kostbares Mobiliar zertrümmert. Die Diener flohen in Panik vor den aufgebrachten Sansculotten, die sogar eine Kanone mit in den Palast zogen. Sie drangen in alle Räume ein, fluchten, schimpften und verlangten die Herzen und die Eingeweide des Königspaars.

Immer mehr Menschen schlossen sich dem Sturm auf die Tuilerien an. Aus ganz Paris strömten sie heran, und keine Leibwache stellte sich ihnen in den Weg. Der Bürgermeister, Jerome Pétion, unternahm nichts zum Schutz des Königs. Als die wütende Menge sich den königlichen Gemächern näherte, rief der Kriegsminister: »Zwanzig Grenadiere herbei zum Schutz Seiner Majestät!«

»Von allen Seiten drang Gelärme und Waffengeklirr an unsere Ohren«, schrieb Madame de Tourzel, die bei der Erstürmung des Palasts anwesend war, in ihr Tagebuch, »und wir vernahmen die unflätigsten und gemeinsten Beschimpfungen gegen den König.«

Die Sansculotten drangen in den Vorraum ein, in welchem sich Ludwig gerade aufhielt. Elisabeth befand sich bei ihm, aber nicht Antoinette. Sie hatte zwar versucht, zu ihm zu gelangen, war aber von ihren verängstigten Dienern »fast unter Gewaltanwendung« in die Räumlichkeiten des Dauphins gedrängt worden. Ludwig stellte sich mutig den Bürgern und beantwortete ihre wilden Schreie – »Nieder mit dem Veto! Ratifiziert die Beschlüsse! Lang lebe die Nation!« – mit der Versicherung, auch er unterstütze die Nation und die Verfassung und habe schließlich geschworen, beide zu erhalten.

»Ein Mann, der sich nichts vorzuwerfen hat, kennt weder Furcht noch Bedrohung«, fügte er noch salbungsvoll hinzu. Dann ergriff er die Hand des erstbesten Mannes und legte sie an seine reich bestickte Brust. »Fühlt, ob mein Herz schneller schlägt«, gebot er dem Bürger.

Aber seine Worte gingen im tumultartigen Geschrei unter.

»Nieder mit dem Veto! Ratifiziert die Beschlüsse! Lang lebe die Nation!«

In seiner Not nahm sich der König eine Tischglocke und läutete sie, um sich Gehör zu verschaffen. Einige der Adligen, die sich in seiner Nähe aufhielten, hoben ihre elfenbeinverzierten Gehstöcke und beschworen die Eindringliche »sehr höflich«, wie ein Beobachter meinte, das Gesetz einzuhalten.

Eine Szene, die ihresgleichen suchte, spielte sich im Vorzimmer ab: Fischweiber, die ihre Hackbeile schwangen, und Arbeiter aus den Vororten »diskutierten« lautstark mit ihrem König. Sie bezichtigten ihn der Lüge. »Ihr habt uns betrogen!«, schrien die Menschen, als er widersprechen wollte.

Madame de Tourzel erinnerte sich später: »Rebellen umringten den König. Ein zerlumpter Kerl, bewaffnet mit einem Spieß und voller Hass in den Augen, näherte sich plötzlich und fuchtelte bedrohlich mit seiner Waffe.« Aber er griff Ludwig dann doch nicht an, irgendetwas hielt ihn wohl zurück. Die lebensbedrohliche Situation entspannte sich.

Ludwig nahm von einem Metzger eine Flasche Wein entgegen und trank auf das Wohl der Nation. Er ließ sich eine rote Mütze reichen und setzte sie auf; wenn auch mit Schwierigkeiten, weil sie ihm zu klein war. Dennoch nahm er sie den ganzen Tag nicht mehr ab. Die Pariser machten ihm die unterschiedlichsten Vorschläge, und er hörte geduldig zu – zumindest erweckte er den Anschein.

»Sire«, meinte einer, »Ihre Feinde stehen nicht in Paris, sondern sitzen in Koblenz und Trier. Höchste Zeit, dass Ihr Euch das bewusst macht, auch wenn Ihr am liebsten gleich aufbrechen und Euch ihnen anschließen würdet. Die Menschen hier wollen nicht mehr, als dass Ihr Euch an die Verfassung haltet und sie unterstützt. Wenn Ihr das in

Treu und Glauben tut, werden sie Euch noch mehr lieben; denn es verhält sich doch so: Sie wollen Euch lieben.«

Ludwig starrte den Mann fassungslos und »mit offenem Mund« an und versicherte ihm dann, er sei festen Willens, immer treu zur Verfassung zu stehen.

»Ihr täuscht uns immer noch, Sire«, erwiderte der Mann, »und solltet daher besser auf der Hut sein.«[3]

Die ganze Zeit über wurde Antoinette von ihren Dienern in den Räumlichkeiten des Dauphins festgehalten und wusste nicht, ob ihr Mann noch am Leben oder bereits ermordet war. Sie hielt unentwegt ihren kleinen Sohn in den Armen und weinte so herzergreifend, dass sie »fast an ihrem Schluchzen zu ersticken drohte«. Endlich traf eine Nachricht von Elisabeth des Inhalts ein, dass man Ludwig nicht umgebracht habe und »er der Menge mit dem allergrößten Mut gegenübertritt.« Antoinette solle in den Gemächern bleiben, denn ihr Erscheinen könne die Situation nur verschärfen. Doch währenddessen stürmten einige Sansculotten in die Außenräume der Dauphin-Suite, und die Königin floh ins Schlafzimmer ihres Gemahls.

Eine Delegation der Nationalversammlung erreichte den Palast, um sich ein Bild von der Lage zu verschaffen und sich an die Menge zu wenden, doch niemand beachtete sie. Die Bürger scharten sich um den König und hörten zu, was die Einzelnen vorzubringen hatten. Ein junger Mann bedrängte Ludwig fast eine Stunde lang mit, laut Madame de Tourzel, den »absurdesten Forderungen«.

»Dies ist nicht der rechte Zeitpunkt«, entgegnete Ludwig, »solche Forderungen zu erfüllen noch deren Erfüllung in Aussicht zu stellen. Wendet Euch damit an den Magistrat, die Stimme des Gesetzes. Er wird Euch darauf antworten.«

Nach drei Stunden Debatte zeigte sich endlich Bürgermeister Pétion, doch statt Soldaten mitzubringen und die Aufrührer zu vertreiben, erklärte er nur, dass alles unter Kontrolle sei, man dem König kein Leid zugefügt habe und seiner Person der nötige Respekt erwiesen worden sei. Damit verschwand er wieder und überließ das Königspaar den Sansculotten.

Einer der Diener des Dauphins stürmte atemlos ins Schlafzimmer Ludwigs, um Antoinette mitzuteilen, dass es draußen von Aufrührern wimmelte, die alle Türen einträten und ihm unmittelbar folgten. Die

Königin lief ins königliche Beratungszimmer, wo sie auf die Menge traf. Antoinette drückte ihre Kinder an sich und tat so, als würde sie von den Rufen, Pfiffen und Schmähungen nichts mitbekommen.

Grenadiere schlossen einen dichten Ring um sie – »wie ein undurchdringlicher Wall gegen eine heranwogende Menge«. Antoinette ließ sich an einem Tisch nieder, Sohn und Tochter an ihrer Seite und einige Deputierte hinter ihr. Santerre, der Brauer aus Saint Antoine, der schon an der Erstürmung der Bastille teilgenommen und auch den heutigen Aufruhr mit organisiert hatte, erklärte den Soldaten, ihm Platz zu machen, damit er mit der Königin reden könne.

»Ihr seid falsch beraten und irrt Euch, Madame«, begann der Mann. »Die Menschen lieben Euch und den König mehr, als Ihr glaubt. Fürchtet Euch nicht.«

»Ich bin weder falsch beraten, noch irre ich mich«, entgegnete Antoinette. »Und ich weiß, dass ich inmitten der Nationalgarde nichts zu befürchten habe.« Dabei zeigte sie auf die Soldaten.

Zwei Stunden lang saß die Königin hier wie auf dem Präsentierteller. Der Brauer ließ die Demonstranten gruppenweise herein und hinaus. Jeder erhielt so Gelegenheit, Antoinette zu sehen und zu beschimpfen. Ein Knabe erschien mit einem blutigen Kalbskopf auf einem Spieß, Frauen schwangen ihre Waffen in Richtung Königin, und man beschimpfte sie mit allen vulgären Schimpfnamen, welche das daran nicht arme Pariser Vokabular kannte.

Die »Österreicherin« saß die ganze Zeit aufrecht und scheinbar unbewegt da und hielt ihre Kinder fest. Ihre schlechtes und mitgenommenes Aussehen verwunderte einige, aber laut Madame de Tourzel vernahm man nicht ein einziges Mal den Ruf »Lang lebe die Königin«, sondern nur Beleidigungen.

Santerre wurde es nicht müde, immer neue Gruppen einzulassen und dafür andere hinauszuschieben, bis die Menge sich schließlich auflöste und den Palast verließ. Die Sansculotten ließen eine Schneise der Zerstörung zurück.

Die meisten Deputierten blieben bis in die frühen Morgenstunden, und Antoinette machte endlich ihrer Wut Luft. Dann bestand sie darauf, sich zu den Räumlichkeiten ihres Sohnes führen zu lassen und sich dabei die zerhackten Türen, die aufgebrochenen Schlösser und die zerschmetterten Wandhölzer zeigen zu lassen. Überall hatten die aufgebrachten Pariser gewütet, in den Salons, wie auch auf den Treppen und sogar auf dem Dach. Die Königin verlangte, dass alle Beschädigungen aufzulisten seien.[4]

In den folgenden Tagen bereitete sich die königliche Familie auf neue Übergriffe vor. Sie wussten jetzt, dass sie den Bürgern schutzlos ausgeliefert waren. Keine Macht und keine Autoritätsperson würde sie vor Schlimmerem bewahren. Zu ihrer Überraschung rückten die verbündeten Truppen an Frankreichs Nordgrenze nur langsam voran, so als wollten sie die für sie günstige strategische Lage gar nicht ausnutzen. Doch irgendwann würden sie mit Macht vorrücken, und dann befänden sich Ludwig und Antoinette in akuter Lebensgefahr.

Die Nationalversammlung zog das halb aufgelöste und völlig demoralisierte Revolutionsheer nicht zurück und versuchte es durch den Druck von dreihundert Millionen in Assignaten und die Aufstellung neuer Freiwilligen-Bataillone bei Laune zu halten. Im Palast selbst herrschte die größte Konfusion. Ludwig war in brütendes Schweigen verfallen, die Minister blieben oft nur Wochen, manchmal sogar nur für Tage im Amt, und nirgends ließ sich Stabilität ausmachen.

»Unsere Lage wird immer kritischer«, schrieb Antoinette Anfang Juli Mercy nach Brüssel. »Auf der einen Seite umgibt uns Gewalt und Aufruhr, auf der anderen Schwäche und Untätigkeit. Wir können nicht auf die Nationalgarde oder die Armee zählen, und wir wissen nicht, ob wir Paris verlassen oder woanders hingehen sollen.« Wie schon so oft sah die Königin sich gezwungen, am Ende die Entscheidung zu fällen. Mercy riet ihr, sich mit der Familie nach Compiègne zu begeben und sich von dort nach Amiens oder Abbéville durchzuschlagen, wo treue Monarchisten bereitstünden, ihren Souverän zu schützen.[5] Der Landgraf von Hessen-Darmstadt erbot sich, Antoinette aus Paris hinauszuschmuggeln, aber sie lehnte ab, weil sie Ludwig und ihre Kinder nicht allein lassen wollte.

Jeden Tag erschienen Minister, Diplomaten und andere Wohlmeinende, um das Königspaar zu bestürmen, sich außer Gefahr zu bringen. Viele boten an, die entsprechenden Vorbereitungen zu veranlassen und sicherzustellen, dass loyale Truppen bereitstünden, um die Familie in Sicherheit zu eskortieren. Ludwigs früherer Plan, sich von einer Bande Schmuggler aus der Hauptstadt in die Wälder schaffen zu lassen, sei immer noch durchführbar. Aber der König gelangte, auch wenn er hin und wieder schwankte und einmal sogar einem Fluchtplan zumindest zustimmte, am Ende doch immer wieder zu derselben Entscheidung: Er würde in Paris bleiben, denn er habe sein Wort gegeben, und darauf warten, dass die österreichischen und preußischen Truppen zu seiner Rettung erschienen – wenn sie denn irgendwann kämen.[6]

Antoinette war in dieser Zeit davon überzeugt, dass die Radikalen ernsthaft vorhätten, ihren Gemahl zu ermorden. Anscheinend warteten sie nur noch auf den rechten Moment.

Der Cordeliers-Club brüstete sich damit, in seinen Reihen eine Geheimgesellschaft von Tyrannenmördern zu wissen, die geschworen hätten, jeden zu töten, der die französische Freiheit antaste, und unter diesen sei der König der allerschlimmste.[7]

»Die Zahl der Attentatswilligen wächst unfassbar schnell«, teilte die Königin Fersen mit. »Wie durch ein Wunder lebe ich noch. Sie trachten dem König nach dem Leben und verhehlen es nicht.«[8]

Ein ängstlicher Höfling brachte Madame de Tourzel drei steife Hemden, die aus zwölf Lagen Taft angefertigt waren, »kein Dolch und keine Kugel können sie durchdringen«. Er hatte sie für den König, die Königin und den Dauphin angefertigt. Die Gouvernante begab sich mit diesen Westen zu Antoinette, welche die ihre gleich anprobierte.

»Stecht mich«, befahl sie Madame de Tourzel, die ein Messer mitgebracht hatte, um das Material auf seine Festigkeit zu prüfen, »damit wir feststellen können, ob die Klingenspitze eindringt.« Die Gouvernante zeigte sich entsetzt und rief, dass sie so etwas nie tun könne. Die Königin zog daraufhin das Hemd wieder aus und hieß Tourzel, es überzustreifen. Dann stach sie zu, und der Stoff schien tatsächlich undurchdringlich zu sein. Nun ging Antoinette zu ihrem Gemahl, und beide kamen überein, diese Panzer »beim kleinsten Anzeichen einer Bedrohung« anzuziehen.[9]

»Glaubt mir, dass uns der Mut niemals verlässt«, schrieb sie Fersen in ihren verschlüsselten Briefen. Doch tatsächlich wurde weniger ihr Mut, als vielmehr ihre Ausdauer und ihre Fähigkeit, jeden neuen Tag durchzustehen, auf die Probe gestellt. Antoinette sorgte sich auch wieder um Gift in ihrem Essen, und die mordlüsternen Banden machten ihr große Angst, die am Rand der Tuilerien herumlungerten und »Tod dem König! Tötet die Königin!« riefen. Sie bekam einen Riesenschreck, als das königliche Orchester statt religiöser Weisen die Revolutionshymne »Ça ira« spielte. Und sie zitterte vor Angst, als sogar die eigenen Leibwächter, die vor den Türen postiert waren, »Nieder mit dem Veto!« riefen, wann immer Ludwig an ihnen vorbeikam.

Am 11. Juli verkündete die Nationalversammlung, die den unmittelbaren Einmarsch fremdländischer Truppen fürchtete und daher nicht mehr gewillt war, die nationale Verteidigung dem König und seinen Ministern anzuvertrauen, dass der Staat sich in großer Gefahr befinde und alle Maßnahmen getroffen werden müssten, ihn zu schützen.

Zwei Wochen später unterschrieb der Herzog von Braunschweig, der Oberbefehlshaber der verbündeten Armeen von Österreich und Preußen, nach einigem Zögern das hart abgefasste Manifest, in dem die Kriegsziele der Alliierten aufgeführt waren. Aufgabe und Ziel der militärischen Unternehmung, so stand dort zu lesen, sei, die Anarchie in Frankreich zu beenden, Monarchie und Kirche zu verteidigen und Ludwig zu befreien und wieder mit all seinen Rechten als König einzusetzen. »Wenn der Tuilerien-Palast angegriffen oder gestürmt werden sollte«, hieß es weiter, »oder wenn auch nur der geringste Übergriff oder die geringste Beleidigung gegen Ihre Majestäten ruchbar werden … wird eine exemplarische Bestrafung von bis dahin nicht gekanntem Ausmaß erfolgen und soll die Stadt Paris unter Militärrecht gestellt werden.«

Endlich setzten sich die österreichischen Truppen in Bewegung und rückten rasch bis südlich von Lille vor. Die Nationalversammlung hatte alle regulären Truppen an die Front geschickt, so dass in Paris bis auf die Schweizer Garden, die im Hof des Palastes ihr Lager aufgeschlagen hatten, keine Regimenter mehr vorhanden waren. Jetzt beschloss die Regierung, fünfzigtausend Freiwillige zu den Waffen zu rufen. Nun trug ein jeder die rote Mütze und dazu die Kokarde. Eine Gruppe Sansculotten traf etwa sechshundert Mann stark aus Marseille ein und brachte ein neues Lied mit, das nach ihrer Heimatstadt »Marseillaise« genannt wurde und das alte »Ça ira« bald verdrängte. Ein blutrünstiges Lied voller Elan, das begeisterte und mitriss:

»Zu den Waffen, Bürger!
Schließt die Reihen.
Vorwärts, marschieren wir
Das unreine Blut
Tränke unserer Äcker Furchen!«

Bald hörte man das Lied an jeder Ecke, und die Bürger griffen zu den Waffen. Paris verwandelte sich in ein Schlachtfeld, galt es doch, sich gegen innere wie äußere Feinde zu wehren. In den achtundvierzig Bezirken der Stadt herrschte höchste Alarmbereitschaft, und in den Vororten wurden die Kanonen geladen. Alle Patrioten waren bereit.

Am 3. August beschlossen die Bezirke, den König abzusetzen. Wenn die Nationalversammlung ihn nicht binnen einer Woche zum Rücktritt bewegt hätte, würden die Bürger sich erheben und die Sache selbst in die Hand nehmen – und das, bevor die Österreicher Paris erreichten, die Stadt in Schutt und Asche legten und seine Bewohner abschlachteten.

»Die Zeit drängt; man kann nicht länger warten«, schrieb Antoinette in ihrer Verzweiflung Fersen. »Von ganz Paris und besonders von den Jakobinern verspricht man sich eine furchtbare Katastrophe. Man predigt den Königsmord, es gibt finstere Pläne. Man lässt ihr (der Königin) keinen Augenblick Ruhe«, teilte sie dem Grafen mit.

# 29

Die Glocken erklangen feierlich, traurig und endlos. In sämtlichen Bezirken befanden sich die Menschen in Bewegung. Santerre führte die Vororte an, und das linke Seine-Ufer erhielt Verstärkung durch die sechshundert Marseiller und weitere Sansculotten aus Brest. Die Bürger rannten erfüllt von Furcht und Hochstimmung durch die Straßen. »Zu den Waffen! Zu den Waffen!«, vernahm man allerorten.

Sie war heiß, jene Nacht vom 9. auf den 10. August, und man hatte Fenster und Türen weit aufgestoßen, um etwas kühlere Luft in die Häuser zu lassen. Es hieß, dass die ganze Stadt beleuchtet werden solle, und tatsächlich erstrahlte Straße nach Straße im gelben Licht der Laternen und Fackeln.

Früher am Tag hatte die Gesetzgebende Versammlung ein weiteres Mal eine Petition der Provinz-Nationalgarde abgelehnt, den König abzusetzen und einen Nationalkonvent zu wählen. Die Jakobiner planten zusammen mit anderen Aktivisten in den Bezirken schon lange, das Gesetz selbst in die Hand zu nehmen. Nun am Abend versammelten sich Repräsentanten aus allen Bezirken im Rathaus, um die Regierung Frankreichs zu bilden. Während die Glocken läuteten und sich hastig Bürgerwehren formierten, verwandelte sich Paris in den Herd einer neuen Revolution und erklärte den alten Stadtrat für aufgelöst. Der Oberbefehlshaber der Nationalgarde, Marquis von Mandat, dem Bürgermeister Pétion den Schutz der Tuilerien übertragen hatte, wurde seines Amtes enthoben und ermordet. An seine Stelle trat Santerre. Der Bürgermeister wurde für abgesetzt erklärt und in Haft genommen.

Bevor der Morgen des 10. August graute, der Feiertag des heiligen Märtyrers Laurentius, setzten die Bürger der Vororte sich in Marsch. Tausende strömten zusammen.

Im Palast hatte in der Nacht niemand ein Auge zugetan. Informanten hatten der Königsfamilie berichtet, dass am kommenden Tag ein neuer Volksaufstand bevorstehe und der Palast verteidigt würde. Doch bis auf die Schweizer Garden im Hof, etwa neunhundert gut ausgebildete Soldaten, die nun einen festen Ring um den Palast bildeten, und die exzentrischen »Ritter des Dolches« fand sich niemand zur Verteidigung – und das war den Höflingen nur zu bewusst.

Madame Campan hielt sich in den Gemächern der Königin auf und schrieb später alles nieder, was sie zu sehen und zu hören bekam. Demnach entkleideten sich Antoinette und Elisabeth nicht zur Nacht und legten sich auch nicht zu Bett. Sie ruhten auf einem Sofa in dem kleinen Raum, von dem aus man den Hof überblicken konnte. Die Königin war, wie so oft in dieser Zeit, zutiefst besorgt. Ludwig hatte sich geweigert, das schützende Tafthemd anzuziehen, obwohl sie doch alle in größter Gefahr schwebten. Aber er sagte, es sei feige, sich mit einem solchen Panzer zu schützen, wenn seine braven Soldaten ohne auskommen müssten. Irgendwann wurde auf dem Hof eine Muskete abgefeuert. In diesem Moment beschlossen sie, sich sofort zu Ludwig zu begeben, und dort blieben sie dann mehrere Stunden.

Kurz vor dem Morgengrauen teilte Antoinette Madame Campan mit, dass man Kommandant Mandat ermordet habe. An seine Stelle sei der Revolutionär Santerre getreten. Später erreichten sie Nachrichten von der Gegenregierung. Ludwig, der sich an diesem Tag noch schweigsamer verhielt als sonst, beschloss, die Nationalgarde zu inspizieren, Ganz wohl scheint ihm dabei aber nicht gewesen zu sein. Er trug einen schlecht sitzenden Anzug aus violettem Samt und eine zerdrückte Perücke. Dennoch bemühte er sich um eine königliche Haltung, als er mit seiner Familie die Reihen der Soldaten abschritt. Ein paar der Männer riefen »Vive le Roi!« – »Es lebe der König!« –, aber Madame Campan beobachtete vom Fenster aus, wie einige Kanoniere ihre Posten verließen, zum König liefen, »ihre Fäuste reckten und ihn in der primitivsten Weise beleidigten«. Andere buhten Ludwig aus, und wieder andere schimpften »fettes Schwein«. Der König erschien der Gouvernante bleich wie ein Leichentuch. Nach der Truppeninspektion vertraute Antoinette ihr an, dass »alles verloren ist. Der König hat mehr Böses angerichtet als Gutes.«

Madame Campan und ihre Begleitung zogen sich ins Billardzimmer zurück und stellten sich dort auf hohe Bänke. Einige hundert Höflinge hatten sich hier versammelt und trugen nicht mehr als ihre Zeremonienschwerter und Pistolen bei sich. Einige hielten sogar nicht mehr als einen Schürhaken in der Hand, was trotz der grimmigen Situation für einiges Gelächter sorgte. Irgendwann kamen dann die bewaffneten Scharen aus den Vororten in Sicht, schmetterten die »Marseillaise« und richteten ihre Kanone auf den Palast. Die Artilleristen der Nationalgarde entluden daraufhin ihre Geschütze und schlossen sich den Sansculotten an. Ludwig schickte eine Depesche an die Gesetzgebende Versammlung, die in der nahen Manège tagte, und fragte an, welche Maßnahmen die Deputierten zu treffen gedächten. Er erhielt darauf keine Antwort. Die Abgeordneten wussten, dass ihre Autorität nach Bildung der Gegenregierung hinweggefegt war, und hüteten sich daher, irgendetwas zum Schutz des Königs zu veranlassen.

Inzwischen umschloss eine gewaltige Menge nicht nur die Tuilerien, sondern auch die umliegende Nachbarschaft, und stimmte Sprechchöre und Lieder an. Und die Kanonen beschossen den Palast. Jeder Treffer löste Jubel und Hurrageschrei aus, das im Verein mit dem Glockenläuten und dem Trommelwirbel die Verteidiger taub machte und jede Art von Befehls- und Nachrichtenübermittlung unmöglich machte.

Ein Beauftragter des Départements, ein gewisser Roederer, wollte nicht tatenlos zusehen, wie der Pöbel über die königliche Familie herfiel. Er konnte die Demonstranten überreden, ihm eine halbe Stunde zu geben, in der er mit dem König reden wolle. Ludwig empfing Roederer in seinem Schlafzimmer. Antoinette stand an seiner Seite. Der Beauftragte erklärte dem König, dass auf die Nationalgarde kein Verlass sei und der Palast ohne ausreichende Verteidigung dastehe. Seine einzige Rettung bestehe darin, sich in die Manège zu begeben und unter den Schutz der Gesetzgebenden Versammlung zu stellen. Der königlichen Familie bliebe überhaupt keine andere Wahl, und sie müsse sich unverzüglich dorthin begeben.

Ludwig saß mit traurigen Augen und reglos da, widersprach aber nicht. Das übernahm die Königin, und zwar heftig. Man müsse die Soldaten zum Kampf zwingen, rief sie, und überhaupt dürften sie nicht klein beigeben. Roederer wusste aber, wie man mit Antoinette reden musste und wo ihre wunden Punkte lagen. Er erklärte ihr, wenn sie darauf bestehe, weiterhin Widerstand zu leisten, sei sie für den Tod von Ludwig und ihren Kindern verantwortlich zu machen. Ganz zu schweigen von dem der Höflinge und Diener im Palast. Widerwillig gab die Königin schließlich klein bei und erklärte sich bereit, sich in die Manège zu begeben.

»Kommt, meine Herren«, erklärte Ludwig seinen Ministern, »hier gibt es nichts mehr für uns zu tun.«

Noch während dieser Unterredung brach die Verteidigung des Palastes zusammen. Ganze Regimenter der Nationalgarde liefen geschlossen zu den Sansculotten über. Schließlich blieben nur noch etwa sechshundert Soldaten und die Schweizer Garden übrig – und natürlich die »Ritter des Dolches«.

Antoinette litt Todesängste und fühlte sich vollkommen hilflos, dennoch erschien ihr die Flucht zur Gesetzgebenden Versammlung lediglich als taktischer Rückzug. »Wartet in meinen Gemächern«, erklärte sie ihrer Hofdame. »Ich werde bald zurück sein.«

In Begleitung von Madame de Tourzel und der Prinzessin Lamballe – die vor einigen Monaten aus Brüssel zurückgekehrt war, um an der Seite ihrer Verwandten und alten Freundin zu bleiben – lief Antoinette zusammen mit Ludwig, Elisabeth und den Kindern hinaus. Der Tag war heiß und schwül, und rote Flecken zeigten sich auf Hals und Gesicht der Königin. Als sie durch den Kordon der loyalen Soldaten schritten, drängte die Menge mit solcher Macht gegen die Absperrung an, dass sie kaum noch zurückgehalten werden konnte. Hände streckten sich aus und zogen an Antoinettes Kleidern, der Gestank von ungewaschenen und unparfümierten Körpern drang ihr in die Nase. Als die Familie endlich die Versammlungshalle erreichte, musste die Königin feststellen, dass ihr Uhr und Börse abhanden gekommen waren.

Den größten Schrecken hatte sie allerdings bekommen, als ein Riese »von gigantischer Gestalt und entsetzlichem Aussehen« plötzlich aus der schreienden Menge trat und ihr den Dauphin von der Hand riss. Der Mann zog den Jungen an seine Brust. Antoinette kreischte entsetzt und drohte, ohnmächtig zu werden.

»Fürchtet Euch nicht«, raunte der Hüne ihr zu. »Ich werde ihm nichts zuleide tun.« Tatsächlich beabsichtigte der Fremde, den Thronfolger zu schützen, indem er ihn hoch über dem Kopf hielt, damit niemand an ihn heranreichen konnte. Vor der Manège gab er den Jungen der Königin zurück.

Roederers halbe Stunde war abgelaufen, und die Pariser fuhren wieder damit fort, den Palast zu beschießen. Die Verteidiger, welche noch nichts davon mitbekommen hatten, dass die königliche Familie sich mittlerweile an einem anderen Ort befand, setzten sich heftig zur Wehr, als die Marseiller angriffen. Die Schweizer Garden feuerten Salven in die dicht gedrängte Menge, die größtenteils nur mit Spießen, Beilen und Messern bewaffnet war. Hunderte sanken tot oder verletzt zu Boden. Wenig später traf der Befehl des Königs ein, die Schweizer sollten ihre Waffen niederlegen. Ludwig wollte unter allen Umständen vermeiden, französisches Blut zu vergießen.

Doch die Order kam zu spät. Wutentbrannt und wie entfesselt stürmten die Kameraden der Gefallenen vor, um Rache zu nehmen. Sie überrannten die Reihen der Schweizer, denen nichts anderes mehr blieb, als sich in den Palast zurückzuziehen. Die Arbeiter hackten mit ihren Beilen die Türen ein und zertrümmerten mit bloßen Händen die Fenster. Doch die Gardisten gaben nicht auf und hielten sich an den Befehl des Königs, nicht zu schießen.

»Das Volk drang von allen Seiten in den Palast ein«, schrieb Madame Campan, »und machte die Schweizer Mann für Mann nieder.« Die Demonstranten stachen, traten und hieben auf die verhassten Gardisten ein, bis sie tot dalagen. Danach schnitten sie ihnen die Köpfe ab und trugen sie wie Trophäen auf langen Spießen. Andere zerrissen ihre Uniformen und steckten sich ein Stück davon an, zum Zeichen, die gefallenen Kameraden gerächt zu haben.

Unter dem Ruf »Verrat! Verrat!« machten die Pariser nun Jagd auf die Bewohner des Palastes und jagten sie wie Kaninchen von Raum zu Raum. Wen sie erwischten, wurde rücksichtslos erschlagen, und wenn es sich bei ihm um einen Aristokraten handelte, warf man seinen Leichnam aus dem Fenster. Die »Ritter des Dolches«, von denen sich manche schon im Greisenalter befanden, trieb man schon im ersten Ansturm auseinander und metzelte sie dann nieder.

Die Diener, die ihren Herren beistehen wollten, wurden gleich mit ihnen getötet. Viele aus Antoinettes Haushalt fanden ihr Ende, weil sie in der irrigen Annahme, die Königin halte sich noch in ihren Gemächern auf, diese schützen wollten. »Man hätte glauben mögen, eine Art Wahnsinn hätte die Pariser befallen«, schrieb ein schottischer Augenzeuge. »Niemand vermag, all den Mordrausch zu beschreiben, der sich hier austobte.«[1] Leichen häuften sich auf dem Hof und den Treppen und machten auf manchen Gängen das Durchkommen schwer. Manch einer hatte das Glück, dem Massaker durch Geheimgänge entfliehen oder sich hinter Regenrinnen zu verstecken. Andere sprangen in ihrer Not aus dem Fenster und versuchten, durch den Garten zu entkommen. Doch draußen hielten sich noch so viele Sansculotten auf, dass keiner von ihnen am Leben blieb. Bald hatten sich weithin Blätter und Gräser rot gefärbt.

Der Racheangriff versetzte die Menschen tatsächlich in einen Blutrausch. Wie von Sinnen machten die Demonstranten alles und jeden nieder, sogar die jakobinisch gesinnten unter dem Personal konnten ihnen nicht entrinnen. Spitzel fanden ebenso ein gewaltsames Ende wie Pagen, Hofwäscherinnen, Köche und Stallknechte. Man zertrümmerte das Mobiliar, zerriss die Kissen, zerhackte die Wandteppiche und zerschlitzte die Gemälde.

Umgeben von soviel Wüten hielten sich Madame Campan und einige andere Hofdamen im Salon der Königin verborgen und warteten dort auf ihr Ende. Plötzlich flogen die Türen auf, und etliche Revolutionäre stürmten herein. Ein Mann mit einem langen Bart rannte hinzu und baute sich zwischen den Parisern und den Damen auf. »Verschont die Frauen!«, rief er. »Bringt keine Schande über die Nation!« Die Demonstranten verließen tatsächlich wieder den Raum.

Madame Campan machte sich größte Sorgen um ihre Schwester. Sie begab sich in einen anderen Raum, in dem sie sie vermutete. Und wirklich hielten sich hier einige Diener der Königin auf. Unter ihnen ein Mann von »großer Statur und kriegerischer Miene«, der jedoch der Kammerdame gestand, vor Furcht schon »halb tot« zu sein. Wenig später hörte man von draußen Schritte, und schon wimmelte es in dem Raum von Pariser Bürgern. Sie stachen auf alles ein und erschlugen jeden, dessen sie habhaft werden konnten. Die Frauen warfen sich ihnen zu Füßen und wimmerten um Gnade. Madame Campan gelang es irgendwie, aus dem Zimmer zu kommen und zur Treppe zu rennen. Doch da packte »eine grässliche Hand« nach ihr und zerrte sie an ihren Kleidern zurück, ehe unten vom Absatz eine Stimme ertönte.

»Was macht ihr da oben?«

Der Mann mit der »grässlichen Hand« lockerte seinen Griff und antwortete: »Ordnung.«

»Man mordet keine Frauen!«, rief der von unten.

»Ich war auf die Knie gesunken«, notierte die Hofdame später. »Mein Mörder ließ mich los und sagte: ›Steh auf, Nichtswürdige, die Nation begnadigt dich.‹«

So wurde Madame Campans Leben verschont. Aber der Mann zwang sie, sich auf eine Fensterbank zu stellen und »Lang lebe die Nation« zu rufen, so laut sie nur konnte.[2] Viel später erst, durfte sie den Palast verlassen. Ihr Gewand war blutbespritzt, und sie würde niemals vergessen, was sie hier gesehen und gehört hatte. Doch selbst dann fand ihr Martyrium noch nicht sein Ende. Draußen hielt man sie nämlich an, weil man in ihr einen der Schweizer Gardisten vermutete, der sich Frauenkleider angezogen habe, um so zu entkommen.

Das Gemetzel in den Tuilerien, das den ganzen Tag anhielt, fand auch in der Nacht seine Fortsetzung. Man steckte alle Außengebäude in Brand – mit Ausnahme der Manège. Vor allem aus den Unterkünften der Schweizer Garden loderten die Flammen, und der Rauch drang bis in die Halle der Gesetzgebenden Versammlung, wo sich der König und die Königin mit ihrem Gefolge aufhielten. Um die Familie in Sicherheit zu bringen, sperrte man sie zusammen mit Madame de Tourzel, der Prinzessin Lamballe in den kleinen Raum hinter der Rednerbühne.

Von dort konnten sie verfolgen, wie wütende Demonstranten hereinstürmten, um das Gewehrfeuer der Schweizer anzuzeigen, und später, um zu melden, dass der Palast in Flammen stehe. Ludwig und Antoinette sorgten sich sehr um ihre Diener, die sich in Todesgefahr befinden mussten.

»Unter jedem Kanonenabschuss fuhren wir zusammen«, schrieb Madame de Tourzel später. »Ihren Majestäten drohte schier das Herz zu zerreißen, und wir alle fielen in tiefste Niedergeschlagenheit, wenn wir daran dachten, was möglicherweise in ebendiesem Moment denjenigen zustieße, welche wir im Palast zurückgelassen hatten.«[3]

Der Dauphin weinte unentwegt, Ludwig grämte sich, und laut einem Beobachter bewahrte allein Antoinette »Würde und Haltung«. Sie betrachtete die Deputierten mit königlicher Ruhe, auch wenn es in ihrem Innern ganz anders aussehen musste.[4]

Wenige Stunden nach den ersten Kanonenschüssen auf die Tuilerien war das Schicksal der französischen Monarchie besiegelt. Die Gesetzgebende Versammlung entzog dem König die »exekutive Gewalt«, die Zahlungen ans Königshaus wurden ausgesetzt, und für den 20. September berief man einen neuen Nationalkonvent ein, der fortan die Geschicke der Republik lenken solle. Ludwig Capet (wie man den König jetzt nach dem Familiennamen des ersten französischen Königsgeschlechtes der Kapetinger nannte; die Bourbonen bildeten einen Zweig derselben) sei mit seiner Familie in den Temple zu verbringen, einen mittelalterlichen Festungsturm, und habe dort die weiteren Beschlüsse abzuwarten.

Eigentlich bestand der Temple aus zwei Türmen, und die königliche Familie kam zunächst im kleineren der beiden unter. Die beengten und schlecht gelüfteten Räume mit ihren niedrigen Decken steckten voller Ungeziefer, und überall roch es muffig. Aber wenigstens waren sie in dem Turm in Sicherheit. Die massiven Mauern wiesen eine Dicke von drei Metern auf, und den Eingang schützte eine eisenbeschlagene, schwere Eichentür. Acht Stadtbeamte schützten das Erdgeschoss, in jedem der vier Stockwerke stationierte man Soldaten, und ein Repräsentant der Stadtverwaltung hielt sich rund um die Uhr beim Königspaar auf. Nach einigen Tagen brachte man die Prinzessin Lamballe, Madame de Tourzel, ihre junge Tochter und die anderen Diener an einen anderen Ort, und so wurde die Enge im Turm etwas erträglicher. Außerdem erlaubte die Kommune der Königsfamilie einigen Luxus. Sie erhielten sechs- bis achtgängige Mahlzeiten, und man stellte ihnen eine großzügige Pension zur Verfügung.

Antoinette verwandelte ihre kleine Turmkammer in einen schmucken Raum, richtete ihn in Himmelblau ein und bestückte ihn mit einem Sofa und mehreren Sesseln in Blau und Weiß. Auch hielt sie hier einen Hund, einen Terrier, den ihr die Prinzessin Lamballe geschenkt hatte (die Königin nannte ihn nach einem von Fersens Vierbeinern »Odin«). Aber all ihre Kleider zusammen mit vielen Erinnerungsstücken, den wunderschönen Möbeln, den Gemälden, Wandteppichen und sonstigen Kunstwerken waren beim Sturm auf die Tuilerien ein Raub der Flammen oder gestohlen worden.

Die Königin gab eine neue Garderobe in Auftrag. Bald beschäftigten sich einige Dutzend Schneider nur noch damit, für sie Gewänder, Decken, Unterröcke, Schärpen und Mäntel aus Florentiner Taft anzufertigen. Des weiteren bestellte Antoinette neue Schuhe, Taschentücher und Spitzenbesatz im Überfluss. Wahrscheinlich bereitete es der Königin tiefe Befriedigung, sich auf Kosten der Stadtkasse mit neuem Putz einzudecken. Auf hunderttausend Francs beliefen sich allein ihre Rechnungen für Parfüms. Und darüber hinaus rechnete sie fest damit, dass eines nicht zu fernen Tages die Österreicher und Preußen in Paris einmarschieren würden.

Antoinette besaß, wie sie glaubte, eine ziemlich genaue Vorstellung vom Ablauf der Invasion der Alliierten. Oft erzählte sie Madame Campan, wie alles vonstatten gehen würde: »… und dann stehen sie in Verdun. Am nächsten Tag schon in einer weiteren Stadt, und wenig später wird Lille belagert …« und so weiter und so fort.

Tatsächlich schienen sich ihre Träume zunächst zu erfüllen. In der letzten Augustwoche eroberten die Verbündeten Verdun. Am 2. September ergab sich die Stadt, und am nächsten Tag marschierte der Herzog von Braunschweig, wenn auch nur langsam, aus Westen auf Paris.

Die Hauptstadt reagierte darauf mit neuen Gewaltausbrüchen. Kein Aristokrat war mehr sicher, und der Stadtverwaltung blieb nichts anderes übrig, als die Gefängnisinsassen dem Volk zu überlassen, auf dass dieses das Urteil über sie spreche. Während der nächsten fünf Tage kam es zu einer wahren Blutorgie. Volksgerichte verhängten Gruppenurteile über die Häftlinge, und rasch bestimmte Henker standen mit Messer und Schwert bereit, um das Urteil auf der Stelle zu vollstrecken.

Hunderte Priester, die den Eid verweigert hatten und daraufhin wegen öffentlichen Ungehorsams ins Gefängnis geworfen worden waren, endeten durch die Volkshenker. Die Schweizer Garden wurden ebenfalls niedergemetzelt. Ebenso erging es den Insassen des Frauengefängnisses Salpêtrière. Madame de Tourzel konnte sich durch die Hilfe einiger mitfühlender Wächter retten, aber die Prinzessin Lamballe hatte nicht soviel Glück. Man stellte sie vor das Volksgericht, befand sie für schuldig und ließ sie in Stücke hacken. Danach schnitt man ihr den Kopf und die Brüste ab und trug sie auf Stangen zum Temple, um sie der Königin zu zeigen. Als Antoinette die Überreste ihrer Freundin erblickte, fiel sie in Ohnmacht. Das Bild von der verstümmelten Prinzessin ließ sie wohl lange nicht mehr los und peinigte sie auch noch in ihren Träumen.[5]

Die Septembermorde lösten eine neue Welle von Hass gegen das Königspaar aus. Die schwache Gesetzgebende Versammlung löste sich am 20. September zugunsten der neuen Regierung, dem Konvent auf, und dieser erklärte prompt den 20. September 1792 zum ersten Tag einer neuen Zeitrechnung. Das Jahr Eins der Französischen Republik hatte begonnen.

Das Jahr Eins begann vielversprechend für Frankreich: Überraschenderweise hielten die Revolutionstruppen den Herzog von Braunschweig bei Valmy auf, und plötzlich wendete sich das Blatt. Die vordem demoralisierten französischen Soldaten fanden neuen Mut, und die Verbündeten sahen sich wenig später zum Rückzug gezwungen. Während der nächsten sechs Wochen errangen die Franzosen Sieg um Sieg, drangen in Belgien ein, und zwangen Antoinettes Schwester Marie Christine und Tausende französischer Emigranten, fluchtartig das Land zu verlassen.

Die Königin musste alle Hoffnung auf eine Befreiung von außen fallen lassen. Sie besaß keine politischen Verbündeten mehr, und ihre Freunde und Vertrauten waren in alle Winde verstreut oder tot. Ihr Gemahl hatte sich, auch wenn er nach ihren Worten immer noch »passiven Mut im Übermaß« besaß, resigniert der Situation ergeben. Antoinette konnte, zumindest glaubte sie das fest, immer noch selbst aktiv werden. Madame Campan vertraute sie an: »Was mich betrifft, so vermag ich alles zu unternehmen. Wenn nötig würde ich auch auf dem Rücken eines Pferdes in den Kampf ziehen. Aber wenn ich wirklich diesen Weg ginge, würde ich damit nur den Feinden des Königs eine

Waffe in die Hand geben.« Der Volkszorn hatte sich schon so oft gegen die verhasste Österreicherin gerichtet. Wenn sie nun erneut die Bürger gegen sich aufbrächte, würde das in den Augen der Untertanen Ludwigs Position weiter schwächen. Unter den gegebenen Umständen bliebe ihr wohl nichts weiter übrig, »als mich ruhig zu verhalten und mich auf mein Ende vorzubereiten«.[6]

So stand Antoinette fest an Ludwigs Seite, verteidigte ihn, übte niemals Kritik an ihm und versagte sich auch sonst, ihn ihre Verbitterung spüren zu lassen. Als Ludwig im November erkrankte, pflegte sie ihn. Zehn Tage lang lag er mit Fieber danieder, und sie steckte sich bei ihm an. Die Königin ertrug geduldig seine Stimmungen, denn sie verstand seine Passivität und Schüchternheit nur zu gut. Und da der Temple über eine eigene Bibliothek verfügte, konnte es sie nicht überraschen, dass der König Stunden damit verbrachte, in den Werken von Montesquieu, Buffon, Tacitus und Plutarch zu lesen.

Ludwig verschlang innerhalb weniger Monate Hunderte von Büchern. Und wenn er nicht las, erteilte er seinem Sohn Unterricht in den lateinischen Klassikern. Sein Zimmer im großen Turm, in welchen er Ende September verlegt wurde, war spartanisch eingerichtet und enthielt ein Bett, das vorher dem Hauptmann der Wache gehört hatte, einen Sekretär, vier Stühle, einen Sessel, einen Tisch und einen Spiegel, der über dem offenen Kamin hing. An den Steinwänden hingen handbemalte Tapeten. Der offene Kamin kam ihm sehr gelegen, denn in den Herbstnächten wurde es empfindlich kalt. Was ihn jedoch verärgerte, waren die Revolutionsparolen, die ihn auf Schritt und Tritt begleiteten. So hatte man im Vorzimmer den kompletten Text der Menschen- und Bürgerrechtserklärung in großen Buchstaben an die Wand geschrieben und diese in Rot, Weiß und Blau umrahmt.[7]

Obwohl Ludwig nie seinen gefräßigen Appetit so ganz verlor, nahm er doch im Temple ab. Sein rundes Gesicht wurde spitzer, und die schwarzumringten, müden Augen versanken noch tiefer in ihren Höhlen. Sorgenfalten zerfurchten seine Mundwinkel, und seine Miene wirkte nur noch traurig und reserviert.

Bertrand von Moleville, der den König im Sommer 1792 des Öfteren zu Gesicht bekam, gelangte zu der Ansicht, Ludwig habe sich mit seinem Tod abgefunden; am liebsten wäre ihm wohl der Anschlag eines Attentäters. Die Erinnerung an Varennes und die Demütigungen seiner gescheiterten Flucht verdrossen ihn so sehr, dass er sich zu keinem weiteren Fluchtversuch aufraffen konnte. Der König fürchtete sich auch davor, die ungeheure Schmach ertragen zu müssen, nach einem Urteilsspruch eines Richters durch die Hand seiner Untertanen hingerichtet zu werden, so wie es schon dem englischen König Karl I. widerfahren war.

»Ludwig wünschte sich, durch einen Anschlag ums Leben zu kommen«, erinnerte sich de Moleville, »dass seine Ermordung die Tat einiger weniger und nicht die einer ganzen Nation sein würde.« Doch hier im Temple, wo er unter schwerer Bewachung stand, konnte kaum ein Attentäter zu ihm vordringen. Zu seinem Ungemach mehrten sich im Konvent die Stimmen, welche seinen Tod verlangten. »Das Glück ist mir nicht hold«, erklärte er Moleville einmal in der für ihn typischen Untertreibung. Seine politischen Feinde verspotteten ihn zu jener Zeit als »Ludwig der Letzte«.

Am 18. November wurde der König von einem seiner wenigen verbliebenen Vertrauten, dem Schlosser Gamain, verraten.

Die beiden kannten sich schon über zwanzig Jahre. Gamain hatte Ludwig alles über sein Handwerk beigebracht und mit ihm zusammen in seiner Schlosserwerkstatt gewirkt. Man darf wohl annehmen, dass der Schlosser den König so gut wie kaum ein Zweiter gekannt hat. Er erlebte Ludwig in seinen entspanntesten und glücklichsten Stunden; kannte ihn unrasiert, nachlässig gekleidet und als großes Kind, wenn er wieder einmal vor der Etikette des Hofes in seine Werkstatt geflohen war.

Der Schlossermeister verriet den Behörden ein Geheimnis, von dem er wissen musste, dass sein ehemaliger Herr damit in den Augen der Stadt aller Gnade verlustig gehen würde. Gamain gab an, Ludwig habe ihm damals in den Tuilerien befohlen, eine Eisenkiste zu schmieden, um darin Geheimdokumente zu verbergen, welche der Revolutionsführung nicht in die Hände fallen dürften.

Tatsächlich fand man in den Trümmern des Palastes eine Eisenkiste, und zwei Wochen lang sichteten die Delegierten eines Konventausschusses den Inhalt – immerhin vierzig Kartons mit Papieren. Die meisten Dokumente erwiesen sich als belanglos, aber einige Schriftstücke reichten aus, den König wegen Landesverrats vor Gericht zu stellen. Gleichzeitig malten die Wächter im Temple eine Guillotine mit einem Opfer dort an die Wand, wo der König sie sehen musste. »Ludwigs Kopf auf dem Weg in den Korb«, kritzelten sie darunter, und »Das Urteil der Guillotine ist nicht rückgängig zu machen. Sie erwartet schon den Tyrannen Ludwig XVI.«

Am 11. Dezember wurden die Gefangenen im Temple vorzeitig von lautem Trommelwirbel geweckt, der in der ganzen Stadt ertönte und die Nationalgarde zu den Waffen rief. Eine Schwadron Kavallerie rückte in die Festung ein und brachte auch eine Batterie Geschütze mit. Danach tat sich mehrere Stunden lang überhaupt nichts, und die königliche Familie nahm wie gewohnt ihr Frühstück ein.

Gegen Mittag erschienen zwei Stadtverordnete bei Ludwig und erklärten ihm, dass sie den Jungen nun auf Befehl der Regierung zu seiner Mutter brächten. Ludwig fragte nach den Gründen, aber sie beantworteten keine seiner Fragen. Zögernd, wenn auch resigniert küsste er den Kleinen und schickte ihn dann mit den Männern fort. Dann teilte man dem König mit, der Bürgermeister wünsche ihn zu sprechen.

Ludwig musste lange warten, denn der Bürgermeister zeigte sich erst nach Stunden, und dann in Begleitung des Staatsanwalts, des Stadtsekretärs, des Befehlshabers der Nationalgarde Santerre und einiger weiterer Beamter.

»Ludwig Capet ist dem Gericht des Nationalkonvents vorzuführen«, erklärte der Bürgermeister.

»Ich heiße aber nicht Capet«, wandte der König milde ein. »Capet ist der Name einer meiner Vorfahren. Ich hätte es begrüßt, Monsieur, wenn man mir während der Stunden, die ich auf Euch gewartet habe, wenigstens meinen Sohn dagelassen hätte.«

Niemand sagte etwas dazu, und so fuhr Ludwig fort:

»Ich folge Euch, meine Herren, aber nicht aus Gehorsam, sondern weil meine Feinde die Oberhand gewonnen haben.«[8]

Mit aller verbliebenen Würde befahl der König seinem Diener, ihm Reitmantel und Hut zu bringen, die er dann anlegte. Schweigend schritt er dann mit dem Bürgermeister und den anderen Offiziellen durch die schwere Eichentür und bestieg die Kutsche, die ihn vor seine Ankläger bringen sollte.

# 30

Nieselregen fiel aus dem Nebel über dem Platz der Revolution, und die gut hundert Trommler bliesen sich in die Hände, um ihre Finger vor dem Erfrieren zu bewahren. Ihre Instrumente schwiegen, und ebenso hörte man auch von der riesigen Menge nichts, die sich auf dem Platz versammelt hatte. Alle warteten frierend auf den Beginn des Schauspiels.

Heute war der 21. Januar 1793, der Tag, an dem der König hingerichtet werden sollte.

Seit Wochen schon zerrissen sich die Pariser über Ludwig den Mund, erzählten sich, was für ein Lügner und Betrüger er doch sei; dass er mit den Österreichern und Preußen im Bunde stehe; dass er mit ihnen den Plan gefasst habe, die Bevölkerung von Paris hinzumetzeln. Jeder aufrechte Patriot musste in diesen Tagen schlecht über Ludwig reden und denken. Der Konvent hatte ihn zum Tode verurteilt, wenn auch mit einem denkbar knappen Ergebnis und nach über dreißig Stunden hitzig geführter Debatte. Zum Wohl der Revolution durfte mit der Umsetzung des Urteils nicht gezögert werden.[1]

Doch die Stille in den Straßen und das Schweigen der Menschen stellten in Wahrheit einen letzten Ausdruck von Ehrfurcht für ihren ehemaligen Souverän dar. Der König hatte als geheiligte Person gegolten, als gesalbtes Symbol und als geliebter Vater des Landes. Als Wesen, das sich über den Menschen erhob. Und nun sollte dieses Geschöpf vernichtet werden. Wer konnte schon wissen, welche verheerenden Folgen sein Tod heraufbeschwören würde?

Ludwig trug seinen braunen Mantel und einen Dreispitz, an den man die Trikolore geheftet hatte. Er verließ den Temple in einem Wagen, den der Minister Garat für diese Gelegenheit zur Verfügung gestellt hatte. Dabei war es gar nicht einfach gewesen, ein passendes Gefährt für die letzte Fahrt des Königs zu finden. Zunächst hatte sich niemand in der Regierung bereit gefunden, seinen Wagen für einen so makabren Transport zur Verfügung zu stellen.

Der König verbrachte seine letzten Stunden in bemerkenswerter Ruhe. Er hatte sich mit seinem Schicksal versöhnt und zu innerer Ruhe gefunden. Allerdings hatte Ludwig sich geweigert, seine Familie noch einmal zu sehen. Statt dessen hatte er seinen Kammerherrn Cléry gebeten, ihn bei Antoinette dafür zu entschuldigen und ihr zu erklären, dass er ihr »den Schmerz eines so grausamen Abschieds ersparen wolle«. Dann gab er Cléry seinen Ehering, welchen er der Königin übergeben sollte. Schließlich händigte er ihm ein weiteres liebes Andenken aus – ein Album, das Locken von allen Familienmitgliedern enthielt. Auch dies sei für seine Gemahlin bestimmt. »Richtet ihnen von mir ein Lebwohl aus.«

Danach stieg Ludwig in die Kutsche und traf dort zu seiner Freude den irischen Priester Henry Edgeworth an. Der König hatte dem Priester, der keinen Eid abgelegt hatte, eine Nachricht zukommen lassen. Edgeworth war der Beichtvater seiner Schwester Elisabeth gewesen und bot seinen Gemeindemitgliedern trotz der Gefahr, in die er sich damit begab, immer noch geistlichen Trost. Ludwig hatte ihn also gebeten, ihn »als Zeichen der Verbundenheit und als Gefallen« auf seiner letzten Reise zu begleiten. Allerdings hatte er sich nicht sicher sein können, ob der Mann auch wirklich käme. Womöglich würde man den Priester gleich verhaften, sobald er sich zeigte. Aber die Wächter und der Gefängnisaufseher hatten ein Auge zugedrückt und dem Bürger Capet, wie man den König nur noch nannte, die letzte Bitte gewährt, von einem Priester zum Schafott geleitet zu werden.

In der Kutsche saßen allerdings auch Gendarmen, und deren Anwesenheit hinderte Ludwig daran, offen zu reden oder gar die Beichte abzulegen. Als Edgeworth ihm aber sein Brevier reichte, freute er sich darüber, und beide sprachen zusammen die Gebete für die Toten und die Bußpsalmen.

Die Gendarmen schwiegen dazu, wunderten sich aber über Ludwigs Ruhe und Frömmigkeit. Die Kutsche setzte sich in Bewegung, und mit ihr eine lange Prozession. Die Nationalgarde und die Föderaten, die spießbewehrten Bürger der Vororte, führten den Zug nebst zwei Brigaden Artillerie an. Hinter der Kutsche mit dem König schritten Nationalgardisten und Armeesoldaten in fester Marschordnung.

Die Prozession zog schweigend und langsam durch die nassen und stillen Straßen, vorbei an vier Reihen tief stehenden Nationalgardisten, die dem Vorbeimarsch mit unbewegter Miene zusahen. Der Tag war kalt, und hin und wieder fiel leichter Regen vom dunklen Himmel. Ludwig, der ganz in seine Gebete versunken war, bemerkte weder den Regen noch die Tausende seiner Untertanen, die herbeigeströmt waren, um seinem Tod beizuwohnen. Auch die vereinzelten Rufe drangen nicht an sein Ohr. Einer wollte den Segen des Königs erhalten; am Saint-Martin-Tor schrie eine junge Frau voller Verzweiflung; einiges Gerangel, als ein Königstreuer sich zur Kutsche vorkämpfen wollte und von einem Nationalgardisten niedergestochen wurde.

Der König bekam ebenso nichts davon mit, als der Zug plötzlich ins Stocken geriet. Schreiend und mit gezogenem Schwert war ein Monarchist namens Batz mit vier Gefährten erschienen, um die Eskorte des Königs anzugreifen und Seine Majestät zu befreien. Der Versuch schlug fehl. Niemand in der Menge schloss sich Batz an, auch wenn der eine oder andere das vielleicht gern getan hätte, und in der allgemeinen Verwirrung gelang es dem Anführer, unerkannt zu verschwinden – und seine Gefährten den Waffen der Soldaten zu überlassen.

Nach zwei Stunden Fahrt erreichte die Kutsche endlich den Platz der Revolution und kam mit einem Ruck zum Stehen.

Der König schloss das Gebetbuch und gab es Edgeworth mit den geflüsterten Worten zurück: »Wenn ich mich nicht irre, sind wir angekommen.«

Einer der Nationalgardisten öffnete von außen die Tür, und die Gendarmen wollten schon aussteigen, als Bürger Capet sie zurückhielt.

»Meine Herren«, sagte er und legte eine Hand auf den Iren, »ich anempfehle Euch diesen guten Menschen. Sorgt bitte dafür, dass ihm nach meinem Tod kein Unrecht zugefügt wird. Ich übergebe ihn Eurer Verantwortung.«

Dann stieg Ludwig aus, aber ihm blieb kaum Gelegenheit, die beeindruckende Szene in sich aufzunehmen. Ein Ring von Kanonen umgab das Schafott, und mehrere tausend Nationalgardisten in blauen Uniformjacken bildeten in dichten Reihen einen Kordon darum. Davor dicht gestaffelte Reiterei, dann freie Fläche und endlich die Zuschauer, die sich zu allen Seiten erstreckten, so weit das Auge reichte. Und über allem die unnatürliche Stille …

Drei Nationalgardisten packten den König und wollten ihm den Mantel ausziehen. Laut Edgeworth wies er sie mit hochmütigen Worten zurück und nahm selbst den Mantel ab. Nachdem er ihn zusammengefaltet und abgelegt hatte, löste er sein weißes Halstuch, entfernte seinen Kragen und öffnete sein Hemd, um den Nacken bloßzulegen. Einem Soldaten, der nach dem ersten Schreck der Zurückweisung nun versuchte, Ludwigs Hände zu ergreifen, reichte der König statt dessen seinen Dreispitz.

»Was versucht Ihr da?«, wollte Ludwig erfahren und zog seine Hände zurück.

»Euch fesseln.«

»*Mich binden*?«, entgegnete der König entrüstet. »Nein, das werde ich nie zulassen. Tut, was Euch befohlen, aber fesselt mich nicht.«

Edgeworth stützte Ludwig, und dieser lehnte sich an ihn, als sie gemeinsam die Holzstufen zu der Plattform hinaufstiegen, auf der sich die Guillotine befand. Neben der Maschine stand der Henker, Charles-Henri Sanson, bereit, seine Arbeit zu verrichten. Er hatte bereits etliche Adlige enthauptet, und auch so manchen Geistlichen, aber noch nie einen König.

Die Trommeln wurden geschlagen, und ihr Klang rollte wie Donner über den Platz. Die Trompeten fielen ein, und Ludwig schritt zögernd weiter. Edgeworth befürchtete schon, sein Mut verlasse ihn. Als sie die oberste Stufe erreichten, löste sich Ludwig von dem Priester und trat »mit festem Schritt« und »gerötetem Gesicht« über die Plattform.

Sanson näherte sich ihm mit einem Messer, um ihm das Nackenhaar zu kürzen. Ludwig wollte ihn fortschicken und sagte: »Das wird nicht notwendig sein.« Aber der Henker hörte nicht auf ihn und trennte ihm den Zopf ab. Danach zog er ihm die Hände auf den Rücken und band sie.

»Aufhören!«, rief Ludwig den Trommlern zu. Für einen Moment setzten die Wirbel aus, und in diesem Schweigen konnte man die letzten Worte des Königs vernehmen.

»Ich sterbe unschuldig an allen den Verbrechen, deren man mich beschuldigt. Ich verzeihe den Urhebern meines Todes, und ich bitte Gott, dass das Blut, das sie vergießen werden, niemals über Frankreich komme …« Die Gendarmen ergriffen Ludwig und zwangen ihn unter das Fallbeil. »All dies geschah in solcher Hast«, erinnerten sich Augenzeugen später, »dass die Klinge schon fiel, noch bevor sie seinen Nacken in die richtige Position gelegt hatten.« Der König stieß einen Schrei aus und war tot.

»Nach einem Moment war alles vorbei«, erklärte Edgeworth später. »Der jüngste unter den Gendarmen, vielleicht gerade achtzehn Jahre alt, ergriff sofort das Haupt Ludwigs, hielt es hoch, damit alle es sehen konnten, und lief um das Geviert der Plattform herum. Und er begleitete diese monströse Zurschaustellung mit den obszönsten und unwürdigsten Gesten.«

Damit war alle feierliche Stille dahin. Nachdem die Pariser stundenlang in Regen und Kälte ausgeharrt und mit wohligem Gruseln auf den entscheidenden Augenblick gewartet hatten, brachen sie in makabren Jubel aus. »Es lebe die Nation!«, schrie jemand, und bald erfüllte dieser Ruf den ganzen Platz. Die Menschen warfen ihre Hüte in die Luft, Lieder wurden gesungen, und viele rannten zum Schafott, um Tropfen von dem Blut aufzufangen, das sich aus dem Rumpf ergoss. Alle Ordnung brach zusammen, die »Marsellaise« wurde angestimmt, und viele fassten einander an den Händen und umtanzten die Hinrichtungsstätte.

Sanson, der Held der Stunde, versteigerte bereits die Habe des Hingerichteten: Hut, Zopfband und Haarlocken. Der braune Mantel wurde in Stücke geschnitten und an jeden verteilt, der einen Fetzen davon haben wollte. Die Bürger prügelten sich um die Fetzen.

Edgeworth wurde tatsächlich von niemandem angegriffen. Er bewegte sich schweigend durch die Menge und sprach vermutlich stille Gebete. Die Gendarmen legten den Leichnam und den Kopf in einen

Korb und stellten ihn auf einen Wagen. Der fuhr gleich los und beförderte den toten König zum Magdalenenfriedhof, wo man bereits ein tiefes Grab ausgehoben hatte, um »Ludwig den Gekürzten« darin aufzunehmen. Die sterblichen Überreste des Bürgers Capet legte man in einen einfachen Holzsarg. Keine Bestattungszeremonie wurde abgehalten, und niemand sprach über dem Grab einen letzten Gruß. Man schaufelte eine dicke Schicht ungelöschten Kalks über den Sarg, damit von Ludwig XVI. nichts mehr übrig bliebe.

Im Temple welkte seine Witwe dahin. Sie verlor deutlich an Gewicht und fühlte sich schwach und zerbrechlich. Die Kleider hingen so lose an ihr herab, dass man sie einfassen musste, und die Beamten, welche man zu ihrer Versorgung dienstverpflichtet hatte, verfügten schließlich, dass man ihr jeden Tag eine »Kraftbrühe« zu essen gebe. Antoinette versank in Leid und erschien allen als respektable Witwe, die nur noch Schwarz trug und »alt und gebrechlich« wirkte. Nach Ludwigs Ende litt sie an Depressionen, verließ ihre Kammer wochenlang nicht, leistete sich nur die Gesellschaft ihres Terriers Odin und versuchte sich abzulenken.

Dabei bot die Kammer im großen Turm durchaus einigen Komfort. Hier standen ihr Polstermöbel, Leinenlaken, ein Klavichord und sogar ein Badezuber zur Verfügung – alles von der Stadt dorthin gebracht. Sie war zwar nur noch die Witwe Capet, und nicht mehr die Königin von Frankreich, aber sie lebte in einem sauberen und annehmbaren Gefängnis. Oft fror sie, doch das lag nicht unbedingt an den winterlichen Temperaturen.

Und Antoinette hegte immer noch Hoffnung. Einer ihrer Wächter, ein Mann namens Toulan, wurde in der Zeit nach Ludwigs Hinrichtung zu ihrem wichtigsten Verbündeten. Früher als eingeschworener Revolutionär bekannt, wandelte er im Temple seine Überzeugung und schmiedete mit der Gefangenen bald Fluchtpläne. Auch Elisabeth und die Kinder sollten mit. Zum Beweis dafür, dass der Temple nicht hermetisch von der Außenwelt abgeschottet sei, schmuggelte Toulon den monarchistisch gesinnten General de Jarjayes hinein, der der Königin schon früher bei ihrer Geheimkorrespondenz mit Barnave behilflich gewesen war. Der General gelangte in der Verkleidung des Laternenanzünders in das Gefängnis, welcher jeden Tag erschien, um die Laternen und Lampen zu füllen. Keiner der Wächter warf ihm mehr als einen flüchtigen Blick zu.

Nachdem Toulan Antoinette auf diese Weise verdeutlicht hatte, was er zu leisten imstande war, weihte er sie in seinen Fluchtplan ein. Der Getreue wollte dafür sorgen, dass in der Fluchtnacht er und ein bestechlicher Kollege namens Lepitre Wache hielten. Lepitre, ein ehemaliger Schullehrer, hatte es zum Direktor des Pass-Ausschusses gebracht und würde gegen ein hohes Entgeld gefälschte Papiere für die vier Mitglieder der Königsfamilie beschaffen. Mit denen könnte die Königin bis in die Normandie gelangen und dort mit einem Boot nach England übersetzen. Und den beiden Dienern, Bürger und Bürgerin Tison, wolle er ein Betäubungsmittel in den Schnupftabak geben.

Wie schon 1791 müsste sich die königliche Familie für dieses Vorhaben verkleiden, um aus dem Temple zu gelangen. Antoinette und Elisabeth würden sich Uniformen von Stadtbeamten anziehen, und Toulan war sich sicher, dass sie dann von keinem der Wächter angesprochen werden würden. Höchstwahrscheinlich bräuchten sie nicht einmal ihre Ausweise vorzuzeigen. Die beiden Frauen könnten einfach hinausspazieren und in einen der wartenden Einspänner steigen. Danach sollte Tochter Thérèse das Gefängnis verlassen – gekleidet in Lumpen und mit geschwärztem Gesicht, so dass jeder sie für ein Lehrmädchen des Laternenanzünders hielte. Und als letzter würde der Dauphin hinausgelangen: verborgen in einem Korb schmutziger Wäsche, den ein Vertrauter nach draußen befördern würde.

Die beiden arbeiteten den Plan immer genauer aus. Sie rechneten fest damit, dass die Flucht erst nach vier oder fünf Stunden bemerkt würde – und dann verginge noch einmal eine Stunde, in der man den Temple von oben bis unten nach den Gefangenen durchsuchen und schließlich die Behörden informieren und nach dem Bürgermeister schicken würde. Außerdem standen enorme Summen zur Verfügung, um für die Kutschen zu bezahlen und auch Lepitres unverschämte Forderungen zu begleichen …

Doch die Wochen gingen ins Land, und die gefälschten Papiere wollten einfach nicht fertig werden. Der Krieg hatte noch kein Ende gefunden, und inzwischen hatte sich das Blatt erneut gewendet, zu Ungunsten Frankreichs. Der Konvent befand sich mit beinahe allen Großmächten im Krieg. Holland, Spanien und England hatten sich

Frankreichs Feinden angeschlossen. Österreich und Preußen starteten eine neue Frühjahrsoffensive. Der Prinz von Coburg befehligte die Truppen gegen die »Mörder in Paris«.

Zur selben Zeit brach in der westfranzösischen Region Vendée ein konterrevolutionärer Aufstand aus. Die hungerleidenden und von zu hohen Steuern geknechteten Bauern dieses Landstrichs erhoben sich gegen den Erlass des Nationalkonvents, dreihunderttausend Rekruten für das Heer stellen zu müssen.

Die Regierung wurde also von allen Seiten erheblich bedrängt, sowohl an den Grenzen wie auch im eigenen Lande, und beschloss daher einige Notverordnungen. Unter anderem durfte der Pass-Ausschuss keine neuen Personaldokumente mehr ausgeben. Aber ohne falsche Pässe besaß die königliche Familie kaum den Hauch einer Chance, auf dem Weg zur Küste nicht aufgegriffen und verhaftet zu werden. Der Fluchtplan wurde schließlich aufgegeben.

Doch eine Möglichkeit schien noch zu bestehen. General von Jarjayes glaubte, dass es der Königin gelingen könne, sich allein durchzuschlagen. Aber Antoinette weigerte sich strikt, ihre Kinder im Stich zu lassen. Nichts, nicht einmal die Freiheit, so erklärte sie dem General, könne die Schuldgefühle wettmachen, die sie dann wegen ihrer Kinder hätte. Die Flucht sei ein wunderbarer Traum, der sich jedoch bei Licht besehen als Chimäre entpuppe. Nein, meinte die Königin, sie würde wohl niemals mehr freikommen. Dann bedrängte sie von Jarjayes, selbst ins Ausland zu gehen, solange er noch eine Gelegenheit dazu habe. Antoinette gab ihm Ludwigs Siegel und Ehering mit, welche er Provence in Koblenz aushändigen solle; des weiteren ein Erinnerungsstück an Fersen – einen Abdruck ihres Siegels in Wachs. Darauf war das Wappen des Grafen zu erkennen, eine heimkehrende Taube mit den Worten »Alles führt mich zu dir«. In Wahrheit trauerte Antoinette nämlich viel mehr um Fersen als um ihren Gemahl, und in ihren dunkelsten Stunden fürchtete sie, ihn niemals wiederzusehen. Sie trug dem General auf, Fersen zu versichern, dass die Inschrift auf dem Siegel »nie gültiger war als heute«.

Doch trotz allen Ungemachs verließ sie auch jetzt nicht ihrer starker Überlebenswille. Antoinette verfolgte aufmerksam den Kriegsverlauf und verließ sich ganz auf die wenigen loyalen Diener, die ihr die offiziellen Nachrichten überbrachten und ihr mit geheimen Handzeichen anzeigten, wie viel davon zu glauben sei und wie viel nicht. Immer noch zählte die Königin unverdrossen die Tage, bis die Alliierten in Paris einträfen. Sie hoffte, der Nationalkonvent werde sie und ihre Kinder am Leben lassen.

Wie stets sorgte sie sich weniger um sich als um die Kinder. Insbesondere um den Dauphin, den sie als Ludwig XVII. sah. Der Knabe war schon seit längerem chronisch krank und litt an Schmerzen in der Seite, hohem Fieber und Kopfschmerzen. Manchmal konnte er nicht einmal liegen, weil er dann furchtbar husten und würgen musste. Der Verlust des geliebten Vaters und von Frauen umgeben zu sein, die in ständiger Angst lebten, verschlimmerten seinen Zustand zusehends. Hinzu kamen die ständigen Sticheleien und Grobheiten der Wächter, die sich über Antoinettes Gebot hinwegsetzten, ihren Sohn wie den neuen König von Frankreich zu behandeln.

Seine vierzehnjährige Schwester Thérèse schob ihr Bett ins Zimmer der Mutter, um sofort zur Verfügung zu stehen, wenn sich Karl Ludwigs Verfassung verschlechtern oder Antoinette erkranken sollte.[2]

Wach-Ausschüsse in allen Bezirken von Paris spürten weiterhin »Feinde der Revolution« auf und übergaben sie den Behörden, damit diese sie ins Gefängnis werfen konnten. Ein Revolutions-Tribunal wurde eingerichtet – bestehend aus zwölf Richtern und einem Staatsanwalt –, um die Festgenommenen zu verhören. Unter jenen tat sich besonders der rasch berüchtigte Fouquier-Tinville hervor. Denunziationen waren längst Alltag geworden. Massenverurteilungen das Tagesgeschäft der Gerichte. Verdächtige wurden verhört, verurteilt und gruppenweise ihrer Bestrafung zugeführt. Die Guillotine wurde gar nicht mehr abgebaut. Adlige, Perückenmacher, Barbiere und Diener fielen ihr gleichermaßen zum Opfer. Eine Melange von Unglücklichen, deren einzige Gemeinsamkeit darin bestand, einer unberechenbaren Rechtsordnung anheim gefallen zu sein.[3]

Doch auch das befriedigte die hitzigsten öffentlichen Redner noch nicht. Sie beschwerten sich darüber, dass die Richter zu viel Zeit mit ihren Beratungen verschwendeten und zu viele Verdächtige freiließen.[4] Das Rad der öffentlichen Vergeltung drehe sich zu langsam, und eine tägliche Hinrichtungsquote solle eingeführt werden, um die Gerechtigkeit zu beschleunigen.

Also baute man weitere Guillotinen und schickte sie auf »patriotische Tour« durch die Provinzen, um auch die einzelnen Regionen von Verrätern und anderen Verdächtigen zu reinigen. Männer, Frauen und Jugendliche ab vierzehn Jahren mussten unters Fallbeil. Viele liefen Gefahr, aufs Schafott zu müssen: Jeder, der etwas gegen das örtliche Revolutions-Tribunal sagte; jeder, der statt einer Kokarde in den Revolutionsfarben eine weiße trug; jeder, der einen den Eid verweigernden Priester beherbergte; und jeder, der den Kriegsdienst verweigerte. Als sich der Aufstand in der Vendée ausweitete und auch in Bordeaux, Lyon und Marseille Rebellionen ausbrachen, wurden noch Tausende mehr öffentlich hingerichtet.[5]

Paris verwandelte sich in einen Alptraum, und bald übte die Guillotine auf die Bürger, die sich mehr und mehr an das öffentliche Blutvergießen gewöhnten, eine ungeheure Faszination aus. Frauen trugen Miniatur-Fallbeile als Ohrring oder an Halsketten. Männer schnitten sich das Haar ab und rasierten sich den Nacken *à la victime* – nach Art der Delinquenten. Andere Frauen legten dünne rote Halsbänder an, um auf makabre Weise anzuzeigen, was jedem blühen konnte. Neue Lieder kamen auf, welche Madame la Guillotine oder die heilige Guillotine und sogar den Henker Sanson besangen. Kinder bastelten sich aus Zweigen, Kordel und Taschenmesser Miniatur-Guillotinen und köpften damit Mäuse oder Vögel.

Wie eine grausige Seuche breitete sich der Hinrichtungswahn im Sommer des Jahres 1793 aus, während die europäischen Armeen und die britische Flotte den Ring um Frankreich immer enger schlossen.

Am 2. August erschienen um zwei Uhr morgens vier Beamte der Pariser Polizei im Temple, um die Witwe Capet festzunehmen. Sie wurde beschuldigt, Feindin der Revolution zu sein, und musste sich in einem Verfahren vor dem Revolutions-Tribunal verantworten. Bis zum Prozessbeginn wurde Antoinette im Gefängnis Conciegerie untergebracht.

# 31

Die große, hagere Frau, die man im Fackelschein durch die dunklen Gänge des Gefängnisses auf der Pariser Ile de la Cité führte, trug Schwarz und bewegte sich mit der Steifbeinigkeit des Alters. Manchen Aufsehern erschien sie wie eine Elster, andere nannten sie ein »deformiertes Gespenst«. Doch die Haut auf ihren eingefallenen Wangen leuchtete immer noch weiß, und sie trug ihr einziges verbliebenes, nun verschlissenes Kleid mit der geheimnisvollen Grazie einer Frau von Stand.

Bei ihr handelte es sich um Marie Antoinette, auch bekannt als Witwe Capet oder Gefangene Nummer 280, der man Verschwörung gegen Frankreich vorwarf.

Man brachte sie in ihre Zelle, einen muffigen, dunklen Raum von dreieinhalb mal dreieinhalb Metern mit einem unebenen Ziegelboden, einem einzigen niedrigen und vergitterten Fenster und einigen elenden Möbelstücken. Die Gefangene betrachtete das schmale Bett mit der Strohsackmatratze, den fleckigen Wandschirm, die Rohrstühle und den alten Eichentisch. Ihr fiel auch auf, dass die Tapete von den Wänden hing und darunter die bloße Steinmauer sichtbar wurde. Und sie roch den Schimmel, der sich zwischen den Steinen eingenistet hatte, und den Geruch von Alter und Verfall.

»Sie besah sich mit einigem Erstaunen das furchtbare Loch«, schrieb die Magd Rosalie Lamorlière, die Antoinette hier zum ersten

Mal begegnete. Die Witwe Capet schien nur Augen für diese fürchterliche neue Umgebung zu haben und darüber Rosalie und den Gefängnisaufseher, der hinter einem kleinen Tisch saß und ihren Namen ins Register eintrug, kaum zu bemerken. Der Mann nahm Antoinette das kleine Bündel ab, in dem sich ihre ganze Habe befand, um den Inhalt später aufzulisten. Darin befanden sich: ein Album mit Haarlocken ihrer toten und lebenden Kinder sowie ihres verstorbenen Mannes; eine arithmetische Tabelle, die sie während Karl Ludwigs Unterricht gebraucht hatte; ein Näh-Set mit Schere, Nadeln und Faden; ein Spiegel; ein Goldring, um den eine Locke gebunden war; Miniatur-Porträts von der Prinzessin Lamballe und zwei Freundinnen aus ihrer Jugend, den Gräfinnen von Mecklenburg und von Hessen, ein Schultertuch und ihr Katechismus. Diese wenigen Dinge und die Kleider, welche sie am Leib trug, stellten ihren ganzen Besitz dar. Dazu kamen noch die drei goldenen Ringe an ihren Fingern und eine goldene Taschenuhr. Letztere hängte sie an einem Nagel an der Wand auf.

Als Richard, der Aufseher, alles eingetragen hatte und mit ihrer Habe verschwand, fing Antoinette an sich zu entkleiden.

Antoinette legte das schwarze Kleid auf einen Stuhl und ließ sich auf dem Bett nieder, das Rosalie wenige Stunden zuvor frisch bezogen und mit einem Kissen versehen hatte.[1]

Ihre Glieder waren vor Müdigkeit steif. Kummer, Sorge, Niedergeschlagenheit und der tägliche Überlebenskampf hatten sie ausgelaugt. Antoinette hatte beschlossen, sich dennoch weiterhin zu beherrschen und allen höflich zu begegnen – ganz gleich, welche Beleidigungen man ihr zufügen oder in welche erniedrigende Umgebung sie gelangen würde. Die wütende, verletzte und stolze Königin verbarg sich hinter ihrer guten Erziehung und gebrauchte sie als Schild. Gleich wie übel man sie behandelte, sie würde sich nie auf die niedere und gemeine Ebene derjenigen begeben, welche sie bedrängten.

Aber diese äußere Ruhe aufrechtzuerhalten, erforderte große Energie und enorme Selbstbeherrschung. Ihr Wille blieb zwar stark, aber ihre Kräfte schmolzen dahin. Antoinettes Körper litt unter der Anspannung, und ihre Nerven, auf die sie sich noch nie recht hatte verlassen können, drohten zu versagen. Sie blutete viel und oft und musste Rosalie um Leinentücher bitten, um die Flut einzudämmen.[2]

Seit Jahren schon kam es bei ihr immer wieder zu dem, was Madame Campan »hysterische Unregelmäßigkeiten« nannte. Eine höfliche Umschreibung für Menstruationsstörungen und damit einhergehende Reizbarkeit und Stimmungsschwankungen. Hier im Gefängnis verschlimmerte sich dieses Leiden und hinderte sie oft daran, das Bett zu verlassen.

Krankheit und Schwäche verstärkten sich noch durch die ständige Sorge und Angst, in der sie lebte. Einen Monat, bevor man sie aus dem Temple abgeholt und in die Conciergerie gebracht hatte, war sie gewaltsam von ihrem Sohn getrennt worden. Vier Offiziere der Nationalgarde waren auf Befehl des Ausschusses für Öffentliche Sicherheit erschienen, um den Knaben in einer demokratischeren Umgebung unterzubringen. Voller Entsetzen hatte Antoinette sich eine Stunde lang dagegen gewehrt und den Offizieren untersagt, sich dem Knaben zu nähern. Sie ertrug ihre Beschimpfungen und Drohungen, verlegte sich aber am Ende aufs Flehen, ihr nicht das zu nehmen, was ihr das Teuerste in der Welt sei. Der Königin schwante, dass sie Karl Ludwig niemals wieder sehen würde, sobald diese Männer ihn erst einmal mitgenommen hatten; denn Sinn und Zweck dieses Manövers bestand darin, ihn seiner Mutter fortzunehmen und an ein Leben ohne Privilegien zu gewöhnen.

Diese Vorstellung war ihr unerträglich. Sie heulte, betete und klammerte sich an sein Bett, bis es den Offizieren zu bunt wurde und sie ihr erklärten, beide Kinder zu töten, wenn sie den Knaben nicht endlich freigäbe. Antoinette gab auf. Elisabeth und sie zogen Karl Ludwig an, küssten ihn und trugen ihm auf, alles zu tun, was die Männer von ihm verlangten. Der Junge aber weinte herzzerreißend und wollte seine Mutter nicht loslassen.

Doch es sollte für die Witwe Capet noch schlimmer kommen. Karl Ludwig wurde in die Obhut eines Aufsehers des Temple gegeben, dem ältlichen Schuster Antoine Simon, dessen unflätige und lästerliche Flüche der Königin schon seit ihrer Ankunft hier unangenehm aufgestoßen waren. Tagelang verfolgten sie die Schreie des Knaben, bis sie sich das Allerschlimmste vorstellte und glaubte, der Schuster prügele Gehorsam in ihn hinein.

Irgendwann erfuhr sie doch etwas Trost, als sie nämlich entdeckte, dass sie von einem bestimmten Fenster aus verfolgen konnte, wie Simon und Karl Ludwig unten auf dem Weg zum Garten vorbeispazierten. Stundenlang stand sie fortan an dem Fenster, um einen Blick auf ihren Sohn erhaschen und feststellen zu können, dass er zwar nicht glücklich, aber wenigstens wohlauf war. Doch dann erbleichte sie, als sie mit eigenen Ohren hörte, wie Karl Ludwig die »Marseillaise« und die anderen Revolutionslieder sang, die der Schuster ihm beigebracht hatte – und wie er mit lauter Stimme »Gott lästerte und seine Familie und alle Aristokraten verfluchte«.

Aber nun, in der Conciergerie, blieb ihr sogar dieser seltene Blick auf ihren Sohn verwehrt. Antoinette darbte in einem Zustand äußerster Schwäche dahin, brach in Tränen aus, wenn sie an ihre Kinder denken musste, und klammerte sich an die wenigen Andenken an ihren Sohn, welche sie unter ihrem Kleid hereingeschmuggelt hatte: ein Miniatur-Porträt, eine Locke seines Haars und einen kleinen gelben Handschuh.

Der Gefängnisapotheker verschrieb ihr ein Gebräu aus Zitronenblütenwasser, Apfelsinenblütenwasser, Venushaarsirup und Hoffmannstropfen. Außerdem gebot er dem Aufseher Richard, der Gefangenen 280 eine kräftigende Suppe vorzusetzen, die mageres Kalbfleisch, Geflügelfleisch und Kräuter enthielte.

Antoinette empfand die dunkle, muffige Zelle mit ihrer erbärmlichen Einrichtung als Teil ihrer Bestrafung. Diese sollte ihren Hochmut brechen und ihr vor Augen halten, unter welchen Bedingungen die Armen leben mussten, denen man sie nun gleichgestellt hatte. Wie den ärmsten Parisern mangelte es jetzt auch ihr an Licht, Platz und einer Privatsphäre. Zwei Wächter schliefen auf Feldbetten in ihrer Zelle, verfolgten tagsüber jede ihrer Bewegungen und ließen nicht einmal zu, dass sie sich unbeobachtet erleichtern konnte. Dann hockte sie hinter einem halb hohen Vorhang auf dem Kammertopf, und nachdem ein grober Kerl namens Barassin gekommen war, um den Topf zu leeren, musste Rosalie Wacholderkraut verbrennen, um die Luft zu erfrischen. Die Magd glaubte, die Gefangene sei in Fragen des Anstands und der Reinlichkeit »übertrieben auf Schicklichkeit bedacht und äußerst empfindlich«. Doch gefiel es ihr wohl genauso wenig, dass die Witwe Capet die intimsten Dinge vor den Augen anderer erledigen musste, wie zum Beispiel die blutgetränkten Leinentücher zu wechseln.

Nach zwei Tagen in ihrer neuen Behausung sehnte sich die Königin nach einem Bad und frischer Luft. Und zu gern hätte sie die Unterwäsche gewechselt. Sie bat Madame Richard, die Gattin des Aufsehers, ihr saubere Wäsche zu geben, aber die Frau, obwohl von freundlichem Wesen, fürchtete sich zu sehr und wagte es nicht, der Gefangenen zu helfen.

Nach zehn Tagen begab sich ein Wärter zum Temple, um einige von Antoinettes Sachen zu holen, und kehrte mit einem großen Paket zurück. Die Königin öffnete es aufgeregt, weil sie hoffte, darin eine geheime Nachricht vorzufinden. Aber sie stieß nur auf einige dünne Unterhemden aus Batist, spitzenbesetzte Handschuhe, zwei Paar schwarze Seidenstrümpfe und einen weißen Morgenmantel; dazu einige Nachtmützen, Stoffbänder, Halstücher, eine Haube und eine schwarze Schärpe aus Krepp.

»Ich erkenne Elisabeths Hand in diesem Paket. Die Ärmste denkt doch immer auch an Kleinigkeiten«, sagte Antoinette, während sie den Rest des Inhalts in Augenschein nahm. Ihre Schwägerin hatte selbst eine Puderquaste aus Schwanendaunen und eine kleine Dose mit Haarpomade nicht vergessen. Die Zelle enthielt keinen Kleiderschrank, aber schließlich gab man der Gefangenen eine Pappschachtel, um ihre Sachen darin unterzubringen.

Jeden Morgen konnte die Königin zwischen dem schwarzen Kleid und dem weißen Morgenmantel wählen. Sie steckte sich das lange weißgraue Haar hoch und verteilte Pomade an Haaransatz und Schläfen, um widerspenstige Locken im Zaum zu halten. Der Koch nahm täglich ihre Schuhe mit, um sie vom Schmutz des Zellenbodens zu reinigen. Eine Frau bemerkte, die Schuhe seien stets so verdreckt, als ob die Gefangene die Rue Saint Honoré entlangspaziert sei. In der Conciergerie saßen vornehmlich Royalisten ein, und die hielten während ihres morgendlichen Ausgangs in der Küche an, um die Schuhe der Königin zu küssen.[3]

In diesem Gefängnis ging es ziemlich laut zu und herrschte ständig geschäftiges Treiben. Die dreihundert Insassen durften auch Besuch empfangen, Küchen brachten Töpfe und Kessel und Straßenhändler boten ihre Waren feil. Priester, die den Eid abgelegt hatten, nahmen den Insassen die Beichte ab, und erteilten den zu Tode Verurteilten die Letzte Ölung. Polizisten und Anwälte erschienen, um die Häftlinge zu befragen oder mit ihnen zu beraten. Gerichtsdiener brachten neue Gefangene, um die frei gewordenen Zellen zu füllen. Fast jede Nacht erhielt irgendwer, der am nächsten Tag aufs Schafott musste, die Henkersmahlzeit. Die Wärter bewiesen viel Nachsehen und erlaubten den zu Tode Verurteilten, ihre Freunde zu empfangen und die letzte Nacht ihres Lebens mit einer reichlichen Mahlzeit zu genießen und sich mit gutem Wein voll laufen zu lassen.

Auch wenn dies rings um Antoinette herum vor sich ging, so hatte sie doch keinen Anteil daran. Von ihrer Zelle konnte sie keinen Blick auf den Hof des Frauentrakts werfen, um ihre Mitgefangenen zu sehen. Mit niemandem konnte sie reden, außer Rosalie und den beiden Wächtern, und denen hatte man eingeschärft, sich auf keine Unterhaltung mit der ehemaligen Königin einzulassen. Man erlaubte ihr weder Stickereien noch Näharbeiten, und ihre rastlosen Hände flatterten vor Untätigkeit.

Antoinette war niedergeschlagen. Hin und wieder führte ein Wächter einen sensationslüsternen Menschen heran, der die ehemalige Königin dann anstarren durfte. Für das Privileg, die einstige glorreiche Herrin von Versailles und des Petit Trianon und was aus ihr geworden war sehen zu dürfen, musste der Betreffende tief in die Tasche greifen. Doch die meiste Zeit saß sie doppelt beraubt ohne standesgemäße Gesellschaft und ohne Betätigung herum. Aber man erlaubte ihr, einige Bücher zu lesen. Am besten gefielen ihr *Die Geschichte berühmter Schiffsunglücke* und *Eine Reise nach Venedig*; in letzterem Werk tauchten die Namen einiger Personen auf, die sie als Kind am Hof ihrer Mutter kennen gelernt hatte. Wenn die Langeweile sie zu arg plagte, versuchte sie, die Zeit damit totzuschlagen, an der Stofftapete zu zupfen. Die Fäden verwob sie dann zu primitiver Spitze, und als Werkzeug benutzte sie dazu ihre Haarnadeln.

Während des ersten Monats in der Conciergerie glaubte Antoinette fest daran, dass ihre Verwandten schon irgendeine Möglichkeit fänden, sie und ihre Kinder aus den Händen der Revolutionäre zu befreien. Im Sommer war die antifranzösische Koalition noch weiter angewachsen, und mittlerweile beteiligten sich so gut wie alle europäischen Mächte daran. Von Coburg hatte die Österreichischen Niederlande bereits zurückerobert.

Auch wenn die Witwe Capet hier nicht mehr, wie noch im Temple, dem Kriegsgeschehen folgen konnte, so wusste sie doch, dass die Revolutionstruppen sich in der Unterzahl befanden. Nur ein Wunder könnte die Armeen der Alliierten jetzt noch zurückschlagen – vorausgesetzt, sie führten den Krieg mit dem nötigen Nachdruck. Und der Nationalkonvent würde nicht so töricht sein, Antoinette vor Gericht zu stellen – nicht, solange sie für die Revolutionäre ein so wertvolles Faustpfand darstellte.

So redete die ehemalige Königin es sich ein, und so erschien es ihr logisch.

Doch damit lag sie falsch.

Tatsächlich rückten die Soldaten der Alliierten überall vor. Die britische Flotte wurde in Toulon willkommen geheißen, und auch in der Vendée. Und überall im Land marschierten aufständische Bauernheere. Der Ausschuss für Öffentliche Sicherheit wusste auch sehr gut, welchen Wert Antoinette für das Schicksal der Revolution darstellte, und befand sich auch schon mit Österreich und Preußen in Verhandlungen über ihr weiteres Schicksal. Einige Ausschussmitglieder hofften, im Fall einer Belagerung von Paris im Austausch für die ehemalige Königin eine Generalamnestie für alle Revolutionäre erwirken zu können.

Doch die Bürger selbst verlangten immer lauter Antoinettes Hinrichtung. Sie bestürmten das Revolutions-Tribunal, die Österreicherin unter die Guillotine zu legen. Die Zeitungen fielen in den Ruf nach ihrem Blut ein, und radikale Volkstribune forderten, Rache an ihr zu nehmen. Schließlich kamen die Tribunalrichter überein, die Gefangene 280 in ihrer Zelle vergiften zu lassen, um sich so der Last zu entledigen, ihr den Prozess machen zu müssen.

Antoinette wurde von allen Seiten als Ärgernis gehasst. Doch die gemäßigteren Mitglieder des Ausschusses für Öffentliche Sicherheit wussten, dass man sich ihrer nicht so leicht entledigen könnte. Zumindest müsste sie ein weiteres Mal ihren Verrat belegen.

Eine Gruppe Verschwörer, denen größere Geldmittel zur Verfügung standen – ausreichend, um den Gefängnisaufseher, einige Stadtbeamte und die Gendarmen zu bestechen –, sorgten dafür, dass Antoinette in der Nacht des 2. September entfliehen könnte. Einer ihrer Wärter, dem man die Taschen gestopft hatte, sollte sie aus der Zelle führen und vorgeben, er habe Order, die Gefangene in den Temple zu überführen. Sobald die Königin die Conciergerie verlassen habe, würde man sie in die Nacht entführen und dann nach Belgien bringen.

Der Abend des 2. September kam, und die Gefangene wurde von dem Wärter durch mehrere Gänge und Türen geführt. Schon erreichten sie das Haupttor, als einer der bestochenen Gendarmen auf der anderen Seite erklärte, er könne nicht aufsperren und die ehemalige Königin entkommen lassen. Dann drohte er damit, die Nationalgarde zu rufen, wenn sie nicht unverzüglich in ihre Zelle zurückgebracht werde. Der Wärter wusste, wie wichtig das Schweigen dieses Gendarmen für den Erfolg des Plans war, und führte Antoinette einstweilen in die Zelle zurück. Doch am nächsten Tag zeigte der Mann seine Kollegen an, und die meisten von ihnen wurden in Haft genommen.

Danach stand außer Frage, dass die Bürgerin Capet wegen des Fluchtversuchs eine Strafe zu erwarten habe. Antoinette war das nur zu bewusst. Sie wurde noch unruhiger und »viel ängstlicher«, wie Rosalie sich erinnerte. Die Gefangene 280 lief in der Zelle auf und ab, seufzte immer wieder und wirkte sehr ernst. Man verlegte Antoinette in ein kleines und besser zu sicherndes Verlies, das mit zwei dicken, mit Nägeln beschlagenen und mit etlichen Schlössern und Riegeln bestückten Türen versehen war. Die drei winzigen Fenster des Raums wurden verrammelt, damit nicht einmal Licht eindringen könne. Ein vertrauenswürdiger Gendarm hielt auf dem Gang Wache und überprüfte die Schlösser. Ein anderer passte unten auf dem Hof auf, dass niemand versuchte, die Gefangene durch eines der versperrten Fenster zu erreichen. Und ein dritter, ein Offizier der Gendarmerie, wurde Antoinette in die Zelle gesetzt.

Nach dem Fluchtversuch verlangten die Feinde der Königin immer lauter ihre Hinrichtung. Die »österreichische Tigerin« müsse »zu Brei geschlagen werden«, verlangte der Journalist Hébert in seinem Sensationsblättchen *Le Père Duchesne*. Die Regierung und das Revolutions-Tribunal wurden mit Briefen und Petitionen aus Paris und vielen Provinzen bestürmt, in denen empört angefragt wurde, warum »dieser despotischen und schamlosen Frau« noch nicht der Prozess gemacht worden sei, um sie für ihre Verbrechen büßen zu lassen.

Die Deputierten entschieden schließlich, es sei höchste Zeit, die »Witwe Capet« ihrer gerechten Bestrafung zuzuführen, und forderten vom Revolutions-Tribunal, formell Anklage zu erheben. Fouquier-

Tinville erhielte Zugang zu allen Akten und Dokumenten, die er für das Verfahren als notwendig erachtete. Da an den Kriegsfronten wieder Erfolge zu vermelden waren, hatte der Ausschuss für Öffentliche Sicherheit ebenfalls beschlossen, Marie Antoinette vor Gericht zu stellen. Die Revolutionsarmee hatte von Coburg bei Hondschoote zurückgeschlagen, und Anfang Oktober schien die Offensive der Alliierten zum Stillstand gekommen zu sein. Auf Antoinette konnte verzichtet und damit dem Volkszorn Genüge getan werden.

An einem kalten, verregneten Oktobertag lief in der Zelle der Witwe Capet das Wasser von den schmutzigen Wänden. Pfützen bildeten sich auf dem Steinboden. Antoinettes Schuhe wurden überhaupt nicht mehr trocken; Schimmel bildete sich bereits auf ihnen. Sie hatte keine warmen Sachen, und ihr schwarzes Witwenkleid war an den Ellenbogen durchgescheuert. Eine ältere Dienerin hatte die Löcher bereits einmal gestopft, aber das Gewand musste inzwischen wieder dringend geflickt werden. In dem Verlies stand kein Ofen, und in den Frostnächten fror Antoinette bitterlich. Der neue Aufseher hängte rings um ihr Bett einen alten Teppich auf, um ihr so nachts etwas Wärme zu geben, und Rosalie wärmte das Nachthemd der Gefangenen jeden Abend vor dem Zubettgehen an ihrem Feuer auf. Doch darüber hinaus ließ sich nicht viel tun. Die Vorschriften und Bestimmungen des Ausschusses für Öffentliche Sicherheit ließen keinen Spielraum: Der Witwe Capet seien keinerlei Privilegien zu gewähren; nicht einmal eine baumwollene Überdecke oder eine Kerze, um bei Nacht Licht zu machen.

Antoinette befand sich in einem Zustand »extremer Schwäche«, und die Monatsbeschwerden entkräfteten sie zusehends. Sie beklagte sich »auf das Freundlichste« bei den Wärtern, aber selbst die mitfühlende Rosalie, der bei solchen Worten oft genug die Tränen kamen, konnte nichts tun, um das Leid der Gefangenen 280 zu lindern. Und die Wärter und der Aufseher wussten Besseres anzufangen, als um der Unbequemlichkeit der ehemaligen Königin willen bei der Revolutionsregierung in Ungnade zu fallen.

Während der langen, kalten Nächte warf Antoinette sich auf ihrem Lager hin und her, weinte um ihre Kinder und verwünschte die Ungerechtigkeit ihres Schicksals. Im Halbschlaf tauchten die unterschiedlichsten Bilder und Erinnerungen in ihrem Bewusstsein auf: von Fersen, von ihrem schwerfälligen, pockengesichtigen Gemahl, von ihrer sonnigen Kindheit in Schönbrunn, von den glücklichen Nachmittagen im Petit Trianon. Dazu gesellten sich aber wohl auch Bilder des Schreckens: Von den schreienden, fluchenden Menschen draußen vor den Tuilerien, von den blutigen, abgetrennten Köpfen auf Spießen, von hässlichen, schmutzigen und grinsenden Gesichtern und dreckigen Händen, die durch Kutschenfenster nach ihr griffen.

Der riesige Saal, der einmal das Pariser *parlement* beherbergt hatte und heute Sitz des Revolutions-Tribunals war, lag im Schatten, als die Witwe Capet am Abend des zwölften Oktober zum Verhör hereingeführt wurde. Die Marmorwände lagen im Dunkel verborgen, und Antoinette konnte die Gesichter der Zuschauer und der Richter, die hinter einem langen Tisch saßen, nur als Schemen ausmachen. Zwei Kerzen flackerten vor dem Gerichtsschreiber, der eifrig seine Feder ins Tintenfass steckte, um alle Anschuldigungen des Untersuchungsausschusses festzuhalten.

»Vor der Revolution standet Ihr mit den Königen von Böhmen und Ungarn im politischen Dialog, des Inhalts zum Schaden von Frankreich, dessen Wohltaten Ihr im gleichen Moment genossen habt.

– Seit Beginn der Revolution habt Ihr weiterhin Eure Intrigen mit fremden Mächten gesponnen und Euch gegen die Freiheit verschworen.

– Ihr wart die treibende Anstifterin hinter allem Verrat des Ludwig Capet. Dank Eures Rates, oder auf Eure Ränke hin, wurde ihm überhaupt erst der Wunsch eingegeben, Frankreich zu verlassen und sich an die Spitze jener Tollwütigen zu stellen, die ihr eigenes Land vernichten wollten.«

»Meinen Mann drängte es nie, Frankreich zu verlassen. Ich bin ihm überallhin gefolgt, aber wenn er den Wunsch ausgesprochen hätte, seine Heimat zu verlassen, hätte ich versucht, ihn davon abzubringen. Aber wie schon gesagt, mein Gemahl hatte nie vorgehabt, aus seiner Heimat zu verschwinden.«

»Ihr habt nie aufgehört, an der Zerstörung der Freiheit zu arbeiten. Ihr strebtet nur danach zu herrschen, gleich zu welchem Preis, und um den Thron wiederzuerlangen, wart Ihr sogar bereit, über Leichen zu gehen – über die Leichen von französischen Patrioten.«

»Wir brauchten nicht danach zu trachten, den Thron zurückzugewinnen, denn wir haben ihn ja nie verloren. Uns ging es immer nur und vor allem darum, Frankreich glücklich zu sehen. So lange Frankreich zufrieden war, waren auch wir zufrieden.«

Antoinettes Antworten erfolgten einfach und offen, sie schien sich nichts vorzuwerfen zu haben. Dass sie offensichtlich von dem, was sie sagte, überzeugt war, verwirrte die Richter. Gern hätte man von ihr in dem einen oder anderen Punkt ein Schuldeingeständnis gehört, denn konkrete Beweise, Indizien oder verräterische Geheimdokumente lagen nicht vor. Obwohl sie geschwächt und kränkelnd vor dem Tisch stand, wirkte ihr Geist noch hellwach.

»Glaubt Ihr, dass ein König für die Wohlfahrt eines Volkes notwendig ist?«

»Ein einzelnes Individuum kann so etwas nicht entscheiden.«

»Ohne Zweifel bedauert Ihr den Verlust des Thrones für Euren Sohn.«

»Ich bedaure nichts für meinen Sohn, solange dieses Land glücklich ist.«

Das Verhör setzte sich bis in die frühen Morgenstunden fort, und man stellte Antoinette die unterschiedlichsten Fragen: ihre Extravaganzen als Dauphine, ihre Opposition gegen die Revolution, ihre Beteiligung an der Flucht nach Varennes, ihr Versuch, aus der Conciergerie zu entkommen ... Endlich war der Staatsanwalt am Ende seiner langen Liste angelangt.

»Habt Ihr keinen Rechtsbeistand?«

»Nein. Ich kenne niemanden, der das könnte.«

»Möchtet Ihr, dass das Tribunal einen Verteidiger für Euch bestimmt?«

»Gern.«

Zwei Männer wurden zu ihren Anwälten bestimmt, dann führte man die Gefangene 280 in ihre Zelle zurück, wo sie in großer Erregung lange hin und her lief.

Den beiden Anwälten blieb kaum ausreichend Zeit sich auf die Anklagepunkte vorzubereiteten, die ihr vorwarfen, das Land in den Bankrott getrieben, das Volk dem Hungertod preisgegeben, die Sicherheit des Landes verraten und sich mit einem mysteriösen »österreichischen Kabinett« verschworen zu haben, die Bevölkerung von Paris zu massakrieren. Die Verteidiger versuchten dennoch ihr Bestes, während Antoinette sich in ihrem Morgenmantel und der Witwenhaube auf ihre Würde besann und den ganzen Prozess vornehmlich in Schweigen über sich ergehen ließ.

»Traurigkeit ließ sich in den Augen der ehrenwerten Zuschauer entdecken«, notierte ein königstreuer Prozessbeobachter. »Mordlust hingegen in denen der Männer und Frauen, welche man mit Bedacht auf die Zuschauerbänke gesetzt hatte. Doch selbst deren Wahnsinn gab oft genug den Regungen des Mitgefühls und der Bewunderung Raum. Den Anklägern und Richtern gelang es nicht, ihren Ärger oder die Verwirrung darüber zu verbergen, dass die Königin so vornehm standhaft blieb.«[4]

Antoinette konnte die Menge für sich gewinnen, als sie nach der abscheulichsten Anschuldigung »sichtlich erregt« aufsprang. Hébert erklärte, Karl Ludwig, welchen er den »kleinen Capet« nannte, habe »Akte von zügellosester Verderbtheit« mit seiner Mutter und seiner Tante eingestanden, darunter eine »inzestuöse Handlung zwischen Mutter und Sohn.« Als die Gefangene aufgefordert wurde, sich zu dieser Anklage zu äußern, erhob sie sich empört.

»Ich appelliere an das Gewissen und die Gefühle aller Mütter, die hier im Saale sind: Diejenige möge sich erheben, welche nicht allein schon bei der Vorstellung solch furchtbarer Dinge heftig erzittert.«

Der ganze Saal stand jetzt unter Spannung. Frauen erhoben Geschrei, und die Richter mussten mehrmals zur Ordnung rufen. Selbst die Marktweiber, die bei allen Gerichtsverfahren und Hinrichtungen dabei waren, standen kurz davor, Antoinette Beifall zu spenden; aber dann fiel ihnen rechtzeitig ein, dass da die ehemalige Königin gesprochen hatte, von der man sich ja im Lauf der Jahre so manches Lasterhafte erzählt hatte.

Zwei lange Tage dauerte das Gerichtsverfahren. Zeugen wurden vorgeführt, von denen ein jeder die Witwe Capet anschwärzte. Sie brachten die diversesten Ungeheuerlichkeiten vor, angefangen von Attentatsverschwörungen über Assignatenfälschung bis hin zu verräterischen Beziehungen zu den Feinden Frankreichs. Am Ende verkündete der Gerichtspräsident, das »alle politischen Ereignisse der letzten fünf Jahre Zeugnis gegen die Gefangene Nummer 280 ablegen«.

Damit konnte niemand mehr einen Zweifel über den Ausgang des

Prozesses hegen. Die zwölf Geschworenen – darunter zwei Zimmerleute, ein Musiker, ein Hutmacher, ein Kaffeehauswirt, ein Perückenmacher und ein Drucker – zeigten auch wenig Neigung, der Witwe Capet Gnade zu erweisen. Sie fanden zu einem einstimmigen Ergebnis, und die Angeklagte wurde zum Tode verurteilt.

Sie hörte sich die Urteilsverkündung »in Gefasstheit« an, wie sich einer ihrer Anwälte später erinnerte, »und zeigte nicht die leiseste Regung, weder Angst noch Empörung, noch Schwäche«.

Ohne ein Wort oder eine Geste und stolz erhobenen Hauptes ließ sie sich von ihren Gendarmen durch den Saal zum Ausgang und zurück in ihre Zelle führen.

Kurz vor fünf Uhr morgens verließ sie das Gericht, und noch am selben Mittag des 16. Oktober sollte das Urteil vollstreckt werden. Antoinette verfasste einen Abschiedsbrief an Elisabeth und bat sie darin, sich um Karl Ludwig und Thérèse zu kümmern, als wären es ihre eigenen Kinder. In ihr Gebetbuch schrieb sie: »Mein Gott, erbarme Dich meiner! Meine Augen haben keine Tränen mehr, die ich für euch, meine armen Kinder vergießen könnte. Adieu, adieu!«

Als Rosalie um sieben Uhr mit rot verweinten Augen hereinkam, um die Gefangene zu fragen, ob sie Frühstück wünsche, fand sie die vollständig angezogen und ausgestreckt auf ihrem Bett vor. Antoinette hatte sich eine Hand auf die Stirn gelegt, das Gesicht in Richtung des Fensters gedreht, das ein wenig Licht hereinließ, und war offensichtlich ganz in ihren Gedanken versunken.

»Nein, Mädchen, ich brauche nichts«, antwortete die Witwe nach einer Weile heiser und tränenerstickt. »Nichts mehr, denn für mich ist alles vorüber.«

Rosalie brachte ihr aber dennoch eine Suppe. Antoinette nahm nur ein paar Löffel zu sich, obwohl sie Hunger haben musste, hatte sie doch seit gestern fast nichts mehr gegessen. Ihr Gesicht hatte alle Farbe verloren, und sie blutete so heftig, dass das Mädchen schon fürchtete, sie würde ausbluten. Die Gefangene musste dringend ihre Sachen wechseln. Sie nahm ein Hemd aus ihrer Schachtel, das ihr irgendwer überlassen hatte, und bat Rosalie, sich vors Bett zu stellen, damit der Gendarm ihr nicht beim Umziehen zusehen könne. Aber der Wächter ließ sich nicht erweichen. Er hatte seinen Befehl, die Verurteilte nicht aus den Augen zu lassen.

»Der Gendarm trat sofort dazwischen«, erinnerte sich das Mädchen, »und baute sich am Kopfende auf, um alles verfolgen zu können. Die Witwe Capet legte sich ein Tuch um die Schultern und erklärte dem jungen Mann mit großer Freundlichkeit: ›Im Namen des Anstands, mein Herr, lasst mich die Unterwäsche in Ungestörtheit wechseln.‹«

Doch der Gendarm blieb stur: »Das darf ich nicht zulassen. Ich habe strenge Order, mir keine Eurer Bewegungen entgehen zu lassen.«

Seufzend zog sich Antoinette den verschmutzten Unterrock mit so viel Schicklichkeit aus, wie sie unter den gegebenen Umständen aufbringen konnte. Dann streifte sie das saubere Hemd über, wickelte sich in ihren Morgenrock und bedeckte sich mit dem Schultertuch aus Musselin. Rosalie beobachtete, wie sie den blutigen Unterrock sorgfältig zusammenrollte und in eine Mauerritze schob. Nachdem sie sich auch noch das einfache Leinenhäubchen aufgesetzt, die schwarzen Strümpfe und ihre abgenutzten, festen Schuhe angezogen hatte, war sie bereit für ihren letzten Auftritt vor den Pariser Bürgern.

Als die Richter wenig später in ihre Zelle kamen, kniete die Witwe Capet auf dem Boden und betete. Sie verlasen ihr noch einmal das Urteil und kehrten dann auf den Gang zurück, um dem Henker Platz zu machen. Henri Sanson, der Sohn des Mannes, der Ludwig XVI. vom Leben zum Tode befördert hatte, band der Gefangenen die Hände und schnitt ihr am Nacken das Haar. Antoinette hatte gehofft, der Demütigung entgehen zu können, in Fesseln vorgeführt zu werden; und auch, standesgemäß in einer Kutsche zum Platz der Revolution gefahren zu werden. Doch als sie das Gefängnis verließ, musste sie entdecken, dass keine Droschke auf sie wartete, sondern ein Karren. Man würde sie wie eine gewöhnliche Verbrecherin befördern. Antoinette spürte, wie ihre Därme sich bemerkbar machten, und bat darum, ihr die Fesseln zu lösen, damit sie sich hinter einer Mauer erleichtern könne.

Damit war ihr erniedrigendster Moment vorüber. Gebunden und mit dem Rücken nach vorn auf dem Karren wurde sie an den Reihen der jubelnden und schreienden Pariser vorbeigefahren, geriet aber nie in Panik und brach auch nicht in Tränen aus.

»Vive la république! Vive la nation!«, erschallte es von allen Seiten.

In der Menge hielten sich auch einige Monarchisten auf, und auch einige zu allem entschlossene Verschwörer, die hofften, genug Verwirrung stiften zu können, um ihre Königin zu retten. So manchem konnte man ansehen, welch Geistes Kind er war, wenn er in stummer Verzweiflung den Zug vorbeirollen sah.

Auf dem großen Platz verkauften Straßenhändler Wein und Obst an die vielen Neugierigen und Sensationslüsternen. Alles drängte hin zum Schafott, um einen möglichst guten Platz zu ergattern. Der Karren rollte schließlich heran, hielt an, und eine alte Frau in einem weißen Morgenmantel und mit einem säuerlichen Ausdruck im faltigen Gesicht wurde heruntergeholt.

Antoinette stieg rasch die Stufen hinauf, machte sich gar nicht erst die Mühe, ein paar Worte an die Bürger zu richten, und gab sich sofort Sanson und seinen Helfern in die Hände. In ihrer Hast trat sie dem Henker auf den Fuß.

»Mein Herr, verzeihen Sie, das habe ich nicht mit Absicht getan.«

Man drückte sie nach unten und legte ihr den Holzkragen auf den Hals. Die Trommeln wurden geschlagen, und das Fallbeil sauste herab. Danach hielt ein Soldat den bluttropfenden, weißhaarigen Kopf in die Höhe, und der Platz erbebte unter dem Beifall der Menge.

Auf dem Magdalenenfriedhof fluchten die Totengräber über die Kälte und hoben ein Loch aus, um die Überreste einer weiteren Hingerichteten aufzunehmen. Ein rauer Herbstwind kam auf, pfiff um die Grabsteine und bog die Äste der blattlosen Bäume.

# Anmerkungen

## Kapitel 1

1 Johann Josef Khevenhüller-Metsch, *Aus der Zeit Maria Theresias, 1742-1778*, 5 Bände, Wien 1907, Bd. 3, S. 170 ff.
2 Constance Lily Morris, *Maria Theresia: The last Conservative*, New York und London 1939, S. 164-5.
3 Ibid., S. 164.
4 Khevenhüller-Metsch, Bd. 5, S. 131.

## Kapitel 2

1 Nicholas Wraxall, zitiert in Mary Maxwell Moffat, *Maria Theresia*, London 1911, S. 200.
2 Moffat, S. 198-9.
3 Morris, S. 87 und 85.
4 Alexander Mahan, *Maria Theresia of Austria*, New York 1932, S. 262.
5 Ibid., S. 240.
6 Ibid., S. 242.

## Kapitel 3

1 Morris, S. 196.
2 Mahan, S. 287.
3 Ibid., S. 284-5. Um Maria Theresias Rechenkünste war es nicht zum Besten bestellt, aber an ihrer Zuneigung lässt sich nicht zweifeln.
4 Ibid., S. 284, 286-7.
5 Madame de La Tour du Pin, die zu Antoinettes Hofstaat in Frankreich gehörte, erinnerte sich in ihren Memoiren an den steifen »grand corps«, den sie in Versailles tragen musste, »ein besonderes Mieder ohne Schultern, das am Rücken zusammengebunden wurde, aber so eng war, dass die Spitze, unten etwa vier Zoll lang, den Blick auf ein Unterhemd aus feinstem Batist freigab, durch das man leicht eine ungenügend weiße Haut erkennen konnte. Das Unterhemd wies Ärmel von lediglich drei Zoll Länge, aber ebenfalls keine Schulter auf, um das Dekolleté frei zu lassen. Den Oberarm bedeckte man mit drei oder vier Reihen Spitze, die bis zum Ellenbogen hinabfielen. Der Busen blieb völlig frei.«

Aus: *The Eighteenth Century Woman,* An Exhibition at the Costume Institute, The Metropolitan Museum of Art, New York 1981, S. 25.

6 Helen Augusta, Lady Younghusband: *Marie Antoinette: Her Early Youth. 1770-1774,* London 1912, S. 100.

7 Ibid., S. 126.

8 Ibid., S. 132.

## Kapitel 4

1 Saul K. Padover: *The Life and Death of Louis XVI,* New York, 1964, S. 6. Aus Gründen der Fairness muss man darauf hinweisen, dass Ludwig August viele seiner weniger angenehmen Eigenschaften von seinem Vater geerbt hat. Hätte der ältere Ludwig überlebt, wäre aus ihm sicher ein mäßiger König mit guten Absichten geworden. Argenson, Minister unter Ludwig XV. und ausgezeichneter Menschenkenner, schrieb in seinen Lebenserinnerungen, der Sohn des Königs sei »ein Feind jeglicher Bewegung und körperlicher Ertüchtigung. Ihm mangele es an Leidenschaft und sogar Geschmack. Alles langweilt ihn, nichts regt ihn an. Sollte noch ein Funke in ihm glimmen, dann mit ersterbender Kraft, erstickt von Fett und Bigotterie.«
Wie nicht anders zu erwarten, entwickelte sich Ludwigs XV. Sohn ebenso puritanisch, wie der Vater sexuell zügellos gewesen war. Und wo sein Vater den unaufgeklärten Absolutismus vertreten hatte, befürwortete der Sohn eine eingeschränkte Monarchie. Dem vorzeitig verstorbenen Dauphin war auch eine tiefe Menschlichkeit zu eigen, die er seinem ältesten Sohn weitergab. Er liebte Kinder und auch die Menschen, welche er regiert hätte, wenn alles anders gekommen wäre. Ludwig August gab einmal alle Pläne für eine Rundreise durch Frankreich auf, weil: »Meine Person nicht so wichtig ist, dass die armen Menschen dafür noch mehr Steuern aufbringen müssten.«

2 »Ihre Handschrift kann nicht unbedingt als schön bezeichnet werden«, notierte Vermond im Oktober 1769. »Am meisten ärgern dabei ihre Unarten der Trägheit wie der Unaufmerksamkeit, die dazu geführt haben – und dafür macht man zu einem nicht geringen Teil ihre Schreiblehrer verantwortlich –, dass sie unfassbar langsam schreibt ... Oft helfe ich ihr bei der einen oder anderen Niederschrift, doch muss ich gestehen, dass ich zumindest in dieser Hinsicht nicht den geringsten Erfolg vorweisen kann.« Younghusband, S. 131.

3 Younghusband, S. 129-31.

4 Lilliian C. Smythe, Hrsg.: *The Guardian of Marie Antoinette: Letters from the Comte de Mercy-Argenteau, Austrian Ambassador to the Court of Versailles, to Marie Thérèse, Empress of Austria, 1770-1780*, London, 1902, 3 Bände, Bd. 1, S. 14.
5 Paul Christoph, Hrsg.: *Maria Theresia und Marie Antoinette. Ihr geheimer Briefwechsel*, Wien 1958, S. 16-7.
6 Maxime von La Rocheterrie, *The Life of Marie Antoinette*, New York 1906, S. 5-7.
7 Ibid.

## Kapitel 5

1 Der junge Goethe, damals noch Jura-Student in Straßburg, empörte sich bei einem Besuch des Pavillons über die Wandteppiche: »Solche Objekte schienen mir so wenig in Harmonie mit den Umständen zu stehen, dass ich nicht anders konnte als laut auszurufen: ›Was?‹ In dem Moment, in dem die junge Prinzessin zum ersten Mal den Fuß auf den Boden ihres zukünftigen Gemahls setzt, bekommt sie als allererstes das Bild der abscheulichsten Hochzeit zu sehen, die man sich nur denken kann? Man möchte meinen, jemand habe mit Gewalt das schrecklichste Bildnis gewählt, das man der schönsten und glücklichsten Verlobten nur vorsetzen kann.« Zitiert nach André Castelot, *Marie Antoinette. Tragik eines Lebens*, München 1975, S. 23.
2 Younghusband, S. 65.
3 Ibid.
4 John Lough, *France on the Eve of Revolution. British Travellers' Observations 1763–1788*, Chicago 1987, S. 263.
5 Mercy, Bd. 1, S. 96. Dies schrieb der Diplomat zwar im April 1771, aber seine Beschreibung trifft auch ziemlich genau auf das Frühjahr 1770 zu.
6 Padover, S. 28.
7 Die Höflinge ritten in einem knappen Monat von Paris nach Wien und wieder zurück. Darin enthalten waren, auf der Hin- wie der Rückreise je ein Tag Aufenthalt in Brüssel und selbstredend die Zeit, sowohl in Paris wie in Wien, die vom Empfänger benötigt wurde, den Brief oder Bericht zu lesen und eine Antwort aufzusetzen. – Younghusband, S. 214.
8 Ibid., S. 176 und 178.
9 Christoph, S. 22.

10 Ibid., S. 43.
11 Mercy, Bd. 1, S. 24.

## KAPITEL 6

1 Lough, S. 240.
2 Christoph, S. 21-2.
3 Mercy, Bd. 1, S. 25-6.
4 Jeanne Henriette Campan, *Memoiren über das Privatleben der Königin Marie Antoinette*, Breslau 1824, 3 Bände, Bd. 1, S. 76-7
5 Christoph, S-25-6.
6 Campan, Bd. 1, S. 89.
7 Oliver Bernier, *The Secrets of Marie Antoinette*, New York 1985, S. 31-4.
8 Christoph, S. 23.

## KAPITEL 7

1 Mercy, Bd. 1, S. 40-1.
2 Ibid., S. 41-2.
3 Christoph, S. 29.
4 Ibid., S. 29.
5 Campan, Bd. 1, S. 111.
6 Ibid., S. 46 und 47 Anmerkung.
7 Bernier, S. 36-7.
8 Mercy, Bd. 1, S. 116-7.
9 Christoph, S. 47.
10 Mercy, Bd. 2, S. 378-9. Mercy fügte über die Prinzessin Lamballe hinzu: »Sie war eine ganz besondere Rarität: Eine Piemontesin ohne Intrigenspiel.«
11 Christoph, S., 80 und Anmerkung 25.
12 Christoph, S. 42-3.
13 Christoph, S. 49.
14 Edward Crankshaw, *Maria Theresia*, München 1975, S. 246.
15 Maria Theresia schrieb Antoinette über Caroline: »Ihr Beispiel soll Ihnen als Vorbild und zur Ermutigung dienen, denn ihre Situation war und ist im ganzen schwieriger als die Ihre. Durch ihre Klugheit und Nachgiebigkeit hat sie alle Widerwärtigkeiten, die groß gewesen sind, überwunden; sie ist mein Trost und wird allgemein geachtet.« Chri-

stoph, S. 18. Antoinettes Geständnis gegenüber Mercy, sie fühlte sich ungeliebt, steht in Christoph, S. 80, Anmerkung 25.

16 Mercy, Bd. 1, S. 183.

17 Ibid., S. 182.

18 Christoph, S. 60.

19 Bei Antoinette blieb während ihrer ersten acht Monate in Frankreich viermal die Periode aus; vermutlich lässt sich das auf ihren emotionalen Stress zurückführen. Christoph, S. 23.

20 Ibid., S. 48.

## Kapitel 8

1 Younghusband, S. 546.

2 Mercy, Bd. 1, S. 243-4.

3 Ibid., S. 225 und 212. Allem Anschein nach bewies Provence genauso wenig Manneskraft wie sein älterer Bruder in den ersten Tagen seiner Ehe. Einige Monate nach der Vermählung gestand Josephine Antoinette, dass sie ebenfalls immer noch unberührt sei.

4 Christoph, S. 81, 93, 97.

5 Mercy, Bd. 1, S. 257-8.

6 Ibid., S. 198 und 252. Mercy zeigte sich überzeugt, »dass der Dauphin trotz all seiner Freundlichkeit und sonstigen vorzüglichen Charakterzüge vermutlich niemals die Stärke oder Willenskraft aufbringen wird, die ihm ermöglichen, allein zu regieren. Wenn die Erzherzogin ihn nicht beherrscht, werden das gewiss andere übernehmen.« Younghusband, S. 547.

7 Mercy, Bd. 1, S. 207-8.

8 Ibid., S. 200.

9 Ibid., S. 207. Antoinettes Schimpftiraden fielen mitunter so schlimm aus, dass Mercy sich genötigt sah, ihr dringend zu raten, nicht so vehement zu sein. Ihre scharfe Zunge erschreckte Ludwig oft so sehr, dass er in Tränen ausbrach.

10 Younghusband, S. 550, und Mercy, Bd. 1, S. 207-8. Mercy hatte mehr Vertrauen als die Kaiserin in Antoinettes Fähigkeiten. Im August 1773 schrieb Maria Theresia an ihren Botschafter: »Ich will Euch offen gestehen, dass ich nicht wünsche, meine Tochter vorherrschenden Einfluss in gewissen Angelegenheiten gewinnen zu sehen. Aus eigener Erfahrung habe ich nur zu gründlich gelernt, welch überwältigende Last es darstellen kann, eine große Monarchie zu regieren. Mehr noch

kenne ich ihre Jugend und Leichtfertigkeit, gepaart mit ihrem Widerwillen gegen Fleiß (und ich weiß auch zu gut, wie dumm sie ist). All das lässt mich das Schlimmste für ihren Erfolg in einer Regierung befürchten, die so am Boden liegt wie die französische zurzeit. Wenn meine Tochter keine Zeichen der Besserung zu erkennen gibt oder sich die Zustände in Frankreich noch mehr verschlimmern, wäre mir wohler, wenn ein Minister statt meiner Tochter die Verantwortung dafür zugeschoben bekäme.« Zitiert nach Younghusband, S. 547-8. War Maria Theresia nur voreingenommen gegen Antoinette, maß sie die Tochter zu sehr an ihren eigenen strengen und nüchternen Maßstäben, oder kannte sie die junge Frau einfach viel besser als Mercy?

11 Christoph, S. 97.

12 L. S. Mercier, *The Waiting City. Paris 1782-88*, London 1933, S. 44.

## Kapitel 9

1 Campan, Bd. 1, S. 144.

2 Padover, S. 48.

3 Ibid., S. 51.

4 Mercier, S. 163-4.

## Kapitel 10

1 Campan, Bd. 1, S. 269.

2 Was folgte, ist entnommen aus *Felix, Comte de France d'Hézècques, Baron de Mailly, Souvenirs d'un Page de la Cour de Louis XVI*, Paris 1895.

3 Irgendwo im riesigen Haushalt befanden sich auch Mercys Spione, die, wie er sagte, ihm einen »exakten Bericht« über alles gaben, was sich in Antoinettes Privaträumlichkeiten abspielte. 1770 gehörten zu seinen Informanten eine der Kammerdamen und zwei Kammerpagen. Mercy, Bd. 1, S. 61.

4 Felice Harcourt, Hrsg.: *Memoirs of Madame La Tour du Pin*, New York 1971, S. 89-90. Madame La Tour du Pins Gatte wurde 1815 in Frankreich geadelt und 1820 zum Marquis von La Tour du Pin ernannt. Bis dahin war er der Marquis von Gouvernet.

5 La Tour du Pin, S. 68-9.

6 Ibid., S. 70–75.

7 Ibid., S. 17.

## KAPITEL 11

1 Castelot, S. 81. In einer oft zitierten Passage erzählt der Architekt des 19. Jahrhunderts, Viollet-le-Duc, von einem Besuch Versailles' in Begleitung einer älteren Edelfrau, die am Hof Ludwigs XVI. gelebt hatte. Zunächst schien die ältere Dame Mühe zu haben, sich in dem zu jener Zeit leer stehenden, riesigen Palast zurechtzufinden, bis die beiden an eine Stelle gelangten, wo »ein vom Frost gesprengtes Abflussrohr das Parkett mit Unrat überschwemmt hatte«. Der furchtbare Gestank – und das Gedächtnis der Adligen funktionierte plötzlich wieder. »Ja, jetzt weiß ich, wo ich bin!«, rief sie glücklich. »So ging es zu meiner Zeit in Versailles immer zu ... Überall hat es so gestunken!«
2 Constantia Maxwell, *The English Traveller in France 1698–1815*, London 1932, S. 109.
3 Ian Dunlop, *Royal Palaces of France,* New York und London, 1985, S. 60.
4 Mercy, Bd. 2, S. 588. Der Herzog von Lauzun bemerkte, Madame von Guémené sei »eine unvergleichliche Person von höchstem Esprit, den sie jedoch hauptsächlich für den verrücktesten Unsinn nutzte«.
5 Mercy, Bd. 1, S. 321.
6 Hézècques, S. 174-5.
7 Campan, Bd. 2, S. 50-2.
8 Mercy, Bd. 1, S. 63-4.
9 F. Funck-Brentano, *The Old Regime in France,* London 1929, S. 173-4.
10 La Tour du Pin, S. 75.
11 Campan, Bd. 2, S. 27-8.
12 Dieser Bericht über die Abenteuer von Cahouette von Villier stammt aus Campan, Bd. 1, S. 196-7.
13 Jacques Levron, *La Vie Quotidienne à la Cour de Versailles aux XVIIe et XVIIIe siècles,* Paris, 1965, S. 232-4. Die Gräfin von Walburg-Froberg, die mit Stanislas du Pont von La Motte verheiratet war, darf nicht verwechselt werden mit der Comtesse von La Motte-Valois, bei der es sich um eine viel bekanntere Schurkin handelte.

## KAPITEL 12

1 Mercy schrieb über Marie Therese, sie sei »sehr klein und von gewöhnlicher Gestalt. Allerdings darf man gerechterweise nicht be-

haupten, ihre Defekte seien schockierend. Ihre Haut besitzt die nötige Weiße, und das Gesicht ist schmal. Die Nase hingegen ist viel zu lang und schlecht ausgebildet. Auch sind die Augen nicht sehr schön geformt, und ihr Mund ist viel zu groß. Alles in allem hat sie eine irreguläre Physiognomie und wirkt unattraktiv und eher vulgär.« Madame Campan vertrat hingegen die Ansicht, Marie Therese habe ein sehr interessantes Gesicht und einen beneidenswert weißen Teint; obwohl auch sie zugeben musste, dass die unglückliche Nase der Gräfin alle Aufmerksamkeit von ihrer schönen Haut ablenken würde. Mercy, der sich nie lange bitten ließ, die Frauen in Antoinettes Umgebung kritisch zu sehen, um deren Attraktivität und Charme noch mehr hervorzuheben, war voller Häme, als Marie Therese in Versailles eintraf. Er beschrieb sie als »ungraziös in der Gestalt, ängstlich und unbeholfen. Sie bringt kaum ein Wort hervor, ganz gleich, welche Mühe ihre Herrin sich auch geben mag, einen Ton zu entlocken. Auch tanzt sie plump, und überhaupt alles an ihr lässt entweder auf Fehler in der Haltung oder auf eine stark vernachlässigte Erziehung schließen.« Mercy, Bd. 1, S. 317-8.

2 Ein anonymes Pamphlet kursierte am Hof und beschrieb, wie Antoinette im Sommer 1774 in Marly eine Orgie abgehalten habe. Dabei handelte es sich jedoch um eine bloße Erfindung, die auf einem unschuldigen Vorfall basierte. Antoinette hatte an einem warmen Sommerabend beschlossen, aufzubleiben und sich den Sonnenaufgang anzusehen. Was sie dann auch in Gesellschaft ihrer Hofdamen und etlicher anderer tat. Sämtliche Anwesenden kannten die Wahrheit über das, was wirklich vorgefallen war.

3 Ernest Boysse, Hrsg.: *Journal de Papillon de la Ferté, Intendant et controleur de l'argenterie, menus-plaisirs et affaires de la chambre du roi, 1756–1780*, Paris 1887, S. 378.

4 Ibid.

5 Augenzeugen des Mehlkriegs berichteten, dass einige der Demonstranten nicht davor zurückschreckten, Brotlaibe aufzuschneiden und grün und schwarz zu färben, um sie schimmelig aussehen zu lassen, und diese dann den Polizisten und anderen Beamten wütend zu zeigen. Joseph-Alphonse Véri, *Journal de l'Abbé de Véri,* Paris 1928-9, 2 Bände, Bd. 1, S. 290.

6 Dieser Bericht über den Mehlkrieg ist entnommen Padover, S. 75-7, und Bernard Fay, *Ludwig XVI. Der Sturz der französischen Monarchie,* München 1989, S. 151-4.

7 Rocheterrie, Bd. 1, S. 119.

8 Maxwell, S. 123.
9 Rocheterrie, Bd. 1, S. 117.
10 Man riet Ludwig dringend, mit der Tradition zu brechen und die Krönung nach Paris zu verlegen. Damit ließen sich Kosten sparen – der gesamte Hof müsse nicht nach Reims befördert werden – und käme auch den Pariser Kunsthandwerkern und Kaufleuten zugute. Ein kluger Rat, wenn man bedachte, dass die Hauptstadt erst kürzlich von Unruhen erschüttert worden war. Aber Ludwig wollte sich unbedingt dort krönen lassen, wo man schon seinen Vorfahren die Krone aufs Haupt gesetzt hatte. Deswegen wurden die Paris-Vorschläge schließlich zurückgezogen. Hinsichtlich der Frage aber, ob Antoinette während dieser Zeremonie zur Königin gekrönt werden sollte oder nicht, beschloss man, Kosten zu sparen; nur Ludwig sollte sich in Reims dem Ritual unterziehen. Außerdem war seit zweihundert Jahren keine Königin von Frankreich mehr gekrönt worden.
11 Boysse, S. 385-6.
12 Véri, Bd. 1, S. 304.
13 Christoph, S. 149.
14 Ibid., S. 163-4.
15 Campan, Bd. 1, S. 179.

## Kapitel 13

1 Mercy, Bd. 2, S. 490.
2 Bernier, S. 218.
3 Campan, Bd. 1, S. 235.
4 Ibid., S. 234.
5 Mercy, Bd. 2, S. 496.
6 Bernier, S. 217.
7 Ibid., S. 215-6.
8 Weil Necker Protestant war, erlaubte man ihm nicht, das Amt des Farm-Generals zu bekleiden. Er erhielt einen niedrigeren Rang, in dem er aber die gleichen Funktionen ausübte, und kann daher de facto als Farm-General angesehen werden.
9 Christoph, S. 221.
10 Ibid., S. 222.
11 Mercy, Bd. 2, S. 591-2.
12 Ibid., S. 590.
13 Ibid., S. 592-3.

14 Benjamin Franklin wurde von der Modewelt mit Interesse aufgenommen, und genau wie bei Antoinettes Bruder Joseph bewunderte man an ihm die strengen und nüchternen Angewohnheiten. Madame Campan erinnerte sich in ihren Memoiren daran, dass Franklin sich in Versailles in der Tracht eines amerikanischen Bauern zeigte und das schüttere graue Haar glatt und ungepudert trug. An ihm war nicht die Spur von Eitelkeit oder Künstlichkeit zu entdecken. Sein Anzug aus einfachem braunem Stoff, die Fellkappe und die Brille boten einen erfrischenden Kontrast zu den mit Spitze besetzten und reich verzierten Jacken und der aufgewickelten und gepuderten Haarpracht der Versailler Höflinge. Franklin hatte sich nicht herausgeputzt und wirkte dennoch schicklich, wie Madame Campan feststellte. »Sauberkeit ging von ihm aus«, und kein Makel ließ sich an seinem schneeweißen Hemd und Kragen finden. (Gleiches ließ sich wohl kaum von den ungewaschenen Höflingen mit ihren fleckigen Kleidern und ihrer vergilbten Spitze behaupten. Es hieß, die Edelleute puderten ihre Spitze, um deren Alter und Zerschlissenheit zu verbergen.) Franklin hatte statt eines Degens einen Stock (und sonst keine Waffe) und trug einen runden Hut ohne Federn oder Schmuck.
»Elegante Gesellschaften wurden für Dr. Franklin gegeben«, notierte Campan, »der zusätzlich zu seinem Ruf als einer der belesensten Naturphilosophen auch noch die patriotischen Tugenden vorweisen konnte und so den edlen Charakter eines Botschafters der Freiheit gewonnen hatte. Ich war bei einer dieser Gesellschaften zugegen, wo aus dreihundert Damen die Schönste ausgewählt wurde, dem amerikanischen Philosophen einen Lorbeerkranz aufs weiße Haupt zu setzen und ihm auf jede Wange einen Kuss zu geben.«
Als die Nachricht von Franklins Tod 1790 Paris erreichte, hielt Mirabeau zu seinen Ehren eine Grabrede, und die Stadt Paris führte in den Rotunden auf dem Kornmarkt, den man zu diesem Anlass schwarz verhüllte, eine Gedenkveranstaltung durch. Campan, Bd. 1, S. 29–30.
15 Mercy, Bd. 2, S. 595.

## Kapitel 14

1 Campan, Bd. 1, S. 255.
2 Padover, S. 103 Anmerkung.
3 Campan, Bd. 2, S. 6.

4 Laut den Lebenserinnerungen von Madame Campan brachte Antoinette »oft ihr großes Bedauern zum Ausdruck, das sie dann überkäme, wenn sie darüber nachdenke, wie die zahllosen Pflichten ihrer erhabenen Mutter sie daran gehindert hätten, sich persönlich und mehr um die Erziehung ihrer Töchter zu kümmern. Und in aller Bescheidenheit fügte sie dann hinzu, dass aus ihr bestimmt etwas Besseres geworden wäre, wenn sie den Vorzug besessen hätte, von einer so aufgeklärten und in jeglicher Beziehung so bewunderungswürdigen Herrscherin Unterricht zu erhalten.« Bei diesem Lob für die Mutter kann es sich nur um versteckte Kritik an Maria Theresia gehandelt haben. Antoinettes Gefühle für die Mutter waren bestenfalls zwiespältig. Campan, Bd. 2, S. 13.

5 Ibid., S. 14.

6 Castelot, S. 150.

7 Viele Jahre lang wurde Necker als derjenige angesehen, der beinahe im Alleingang durch seine fehlgeleitete Politik die verheerenden Umwälzungen des Jahres 1789 ausgelöst habe. In neueren Studien wird er jedoch teilweise rehabilitiert: J. J. Bosher, *French Finances 1770–1795. From Business to Bureaucracy,* Cambridge 1970; J. Egret, *Necker, ministre de Louis XVI,* Paris 1975; R. D. Harris, *Necker, Reform Statesman of the Ancien Regime,* Berkeley 1979; – und ders. *Necker and the Revolution of 1789*, Lanhan 1986. Alle diese Werke mildern die traditionelle Kritik, welche Historiker an Necker übten. Vor allem Harris erklärt, dass es sich bei Neckers *Compte rendu du roi* um keine Fälschung über den Zustand der französischen Staatsfinanzen handele, und legt eine neue Sicht auf Neckers Kreditpolitik dar.

## Kapitel 15

1 Das Folgende gibt eine Zusammenfassung von André Castelots Übersicht der Beweislage für diesen Umstand. Diese erscheint mir im Licht dessen, was wir über die beteiligten Persönlichkeiten wissen, recht überzeugend.
Fersen nennt Antoinette in seinem Tagebuch »Josefine« und hat lange eine geheime Korrespondenz mit ihr aufrechterhalten. 1878 wurden über sechzig Briefe von Antoinette an Fersen veröffentlicht, die jedoch viele Lücken aufweisen. Der Herausgeber dieser Schreiben, Fersens Großneffe Baron Klinckowström, hat sie danach verbrannt. In dem einzigen Brief, der diesem Feuer entkam, heißt es: »Ich darf

Euch mitteilen, dass ich Euch liebe, und leider ist das alles, wozu zu sagen, mir die Zeit bleibt ... Teilt mir bitte mit, an wen ich die Neuigkeiten schicken soll, die ich Euch vielleicht mitzuteilen habe, denn ohne kann ich nicht leben. So lebt denn wohl, Geliebtester und liebendster aller Menschen. Ich küsse Euch mit ganzem Herzen.«
Alma Söderjhelm entdeckte weiteres Material, welches den Schluss zulässt, dass Antoinette und Fersen eine sehr lange Affäre miteinander pflegten. Fersen verwies an einer Stelle auf die »Parallele« zwischen seiner Beziehung zu Antoinette und die des schwedischen Grafen Gyllenstierna mit Königin Hedwig Eleanora. Wie wir wissen, unterhielten letztere eine sexuelle Beziehung. Castelot, S. 165-77.
1787 ließ Antoinette einige Veränderungen in ihren Privatgemächern vornehmen, welche mit bestimmten Anmerkungen in Fersens Korrespondenzbuch übereinstimmen. In diesem Buch spricht er davon »oben zu wohnen« und »ich lebe in der oberen Etage«. Philippe Huisman und Marguerite Jallut, *Marie Antoinette,* New York 1971, S. 157.
Keine dieser Untersuchungen beweist eindeutig eine Liaison der beiden, legen diesen Schluss aber sehr nahe.
Historiker und Biographen haben sich der Frage, ob Fersen und Antoinette ein Liebespaar waren, immer sehr vorsichtig genähert, und das aus den unterschiedlichsten Gründen. Einige dieser Forscher waren in ihren Arbeiten eindeutig darauf aus, Antoinette zu idealisieren oder sie als tragisches Opfer gewalttätiger Zeiten darzustellen. Da kam es ihnen natürlich nicht gelegen, ihr Bild von Antoinette zu beflecken, indem sie ihre Untreue nachwiesen. Wenn man schon die starke Wahrscheinlichkeit eines Fehltritts einräumen muss, führt das geradewegs zu der Frage, ob da nicht mehr und weitere Liebhaber gewesen sind. Damit müsste man dann auch die vielen Anschuldigungen ernst nehmen, in denen ihr unziemliche Affären, Orgien und überhaupt ein lasterhafter Lebenswandel vorgeworfen werden. Und schließlich würde das Fragen nach der wahren Vaterschaft des Herzogs der Normandie aufwerfen.
Mir scheint der Wahrheit am nächsten zu kommen (vorausgesetzt, keine neuen Dokumente tauchen auf), dass die Verbindung mit Fersen Antoinettes erste und einzige Indiskretion gewesen ist. Und dass Fersen der einzige Mann war, den sie jemals wirklich geliebt hat, auch wenn sie ihrem Gemahl immer sehr zugetan war.

2 Castelot, S. 177.

3 Mercy, Bd. 2, S. 441-2.

4 Campan, Bd. 1, S. 200 und S. 203.

5 Trotz seines wenig einnehmendem Äußeren muss Vaudreuil doch als hoch kultivierter Mann bezeichnet werden. Madam Campan nannte ihn »einen Freund und Förderer der Künste und Wissenschaften« und schrieb, dass er jede Woche eine Abendgesellschaft gab, zu der Gelehrte und Künstler eingeladen wurden. »Diese Abende verbrachte man im Salon«, notierte sie, »den man mit Musikinstrumenten, Stiften, Farben, Pinsel und Feder ausgestattet hatte. Und jeder komponierte, malte oder schrieb.« Campan, Bd. 1, S. 205, Anmerkung.
6 Guy Chaussinand-Nogaret, *The French Nobility in the Eighteenth Century: From Feudalism to Enligthenment*, Cambridge 1985, S. 53 und S. 55.
7 Castelot, S. 107-8.
8 Mercy, Bd. 1, S. 118.
9 Cagliostro starb in Rom, nachdem die Inquisition ihn wegen Häresie und Hexerei angeklagt und zu lebenslanger Haft im Kerker verurteilt hatte.

## Kapitel 16

1 Rocheterrie, Bd., 2, S. 92.
2 Ibid., S. 112.
3 Tatsächlich gab Antoinette 1786 etwa 272 000 Livres für Garderobe aus, ungefähr das Doppelte ihres Kleiderbudgets. Castelot, S. 220.
4 Mercier, S. 241, 240 und 88. Siehe auch: August-François Frénilly, *Souvenirs du Baron de Frénilly pair de France, 1768-1828*, Paris 1908, S. 79–80, und La Tour du Pin, S. 98.
5 Rocheterrie, Bd. 2, S. 97, 99 und 106.
6 Frénilly, S. 81.
7 Campan, Bd. 1, S. 21.
8 Rocheterie, Bd. 1, S. 322-3.
9 William Doyle, *Origins of the French Revolution*, Oxford 1988, S. 43–52.
10 Lough, S. 267; La Tour du Pin, S. 71–2. Die Herausgeberin von Mercys Depeschen, Lillian Smythe, beschrieb Ludwig wenig nett als: »watschelnden, blinzelnden, korpulenten, stümperhaften und unfähigen Schwachsinnigen mit unvollkommenem Körperbau, minderbemittelten Geistesgaben, der niedrigen, zurückweichenden Stirn eines Idioten und einem monströsen Doppelkinn, das ungefähr ein Drittel seines Gesichts einnahm«. Mercy, Bd. 1, S. 229.
11 Hézècques, S. 217.

## KAPITEL 17

1 R. M. Klinckowström, Hrsg.: *Diary and Correspondence of Count Axel Fersen,* New York 1899, S. 68.
2 Huisman, S. 157.
3 Castelot, S. 208.
4 Ibid.
5 Campan, Bd. 2, S. 105.
6 Ibid., Bd. 1, S. 76.
7 Laut Madame Campan »gefiel Antoinette sich darin zu erklären, sie habe ihr Deutsch vergessen«. Das ist natürlich nur schwer nachvollziehbar. Antoinette sprach Französisch recht fließend, schrieb es aber ziemlich fehlerhaft. Laut Campan sprach sie auch Italienisch »mit Anmut und Leichtigkeit. Sie übersetzte sogar die schwierigsten Gedichte.« Campan, Bd. 1, S. 58.
8 Lough, S. 177.
9 Padover, S. 142.
10 Peter Robert Campbell, *The Ancient Regime in France,* Oxford 1988, S. 78.
11 Die Historiker glauben heute, dass Ludwig auf der Kronratsitzung eine Abstimmung zuließ, deren Ergebnis günstig für ihn ausfiel. Doyle, S. 109.

## KAPITEL 18

1 Dabei dürfte es sich größtenteils um eine Illusion handeln. Wie Doyle schreibt, ist der Einfluss der *parlements* »sehr übertrieben dargestellt worden, sowohl was ihre Einigkeit untereinander wie auch miteinander angeht. Vor allem die Konflikte zwischen den Adligen und den Magistraten sind von den Historikern immer wieder herausgearbeitet worden.« Doyle, S. 122.
2 Napoleon glaubte, dass drei Faktoren zur Französischen Revolution geführt hätten: die Halsbandaffäre, die Niederlage der Franzosen gegen die Preußen bei Rossbach im Siebenjährigen Krieg und die Unfähigkeit Frankreichs, 1787 in den Vereinten Niederlanden zu intervenieren. Campan, Bd. 1, S. 12.
3 Padover, S. 146.
4 Ibid., S. 146–7.
5 Das Recht des Königs, durch Ausstellung eines *lettre de cachet* jeden

beliebigen Untertan verhaften und für unbegrenzte Zeit einsperren zu lassen, entwickelte sich in diesen Jahren zum Symbol für die despotische Gewalt des Monarchen. Obwohl Ludwig solche geheimen Haftbefehle (wörtlich: Siegelbriefe) gegen einige seiner Gegner im Parlament, aber auch außerhalb davon ausstellte, verfiel dieses Recht unter seiner Herrschaft zu einer Ausnahmeerscheinung. Tatsächlich waren diese Briefe immer schon weniger gegen politische Gegner als vielmehr gegen widerspenstige Mitglieder von Adelsgeschlechtern erwirkt worden – auf Betreiben der betroffenen Familie. Richard Cobb, *Voices of the French Revolution*, Topsfield, Massachussetts 1989, S. 9 und 69.

6 Rocheterrie, Bd. 2, S. 119, 116 und 112–3.

7 Ibid., S. 112, 115–6 und 119.

8 Lough, S. 212–4 und 216.

9 Rocheterrie, Bd. 2, S. 128.

10 Lough, S. 297.

11 Ibid., S. 298–9.

12 Ibid. S. 125. Im Hôtel-Dieu drängten sich viertausend Patienten in 1400 Betten. Ein Besucher beschrieb das Haus als »Hort des Ungeziefers, des Drecks und der Schrecken« und die »stinkige Luft und die Ausdünstungen« seien »unsäglich und widerlich«. Menschen in unterschiedlichsten Krankheitsstadien wurden zu sechst oder zu siebt in ein Bett gestopft. Man schritt die Betten in regelmäßigen Abständen ab, um die Leichen zu entfernen. Jacques Neckers Gemahlin entwickelte sich zur öffentlichen Wohltäterin, als sie 1778 ein fortschrittliches Krankenhaus begründete, in dem jeder Patient ein eigenes Bett bekam und auch besser versorgt wurde.

13 Klinckowström, S. 70.

14 Olivier Bernier, *Words of Fire, Deeds of Blood*, Boston 1989, S. 228.

15 Rocheterrie, Bd. 2, S. 121.

## Kapitel 19

1 Madame Campan erinnerte sich daran, wie die Deputierten zum Petit Trianon kamen und ihren Augen nicht trauen wollten. Jahrelang hatten sie Geschichten über die Extravaganzen und die Vergnügungssucht der Königin gehört. »Da die außerordentliche Einfachheit dieses Lustschlosses ihren Vorstellungen nicht entsprach, drangen einige darauf, dass man ihnen selbst die kleinsten Kabinette

zeigte, indem sie meinten, dass man die reich möblierten Zimmer sie nicht sehen lassen wolle. Endlich bezeichneten sie eines, das nach ihren Worten überall mit Diamanten und mit gewundenen Säulen geschmückt sein müsste.« Campan, Bd. 2, S. 112–3

2 Klinckowström, S. 69.

3 Cobb, S. 38.

4 Ibid., S. 30.

5 Bernier, *Words of Fire*, S. 235.

6 Castelot, S. 221. Madame Campan notierte in ihrem Tagebuch, »der König hält (Antoinette) nähere Umstände vor, über die sie gerechterdings in Kenntnis gesetzt werden müsste«. Campan, Bd. 2, S. 105.

7 Ibid., S. 104–5.

8 Bernier, *Words of Fire*, S. 243.

9 Campan, Bd. 2, S. 109.

10 Bernier, S. 241, *Words of Fire*, wo er den Deputierten Duquesnoy zitiert.

11 Cobb, S. 48.

12 La Tour du Pin, S. 105-6.

## KAPITEL 20

1 Campan, Bd. 2, S. 116; J. M. Thompson, *English Witnesses of the French Revolution*, Oxford 1938, S. 32-3. Madame Campan berichtet von dem traurigen Umstand, dass Antoinette, als sie ihrem sterbenden Sohn Süßwerk bringen wollte, von seinen Gouvernanten und Dienern abgewiesen wurde.

2 Nur zehn Monate später, im August 1788, wurde die Militärakademie in Paris wegen eines neuerlichen Staatsbankrotts wieder geschlossen. Sämtliches Mobiliar veräußerte man bei einer öffentlichen Versteigerung. Lough, S. 295.

3 Cobb, S. 64.

4 Padover, S. 179.

5 Schon 1782 schrieb Mercier, der Chronist von Paris, »dass man darüber spricht, die abscheuliche Bastille niederzureißen«. Ludwig hatte tatsächlich einem Abbruch zugestimmt. Aber die Staatskasse war fast leer, und so wurde der Abriss verschoben.

6 Die offiziellen Angaben über die Anzahl der Inhaftierten in der Bastille schwanken, aber allgemein ging man davon aus, dass es sich um sieben handeln müsste. Der britische Botschafter, Lord Dorset, der

anmerkte, »dass man nur vier oder fünf Gefangene in der Bastille vorgefunden hat«, beschrieb Major White mit einem Bart von einem Meter Länge. Ein norwegischer Arzt erinnerte sich später, einige der Bastille-Häftlinge gesehen zu haben, die man gerade befreit hatte. Darunter ein alter Mann, bei dem es sich um Major White gehandelt haben dürfte. Der Anblick dieser Menschen ging dem Arzt so nahe, dass er in Tränen ausbrach. Maxwell, S. 157.

## Kapitel 21

1 Campan, Bd. 2, S. 121.
2 Man hat den wohlbekannten Tagebucheintrag Ludwigs für den 14. Juli 1789 – »*rien*«, also »Nichts« – oft als Beleg für die ungeschickte Untätigkeit des Königs angesichts der politischen Krise angesehen, die rings um ihn herum brodelte. Doch muss man dazu wissen, dass es sich bei diesem Tagebuch um das Jagdbuch Ludwigs handelte, nicht aber um ein Verzeichnis dessen, was sich sonst an bestimmten Tagen getan habe. Der König ging am 14. Juli wie gewohnt jagen, erlegte aber kein Wild und trug deswegen »*rien*« ein. Nach der Jagd kehrte er in den Palast zurück und legte sich schlafen. Doch als man ihm die Nachricht von der Erstürmung der Bastille überbrachte, verlor er keine Zeit, sich an die Nationalversammlung zu wenden und sich persönlich nach Paris zu begeben. Ludwig war sich seiner Verantwortung durchaus bewusst, auch wenn es ihm nicht gegeben war, viel zu bewirken.
3 Fast drei Jahre später, im Februar des Jahres 1792, vertraute der König Fersen an, dass er es bedaure, den zu jener Zeit vernünftigen, langfristig gesehen aber kurzsichtigen Rat seiner Umgebung befolgt und nicht auf seine Frau gehört zu haben. »So habe ich den Moment verpasst«, erklärte er dem Grafen. »Ich hätte verschwinden sollen, als mir noch die Gelegenheit dazu blieb, aber was hätte ich damals tun sollen?« Bernier, , S. 31-2.
4 Campan, Bd. 2, S. 129.
5 Rochcterrie, Bd. 2, S. 134-6.
6 Campan, Bd. 2, S. 130.
7 La Tour du Pin, S. 112-4. Madame La Tour du Pin war davon überzeugt, dass die Große Furcht in Wahrheit auf eine vorsätzliche Verschwörung durch die Revolutionäre zurückzuführen sei. In Gaillefontaine, wo man sie irrtümlich für Antoinette hielt und über sie herfiel,

kam sie nur knapp mit dem Leben davon. Glücklicherweise tauchte rechtzeitig ein Mann auf, der erst vor kurzem die echte Königin gesehen hatte. Dieser konnte die anderen überzeugen, dass Antoinette »mindestens zweimal so alt und doppelt so dick« sei wie die zierliche und junge Adlige. Inzwischen hatten sich die Bürger von Forges-les-Eaux »mit allem bewaffnet, was ihnen in die Finger gekommen war«, und bereiteten sich auf einen Angriff der mysteriösen Plünderer vor.

8 Axel von Fersen, *Rettet die Königin. Revolutionstagebuch 1789–1793*, München 1969, S. 11-2.

9 Tourzel, Bd. 1, S. 24.

10 Rocheterrie, Bd. 2, S. 144 und 141-2.

11 Der folgende Bericht über das Interview vom 25. August ist entnommen aus: La Tour du Pin, S. 121-2.

12 Younghusband beschreibt auf S. 21-2, wie 1751, also über zwanzig Jahre vor Antoinettes Ankunft in Frankreich, Ludwigs XV. Tochter Sophie angesichts der Brotunruhen, hungernden Pariser folgenden Ausspruch getan haben soll: »Dann sollen diese armen Menschen doch Kuchen essen.« Ludwigs XVI. Bruder Provence schrieb die gleichen Worte hingegen seiner Ururgroßmutter Maria-Theresia zu, der Gemahlin von Ludwig XIV.

## Kapitel 22

1 Tourzel, Bd. 1, S. 24.

2 Padover, S. 185.

3 Campan, Bd. 2, S. 150.

4 Ibid., S. 153.

5 Ibid., S. 225.

## Kapitel 23

1 Hézècques, S. 318.

2 Thompson, S. 71-2; Hézècques, S. 210.

3 Beatrix Cary Davenport, Hrsg.: Gouverneur Morris, *A Diary of the French Revolution*, Boston 1939, 4 Bände, Bd. 1, S. 271. Morris, der Fersen zum ersten Mal am 25. Oktober 1789 begegnete, bemerkte über den Grafen, »sein Wert besteht hauptsächlich darin, der Geliebte der Königin zu sein«. Er bemerkte noch, dass der Schwede »sehr erschöpft« wirke.

4 *Rocheterrie*, Bd. 2, S. 149.

5 Campan, Bd. 2, S. 157.
6 Davenport, Bd. 1, S. 219.
7 Hézècques, S. 323.
8 Ibid., S. 322.
9 Campan, Bd. 2, S. 158.
10 Padover, S. 186, Anmerkung.
11 Davenport, Bd. 1, S. 328.
12 Gouverneur Morris hielt Necker für »einen erbärmlichen Finanzexperten«. Davenport, Bd. 1, S. 385. Lafayette vertraute Morris privat an, dass Necker im Amt belassen werden sollte, aber nur »auf Grund seines Namens«.
13 Davenport, Bd. 1, S. 324.
14 Ibid., S. 296.
15 Thompson zitiert auf S. 113 die Ansichten des Engländers W. A. Miles über Mirabeau. Der Page Hézècques vertrat hingegen eine ganz andere Meinung »über den mutigen Grafen von Mirabeau, den letzten der französischen Ritter«. Hézècques, S. 336.
16 Davenport, Bd. 1, S. 381.
17 Campan, Bd. 2, S. 117.
18 Rocheterrie, Bd. 2, S. 158.
19 Ibid.
20 Thompson, S. 77.
21 Campan, Bd. 1, S. 39. Leider hat die Königin 1792 den Großteil dieser Sammlung verbrannt, weil sie sich vor den Konsequenzen fürchtete, wenn diese Papiere in die falschen Hände gerieten.
22 Rocheterrie, Bd. 2, S. 106.

## Kapitel 24

1 Fersen, S. 13. Fersen führte Tagebücher, die seiner Meinung nach eine Menge wertvoller Informationen über den König und die Königin enthielten. 1791 vertraute er sie einem Freund an, der es für dringend geboten hielt, die Notizen zu verbrennen – ein unersetzlicher Verlust für die Geschichtsforschung.
2 Davenport, Bd. 1, S. 266.
3 Madame La Tour du Pin beklagte neben anderem die Unmoral der Monarchie, und sah darin die Brutstätte für das zügellose Wüten der Revolutionäre. »Wenn eine Gesellschaft so verdorben ist, dass ihre Verdorbenheit als natürlich angesehen wird«, schrieb sie, »und nie-

mand mehr sich über irgendetwas aufregt, wie kann man sich dann gerechterweise über die Auswüchse der niederen Stände wundern, wenn man ihnen doch so lange ein so schlechtes Beispiel vor Augen gehalten hat?« La Tour du Pin, S. 83.

4 Fersen, S. 13.

5 Padover, S. 205, Anmerkung.

6 Tourzel, Bd. 1, S. 53.

7 »Ça ira« war angeblich Benjamin Franklins Lieblingsausdruck. Laut Hézècques wurde die bekannteste Version von »Ça ira« zum ersten Mal von den Prostituierten am Palais Royal gesungen. Hézècques, S. 332-3.

8 Padover, S. 201.

## Kapitel 25

1 Campan, Bd. 3, S. 33-5.

2 Ibid., S. 29.

3 Ibid., S. 15.

4 Rocheterrie, Bd. 2, 177-8, S. 186 und 183.

5 Campan, Bd. 2, S. 189. Tatsächlich wurden im Jahr 1790 haufenweise Fluchtpläne geschmiedet. Im März erschien ein Adliger, der Herzog von Inisdal, bei Madame Campan und erklärte ihr, der König würde heute Nacht aus den Tuilerien fortgetragen. Eine ganze Abteilung der Nationalgarde sei gewonnen, und »einige gute Royalisten« hätten Pferde zur Verfügung gestellt. Eine Gruppe Edelleute habe sich zur Verfügung gestellt, die Schutzeskorte für Seine Majestät zu bilden. Ludwig hatte von diesen Vorbereitungen erfahren, sich aber nicht bereit erklärt, sich forttragen zu lassen. Madame Campan begab sich daraufhin in Antoinettes Privatgemächer, wo das Königspaar gerade mit Elisabeth, Provence und dessen Frau Whist spielte. Sie unterbrach die Runde, und Ludwig hörte unbewegt zu, als Madame Campan berichtete, die Retter warteten bereits. Dann setzte er das Kartenspiel fort und erklärte: »Sagt von Inisdal, dass ich nicht zulassen kann, mich forttragen zu lassen.« Antoinette hoffte aber wohl, ihn noch überreden zu können. Sie packte ihre Reisekoffer und sagte Madame Campan, sie solle sich noch nicht zu Bett begeben, weil sie womöglich noch gebraucht würde. Aber am Ende tat sich dann nichts.

6 Padover, S. 206.

7 Campan, Bd.2, S. 207 ff.

8 Trotz der Bemühungen einiger Historiker, die Nachteile einer Berline herunterzuspielen, bei der es sich immerhin um das normale Fortbewegungsmittel der Aristokraten handelte und als solche bei einer Flucht kaum auffallen würde, muss doch festgehalten werden, dass die außerordentliche Langsamkeit einer solchen Kutsche eine große Rolle bei den Planungen des Emigrationsversuchs im Juni 1791 darstellte. Und bei dem Fluchtwagen der Königsfamilie handelte es sich um keine normale Berline, sondern um eine von unerhörten Ausmaßen. Laut Hézècques erregten allein schon ihre Ausmaße Argwohn. Hézècques, S. 352. Über die Ausmaße und die geniale Innenausstattung der Kutsche, siehe Dunlop, S. 217. Zu einer Zeit, da man alle Aristokraten sofort anhielt, wenn sie durch eine Provinzstadt fuhren, und dann ihre Papiere genauestens untersuchte, erschien es äußerst unklug, sich in einem so auffälligen Gefährt davonstehlen zu wollen. Sicher wurden einige diesbezügliche Einwände vorgebracht, und wir dürfen wohl davon ausgehen, dass Antoinette sie sämtlich ignoriert hat.

9 Bevor Joseph starb, schrieb er Antoinette einen liebevollen Brief, in dem er bedauerte, sie in einer so furchtbar schwierigen Situation zurücklassen zu müssen. Der französische Hof trug nach dem Tod des Kaisers nur noch Trauerkleidung – um Geld zu sparen. Aber laut Madame Campan habe sich Antoinettes Trauer »in Grenzen gehalten«, und sie bemerkt: »sie machte ihm bisweilen, obwohl mit viel Schonung, den Vorwurf, dass er mehrere Gründsätze der Zeitphilosophie angenommen, und vielleicht wusste sie, dass er unsere Unruhen mehr als deutscher Kaiser, denn als Bruder der Königin von Frankreich betrachtete«. Joseph war ein Kind der Aufklärung, dem auch ein antiklerikaler Zug nicht fehlte. Einmal schickte der Kaiser der sehr katholischen Antoinette ein Bild. »Der Kaiser hatte der Königin einen Kupferstich zugeschickt, worauf Nonnen und Mönche ohne Kutte dargestellt waren. Die ersteren probierten die neue Mode an, die letzteren ließen sich frisieren. Dieser Kupferstich blieb beständig in einem Kabinett unaufgehängt. Endlich sagte mir die Königin ich möchte ihn wegschaffen lassen, es würde ihr Leid tun, zu sehen, wie viel Einfluss die Philosophien auf den Verstand und die Handlung ihres Bruders hatten.« Campan, Bd. 2, S. 181-2.

10 Thompson, S. 96.

11 Tourzel, Bd. 1, S. 261.

12 Fersen, S. 18.

## KAPITEL 26

1 Campan, Bd. 2, S. 210: Dort erwähnt sie zwei weitere Diener in dem Einspänner, den Türsteher Diet und den *garcon de toilette* Camot. Nachdem die Königsfamilie nach Paris zurückgeschickt worden war, sperrte man Diet und Camot zusammen mit Brunier und Neuville für einige Wochen ins Gefängnis und ließ sie dann frei. Madame Campans Bericht über die Flucht im Juni 1791 basiert auf dem, was Antoinette ihr darüber berichtete und damit aus zweiter Hand. Zur Zeit der Flucht hielt Campan sich nicht am Hof auf.
2 Tourzel, Bd. 1, 329-30.
3 Hézècques versichert auf S. 354, dass Ludwig mehrere Male auf der Reise erkannt wurde, obwohl man ihn erst in Varennes anhielt. Der Postmeister von Châlons, »ein ehrenwerter Mann«, behielt seine Beobachtung für sich.
4 Cobb, S. 120. Madame Campan, deren Bericht sich auf Antoinettes noch frischer Erinnerung an die Reise gründet, stellt das Geschehen ein wenig anders dar. Nach ihren Notizen streckte Ludwig den Kopf aus dem Kutschenfenster und stellte einige Fragen über den Zustand der Straße. Der Postmeister bemerkte erschrocken die große Ähnlichkeit dieses Mannes mit dem Porträt des Königs auf den Assignatenscheinen. Er trat näher an die Berline heran und stellte zweifelsfrei fest, dass es sich bei ihm um den Monarchen handelte. Campan, Bd. 2, . S. 266.
5 Tourzel, Bd. 1, S. 336-7.
6 Hézècques, S. 355.
7 Campan, Bd. 2, S. 267.
8 Tourzel, Bd. 1, S. 337. Dort erwähnt Tourzel, dass die Bauern des Raums Varennes Angst vor Bouillé hatten und »den König anflehten, sie zu beschützen«. Nach ihren Worten »zögerten sie, ihm die Weiterfahrt zu gestatten«. Andere Zeugen verweisen hingegen auf die große Wut der Bürger.

## KAPITEL 27

1 Campan, Bd. 3, S. 14 und Anmerkung.
2 Ibid., S. 12.
3 Rocheterrie, Bd. 2, S. 307.
4 Fersen, S. 33.

5 Campan, Bd. 3, S. 24. Campans Unkenntnis über die Bedeutung der verschlüsselten Briefe findet ihre Bestätigung in Rocheterrie, Bd. 2, S. 239.
6 Campan, Bd. 3, S. 25.
7 Ibid., S. 153 Anmerkung. Laut Madame Campan beschuldigte Antoinette einen Offizier namens Goguelas, den General Bouillé Choiseul als Adjutanten zur Verfügung gestellt hatte, nicht entschieden genug in Varennes eingegriffen und, trotz Ludwigs Einwänden, die königliche Familie nicht befreit zu haben.
8 Campan, Bd. 3, S. 34-5.
9 Fersen, S. 55. Der Bericht über das, was sich zwischen Fersen, Ludwig und Antoinette abgespielt hat, basiert auf Fersen, S. 54-7.

## Kapitel 28

1 Cobb, S. 96-7.
2 Laut Padover wurde die erste »Guillotine« von einem deutschen Mechaniker konstruiert, dem Cembalobauer Schmidt. Padover, S. 290, Anmerkung.
3 Anonymer Bericht über die Ereignisse am 20. Juni, in Cobb, S. 145.
4 Tourzel, Bd. 2, S. 134-50.
5 Rocheterrie, Bd. 2, S. 406.
6 Einem Fluchtplan stimmte der König zu, aber in letzter Minute – an einem Morgen Ende Juli, an dem die Flucht stattfinden sollte – schreckte er doch wieder davor zurück. Davenport, Bd. 2, S. 476.
7 Tourzel, Bd. 2, S. 384.
8 Fersen, S. 84.
9 Tourzel, Bd. 2, S. 204.

## Kapitel 29

1 Thompson. S. 173. Noch viele Jahre später erinnerte sich Napoleon, der das Massaker von einem sicheren Ort durch ein Ladenfenster beobachten konnte, voller Schaudern daran. In keiner seiner Schlachten, so schrieb er, habe er jemals ein solches Gemetzel erlebt.
2 Campan, Bd. 3, S. 92-7.
3 Tourzel, Bd. 2, S. 217.
4 Maxwell, S. 170.

5 Madame de Tourzels Erlebnisse stellen eine groteske Mischung aus Brutalität und Menschlichkeit dar. Im Büro des Aufsehers wurde ein Gerichtssaal eingerichtet. Die Gefangenen hatte man draußen auf dem Gefängnishof zusammengetrieben. Bei ihnen »eine große Menge blutdürstiger Gestalten«, viele von ihnen zerlumpt, betrunken und in bedrohlicher Haltung. Doch unter diesen gab es auch einige »rechtschaffene Männer«. Einer von ihnen erklärte der Adligen, er habe dafür gesorgt, dass ihre Tochter (die zusammen mit der Mutter im Gefängnis saß) verschont bliebe. Madame de Tourzel verfolgte entsetzt, wie alle abgeurteilten Gefangenen »gleich gnadenlos hingerichtet wurden«. Mit angsterfüllten Gesichtern gingen sie in den Tod und flehten ihre Henker schluchzend um Erbarmen an.
Nach vier Stunden des Wartens wurde Madame de Tourzel vor das Tribunal geführt. Dennoch gelang es ihr, dort ruhig zu erscheinen. Das Gericht beschloss, sie freizusprechen, und dieselben Männer, die eben noch bereit gewesen waren, sie zu töten, »umringten mich, umarmten mich und gratulierten mir dazu, der drohenden Gefahr entronnen zu sein«. Die Menge geleitete sie zu einem sicheren Haus in Paris und kehrte am nächsten Tag zurück, um sich nach ihrem Wohlbefinden zu erkundigen. Man riet der Adligen auch, die Stadt lieber zu verlassen, ehe der Vormarsch der alliierten Truppen sie erneut in Bedrängnis bringen könnte. Tourzel, Bd. 2, S. 260-9.

6 Campan, Bd. 3, S. 86.

7 Jean-Boptiste Cléry, *Journal de ce qui s'est passé à la Tour du Temple pendant la captivité de Louis XVI. roi de France,* London 1789, S. 92-3.

8 Ibid., S. 139-44.

## Kapitel 30

1 Über die Hinrichtung Ludwigs XVI. liegen viele Berichte vor, die in verschiedenen Details nicht übereinstimmen. Zeitgenössische Drucke und Zeichnungen weichen ebenfalls deutlich voneinander ab. Ob aus monarchistischem oder aus revolutionärem Blickwinkel, widersprechen sich die Aussagen der Augenzeugen zum Teil erheblich. Die einen wollten das königliche Opfer erhöhen, andere es demütigen. Ich habe nach Vereinbarkeiten zwischen all den disparaten Quellen gesucht und mich bei meiner Schilderung im Wesentlichen auf die Erinnerungen von Edgeworth, die Geschichte von Gouverneur Morris so, wie er sie von anderen hörte, die Berichte verschiedener

englischer und französischen Augenzeugen und auf David P. Jordans *The King's Trial: Louis XVI vs. the French Revolution,* Berkeley 1981, S. 217-21, berufen.

2 Eine der traurigeren Geschichten von Antoinettes Jahren dreht sich darum, wie sehr sie ihre Tochter vernachlässigt hat. Madame Campan schrieb, dass die Königin angefangen habe, Thérèse die Behandlung angedeihen zu lassen, welche sie von ihrer eigenen Mutter erfahren habe. Die Temperamente unterschieden sich eben sehr. Als junges Kind hatte man Thérèse »Mousseline la Sérieuse« (»ernste Gaze«) genannt. Die angeborene Ernsthaftigkeit des Mädchens und, wie man vermuten darf, ihre Empfindlichkeit standen in scharfem Widerspruch zu lebhaften, extrovertierten und grobkörnigeren Art ihrer Mutter. Selbstredend erhielt der Dauphin als Thronerbe viel mehr Aufmerksamkeit als seine Schwester, aber Thérèse wurde offenbar weit mehr in den Hintergrund gedrängt, als das ihrem Rang zuträglich war. Doch jetzt, im Frühjahr 1793 übernahm sie freiwillig die Rolle einer Nachtschwester für ihre hysterische Mutter und ihren nervenkranken Bruder, obwohl sie selbst an einem schmerzenden schlimmen Bein litt. Tourzel, Bd. 2, S. 300; Thompson, S. 227.
Antoinette teilte Madame de Tourzel mit – und allem Anschein nach hatte sie darüber nicht mit ihrer Tochter gesprochen –, dass Ludwig und sie beabsichtigten, die Prinzessin mit Artois' Sohn zu verheiraten, dem Herzog von Angouléme, und das »trotz ihrer großen Jugend«. In Gedanken hatte Antoinette schon alles für die Hochzeit geplant, bis hin zu »den kleinsten Details«. Jahre später heiratete Thérèse tatsächlich den Herzog und erfüllte so die Wünsche ihrer Eltern. Tourzel, Bd. 2, S. 316-7.

3 Richard Cobb, »The Revolutionary Mentality in France 1793-4«, in: *History* XLII 1957, S. 182-3. Dort wird Donald Greer, *The Incidence of the Terror During the French Revolution* zitiert. Greer weist nach, dass sich ein hoher Prozentsatz der 2700–2800 Opfer des Terrors aus früheren Bediensteten und Handwerkern des Luxusgewerbes zusammensetzte – Barbiere, Graveure, Fächermacher und so weiter. Unter den Opfern der Guillotine fand sich auch ein Flüchtling namens Michel, der in Bercy lebt und Antoinettes früherer Kutscher war.

4 Nach einer Schätzung wurden etwa 2250 Personen in Paris freigesprochen. Cobb, S. 179.

5 Nach dem Gesetz vom 29. März 1793 wurden bewaffnete Rebellen erschossen und nicht unter die Guillotine gelegt. Während der Jahre 1793 und 1794 sind auf diese Weise zwischen 35 000 und 40 000 Men-

schen in den französischen Provinzen exekutiert worden – weit mehr als während der Terrorzeit in Paris ihr Leben verloren.

## Kapitel 31

1 Gosselin Lenôtre, *La captivité et la Mort de Marie-Atoinette*, Paris 1910, S. 230-1.
2 »Der Kummer, die schlechte Luft und der Bewegungsmangel griffen die Gesundheit der Königin an«, schrieb Rosalie Lamorlière. »Ihr Blut wurde wärmer, und sie litt an starken Monatsbeschwerden. Mir blieb das nicht verborgen. Antoinette bat mich diskret um Leinentücher. Ich habe dann meine Hemden zerschnitten und die Fetzen unter ihr Kissen gelegt.« Lenôtre, S. 245-6.
3 Ibid., S. 257.
4 Ibid., S. 198.

## Bildnachweis

AKG, Archiv für Kunst und Geschichte: 1, 2, 3, 4, 5, 6, 7, 8, 9, 10, 11, 12, 13, 14, 15, 16, 20, 21, 22, 23, 24, 25, 26, 27, 28, 29, 30, 31.
Hulton Getty/Getty One Stone: 17, 18, 19.

# Register

*Die Originalausgabe erschien 1991 unter dem Titel*
»To the Scaffold. The Life of Marie Antoinette«
*bei William Morrow, New York.*

*Der Marion von Schröder Verlag ist ein Unternehmen der*
*Econ Ullstein List Verlag GmbH & Co. KG*

*ISBN 3-547-72543-7*


*Gesetzt aus der Palatino bei*
*Franzis print & media GmbH, München*
*Druck und Bindung: Clausen & Bosse, Leck*